日本社会变迁研究 第三卷

纪念中国日本史学会成立四十周年论文拔萃

中国日本史学会　东北师范大学东亚研究院　编

江苏人民出版社

图书在版编目(CIP)数据

日本社会变迁研究:纪念中国日本史学会成立四十周年论文拔萃. 第三卷/中国日本史学会,东北师范大学东亚研究院编. -- 南京:江苏人民出版社,2021.8
ISBN 978-7-214-26488-6

Ⅰ.①日… Ⅱ.①中…②东… Ⅲ.①社会变迁-研究-日本 Ⅳ.①K313.07

中国版本图书馆 CIP 数据核字(2021)第 162085 号

书　　　名	日本社会变迁研究——纪念中国日本史学会成立四十周年论文拔萃 第三卷
编　　　者	中国日本史学会　东北师范大学东亚研究院
责 任 编 辑	马晓晓
装 帧 设 计	许文菲
责 任 监 制	王　娟
出 版 发 行	江苏人民出版社
地　　　址	南京市湖南路 1 号 A 楼,邮编:210009
网　　　址	http://www.jspph.com
照　　　排	江苏凤凰制版有限公司
印　　　刷	苏州市古得堡数码印刷有限公司
开　　　本	718 毫米×1 000 毫米　1/16
印　　　张	118　插页 16
字　　　数	1 732 千字
版　　　次	2021 年 8 月第 1 版
印　　　次	2021 年 8 月第 1 次印刷
标 准 书 号	ISBN 978-7-214-26488-6
定　　　价	398.00 元

(江苏人民出版社图书凡印装错误可向承印厂调换)

文集编委会

主　　编	杨栋梁	韩东育		
执行主编	程永明	董灏智		
编辑委员	汤重南	宋成有	张　健	周颂伦
	徐建新	李　卓	胡令远	王新生
	郑　毅	张跃斌	江　静	宋志勇
	胡　澎	刘岳兵	王铁军	张晓刚
	戴　宇	毕世鸿	赖正维	

目 录

关于日本现代史断代的比较与思考　张经纬 001

论幸德秋水　杨孝臣 017

论片山潜何时成为马克思主义者的问题　李威周 033

铁路与日本对外扩张　祝曙光 048

满铁史概述　苏崇民 060

满铁与关东军的"华北自治"阴谋　武向平 084

日本对我国东北森林资源的掠夺　张传杰　孙静丽 095

孙中山对日态度再认识　俞辛焞 106

论北一辉关于"对华二十一条要求"主张的实质　赵晓靓 126

20世纪20年代日本陆军在对华决策中的地位与"二元外交"

　　郭循春 139

1927年蒋介石与田中义一密约述实　周颂伦 161

日本的军部政治化与法西斯主义的确立　徐　勇 168

日本青年将校的"国家改造"运动　孙仁宗 185

30年代日本法西斯政权的形成及其特点　李　玉 198

日本军部、内阁与"九一八"事变　郎维成 213

略论美国对"九一八"事变的态度　易显石 228

"九一八"事变后日本的对华外交及战略意图——兼论南京国民政府的对策
　　熊沛彪 239

中国战场与日本的北进、南进政策　胡德坤 261

中日战争时期的"东亚协同体论"　史桂芳 276

日军第十六师团南京中山门外屠杀真相　高兴祖 307

抗战时期台湾拓殖株式会社对广东、海南的经济侵掠　王　键 319

侵华日军"慰安妇"制度略论　苏智良　陈丽菲 341

日本海上帝国迷梦与"南方共荣圈"的幻灭　毕世鸿 362

第二次世界大战时期日军对盟军的战俘政策析论——以沈阳盟军战俘营的日美战俘信息交换为例　王铁军　焦润明 375

关于日本现代史断代的比较与思考

张经纬

所谓"历史的长河"是对历史发展的一种形象的文学描述，其实这种描述也不乏学术意义，旨在告诉人们人类历史发展是一个不可分割的连续的整体。然而，这个不可分割的连续的发展过程又不是一条平滑的曲线，在历史发展的某一时段常常表现出有别于另一时段的特征和趋势。这就为历史学家断代，并在此基础上构建自己的史学体系，从而为预测该时段的发展趋势提供了依据和可能性。每一时代和国度的历史学家对于历史的理解和评判，都难以摆脱其生存时代和国度的价值体系的影响，依据不同的史观和标准对历史进行断代会有不同的结果，据此构建的史学体系也各异。对于日本现代史的研究也是一样，中日两国不同时期的历史学者的断代是有区别的，在此基础上构建起来的现代史体系也各有特征。本文拟就中日两国历史学者有关日本现代史的断代与体系做一比较分析，并提出自己的看法。

一、中国史学界关于日本现代史断代的特点

近年，在中国学界有关日本近现代史的划界问题争论不多，也没有专门的研究和论述。其实，近现代的划界问题既是近代史的下限问题，也是现代史的上限问题。从中国学者特别是改革开放以后的学者所撰写的日本通史和日本近代史来看，对日本现代史的上下限的划分还是有分歧的。这种分

歧主要表现在以第一次世界大战后和第二次世界大战后为开端的两种划分方法，时间差距较大，并牵涉到世界通史分期和国别史分期的关系问题。一方面，由于各个民族国家历史发展的不平衡性和特殊国情，国别史的分期与世界通史的分期不可能完全一致。另一方面，随着西方列强的扩张特别是19世纪以后的扩张，世界越来越联结为一个整体，日本已不再是一个锁国的农耕民族，其历史发展已与世界历史联系起来，这样就有可能在两者之间找到一个接合点。究竟哪种方法更接近这个接合点呢？我们或可通过分析中国学者写的世界通史、日本通史或日本近代史来梳理一下这个问题。

吴于廑、齐世荣主编的《世界史》可谓改革开放以来出版的影响最大的世界史通史类专著之一。该书的现代史编上限定在20世纪初，下限定在冷战结束后的20世纪末。该书对世界现代史的上限设定在20世纪初给出了如下理由："20世纪初，资本主义发展到帝国主义阶段。两大帝国主义军事集团为重新瓜分殖民地、势力范围和争夺世界霸权而展开激烈的斗争，最后导致了第一次世界大战的爆发。"第一次世界大战使得"19世纪欧洲资本主义列强支配世界的局面告终。美、日两个新兴的帝国主义国家崛起于北美和东亚。社会主义国家苏联在地跨欧、亚两大洲的俄罗斯帝国废墟上巍然屹立"①。由于这一系列重大事件和历史剧变都发生在20世纪初，因此，该书主编认为把20世纪初作为世界现代史的开端是合适的。关于该书下限设定的理由，主编并没有给予理论上的解释，只是说"世界现代史的进程尚在演变之中，它的下限暂时定在本世纪（即20世纪末——引者注）之末"②。

世界通史和国别史的断代既有联系又有区别。那么，在这部世界现代史里，是如何处理这种关系即如何选取日本现代史的内容呢？该书的日本部分以1904—1905年的日俄战争为日本现代史的开端，并追溯了前十年的战争准备情况，这与全书的上限及设定上限的理由是基本吻合的。因为日俄战争发生于第一次世界大战之前的东北亚地区，然而却震惊了整个世界。俄国战败，成了导致1905年革命爆发的因素之一，而1905年革命又为具有

---

① 吴于廑、齐世荣：《世界史·现代史编》（上卷），高等教育出版社，1994年版，前言第1页。
② 同上，前言第2页。

世界意义的十月社会主义革命准备了条件。另一方面，日本战胜，成了其扩张野心益加膨胀，成为日后影响亚洲乃至世界历史发展的一方霸主。该书日本史部分的下限与全书设定的下限稍有出入，内容也相对简单，主要介绍20世纪80年代寻求由经济大国向政治大国的转变，国际关系和外经贸的内容也仅止于90年代初。对于在苏东剧变、冷战结束这样的大国际背景下，日本的经济社会发展（如泡沫经济破灭）表现出来的新特点没有给予足够的重视。

吴廷璆主编的《日本史》是20世纪90年代中期国内学界的一部集体力作。全书分为3卷，第1卷为古代，时间设定为1868年明治维新以前，包括原始社会、奴隶社会和封建社会三种社会形态；第2卷为近代，时间设定为从1868年明治维新至1945年第二次世界大战结束，包括资本主义形成和帝国主义形成两个时期；第3卷为战后，时间设定为1945年至1992年。吴先生为该书写的前言极为简单，只是就成书的原委和写作的分工情况做了一个简明的介绍，对该书的断代分期、为何分为3卷、为何把1945年之后称作"战后"而不是"现代"等没做任何说明。但是我们还是可以从该书的体系框架及所叙述的内容思考三个问题：第一，社会形态的更迭是该书分卷、分期的主要依据；第二，虽然没有冠之以"现代"，但从全书的分卷和脉络来看，该书的战后部分就是现代史；第三，该书在卷次内容的分配上是平衡的、协调的，但从社会形态更迭的角度看，它的卷次安排又是分裂的、不统一的。第1卷古代社会合三为一，即涵盖原始、奴隶、封建三种社会形态；资本主义社会形态又一分为二，即分为"近代"和"战后"两卷。[①]

万峰著《日本近代史》是改革开放之后较早出版的一部日本近代史专著。该书的上限定于19世纪50年代中期日本开港前后，下限定于第一次世界大战结束的1918年前后。对于下限的设定，作者提出了两点理由：一个是从世界史的角度看，从1917年俄国十月社会主义革命胜利后不久即进入现代史阶段；另一个是从日本史的角度看，这时日本帝国主义已经形成。关于后一个理由，作者做了如下说明："日本自从甲午战争后出现后期产业革

---

① 吴廷璆主编：《日本史》，南开大学出版社，1994年版，第1—20页。

命的高潮以来,大体上到1910年前后,随着产业革命完成,资本主义形成和发展,并逐步过渡到垄断资本主义阶段,转变为帝国主义。之后,经过1914年至1918年的第一次世界大战,日本成了帝国主义暴发户,垄断资本主义实力空前膨胀……已经挤进屈指可数的几大帝国主义强国的行列,俨然以'东洋的霸主'自居,因此,从第一次世界大战结束后开始,日本的历史也和世界历史一样,开始进入自己的现代史发展时期。"①

吕万和在1984年出版的《简明日本近代史》引言中的第一句话就是"近代的日本(1853—1945),史学界把它比作'东方的彗星'"②。毫无疑问,在他看来,日本现代史的起点应该在第二次世界大战之后。虽然他对于日本近现代的断代和分期没有大段的论述,但可以肯定的是:第一,其观点是传统的马克思主义的史学观点,这在今天看来依然有较高的参考价值;第二,他是按照日本资本主义的特殊发展历程来划分阶段的。可以设想,如果他续写日本现代史,对于战后日本史也会作为资本主义发展历程的一个特定阶段来处理。关于这两点,在该书的引言和结语中已经清晰地反映出来。比如,在引言中他把日本近代史分为四个时期,即1853年至1894年从封建主义向资本主义的转化期;1894年至1918年从资本主义向帝国主义的转化期;1918年至1937年是向法西斯的转化期;1937年至1945年是法西斯的崩溃期。③ 在该书的结语中,作者对战后至1980年代初的日本历史以"战后以来"给予高度概括,虽未冠之于现代之名,但习惯上可理解为他的日本现代史体系构想。④

王新生著《日本简史》分古代、中世、近代和现代四章。现代的开端定于第二次世界大战后的占领与改革,下限止于20世纪末的经济衰退与改革。该书言简意赅,观点新颖,选取各个时代的大事件阐述历史发展的大脉络,在体例上有所创新。然而,该书既无前言也无后记,无从考察著者把现代史开端设定为第二次世界大战后的理论依据,我们只从分章的情况来判定著

---

① 万峰:《日本近代史》,中国社会科学出版社,1981年版,第6页。
② 吕万和:《简明日本近代史》,天津人民出版社,1984年版,第1页。
③ 同上,第3页。
④ 同上,第405—406页。

者断代的特征。①

王仲涛、汤重南合著的《日本史》，从日本的远古时代叙述到20世纪末。该书没有明确划分出古代、近代和现代，也看不出按社会形态递进安排章节的痕迹。著者以时间为经，按时序撷取能反映历史发展重大变动的大事件分章叙述，这样就很难发现著者的断代依据和体系框架的指导思想。我们需要通过分章情况去揣摩隐含其中的断代理念。②

宋成有著《新编日本近代史》上限在幕府时代，较其他近代史专著在时间上更加提前。该书的下限设定在日本第二次世界大战战败。该书虽然没有明言其断代的依据是社会形态的变化，但体系框架却是对这一依据的发展和创新。把近代开端的上限提前，分析幕府时代的历史遗产，在于寻找日本由封建社会向资本主义社会过渡的内部动因。把近代的下限设定为日本在第二次世界大战战败，是在从连续性和变异性上考察日本明治维新至战败投降这一特殊的历史阶段。关于断代的理由，著者说得很实在，"将倒幕维新运动兴起至战败投降的近代日本历史全过程，作为一个整体来考察，不仅符合历史的真实，也有利于评论其历史进程中的成败得失与是非功过"③。可见，在著者眼里，战后日本是日本资本主义发展的又一个特殊阶段，日本现代史的开端是在第二次世界大战之后。

总体来看，国内的日本史学者，对于日本近现代史的划界，也就是日本现代史的开端问题，大体有两种观点：一种观点是20世纪初或第一次世界大战，另一种观点是第二次世界大战之后，而以后者居多。关于这个问题，在此不多作论述，而在后文笔者的综合比较时再行详析。

二、日本史学界关于日本现代史断代的演变

战后日本史学界关于日本现代史的断代不是一成不变的。在日本，同样存在如何处理日本史与世界史断代的关系问题，日本史学家对于这个问

---

① 王新生：《日本简史》，北京大学出版社，2005年版。
② 王仲涛、汤重南：《日本史》，人民出版社，2008年版。
③ 宋成有：《新编日本近代史》，北京大学出版社，2006年版，前言第2页。

题进行过长期的争论,比起中国史学界的争论更加复杂、充分。对于这一点,我们主要通过对岩波书店出版的几个版本的《岩波讲座日本历史》和《岩波讲座世界历史》,了解并尽可能解读其断代方法随着时代的发展而变化的原因。

《岩波讲座日本历史》在战后已经出版过三个版本,每个版本的断代都有变化。我们可以通过对三个版本的比较,发现其断代及体例的演变。

(一)20世纪60年代版本,日本通常称为"旧版"讲座,丛书名为《岩波讲座日本历史》。全书有21卷加别卷2卷,1962年至1964年出齐,现代部分共有4卷,起止年代为1900年至1960年。①

(二)20世纪70年代版本,日本通常称为"新版"讲座,1975年至1977年出齐,丛书名仍为《岩波讲座日本历史》。全书由23卷加别卷3卷构成,现代部分共有两卷,起止年代为1945年的占领期至1960年代。②

(三)20世纪90年代版本,1993年至1996年出齐,丛书名改为《岩波讲座日本通史》。全书由21卷加别卷4卷构成,现代部分共两卷,1950年代的媾和时期至1990年代泡沫破裂时期。③

比较以上三个版本可以看出,岩波讲座日本历史的时代划分各版都不同。关于现代史的开端,1960年代版本以日本帝国主义形成的1900年以后作为现代史的开端,井上清在现代第1卷的第一部分写了"现代史概说"就采用了这种时代划分方法。但1970年代版发生了很大的变化,现代史的开端后延至第二次世界大战结束。藤原彰在《现代史序说》中解释了这种新的时代划分论,他认为战败及战后改革是明治维新以后最大的划时代历史性事件,因此应以此为日本现代史的开端。④ 此后,"战后史等于现代史"的划分方法渐渐成为日本史学界的主流,至1980年代这一划分方法几成定论。1990年代版本对于日本现代史的开端又略为后延,以1950年代的"媾和"为现代史的起点。这样,关于日本现代史的开端就经历了"20世纪初→战

---

① 参见《岩波讲座日本历史》目录部分,岩波书店,1962—1964年版。
② 参见《岩波讲座日本历史》目录部分,岩波书店,1975—1977年版。
③ 参见《岩波讲座日本通史》目录部分,岩波书店,1993—1996年版。
④ 藤原彰:《现代史序说》,载《岩波讲座日本历史22》,岩波书店,1977年版,第2—8页。

败→媾和"这样一个变化过程。

国别史与世界史存在着复杂的关系,我们有必要通过权威的《岩波讲座世界历史》来了解一下日本史学界对世界史的断代问题。《岩波讲座世界历史》已出版两个版本,即20世纪70年代版本和20世纪90年代版本。

(一)70年代版本《岩波讲座世界历史》,1969年至1974年出版,全书由29卷加别卷2卷构成,断代和卷次如下。

古代6卷和中世7卷(略)

近代10卷:近代世界的形成——帝国主义时代

现代6卷:第一次世界大战——第二次世界大战[①]

(二)90年代版本《岩波讲座世界历史》,1997—2000年出版,全书由28卷加别卷1卷构成,该版本抛弃了传统的断代方法,方便比较起见,卷次全部开列如下。

第1卷:走近世界史(总论)

第2卷:中东世界(—7世纪)

第3卷:中华的形成与东方世界(—2世纪)

第4卷:地中海世界与古典文明(公元前1500年—公元后4世纪)

第5卷:帝国与支配——古代的遗产

第6卷:南亚世界·东南亚世界的形成与发展(—15世纪)

第7卷:欧洲的诞生(4—10世纪)

第8卷:欧洲的成长(11—15世纪)

第9卷:中华的分裂与重建(3—13世纪)

第10卷:伊斯兰世界的发展(7—16世纪)

第11卷:中部欧亚大陆的统合(9—16世纪)

第12卷:遭遇与发展——异文化的视角

第13卷:东亚·东南亚传统社会的形成(16—18世纪)

第14卷:伊斯兰环印度洋世界(16—18世纪)

第15卷:商人与市场——网络中的国家

[①]《岩波讲座世界历史》目录,岩波书店,1969—1974年版。

第 16 卷：主权国家与启蒙(16—18 世纪)

第 17 卷：环大西洋革命(18 世纪后半—1830 年代)

第 18 卷：工业化与国民形成(18 世纪末—20 世纪初)

第 19 卷：迁徙与移民——活跃的地域融合

第 20 卷：亚洲的"近代"(19 世纪)

第 21 卷：伊斯兰世界与非洲(18 世纪末—20 世纪初)

第 22 卷：产业与革新——资本主义的发展与演变

第 23 卷：亚洲与欧洲(1900 年代—20 年代)

第 24 卷：解放的光与影(1930 年代—40 年代)

第 25 卷：战争与和平——通向未来的信息

第 26 卷：经济成长与冷战(1950 年—70 年代)

第 27 卷：从后冷战到 21 世纪(1980 年代)

第 28 卷：普遍与多元——面向现代文化①

通过以上两个版本目录的比较可以看出，1970 年代版本的前近代部分，按古代、中世的时代划分介绍七个主要地域的历史。现代部分共有 6 卷，第 24 卷为现代的第 1 卷，以第一次世界大战为开端；第 29 卷为现代的第 6 卷，以第二次世界大战为下限。全书分古代、中世、近代、现代四部分，断代是清楚的。其对于现代的断代与 1960 年代版《岩波讲座日本历史》大体接近，与 1970 年代版《岩波讲座日本历史》却出入较大。

1990 年代版就不同了，各卷在纵向的时间序列上没有明显的时代划分，没有贴上古代、近代、现代的标签，应该算作一部没有断代却是大体按时间顺序排列、自古及今的专题世界史。其选题一类是偏重某一时期的地域发展史专题，另一类是偏重某一时期的超越地域的世界史"共时"的专题。虽然各卷专题没有冠之以古代、近代或现代的时代称谓，但各卷的排列次序还是能反映自古及今的时间概念。第 23 卷"亚洲与欧洲(1900 年代—20 年代)"，与 1970 年代版第 24 卷现代史开端接近。第 27 卷"从后冷战到 21 世纪(1980 年代)"，比 1970 年代版第 29 卷现代史的下限后延了近半个世纪。

---

① 《岩波讲座世界历史》目录，岩波书店，1997—2000 年版。

为何1990年代版本岩波讲座世界历史把断代问题作模糊化处理了？这与日本史学界有关时代划分争论的变化有关。战后至1970年代，日本史学界对于时代划分的意义和价值曾有过强烈的共识，于是有关中国史的论争①及对世界史断代划分的论争就展开了。然而，1970年代之后这种共识不存在了，因此这些论争也就偃旗息鼓了。

社会是一种有着特殊结构的实体，各地域发展的速度不同，特征各异，在所处的特定阶段上发展，这种在特定阶段上发展的地域能够用共同的标准去衡量，这就是当时形成发展阶段论所依据的"共识"。"古代""中世""近代"这些概念都有确定的含义，史学工作者首先要知道这些概念是指各地域社会发展相继出现的某一特定历史阶段，然后才可以确认某一特定社会所处的时代，这样便形成确定社会发展阶段的方法。在当时看来，认可这种方法并依据这种方法对所有社会进行带有普遍适用性的时代划分是有重大意义的。

然而，20世纪70年代之后，日本史学界发生了很大的变化。经历了经济高速成长的日本社会，人们的社会意识发生了很大的变化，对历史进步的价值意识变得淡薄，把人类历史看作进步过程的意识也渐渐失去，特别是在年轻一代中，这种倾向更加强烈。这种倾向影响到史学界，使史学界也产生了忽视既往研究课题的倾向。② 史学工作者对争论的那些问题产生了厌恶感，对时代划分的意义和价值产生了质疑，对其争论不再感兴趣。也就是说，上述所谓作为时代划分前提的"共识"出现了异动，几近崩溃状态，时代划分的基础不存在了，这是1990年代版本《岩波讲座世界历史》没再依据时

---

① 有关中国史的论争，出现过东大学派和京大学派的争论。1948年，前田直典对京都大学东洋史时代划分说的批判拉开了争论的序幕。京都学派的内藤湖南认为，上古至后汉为古代、六朝·唐为中世、宋以后为近世。战后宫崎市定发展了这一观点，认为不仅中国史、整个亚洲史都普遍存在"近世"，主张世界史分期不是欧洲的古代、中世、近代的三分法，而是更具普遍性地引入"近世"的古代、中世、近世、近代的四分法。前田直典主张隋唐之前为古代、宋代以后为中世的古代、中世、近代三分法。前田直典的三分法在1950年得到历史学研究会的支持后渐成为有关中国史主流的分期法。详细内容参见谷川道雄编：《战后日本的中国史论争》，河合教育文化研究所，1993年版。
② 谷川道雄编：《战后日本的中国史论争》。永井和：《日本现代史序说讲义》，参见《京都大学文学部基础现代文化学系现代史学专修讲义》，第12页。

代分卷的根本原因。同时,日本史学界也认为,还不能断言时代划分完全失去了意义,与旧的划分方法没有彻底决裂,新的划分方法又尚未出现是20世纪90年代之后日本史学界出现的新特征。

另外,1990年代版《岩波讲座世界历史》把断代问题模糊化,这可能与1970年代版《岩波讲座世界历史》和《岩波讲座日本历史》的时代划分出现了矛盾有关。前者的现代以第一次世界大战为开端,后者的现代以第二次世界大战后的占领期为开端。也就是说,日本的史学家在如何协调世界史和日本史断代的关系时遇到了困难。一般来讲,近代以后,随着资本主义的扩张,进入一个通过文字把世界联系起来的时代,对整个世界应作为一个"共时"的系统来理解。同时,每一个民族国家都有其特殊的历史和国情,其所处的历史发展阶段又不可能是整齐划一的。这样,处理好普遍性和特殊性的关系,协调好"共时"的世界与个别国家的断代的关系,便成为一个复杂的史学难题。因此可以说,1990年代版《岩波讲座世界历史》是由于对上述难题暂时束手无策才采取模糊处理的办法。

关于日本现代史的划界问题,我们还可以通过梳理战后日本一些史学家的史观发现其变化的脉络。20世纪60年代版《岩波讲座日本历史》以20世纪初为日本现代史的开端。远山茂树创造了一种"合力"理论和"内外因主导转换"理论来解释这种划分方法。在他看来,历史的发展是由诸社会内在发展规律(即内部的、一国史的契机)与通过诸社会间的相互作用产生的世界史规律(即外部的、国际的契机)的合力决定的。同时,形成合力的两种力量在不同的历史时期所发挥的作用是不同的。历史的发展从以一国内部条件规定的发展规律为主的时期,向以世界史发展阶段与日本史特有发展阶段这两者相互作用的发展规律为主的时期的质的转换,这样的时代便是"现代"。在这种时代,任何民族都不能从世界史中脱离出来独立发展。① 对于传统的马克思主义历史唯物论,远山茂树的观点是与时俱进的创新发展,还是修正抑或歪曲?不管怎么说,值得肯定的是远山茂树在努力寻求世界史与日本史断代的结合点。

---

① 富冈信雄、梶村秀树:《发展中国家的经济研究》,世界书院,1981年版,第59页。

马克思主义的历史理论是依据社会形态划分社会历史阶段的。1900年前后的日本社会形态并没有发生质的变化,那么,远山茂树有关日本近现代的划界是否动摇了马克思主义历史唯物论的基本立场?在他本人看来,他对马克思主义的修正是在维护马克思主义历史学的基本原则。另外,远山茂树一方面认为,日本历史发展的合力产生于"开国"之后,另一方面又认为"内外因主导转换"发生于20世纪初。表面上看似乎费解,仔细分析,无论其对立论前提的判断是否正确,在他构筑的理论框架内,两个理论还是能够衔接起来的。在他看来,19世纪后半期,资本主义还没有发展为垄断,世界资本主义对一国历史发展的影响力还相对较弱。一国国内的历史发展条件与世界史的发展条件虽已纠缠在一起,但对一国历史发展起主要作用的还是国内条件。日本之所以没有沦为发达帝国主义国家的殖民地、半殖民地而保持了独立,并取得了资本主义化的成功,就是因为存在那样的世界历史条件。1900年前后,世界资本主义发展为垄断,这时一国史的发展条件与世界史的发展条件的主从地位发生了转换,因此把这个时点作为日本近现代史的划界是合适的。

20世纪60年代远山茂树的时代划分理论,是在批判斯大林主义的大背景下发生的,也是对战后至1950年代盛行于史学界的过分强调经济基础的史观的一种反省和修正。

20世纪70年代版《岩波讲座日本历史》对日本现代史的开端做了重大调整,即从60年代版20世纪初后延至第二次世界大战之后。对于这一变化,大石嘉一郎给予了这样的解释:1960年代版日本历史重视西方对世界现代史的时代划分,当时大多把20世纪史或第一次世界大战后的历史视作现代史;另外,依据马克思主义的立场把俄国革命后资本主义的最后阶段或者普遍危机时代看作现代也是一个较为普遍的观点。然而,1970年代版本把现代史开端后延是更合理、更现实的。因为从日本史的角度看,从明治维新到第二次世界大战期间,难以发现日本的社会形态发生了质的变化,而战后的民主改革使得以明治维新为起点确立起来的近代天皇制和军事半封建的资本主义得以解体,重建了具有新内容的资本主义社会,社会结构的特质发生了明显的变化。

大石嘉一郎的分析是对马克思主义依据社会形态转换划分时代理论的又一种修正,他认为要坚持依据社会形态转换划分时代的立场,就应该承认战后改革是日本现代的起点。大石嘉一郎的修正是不完善的,存在着逻辑上的矛盾和概念上的混乱。"从封建结构的资本制社会形态转向新结构的资本主义社会形态"①,这个新结构是个什么样的结构?前后两个资本主义社会形态与马克思主义社会形态论中的资本主义社会形态有何区别和联系?对这样的问题,大石嘉一郎没有给予足够的说明。他的时代划分论,一方面以社会经济结构的转换为基础,另一方面又以划时代的政治事件为断代的分界线。这种模糊化、多标准的处理手法,与其说是对唯物史观的修正,倒不如说是放弃或者歪曲。

三、对日本现代史断代的若干思考

既然我们讨论的是现代史问题,那么就有必要首先把"现代"的含义弄清楚。"现代"所指涉的时间范围是变动不居的,现代和近代的分界也是相对的而不是绝对的。中国清代学者段玉裁所说的"三代为古,则汉为今;魏晋为古,则唐宋为今。"②即是在说时代认定的相对性,把古今视为不定之名。我们常把昨天、今天和明天比作过去、现在和将来。今天既是昨天的明天,又是明天的昨天;现在既是过去的将来,又是将来的过去。这些都说明时代的定名是一个不断发展变化的过程,翻一翻各国不同年代出版的现代史也会发现这种情况。

对于"时代"定名的相对性还有一层意思,即由于历史发展存在着连续性,因此任何断代都不能绝对的"一刀两断",都必然要追溯某一历史时代开端的历史渊源。这样,由于对追溯历史渊源理解的不同,历史学家对某一历史时代开端的确定会出现差异。就是说,不同历史学家著述同一个国家的断代史,其上限出现时间差是可以理解的。如前所述,日本学者写的日本近代史,其上限有"开国说",也有"明治维新说"。现代史的上限更为复杂,既

---

① 大石嘉一郎:《近代史序说》,载《岩波讲座日本历史》近代1,岩波书店,1975—1977年版。
② 段玉裁:《广雅疏证序》,参见王念孙:《广雅疏证》,江苏古籍出版社,1984年版。

有同一时段的差异，又有不同时段的变动。前者表现在"20 世纪初"和第一次世界大战后的"米骚动"的不同，后者表现在"战败投降""战后改革"及"50 年代初"的不同。这些差异都是由于著者对追溯历史渊源的理解不同而引起的。

同时，主张时代定名的相对性，并不是说断代是无从下手或者是没有根据的随意断定。由于历史的发展存在着差异性，因此断代是可能的。历史发展由于某些重大历史事件的出现而发生转折，社会的政治经济制度发生转换，因此，分析历史可以据此划分若干阶段。在一个特定的文化环境里，各国对某一历史时代的定名有一个约定俗成的相对稳定期。这个稳定期的长短，从 20 世纪主要国家的现代史编写情况看，与各国的国情有关。这样，我们可以把"现代"通俗地理解为"现在生活的时代"，把现在的政治经济制度或体制向上回溯到重大变动时期即为现代的上限，也就是现代史的开端。比如，1999 年版《辞海》对"现代"做了这样的解释：1. 即帝国主义和无产阶级革命的时代，历史学上通常指资本主义存在和无产阶级进行社会主义革命的时代。1917 年俄国十月社会主义革命可作为世界现代历史的开端。2. 现在这一时代。

历史发展存在着互动性。特别是 19 世纪中叶以后，由于西方列强的武力扩张遍及世界，这时一国历史的发展就与外部环境紧密地联系起来。这种互动性对某一国家的历史发展的作用甚至超过了国内的社会历史条件，因此世界史和国别史的断代是有密切联系的，两者在大的历史发展阶段上能找到吻合点或者接近点。同时，由于不同国家的历史和国情的特殊性以及外来影响传播的速度与距离存在差别，世界史和国别史的断代出现时间差异也是正常的。

中日两国的日本史学者特别是马克思主义史学家，虽都声称是依据社会形态更替划分时代，但划分的结果是不同的，而且随着时代的变化而变化。其实就中日两国学者对日本现代史的断代而言，都不是依据纯粹的社会形态更替来划分，而是依据体制的转换来划分的，或曰是依据社会形态的量变阶段来划分的，这都是对传统划分方法的某种修正。然而，不管如何划分，并没有影响两国史学家把握日本现代史的脉络和趋势，也没有影响普通读者了解日本现代史的基本史实。

对历史的断代包括对日本现代史的断代,到底依据什么?是某一社会的生产力发展状况还是生产关系的性质?或者把两者结合起来?这是中日两国史学界长期争论却没能解决的一个问题。为了给日本现代史的断代提供一个较为平实的依据,这里有必要对社会形态更替的历史发展观及西方的某些历史发展观做一梳理。

五种社会形态依次更替的发展公式,影响中日史学界已有近 80 年的历史。这一公式追根溯源可能要到马克思恩格斯的早年著作《德意志意识形态》。他们在书中提出了原始的、古代的、封建的和现代资产阶级的几种社会形态,但他们并未把它当作历史研究的公式。他们认为,通过对历史发展的观察抽象出来的东西"离开了现实的历史就没有任何价值";"这些抽象与哲学不同,它们绝不提供可以适用于各个历史时代的药方或公式。"[1]后来,马克思在《〈政治经济学批判〉序言》中,排列出亚细亚的、古代的、封建的和现代资产阶级的几种社会形态。[2] 从马克思晚年的著作看,他认为每一种社会形态不是唯一的,而是存在着若干次生形态。从排列的这几个概念看,第一个是空间概念,第二个是时间概念,第三、第四个是政治概念。这本身就是一个多元内容的模糊排列,把空间概念、时间概念和政治概念这三者演绎为承前继后、依次交替并具有逻辑关系的公式,恐怕与 20 世纪二三十年代的国际政治形势有关,也就是说由于国际政治环境因素的影响,使一种观察历史的方法演变为一种政治意识形态。

1919 年,列宁在《论国家》中论述从无阶级社会向阶级社会过渡的一般规律时,列举了原始社会、奴隶占有制社会、农奴制社会、资本主义社会的发展序列。此后国际史学界就力图把亚细亚社会、古代社会这两个空间时间概念涂上政治色彩,以方便纳入这一序列。例如,1934 年苏联学者考巴赖夫在《奴隶制形态的若干问题》一书中,就把亚细亚生产方式视为"奴隶制在亚

---

[1] 中共中央马克思恩格斯列宁斯大林著作编译局编译:《马克思恩格斯选集》第 1 卷,人民出版社,1995 年版,第 74 页。
[2] 中共中央马克思恩格斯列宁斯大林著作编译局编译:《马克思恩格斯选集》第 2 卷,人民出版社,1995 年版,第 33 页。

洲的特殊形态"。1937年日本学者渡部义通在《奴隶制形态的日本特征》一书中,也以"变形的特殊奴隶制"来解释亚细亚生产方式在日本的表现。正是有了这样的基础,1938年,斯大林才在《论辩证唯物主义和历史唯物主义》中明确提出:"历史上有五种基本类型的生产关系:原始公社制的、奴隶占有制的、封建制的、资本主义的、社会主义的。"[1]此后,五种社会形态的理论便成为一种定理和公式而居于统治地位。

近年,西方的现代化研究中出现了一种历史观,认为现代化就是人类社会由农耕社会向工业社会过渡的过程。农耕社会之前则可视为由采集狩猎向农耕过渡的过程。这种单线的历史发展观在国际学术界颇为活跃,而且无形中被人们当成了与五种社会形态发展观对立的理论。

篇幅所限,不容许展开讨论这两种发展观的细节问题。但从以上的梳理结果看,五种社会形态的发展公式所依据的是生产关系;现代化理论中"农耕→工业"的单线发展观所依据的是生产力。前者是从社会政治制度角度宏观把握人类社会发展趋势的重要工具,不可盲目否定和抛弃,也不能采用教条主义的方法生搬硬套;后者虽是来自西方的一种单线发展观,审慎地批判之余或许能发现有其可取之处。在历史的断代和分期中,两者不是水火不相容的,而是可以相互参照和包容的。一个农耕阶段,可以包括奴隶制、封建制等若干个生产关系类型的发展时期。同样,一个资本主义社会形态,也可以包括机械化、电气化、信息化等若干个生产力发展阶段。两者完全可以在历史的断代分期中结合起来,这样会更方便、更灵活。

鉴于此,日本现代史的上限定为日俄战争之后或第一次世界大战之后都是合适的。从大的方面讲,在政治上,日本这一时期由自由资本主义发展为垄断资本主义,在这个过程中通过日俄战争加入帝国主义行列。同时,由于俄国十月革命的爆发,世界范围的工业化进程进入资本主义和社会主义两种模式竞争的时代,在这一点上,日本史和世界史是吻合的。从经济层面看,这一时期,日本产业革命的完成与世界进入垄断资本主义在时间上也是

---

[1] 中共中央马克思恩格斯列宁斯大林著作编译局编译:《斯大林文选》,人民出版社,1962年版,第199页。

吻合的。无论中国学者还是日本学者，都采用过这种断代方法，这是从体制层面而不是从根本制度层面的划分，其实都是对马克思主义社会形态划分方法的一种变通和修正，或者叫创新发展。

日本现代史的下限止于 20 世纪 90 年代中期或 20 世纪末都是合适的。写作通史与对具体历史事件的微观实证研究不同，它所着意把握的是社会历史发展的宏观脉络和走向。因此，现代史的下限不必拘泥于 30 年的档案解密期。我们知道，反映社会发展脉络和走向的大历史，依据政府说了什么、做了什么这些公开的东西即可梳理出一个头绪，因此现代史的下限比 30 年再短些也无妨。因此，考察世界历史和日本历史的具体情况，把日本现代史的下限设定在 20 世纪 90 年代中期或者 20 世纪末都是合适的。

（作者张经纬，中国社会科学院世界历史研究所，原文刊于《世界历史》2003 年第 3 期）

论幸德秋水

杨孝臣

中外史学界,长期以来,对幸德秋水评述较多,然而没有统一的结论。我认为幸德秋水是日本社会主义先驱者,对推动日本的早期社会主义运动做出了重要贡献。而且,他的《社会主义神髓》等著作,对马克思主义在中国的早期传播有过启蒙的作用,因此,我们有必要对这位历史人物做出全面的分析,给以科学的评价。

一、自由民权主义者

幸德秋水(1871—1911)名传次郎,号秋水。他出身于高知县土佐藩多郡中村街一个药材商人家庭,诞生后不久,父亲去世。他家庭贫寒,同劳动人民有着密切联系。1879年,他9岁入修明馆学习,读过许多汉籍,蒙受汉学教育较深,他在后来的回忆中写道:"我从幼年顷,即爱读最急进的、最过激的、最极端的、非军国主义、非国家主义、无政府主义的书,这些书不是欧美文字的翻译,纯乎是我东洋人的著作,而东洋人多数不甚加以尊重的,即老子、孟子之书。"[①]然而,不久秋水被卷入狂热的欧化浪潮,正像他自己所说,读了"孟子、欧洲革命史、中江兆民的《三醉人经论问答》、亨利·佐治的《社会问题》及《进步与贫困》,使我成为激进的民主主义,并且对社会问题产

[①] 引自林茂:《近代日本的思想家》,岩波书店,1958年版,第74页。

生了浓厚的兴趣"①。秋水是一位兼有东、西方思想素养的思想家。

秋水登上历史舞台的时候，日本正经历着资产阶级民主运动。日本的启蒙运动销声匿迹以后，资产阶级的自由民权运动代之兴起。而秋水的故乡高知县，是日本自由民权派的发祥地。1886年，年刚16岁的秋水，初次访问同乡林有造，而林有造是同板垣退助齐名的日本自由民权派创始人。秋水同林有造的政见不谋而合，第二年，他就给林有造做秘书工作，从此秋水和自由民权派结下了不解之缘，这是秋水走上自由民权道路的开端。秋水加入自由民权运动不久，1887年12月，由于触犯了伊藤内阁的"保安条例"，秋水同中江兆民、林有造等570名自由民权派政治活动家一起，被政府当局驱逐出东京，这是秋水第一次经受政治斗争的锻炼。1888年11月，满怀凌云壮志的秋水再度东上。途经大阪时，秋水经过友人横田金马的介绍，拜中江兆民为老师，彼此结成了极不寻常的亲密师生关系。

中江兆民是日本自由民权思想的创始人之一，因翻译和讲解卢梭《民约论》而获得了"东洋卢梭"的称号。秋水继承了中江兆民的自由民权思想，在1903年为《平民新闻》撰写的创刊《宣言》中，他公开宣布说："自由、平等、博爱是人生在世所由的三大要义。"②

但是，秋水在接受自由民权思想的同时，也受到了天皇的"国家主义"思想的腐蚀。明治开国以后，地主资产阶级为了巩固天皇政府的专制统治，利用民族的传统习惯势力，鼓吹天皇是大和民族的天然"神子"，把神化了的天皇和专制国家联系起来。秋水接受了这种"国家主义"思想的影响，虔诚地崇拜天皇，发表文章向天皇表示忠诚，这时的秋水，还是个"国家主义"者。

1893年9月，秋水进入板垣退助主办的"自由新闻社"，开始了新闻记者的生涯。秋水在新闻宣传阵地上充当自由民权运动的喉舌，努力宣传资产阶级的自由民权思想，旗帜鲜明地从事反对专制制度的斗争。1894年，中日战争爆发后，1895年，秋水离开东京去广岛，3月参加广岛新闻社，5月又转入中央新闻社工作。1898年，秋水参加了万朝报社，并成为该社的主

---

① 林茂：《近代日本的思想家》，第73页。
② 幸德秋水：《宣言》，载《幸德秋水全集》第5卷，明治文献社，1968年版，第23页。

要撰稿人之一。秋水跟随业师中江兆民一道,为资产阶级民主革命而斗争,推动了自由民权运动的前进。这时他是自由民权运动的左派思想家。

新闻记者的经历,为秋水提供了更多的机会接触和了解日本社会的实际问题,这便迅速地扩大了秋水的政治视野,他逐渐认识到自由民权派政治家日趋堕落,不能解决日本的革命问题,他如同其他早期社会主义者一样,在探寻日本新的革命道路。

秋水是从19世纪90年代末开始转向社会主义的。明治三十七年(1904年)1月17日,秋水在《平民新闻》上发表了《我如何成为社会主义者乎》一文,他说:"可以明确地断言,我成为社会主义者是从六七年前读了谢富勒的《社会主义真髓》之时。"①关于秋水的思想转向社会主义思想的时间,史学家林茂有过论述,在其所著《近代日本的思想家》一书中指出:"在《万朝报》上发表关于社会主义问题的论文的同时,参加了社会问题研究会和社会主义协会。不久,他在明治三十四年(1901年)和安部矶雄等组织了社会民主党。"②秋水于1897年参加社会问题研究会。而1898年2月,他毅然退出中央新闻社,而进入万朝报社工作。同年10月,他由片山潜等人介绍参加了社会主义研究会。这就标志着秋水转向了社会主义。1899年10月,秋水和片山潜共同组织了普选期成同盟会,担任干事。1901年5月,秋水和安部矶雄建立了社会民主党。秋水参加具有无产阶级性的建党活动,进一步加深了对社会主义的理解,这是他从自由民权思想上升到社会主义思想的重要步骤。秋水在《万朝报》上相继发表了《社会人权的认识》(1898年)、《社会腐败的原因及其救治》(1898年)、《是破坏吗?是乱民吗?》(1899年)、《劳动问题与社会主义》(1899年)、《废止金钱之方法》(1900年)等许多进步文章,对早期的社会主义运动起了舆论的先锋作用。

秋水经受自由民权运动的洗礼,而斗争的实践又使他从自由民权思想的框框里冲出来,上升到社会主义思想。秋水这种思想的飞跃转变,主要是受西方社会主义思想传播的影响。日本是后起的资本主义国家。巴黎公社

---

① 幸德秋水:《我如何成为社会主义者乎》,载1904年1月17日《平民新闻》。
② 林茂:《近代日本的思想家》,第81页。

革命以后,科学社会主义思想越出了欧洲大陆,从故乡西欧传到东方的日本国。这时,日本具备了接受社会主义思想的物质基础。随着工业革命的进行,1890年,日本爆发了一次经济危机。地主资产阶级为了摆脱危机,到国外去扩大原始积累,正像明治天皇所说:"收纳的来源要到处去找。"①1894年,日本悍然发动了甲午战争,从中国掠夺了二亿三千万两的战争赔款。日本政府把战争赔款转化为资本积累,加速了以军事工业为中心的资本主义经济的发展,从而扩大了工人队伍。据统计,1888年,日本工人只有13.6万人,到1899年增加到142.6万人,增加了十倍多。到1909年,日本工人则达到244万人。② 这是接受西方社会主义思想的阶级基础。

资产阶级自由民权运动,也为西方社会主义思想在日本的传播提供了条件。当时一些留学欧美的日本知识分子,从资产阶级民主要求出发,为了批判日本天皇制度,在传播欧美资产阶级民主思想的同时,也开始介绍了西方社会主义文献。例如,1882年,中江兆民主编的杂志《政理丛谈》刊登了法国《近世社会党的沿革》,日下东男翻译出版《共产主义与社会主义》等著作,1893年民友社编写了《现代社会主义》一书,努力宣传西方社会主义思想。③ 这些介绍是泥沙俱下的,其中有资产阶级的社会主义,小资产阶级的社会主义,基督教的社会主义,但毕竟开始介绍了西方社会主义思想。这是秋水接受社会主义思想的客观条件。

秋水继承了中江兆民的元素论的唯物主义思想,成为日本近代著名的唯物主义思想家,正像他自己所说:"若夫问仆之宇宙观人生观者,其依然报之以唯物主义者。"④这是秋水实现思想转变的主观因素。

他认为世界是物质的,而这种物质是由元素结合而成的。在论述宇宙时,他引用中江兆民的话说:"余曾思考天地万有,讲有无之说,以为天地一切皆有有而无无。例如,寒唯热之稀少之称,未有绝对之寒。非有真空;即

---

① 引自羽仁五郎:《日本人民的历史》中译本,马斌等译,生活·读书·新知三联书店,1958年版,第78页。
② 远山茂树:《日本近代史》1,岩波书店,1975年版,第252页。
③ 远山茂树等:《近代日本思想史》第2卷,青木书店,1959年版,第278页。
④ 幸德秋水:《致堺利彦的信》,载《幸德秋水日记与书简》,未来社,1954年版,第192页。

所谓真空,乃一种以太之存在,余无疑焉。"①秋水认为宇宙存有万物,真是应有尽有,而就是没有真空,所谓真空无疑是物质存在的一种形式。世界万物虽可有变化,但作为世界本质的元素则永不消灭。直到秋水被天皇政府宣判为死刑以后,在监狱里给堺利彦的信中说:"从此不知数日间,数月间,只是读了又读,写了又写,而且好像要复归于元素似的。"②秋水这段临刑前的自述,雄辩地说明他是一个视死如归的唯物主义革命者。

由于秋水是个唯物主义者,因此,在日本社会上真假社会主义鱼目混珠的时候,他具有一定的辨别能力,终于接受了西方社会主义思想,认为社会主义适用于日本国情,于是从资产阶级民主主义思想上升到社会主义思想,成为一个社会主义思想家。

二、社会主义思想家

秋水参加社会主义运动以后,1901年4月9日,他在《万朝报》上公开撰文申明"我是一个社会主义者"③。他同战友片山潜一道积极从事宣传社会主义。从1902年起,仅在一年的时间里,在全国召开了182次演讲会,对普及社会主义思想起了巨大作用。

秋水宣传社会主义思想的活动,是从创立平民社开始的。1903年10月,由于万朝报社社长黑岩泪香鼓吹主战论,与秋水的非战论发生了矛盾,秋水和堺利彦、内村鉴三一起退出万朝报社。于同年11月15日,与堺利彦等人创立平民社,并发行《平民新闻》周刊,作为机关刊物。秋水为《平民新闻》创刊号起草了《宣言》,其中写道:"吾人为使人类享平等之福利,主张社会主义,故要使社会共有生产、分配、交通的机关,其所经营的一切为社会全体。"④用平民社同人名义发表。但是,秋水系统地宣传社会主义,则是他的名著《社会主义神髓》。

---

① 引自三枝博音:《日本的唯物论者》,英宝社,1956年版,第240页。
② 幸德秋水:《致堺利彦的信》,载《幸德秋水日记与书简》,第384页。
③ 盐田庄兵卫编:《幸德秋水日记与书简》,第427页。
④ 幸德秋水:《宣言》,载《明治社会运动思想》上,青木书店,1955年版,第225页。

秋水的《社会主义神髓》是日本社会主义启蒙的重要著作。《社会主义神髓》一书,明治三十六(1903)年七月五日由万朝报社出版。它和同年出版的片山潜著《我的社会主义》,并称为日本明治时代社会主义的代表作。

秋水在《自序》中,首先阐明了他写本书的目的,他说:"社会主义是什么?这恐怕是我国人迫切希望知道的事,而且又是必须知道的一件事。我作为我国的一个社会主义者,觉得有责任使大家知道它,所以写了这本书。"[①]可见,他是针对当时日本无产阶级尚未成熟,马克思主义思想刚刚传入日本,日本人民对社会主义还处于蒙昧无知的状况,为了回答什么是社会主义而写作的。所以他又说:"如果社会上还不知道社会主义为何物的人士能够由此得知梗概,我将感到万分高兴。"[②]事实证明,《社会主义神髓》一书出版后,达到了秋水写作的预期目的。出版当年,便连续多次再版,如7月25日再版,9月三版,11月六版[③],以后还陆续重印。"流传极广,后来成为社会主义的重要著作。"[④]这说明它受到日本渴望知道社会主义的广大群众的欢迎。不仅如此,1906年,龙言生翻译成中文,由中国留学生会馆社会主义研究社出版。1907年3月,创生的中译本,由东京奎文馆书局出版。对中国早期革命有一定影响。正像历史学家远山茂树所说:"片山潜的《我的社会主义》和幸德秋水的《社会主义神髓》的问世,作为社会主义真正的入门书、启蒙书发挥了影响。都是以资本主义为对立物的,阐述社会主义,主张社会主义革命必然性的。"[⑤]

秋水在撰写《社会主义神髓》一书时,力图用马克思主义的理论,来解释社会主义的各种问题。在秋水的《自序》里,他列举出来的参考书目,有马克思、恩格斯的《共产党宣言》,马克思的《资本论》第一卷,恩格斯的《社会主义从空想到科学的发展》,就是例证。秋水从无产阶级朴素的愿望出发,具体地描述了人类社会有规律的从原始共产社会向奴隶社会、封建社会、资本主义社会的发展过程。认为资本主义社会的基本矛盾,是生产社会化和私人

[①②] 幸德秋水:《社会主义神髓》中译本,马采译,商务印书馆,1963年版,第3页。
[③] 远山茂树:《日本近代史》1,第257页。
[④] 盐田庄兵卫编:《幸德秋水日记与书简》,第417页。
[⑤] 平野义太郎:《题解》,载《社会主义神髓》,第63页。

占有之间的矛盾,而这种矛盾主要表现为阶级斗争。他说:"在社会生产与资本家个人占有之间发生的一大矛盾,首先就表现为地主、资本家与工资劳动者之间的冲突。"还直截了当地揭露资本家剥削的秘密,他说:"资本家所以能够增加资本,只有从劳动者掠夺剩余价值,在自己手里积累起来。"①

秋水较为正确地说明了由于资本主义周期性危机和自由竞争的发展,必然导致垄断组织的出现。经过"社会主义大革命",资本主义必然为社会主义所代替。他说:"社会的历史就是革命的记录,人类的进步就是革命的结果。"他歌颂革命能够"开辟新纪元",但是,秋水在论述怎样实现社会的"一大转变"时,竟说革命"是进化过程的必然结果",又说:"革命的发生,人力无可如何,革命的消逝,人力也无可如何。"他还形象地比喻说:"历史好像一串数珠,平时的进化代谢是各小珠,而革命则是标志数目的大珠。"这就反映出秋水机械唯物论的观点,他不懂得人民群众对革命的主观能动作用,正是由于他没有完全理解辩证唯物主义,而把唯物主义观点曲解为进化论。

秋水也叙述了他对社会主义的理解,他说:"社会主义的目的在于谋求人民的和平、进步和幸福。为了达到这个目的而打倒对社会有害的阶级制度,使全体人民得到平等的地位,这就是社会主义的实践。"在谈到无产阶级的革命道路时,他明确反对暴力革命,而主张通过议会道路来实现,他说:"社会主义大革命将能堂堂正正地、和平而有秩序地埋藏资本主义制度,宣告马克思所说的'新时代的诞生',犹如水到而渠成。"在谈到社会主义国家时,他说:"社会主义的国家不是阶级的国家,而是平等的社会,不是专政的国家,而是博爱的社会。"这说明秋水不懂得资产阶级不会自动退出历史舞台,社会主义革命必然导致无产阶级专政的道理,而幻想依靠天皇政府的国会选举,来实现社会主义。这表明在秋水的社会主义蓝图里,还有拉萨尔的"国家社会主义"和无政府主义的"自由国家"思想的杂质。

秋水的《社会主义神髓》一书,是日本最早试图运用《共产党宣言》的观点,来从事著述的作品,这部著作在日本社会主义文献史上,对宣传社会主

---

① 幸德秋水:《社会主义神髓》,第19页。

义思想有开创之功。但是,当时由于历史条件和主客观条件的限制,秋水这部著作有致命的缺陷和错误,因为秋水没有真正理解《共产党宣言》的思想,所以他没有划清无产阶级的科学社会主义和资产阶级的社会主义的界线,特别是不了解阶级斗争的学说和无产阶级的伟大历史使命。

秋水、堺利彦合译《共产党宣言》对介绍科学社会主义做出了重要贡献。

在当年的日本国,翻译和介绍《共产党宣言》——共产主义的幽灵,被日本天皇政府视为不共戴天的政敌。可是,秋水冒着被逮捕、坐牢直到杀头的危险,为了纪念《平民新闻》创刊一周年,他和堺利彦合译的《共产党宣言》(大部分)在《平民新闻》周刊 1904 年 11 月 13 日第 53 号上发表了,但天皇政府禁止发行。秋水、堺利彦以及发行人西川光次郎遭到罚金 80 元的迫害。① 各国社会党对此向日本政府提出了抗议。秋水和堺利彦合译的《共产党宣言》,刊登在《社会主义研究》杂志 1906 年 3 月 15 日的创刊号上②,它是第一个日文本,这部科学社会主义经典著作日文本的出版,是马克思主义在日本传播的真正开端。同年,秋水和堺利彦合译恩格斯的著作《社会主义从空想到科学的发展》出版了。后来相继翻译出版《马克思传》《恩格斯传》等著作。秋水在介绍马克思、恩格斯的著作中做出了不可磨灭的贡献。

秋水撰写的《二十世纪的怪物——帝国主义》一文,在日本吹响了批判帝国主义的号角。秋水作为一个社会主义者,他最早撰写出关于帝国主义的论著,提出了反帝斗争的思想。20 世纪初,日本从自由资本主义过渡到帝国主义,日本资本主义固有的各种矛盾日益尖锐化。1901 年 4 月,秋水在警醒社发表了《二十世纪的怪物——帝国主义》一书,同年 5 月再版。这部书出版于霍布斯的《帝国主义论》前一年,它是谱写帝国主义史的首卷。在史无前例的情况下,秋水首先提出帝国主义是个"怪物",启发人们研究这种新的历史现象。他对帝国主义进行了揭露和批判,并阐述了自由竞争制度必然为社会主义制度所代替的思想。虽然这部书有根本性的错误,但是,它作出了批判帝国主义的先例。在《二十世纪的怪物—帝国主义》一书中,

---

① 盐田庄兵卫编:《幸德秋水日记与书简》,第 405 页。
② 同上,第 437 页。

秋水指出,生产过剩和开拓新市场是产生帝国主义的经济原因。基于这种观点,他认识到帝国主义是产生战争的根源。在该书出版三年后,1904年2月,日俄帝国主义战争爆发后,秋水把反帝和反战的斗争结合起来进行。他在《平民新闻》上,先后发表了《吾人始终否认战争》《不断非战论》等反战文章,坚决抨击日俄帝国主义战争。秋水和堺利彦开展的"非战论"活动,是日本近代史上第一次有组织的反战运动,它在反对帝国主义战争史上具有重要意义。秋水坚决表示"虽受如何憎恶、如何嘲骂、如何攻击、如何迫害,决不停止吾人的非战论。"①

更可贵的是,秋水把反战运动和社会主义运动结合起来。1904年2月14日,秋水为《平民新闻》撰写的社论《战争来》中说:"只要吾人有口,吾人有笔、有纸的话,都绝叫反对战争。相信俄国的同胞平民也一定采取同一的态度和方法。"②由秋水起草的《致俄国社会党书》,是一篇出色的反战宣言书,3月13日在《平民新闻》上发表了,其中写道:"今日、俄政府为达到其各帝国主义的欲望,漫开兵火之端。然而在社会主义眼中,人种无别,地域无别,国籍无别,诸君与我等同志也,兄弟也,姊妹也,断断无可争之理。诸君之敌,非日本人,实今之所谓爱国主义也,军国主义也。然而爱国主义与军国主义,诸君与我等共同之敌也。"《致俄国社会党书》发表后,欧美各国社会党机关报争相转载,对世界各国影响很大。日本的《致俄国社会党书》在由普列汉诺夫主编的《火花报》上刊登了,而俄国《火花报》的复信,于7月24日,也在日本《平民新闻》上发表。在日、俄两国政府发动战争的时候,两国的无产阶级却携起手来,并且实际上结成日、俄两国社会党的反战同盟。1904年8月14日,在阿姆斯特丹召开的第二国际第六次代表大会上,日本代表片山潜和俄国代表普列汉诺夫,各自发表了反战演说,两人在讲坛上互相握手致意,受到与会者的热烈欢迎。秋水知道这个消息以后,于同年9月18日,在《平民新闻》上发表《日俄社会党的握手》一文,他热情洋溢地写道:"此握手,实为世界的社会党发展史上永应大书特书的一重大事实。"③秋水

---

① 幸德秋水:《不断非战论》,载《幸德秋水全集》第5卷,第287页。
② 幸德秋水:《战争来》,载《幸德秋水全集》第5卷,第83页。
③ 幸德秋水:《日俄社会党的握手》,载《明治社会运动思想》上,第259页。

直到入狱以前,始终英勇地进行反战斗争。

在社会主义运动艰苦的年代里,1905年秋水被捕入狱以后,他发生了第二次思想变化,犯了无政府主义的错误,这是由于主观的和客观的原因决定的。20世纪初,国际工人运动的形势,第二国际内部以考茨基为首的所谓"正统派"占统治地位,修正主义和无政府主义思潮盛行,特别是无政府主义思潮袭击到各国工人运动,德国社会民主党内无政府主义者经常采用暗杀手段,俄国无政府主义者首领克鲁泡特金越狱出逃,到英国继续扩散个人恐怖主义思想。这时国际上行刺暗杀事件层出不穷,例如,1881年俄皇亚历山大二世、1884年法国总统克尔诺、1900年意大利国王恩培特、1901年美国总统马金雷等,相继被刺身亡,国际上的无政府主义,恐怖主义思潮也迅速漫延到日本。当时日本存在接受无政府主义思想的阶级基础。20世纪初年,日本资本主义大工业有了迅速发展,工业革命已接近完成,不过,小生产还占有相当比重,在资本主义自由竞争的过程中,小生产者不断地破产,并大量流进城市工厂,这些"新兵"被称为"出嫁型"的工人,这是无政府主义思想在工人运动内部的阶级基础。而秋水的"直接行动论"的恐怖主义思想,则正是破了产的小资产阶级的绝望心理在社会主义运动中的反映。正如列宁所说:"无政府主义是绝望的产物。它是失常的知识分子或流氓的心理状态,而不是无产者的心理状态。"①

三、秋水的无政府主义错误

20世纪初,日本已经变成帝国主义国家,日本的资产阶级走向了全面反动,天皇政府对外进行疯狂扩张,充当了东方宪兵的角色;对内预感到共产主义"幽灵"在日本上空游荡,是天皇政府心腹的"大祸害",于是便采取高压政策。

1904年2月13日,《平民新闻》刊登了秋水和堺利彦合译的《共产党宣言》,受到政府的法律制裁。1905年12月28日,《平民新闻》发表社论《告小

---

① 列宁:《无政府主义和社会主义》,载《列宁全集》第5卷,人民出版社,1986年版,第294—297页。

学教师》，秋水因此被捕，判处五个月徒刑，被关进巢鸭监狱。秋水在入狱以前，他虔诚地崇拜天皇，也是议会道路的忠实信徒，他幻想通过议会选举，工人阶级在议会中取得多数票，然后依靠天皇实现"一君万民"①。这说明他深受天皇的国家主义思想的影响。秋水在狱中的铁窗下，面对天皇政府一系列的残酷镇压，开始认识到所谓"日本是东方最文明的国家"的虚伪性，他的天皇观发生了动摇，也认识到国会颁布的所谓"言论集会结社自由"的欺骗性，眼看议会道路行不通了，秋水感到要重新考虑无产阶级的革命策略问题，为此秋水在狱中没有放弃学习。他读了恩格斯的《路德维希·费尔巴哈和德国古典哲学的终结》，但没有领会其精神实质；可是读了俄国无政府主义者克鲁泡特金的书，却成为秋水接受无政府主义思想的起脚点。

7月28日，秋水刑满出狱。10月9日，"平民社"被迫解散。秋水决定暂时离开日本，1905年11月14日，秋水便远渡重洋奔赴美国，这时无政府主义思潮正在欧美泛滥。秋水在美国期间，同阿尔柏·约翰逊等无政府主义者交往密切，并且，同流亡到英国的俄国无政府主义者克鲁泡特金进行了通信联系，接受了他所兜售的"个人恐怖手段"有效性的说教。1906年6月1日，在美国的阿克兰德，留美的日本社会主义者约有50人，成立了"社会革命党"，其党纲是由秋水起草的。② 秋水是在对议会道路发生了动摇后去美国的，经过与美国、俄国的无政府主义者的接触，他接受了西方无政府主义思想，把克鲁泡特金的"个人恐怖手段"加以改装，提出日本式的"直接行动论"。其核心是反对天皇个人，当时他针对日本天皇影射说："为追求一个人的饱暖逸居使百万民众处在贫困饥饿中，这对劳动者有何神圣？为谋求一个人的私利、幸福，剥夺百万民众的自由权利，这对人民有何价值？为满足一个人的野心、虚荣，百万民众成了战争的牺牲品，这对国家有何尊严？"③这说明秋水的天皇观有了根本的变化，由虔诚的崇拜者转变为坚决的反对者。

1906年6月5日，秋水带着无政府主义的"舶来品"由美回国，他回到日

---

① 参看远山茂树：《日本近代史》1，第10页。
② 盐田庄兵卫编：《幸德秋水日记与书简》，第145页。
③ 幸德秋水：《社会革命党宣言》，载《幸德秋水全集》第6卷，明治文献社，1968年版，第92页。

本后把"个人恐怖手段"加以理论化,提出他的"直接行动论",其主要的内容是,"唯劳动者全体携手举行数日、数周乃至数月的罢工,使社会的一切生产交通机关被迫停止转运,换言之,所谓总同盟罢工。"①秋水在日本社会党召开的讲演会上,发表题为《世界革命运动的潮流》②演说中提出了"总同盟罢工"的策略思想,批评了"议会政策论",从此挑起了党内的策略斗争。1907年1月15日,"平民社"出版月刊《平民新闻》。2月5日,秋水在《平民新闻》上发表了《我的思想变化》③一文,公开反对"议会政策论"的革命策略。接着《平民新闻》刊登了田添铁二的《议会政策论》④一文,对"直接行动论"进行反驳,从此党内的策略斗争公开化。1907年2月17日,日本社会党召开第二次代表大会,在讨论党的行动方针的过程中,形成以幸德秋水为首的"直接行动派"和以田添铁二为首的"议会政策派"。片山潜发表了《在宪法范围内主张社会主义》文章,阐述"议会政策论"的道理,批判"直接行动论"的无政府主义思想,而幸德秋水则坚持"直接行动论",激烈反对"议会政策论"。

秋水的"直接行动论"的实质,是无政府主义的策略思想。他在批判"议会政策论"时,把议会主义和议会斗争混为一谈,从而否定了利用议会的合法讲坛争取群众多数。秋水在宣传"直接行动论"时,把总同盟罢工视为唯一的斗争策略,否定了无产阶级采取武装起义夺取政权的斗争策略。秋水的"直接行动论"的核心,是反对日本天皇,他最早起来反对这个人间的"上帝",应当充分加以肯定,但秋水不是用阶级观点来分析天皇,不认为天皇是地主资产阶级的总代表,而是把天皇看作孤立的个人,幻想把天皇刺死,天皇制就可被推翻,日本社会主义革命即能成功,这正是无政府主义的个人恐怖主义思想的表现。

由于党内的策略分歧而导致组织上的分裂。1907年8月31日,片山潜、田添铁二等人组成"同志会",以《社会新闻》为宣传阵地,激烈地批判"直

---

① 幸德秋水:《世界革命运动的潮流》,载《幸德秋水全集》第6卷,第101页。
② 同上,第97页。
③ 幸德秋水:《我的思想变化》,载《幸德秋水全集》第6卷,第134页。
④ 田添铁二:《议会政策论》,载《明治社会运动思想》下,第78页。

接行动派"。同年 9 月 16 日,幸德秋水、山川均等人组成"金曜会",则以《大阪平民新闻》为阵地,大肆反对"议会政策派",日本社会党内的派别斗争,转移了革命斗争的视线。严重地削弱了无产阶级的革命力量,为天皇政府镇压社会主义运动提供了机会。

日俄战争以后,军事封建的日本帝国主义,对亚洲进行疯狂的殖民扩张,对内实行残酷的反动统治,取缔社会主义是天皇政府的既定政策。1907 年 11 月 3 日天长节,有人在美国张贴和散发《暗杀主义》的传单,采取给明治天皇公开信的形式,在传单中写道,"可怜的睦仁君足下,足下之命危在旦夕,炸弹布置在足下周围,正将爆炸,再见了足下"[①]。署名是无政府党暗杀主义者,而实际上是秋水在美国建立的社会革命党党员。[②] 当山县把这个情报上奏天皇以后,天皇便下达了"我认为应当更为特别严厉地取缔"的指示。[③]磨刀霍霍,等待时机镇压日本社会主义运动。

刚好,1908 年 6 月 22 日,当社会党召开由于笔祸被捕的山口弧剑出狱欢迎大会的时候,"直接行动派"的大杉荣、荒畑寒村、管野须贺等人,手举"无政府共产"赤旗向"议会政策派"与会者示威,并走上街头同警察发生了冲突,这为天皇政府的镇压阴谋提供了借口,于是政府乘机大肆逮捕,大杉荣等 14 名社会主义者被捕。他们在锦町警察署拘留时继续斗争,在板墙上刻有"一刀两断天王头,落日光寒巴黎城"[④]的法国革命诗句。"直接行动派"几乎全被逮捕,被判刑,关进千叶监狱。天皇政府这次镇压社会主义者,史称"赤旗事件"。

在天皇政府的残酷镇压面前,"直接行动派"感到束手无策,提不出正确的革命对策,而走上了拼命的道路。正像片山潜所说:"急进派的秘密活动和政府方面对他们的猛烈的镇压,使两者之间逐渐都采取了拼命的战术。就在那时候,一贯残忍的政府官吏们,为了要把正在萌芽的社会主义扼杀,所以设计一个极为凶恶的计划。"[⑤]这时,工人宫下太吉由于受到"无政府共产"思想的影响,计划制造炸弹暗杀天皇,他又吸收了新村中雄、管野须贺等

[①] 引自今井清一:《日本近代史》I,岩波书店,1977 年版,第 34 页。
[②][③][④] 同上,第 35 页。
[⑤] 片山潜:《日本的工人运动》中译本,王雨译,生活·读书·新知三联书店,1959 年版,第 287 页。

人参加。可是宫下等人的空想计划被政府当局发觉了。从 1910 年 5 月 25 日起,政府进行全国性的检举,并于 6 月 1 日把与"计划"没有行动联系的幸德秋水作为"主谋者"逮捕。政府的检举范围继续扩大,企图把社会主义者一网打尽。1911 年 1 月 18 日,秋水等 12 人被判死刑,1 月 24、25 日执行。另外 12 人被判处无期徒刑。这就是天皇政府血腥镇压社会主义者的"大逆事件"。

在事件中,天皇政府如临大敌,白色恐怖笼罩全国,动员了全部反动的国家机器,来全力围剿年轻的社会主义运动,为扑灭秋水的革命影响,收缴了秋水的全部著作和有关社会主义书籍。无数日本社会主义革命者惨遭杀害,这就暴露了日本天皇制的极端反动性。以幸德秋水为代表的革命者,受到了日本人民的称赞,例如,德富芦花称秋水等人"为人类献身的志士"。而镇压革命人民的天皇政府,遭到国内外人民的抗议,当时,在美国、英国、法国相继举行抗议日本天皇政府运动。

"大逆事件"的原委,说明幸德秋水的"直接行动论",是无政府主义的策略路线。他没有发动和组织工人群众起来革命,而不顾客观的历史条件,主观地高喊"革命来了!革命开始了!"①只是凭借少数"革命家"的蛮干,严重地脱离了无产阶级的群众,遭到天皇政府的血腥镇压。使社会主义组织被破坏,社会主义刊物被取缔,大批社会主义者被处死,或者被关进监狱,社会主义运动进入所谓"冬眠"时期。实践证明,无政府主义的策略路线,只能给社会主义运动带来损失,而唯有马克思主义的策略路线,才能引导社会主义革命走向胜利。

结束语

幸德秋水是日本早期的社会主义者。他在日本社会主义运动的"黎明时期",对介绍马克思主义、宣传社会主义和批判帝国主义作出了开创性的贡献,例如,秋水撰写的《二十世纪的怪物——帝国主义》一书,出版于约·

---

① 幸德秋水:《一波万波》,载《幸德秋水全集》第 6 卷,第 72 页。

阿·霍布森所著《帝国主义论》的前一年,而霍布森的《帝国主义论》又是列宁在1916年撰写《帝国主义是资本主义的最高阶段》一书的主要参考书之一。① 因此,秋水的《二十世纪的怪物——帝国主义》是最早吹响了批判帝国主义的号角。秋水在日本近代社会主义运动史上占有重要地位。

但是,当时日本经历着早期的社会主义运动,工人阶级还处于自发的阶段,马克思主义还没有和工人运动相结合,这种阶级的不成熟必然反映到思想理论上来。在幸德秋水的思想体系中,有些方面已接近了科学社会主义原理,也存在着小资产阶级的和空想社会主义的思想杂质,这是他犯无政府主义错误的思想根源。

事实证明,秋水的无政府错误不是不可以纠正的。当年秋水的战友片山潜,也是曾经走过一段弯路的。但是片山潜没有停留在原来的认识阶段,在社会主义革命实践的斗争中,能够总结经验教训,不断地改造自己的世界观,特别是经过"大逆事件"血的教训,他扬弃了"议会政策论",开始认识到议会主义道路的错误,正像他后来所说:"在当时还是一个主张议会道路的,而不是像今天那样的革命家,是合法主义者,实际上就是机会主义者。"②从而思想转变到科学社会主义上来,后来终于成为马克思主义者。

秋水是个唯物主义者,他曾几次入狱,又经过"赤旗事件",特别是"大逆事件"的教育,开始认识到"直接行动论"的错误,走群众路线的重要性。秋水在临刑前撰写了一首诗,在诗中写道:"区区成败且休论,千古惟应意气存,如是而生如是死,罪人又觉布衣尊。"③这首诗虽然文字不长,但却表明他总结了历史经验教训,"布衣"无疑是指人民。"布衣尊"是认识到了人民群众的重要性,这说明秋水同样没有停留在以往的认识阶段,开始有了思想路线的转变,可惜天皇政府的屠刀,不容许他实现这一转变的过程。由于他怀着强烈的革命信念,从容走上绞刑架,宁死不屈,慷慨就义。正是因为这样,天皇政府杀害秋水的暴行,激起了世界人民的强烈抗议,特别是日本国内的工人阶级奋起斗争。

---

① 列宁:《帝国主义是资本主义的最高阶段》,载《列宁全集》第22卷,人民出版社,1990年版,第179页。
② 片山潜:《日本的工人运动》中译本,后记。
③ 幸德秋水全集编辑委员会编:《幸德秋水全集》第8卷,明治文献社,1972年版,第573页。

应当指出,在我国史学界,对幸德秋水有一种流行的历史结论,认为秋水走上了无政府主义的道路,并在"大逆事件"中被处死了,就盖棺论定为无政府主义者,从而以点概全,忽视或者抹杀秋水的历史功绩,这不符合秋水本来的历史面目。秋水是个唯物主义者,他在"大逆事件"中总结了历史教训,已经认识到无政府主义的错误,只是客观历史没有给他改正错误的机会。

相反,也有人为"幸德冤案"平反,认为秋水没有直接参与宫下太吉等人为暗杀天皇而准备炸弹的行动,结论是秋水与"事件"无关,他是无辜的牺牲者。事实不然,秋水"直接行动论"的核心是反对天皇的,并且是主张使用恐怖主义手段的。在"赤旗事件"发生后,秋水在《自由思想报》上鼓吹反对天皇政府,他号召说:"神,不可服! 国家,不可爱! 政府,不可重! 法律,不可取!"[①]宫下太吉等人的恐怖主义思想是来自于"直接行动论",而行动是受思想支配的,因此,从"赤旗事件"到"大逆事件"工人运动中的盲目行动,在思想上与秋水有着密切联系,要透过现象看到事物的本质。我们评价幸德秋水这个历史人物,既不要一笔抹杀他的历史功绩,也不应掩盖他的历史过错,要做出实事求是的历史评价。

幸德秋水同日本天皇制战斗了一生,从流放、坐牢直到被绞死,他奋不顾身地介绍马克思主义、宣传社会主义和批判帝国主义,对日本早期社会主义运动做出了重要贡献。但由于他是一个不成熟的社会主义者,在他的后期犯了无政府主义的错误,把日本工人运动引向了歧途,给日本近代社会主义革命事业带来了巨大的损失。

(作者杨孝臣,发表该文时工作单位为东北师范大学外国问题研究所日本史研究室,原文刊于《历史研究》1982年第4期)

[①] 幸德秋水:《〈自由思想〉发刊词》,载《幸德秋水全集》第6卷,第477页。

论片山潜何时成为马克思主义者的问题

李威周

1980年,我的一本小册子《日共创始人——片山潜》出版之后,收到不少同志来信,提出了一些宝贵的意见和商讨的问题。贾纯同志亦撰文对片山潜何时成为马克思主义者的问题提出了自己的看法,并就我的某些论点提出了商榷意见①,读后颇受启发。由于这本小册子是我二十多年前寄给商务印书馆,因十年动乱拖延了十几年才得刊印,已有一些问题值得进一步研究,如:片山潜是什么时候成为马克思主义者的,他1903年发表的《我的社会主义》是不是他开始成为马克思主义者的标志,他是怎样成为马克思主义者的,他成为马克思主义者是一个相当长的思想发展过程,还是十月革命一声炮响引起的思想飞跃,等等。这些问题又包含着什么是马克思主义者,暴力革命是不是无产阶级革命的唯一道路,可否以人物的自我述评作为评价该人物的主要论据等具有普遍意义的理论问题。我对这些问题又做了一些探讨,愿与同志们讨论,向同志们请教。

一、片山潜何时成为马克思主义者

对于片山潜何时成为马克思主义者的问题,之所以会有不同看法,一个

---

① 贾纯:《片山潜是什么时候成为马克思主义者的——关于片山潜研究中的一点商榷意见》,《世界史研究动态》,1985年第12期。

重要原因是对于马克思主义者的标志有不同的理解。我认为,信仰马克思主义并身体力行的,便是马克思主义者。所以说片山潜是"东方最早的马克思主义者之一"①,是因为他在20世纪初年已开始信仰马克思主义,并以马克思主义为指导,进行了争取日本无产阶级解放的革命斗争。而片山潜于1903年发表的《我的社会主义》,则可以作为他开始成为马克思主义者的标志,它是明治后期指导日本社会主义运动的重要文献,被称为日本明治时期的社会主义三大理论著作之一。

《我的社会主义》在例言中旗帜鲜明地说:"此书发表作者年余来所坚持提倡的主义,即信条的说明,是对天下的宣言书,是对现社会即金钱万能、资本家横行霸道的社会的控诉书,是给资本家制度维持者的最后通牒。"②

这部著作,论证了资本主义必然灭亡,社会主义必然胜利,阐明了他对社会主义的总的认识;指明了社会主义的根本问题是夺取资产阶级国家政权,表明他已认识到夺取国家政权是革命的关键所在;论证了从资本主义向社会主义的转化,如何实现社会主义与无产阶级的历史使命;揭示了社会主义比资本主义的优越性,阐明了社会主义的理想;称颂了马克思主义和马克思、恩格斯,等等。③

显而易见,作为全书主要内容的这些观点是符合马克思主义的。据此论定它标志着片山潜开始成为马克思主义者,是符合历史事实的结论。

当然,《我的社会主义》也有不足、缺点和局限性,也有一些不符合马克思主义观点的地方,这些是:还没有完全清除基督教的"社会主义"、拉萨尔主义和第二国际的影响;对马克思的革命论和达尔文进化论的区别认识不够明确;受明治时期流行的"社会进化论"的影响,有经济进化论的色彩;区分不清生产手段与资本、价值与价格、劳动力的价值与工资、剩余价值与利息等政治经济学的科学概念;把合作事业看作是达到社会主义目的的良好手段;把19世纪的自由民权思想也视同社会主义的思想内容;比较重要的还有没提用暴力革命夺取国家政权,等等。这些不足、缺点和局限性,与全

---

① 《中共中央致电纪念片山潜诞辰》,《人民日报》,1959年12月3日。
② 岸本英太郎编:《片山潜、田添铁二集》,青木书店,1955年版,第20页。
③ 见岸本英太郎编:《片山潜、田添铁二集》所收《我的社会主义》。

书的基本观点相比较,虽不是主要的,我们还是正视和考虑了这些因素,才认为1903年片山潜发表《我的社会主义》时只是开始成为马克思主义者,而非已经成为成熟的或彻底的马克思主义者。

片山潜的革命活动,也表明他这时已以马克思主义为指导进行了争取无产阶级解放的斗争,已开始成为马克思主义者。

1904年2月,日俄战争爆发后,片山潜于8月出席了第二国际阿姆斯特丹大会,会上他与俄国代表普列汉诺夫在满堂的欢呼和喝彩声中紧紧握手,表示国际无产阶级之间决心相互携起手来为反对帝国主义战争而斗争,一时传为国际佳话,并且成了后来国际和平反战斗争的传统。在这次大会上,片山潜发表了激动人心的反对日俄战争的演说,指责日本帝国主义的侵略战争罪行。他的演说词由蔡特金译成德文,由卢森堡译成法文,一时曾广为流传,在世界上产生了不小的影响。

在阿姆斯特丹大会上还有一个重要的议题,即社会主义者应否加入资产阶级内阁的问题。会上存在着赞成与反对的意见对立。片山潜根据参加革命斗争的经验教训和日本议会主义失败的血淋淋的现实,发言反对参加资产阶级内阁,反对修正主义观点,支持以倍倍尔为首的德国社会民主党的意见,对大会最后通过斥责伯恩斯坦修正主义的"德莱斯顿—阿姆斯特丹决议",做出了贡献。

片山潜等在俄国1905年革命的影响下,于1906年创立了日本社会党。该党成立以后,立即在东京召开了反对提高电车票价的市民大会,高举红旗进行了示威游行。有的同志认为片山潜为日本社会党起草的党章的第一条就写着"本党在国法范围内主张社会主义"①,论定这不是马克思主义的立场观点。对此,日本当代史学家井上清也谈过看法,他明确认为日本社会主义运动中的马克思主义派是1906年以前形成的,日本社会党是马克思主义派,片山潜是日本社会党的领导人之一,是马克思主义派的社会主义者。②

当早期社会主义活动家幸德秋水提出"革命到来了"口号、宣传"直接行

---

① 岸本英太郎编:《片山潜》1,日本未来社,1959年版,第149页。
② 参见井上清:《日本的历史》下册,岩波书店,1979年版,第96页。

动论"，主张立即采取直接行动——同盟总罢工，而犯无政府主义错误时，片山潜曾设法与幸德秋水和堺利彦等就政党的策略问题进行会谈，希望协调一致，以便加强无产阶级的战斗力，但未能达成协议。他通过和西川光二郎创刊的《社会新闻》，宣布和幸德、堺等绝交，发表了批判无政府主义的著作《社会主义鄙见》，又在《社会新闻》社内组织了"社会主义同志会"，继续指导工人运动。他和西川等在发动争取普选运动唤起劳动人民的政治斗争的同时，又发动了反对东京电车票提价、反对失业、争取制定工厂法等的群众运动。

　　在1909—1910年反动透顶的桂太郎内阁时期，片山潜和藤田、笹井等五人在极困难的条件下，组织了"马克思主义同志会"，继续在工人中间进行革命宣传，指导工人运动。

　　有的同志认为1907年片山潜发表的《在宪法范围内主张社会主义》与《社会主义鄙见》，一方面批判无政府主义，一方面强调普选和议会斗争是实现社会主义的最好手段，1910年他又发表过《帝国宪法和社会主义》，希望帝国宪法会保护社会主义运动的自由等，从而认定他此时依旧是一个"议会主义"者和"合法主义"者而不是马克思主义者。这是不论具体历史情况如何都主张一律要实行暴力革命的观点。岂不知如果片山潜当时高揭暴力革命的纲领，他的纲领可能被认为是"马克思主义"的，而在日本得到的结果却不会是"马克思主义"的。真正的马克思主义者不该做那种蠢事。《孙子兵法》已经懂得"善战者，求之于势，不责于人"[1]，不知审时度势，一味硬拼硬干，是"左"倾冒险主义，而不是马克思主义。何况片山潜这时的活动并没有仅仅局限在议会活动上，所以不应论定他这时仍是"议会主义"者。

　　1911年除夕，片山潜等又领导了震撼日本的东京市内电车公司六千名职工的大罢工。罢工继续了四天，东京的电车第一次全线停车。

　　自从幸德秋水等于1911年被处死刑以后（直至1917年），在日本革命运动史上出现了黑暗的一页，日本的革命者把这个黑暗时期叫作"冬天"。在这反动政府处于风声鹤唳、草木皆兵的恐惧和疯狂报复的黑暗时期中，片

---

[1] 孙武：《孙子兵法·势篇》第五。

山潜仍旧不屈不挠地通过《社会新闻》，以当时面临的革命问题为中心，不断向工人们进行了生动的社会主义宣传，也仍旧英勇地到各地去宣传讲演，他又创立了"庶民协会"和"工人俱乐部"，进行革命宣传活动。

1914年，片山潜移居美国。他在旧金山一上岸，立即向留美的日侨报告了"幸德事件"的真相，揭露和控诉了日本天皇政府。片山潜和幸德在革命的观点和策略上早有严重分歧，但幸德被反动政府杀害，片山潜则表示了深切的同情和悼念。直到他的晚年，他多次参加过悼念革命烈士幸德的群众性活动，还在他办的刊物上发表过幸德的遗作。这也表现了一个无产阶级革命家的风度和胸怀。

片山潜移居美国后不久，第一次世界大战爆发。十年前在阿姆斯特丹和片山潜为反对帝国主义战争、为无产阶级国际联系而握手的普列汉诺夫，已堕落到社会沙文主义的泥坑之中。片山潜则始终高举着反对帝国主义战争的红旗，在美国的日文刊物《平民》《阶级斗争》《革命时代》上大力展开了反对帝国主义战争的宣传。

第一次世界大战爆发后，第二国际的"英雄"们变成了资产阶级政权的保卫者，从而彻底破产了、片山潜坚决支持列宁的反对帝国主义战争的立场，他参加了工人运动的左翼，即国际主义者阵营，向留美的日本工人和学生进行了国际主义的宣传。如果说这时的片山潜还没有转变成马克思主义者，非到十月革命后才承认他成了马克思主义者，在事实和逻辑上都说不过去。

1916年片山潜在美国创办了《平民》杂志，杂志虽小，但直接参与了当时国际上无产阶级革命大事的报道和分析，影响却不小。他个人就为《平民》杂志写了《日本工人团结的必要》《日本社会主义运动》《俄国二月革命的教训》等很多文章。

1917年发生了伟大的十月社会主义革命，正在美国的片山潜旗帜鲜明地立即表示热烈拥护，并且以布尔什维克为榜样，一面积极参加美国建立共产党的工作，一面着手准备在日本也建立同样的革命政党。

从同志们的来信看，没有认为十月革命以后片山潜还不是马克思主义者的，所以他在十月革命以后的革命活动就不需赘述了。

二、片山潜是怎样成为马克思主义者的

对此,有三种不同的观点。一种观点认为片山潜是"通过实践"成了马克思主义者。一种观点认为是片山潜"参加革命实践"并"在实践中努力学习马克思主义"的结果。我认为前两种观点都不够精确,片山潜成为马克思主义者,实际上是如下三方面努力的结果:1.刻苦求学,追求真理锲而不舍,积累了丰富的科学文化知识;2.亲自参加无产阶级革命运动,奋斗终生;3.研究马克思主义,不断对自己的思想和革命运动进行了批判性的总结。这是思想认识得以提高的否定之否定规律。宛如马克思大量地批判继承了人类几千年来的优秀的思想成果,亲自参加无产阶级运动,进行过多年严谨的卓有成效的理论探索,富有自我批判精神,不断对革命运动进行批判性的总结才创立了马克思主义一样。

只说实践,失之笼统。注意到了革命实践和理论研究两个方面,而忽略了对自己的思想和革命运动的批判性的总结,也不够全面。这个问题在恩格斯的《社会主义从空想到科学的发展》、列宁的《马克思主义的三个来源和三个组成部分》等光辉论著中早已有明确的论证。马克思主义绝非仅在实践中便能发现和建立。所谓实践,马克思主义的解释是:人类有意识地能动地改造自然和社会的活动。如果这一概念在前边不加定语,无论如何也包括不了上述马克思在几方面努力的内容。道理十分明显,身受残酷的阶级剥削与压迫的人们并非在实践中都能发现唯物主义历史观。换言之,工人运动是不可能自发地产生马克思主义的。

胡耀邦同志在纪念马克思逝世一百周年大会上所作的《马克思主义伟大真理的光芒照耀我们前进》的报告中曾提到这个问题,他说:"马克思主义是从哪里来的?从根本上说,当然是资本主义社会矛盾和工人运动的产物;但它同时又是吸取人类几千年文化知识的结果。如果只有工人运动,不利用人类文化成果去科学地发现历史发展的规律,论证工人阶级的长远的和根本的利益,那就只能产生形形色色的工团主义、经济主义、改良主义、无政府主义等等,而不可能产生马克思主义。……单凭朴素的阶级感情,只能接

受马克思主义的个别观点,而不可能系统地领会和掌握马克思主义。"①这些论述又一次阐明了不吸收人类几千年的文化知识成果,不批判继承历史文化遗产,不亲自参加革命实践,不深入钻研理论并联系实际不断总结提高,仅靠实践,或靠政治态度和阶级立场,或靠朴素的阶级感情,是建立不了唯物主义历史观,是成不了马克思主义者的。

片山潜成为马克思主义者,有一个思想发展过程,并非短时间完成的。根据他的《自传》《著作集》和遗稿《走向革命社会主义的道路》以及日本共产党的文件和许多研究片山潜的论著来看,片山潜成为马克思主义者和马克思、恩格斯创立马克思主义的思想发展道路既有相同之处,又有不同之点。马克思、恩格斯是创立马克思主义,片山潜则是研究和掌握马克思主义,并结合日本和国际的革命实践运用和丰富马克思主义。

片山潜是带着基督教的"社会主义"和拉萨尔主义的观点,开始投身于日本的工人运动的。复杂的阶级斗争,需要理论指导,片山潜从参加工人运动开始,便注意理论研究,并且能理论联系实际,不断对自己的思想和革命斗争经验进行批判性的总结。

1898年10月,片山潜和安部、村井、高木、幸德、河上等十余人组织了社会主义研究会,经常就社会主义问题进行认真的讨论。他们既研究马克思,也研究圣西门、傅立叶、拉萨尔、亨利·佐治等;既研究科学社会主义,也研究空想社会主义和社会改良主义。在此后相当长的一段时间内,片山潜的思想仍有许多未能正确反映客观世界的观点。多少年来受儒家和基督教的影响,后来又受了伊利博士和拉萨尔的影响,要一下子把非马克思主义的东西清除干净,是不大可能的,在社会主义研究会上,他还提出过关于拉萨尔的报告。所以,在他推动工会运动的同时,议会和选举渐渐成了他的斗争目标。在残酷的斗争中,片山潜慢慢认识到只靠议会斗争和普选运动,无产阶级的权利得不到真正的保障,无产阶级也得不到真正的解放。他和安部等组织的"社会主义研究会",到1900年发展成为"社会主义协会"。他们在协会中研究各种社会主义学说和日本革命问题。当时日本的社会主义者都

---

① 《人民日报》,1983年3月14日。

还处在空想社会主义和无政府主义思想的严重影响之下①,这个协会对于学习马克思主义起了一定的作用。片山潜说,这个协会"经过多次认真的讨论,得出了一个结论,这就是确信唯有马克思主义才是我们应该信仰和实践的真理"②。这个协会是东方较早的研究马克思主义的团体之一。

1901年5月,片山潜和安部矶雄等又建立了日本社会民主党。有的著述认为社会民主党从"成立之日起就不是受空想的社会主义或社会民主主义的理论的指导而是受马克思主义理论的指导"③。说该党是以马克思主义理论为指导的,还不尽确切,因为该党的纲领中既有马克思主义的内容,同时又杂糅着非马克思主义的东西,例如,没有革命夺取国家政权的认识,便与空想社会主义、基督教的"社会主义"及拉萨尔主义的影响有关。片山潜的思想这时还没有发展到科学社会主义的阶段。马克思主义从19世纪末已传入日本,但这时的日本工人运动还不是在马克思主义理论指导下进行的。

与社会民主党成立的同一天,片山潜与西川光二郎合著的《日本的工人运动》出版,这本书总结了日本工人运动的黎明时期的经验教训。两年后片山潜又发表了《我的社会主义》一书。这一著作是他投入日本工人运动七年来思想发展的总结。1911年片山潜领导东京市内电车职工大罢工后被捕下狱。在狱中他明确认识到只靠普选和议会斗争达不到社会主义,总结思想的变化写了一部分《自传》。出狱后,他组织的马克思主义同志会,每月都召开两三次会议,研究工人运动。1916年他在自己创刊的《平民》杂志上发表的《日本社会主义运动》等文章,在一定意义上说,也都是用马克思主义联系日本革命实际的批判性的总结。

十月革命的胜利,使他受到莫大的鼓舞和启发。翌年他又写了一本《日本的工人运动》在纽约出版,记述了他亲自参加过的从19世纪末年到20世纪初年的日本的工人运动,并且明确指出日本无产阶级欲得到胜利,只有走布尔什维克的道路。这是片山潜的思想继承《我的社会主义》之后的又一次

---

① 参见小山弘健:《日本马克思主义史》,青木书店,1956年版,第11—18页。
② 片山潜诞生一百周年纪念会编:《片山潜著作集》第3卷,河出书房新社,1960年版,第279页。
③ 远山茂树、佐藤进一编:《日本史研究入门》,三联书店,1959年版,第294页。

理论的总结，他开始认清只有联系实际创造性地运用马克思主义才能取得革命的胜利。他对1918年日本"米骚动"失败原因的总结，便表明了这一思想。他指出，在日本国内社会主义者未能"积极地参加这个运动，也不打算领导群众走向正确的方向，根本原因就在于他们同工人阶级毫无联系，而且也不想去同工人阶级取得联系，他们仅仅满足于背诵马克思主义的教条"①。1920年美国《共产党人》杂志连载了列宁的《国家与革命》，片山潜认真研读之后十分拥护和重视列宁所阐述的观点，并立即把这一光辉著作译成日文。墨西哥共产党委托他为《国家与革命》的西班牙文本写一篇序言，他在这序言中热情地宣传了列宁主义。研究和翻译《国家与革命》，是片山潜思想发展的重要里程碑，他理论联系实际，又一次进行了深刻的思想总结；他完全清除了基督教的"社会主义"和拉萨尔主义的影响，成为杰出的马列主义革命家。

从1900年的社会主义协会—1901年成立日本社会民主党—1903年发表《我的社会主义》—1918年发表《日本的工人运动》—1920年翻译列宁的《国家与革命》，雄辩地证明了片山潜从一个非马克思主义者发展为成熟的马克思主义者有一个发展过程，是经历了一段相当长的时间的，而绝非在十月革命影响下一个短时间的思想飞跃。

三、如何看待1903年片山潜未明确提出暴力革命观点的问题

有的同志之所以认为《我的社会主义》不能作为片山潜开始成为马克思主义者的标志，主要论据之一是片山潜在书中没有明确提出暴力革命的观点。如何认识这一问题，涉及暴力革命是不是无产阶级革命的普遍规律或唯一道路，是否应以此作为区分马克思主义与非马克思主义的标准等理论问题。

列宁说："一切革命的根本问题是国家政权问题。"②无产阶级革命的根

---

① 片山潜：《日本1918年"米骚动"》，《前卫》1953年8月第83号。
② 中共中央马克思恩格斯列宁斯大林著作编译局编译：《列宁选集》（第三卷），人民出版社，1995年版，第19页。

本问题,就是要摧毁资产阶级国家机器,建立无产阶级领导的新型国家政权。如何达到这一目的,过去我国许多论著都引证马克思、恩格斯、列宁及毛泽东强调暴力革命的论述,特别是列宁对第二国际机会主义者的批判言论和毛泽东同志"枪杆子里面出政权"①的观点,论定暴力革命是无产阶级革命的普遍规律和根本道路,甚至以此作为马克思主义与机会主义的分水岭。实际上,暴力革命可以视为无产阶级革命的一般道路,而非唯一道路;无产阶级要不要取得政权,这是个原则问题,不容含糊;而用什么方式取得政权,则是个策略问题,具有较大的灵活性。对此,可以从以下三方面来论证:1. 马克思列宁主义从来都是具体分析社会矛盾,强调暴力革命的必要性和重要性,而不认为暴力革命是无产阶级革命的唯一道路。2. 从哲学上说,质变的形式是多样的,社会的质变也非只有爆破式这一种形式。3. 马克思主义不是教条,而是革命的指南,各国无产阶级革命应根据自己的具体情况确定革命的策略,不能硬套一个模式。

革命导师在不同的历史情况下,根据对社会矛盾的具体分析,曾就无产积极革命的道路问题提出过不同的意见,有一个随革命形势和革命斗争而发展变化的过程,绝非只强调暴力革命这一种形式。

19世纪四五十年代,马克思和恩格斯根据当时德国等的历史情况,在《共产党宣言》等著作中认为无产积极革命只有通过暴力革命才能成功。

但是,马克思、恩格斯并没有把暴力革命这一斗争方式绝对化,他们"从来没有断言,为了达到这一目的,到处都应该采取同样的手段"②。1871年,即巴黎公社革命爆发那一年,马克思指出英国无产阶级实现社会主义的道路与法国不会相同,他说:"在英国,工人阶级面前就敞开着表现自己的政治力量的道路。凡是利用和平宣传能更快更可靠地达到这一目的的地方,举行起义就是不明智的……用什么方式来达到结局,应当由这个国家的工人

---

① 毛泽东:《毛泽东选集》合订本,人民出版社,1968年版,第512页。
② 中共中央马克思恩格斯列宁斯大林著作编译局编译:《马克思恩格斯全集》第18卷,人民出版社,1964年版,第179页。

阶级自己选择。"①无产积极革命应该走什么道路,应由各国的工人阶级自己选择,这是马克思主义的一个重要的观点。1872 年,马克思在海牙代表大会闭幕后,在阿姆斯特丹群众大会的演说中,一面指出在许多国家暴力革命应当是无产阶级革命的杠杆,一方面指出像英国、美国、荷兰等国的无产阶级可能用和平的方式达到自己的目的。

普法战争后,德国通过自上而下的道路实现了统一,资本主义工业得到了迅速的发展,工人运动也出现了新的高潮,在 1890 年 2 月的选举中,德国社会民主党获得了 1/4 以上的选票。根据这些情况,恩格斯认为曾在 1848 年以前到处实行过的筑垒巷战方式已不适宜,无产阶级政党应该积极进行争取民主的斗争。他赞扬德国工人阶级在革命实践中做出的重大贡献,说"他们给予了世界各国同志们一件新武器——最锐利的武器中的一件武器,他们向同志们表明了应该怎样利用普选权"②。显而易见,马克思、恩格斯也提倡过普选权。革命策略只能根据具体形势来确定,而不能把一种形式奉为永远不变的金科玉律。对此,恩格斯说得好:"工人运动的最近目标就是由工人阶级自己为工人阶级夺取政权。如果在这一点上我们是一致的,那么在为实现这一目标所应采取的斗争手段和斗争方法上的不同意见,就不大可能使诚实的人们之间发生原则上的分歧,只要他们都有理智的话,对每一个国家来说,能最快、最有把握地实现目标的策略,就是最好的策略。"③

19 世纪末 20 世纪初,世界上主要的资本主义国家相继进入了帝国主义阶段,资产阶级强化了国家机器,这时通过和平方式、议会道路争取革命胜利的可能性已经不大,所以列宁确曾说过:"资产阶级国家由无产阶级国家(无产阶级专政)代替,不能通过'自行消亡',根据一般规律,只能通过暴力革命。"④列宁针对第二国际的议会迷们甚至强调过:"不用暴力破坏资产

---

① 中共中央马克思恩格斯列宁斯大林著作编译局编译:《马克思恩格斯全集》第 17 卷,人民出版社,1963 年版,第 683 页。
② 《马克思恩格斯全集》第 22 卷,人民出版社,1965 年版,第 601 页。
③ 《马克思恩格斯全集》第 39 卷,人民出版社,1974 年版,第 47—48 页。
④ 《列宁选集》(第三卷),第 188 页。

阶级国家机器,不用新的国家机器代替它,无产阶级革命是不可能的。"①但是,列宁从来也没有完全否定革命和平发展的可能性。第二国际的机会主义者的错误在于他们片面鼓吹和平发展是无产阶级革命的唯一形式和道路。把和平方式绝对化,与把暴力方式绝对化一样,都是把一种斗争方式错视为普遍规律,因而都不符合历史的辩证法,都不是马克思主义。1917年俄国二月革命胜利后,出现了两个政权并存的局面。列宁随即指出俄国无产阶级革命出现了和平发展的可能性。这是由于阶级力量的对比发生了变化,是因为"武器掌握在人民手中,没有外力压制人民——这就是问题的实质。这就提供了并保证了整个革命有和平发展的可能"②。后来,由于俄国资产阶级使用反革命暴力镇压无产阶级,革命和平发展的可能性不存在了,列宁才发动和领导了十月革命的武装起义。

迄今为止,暴力革命是无产积极夺取政权的一般道路,这已被国际共产主义运动的历史所证实,但是,决不能视之为唯一道路。斯大林也曾预言过和平发展的可能性,认为在一定的条件下,某些国家的资本家可能被迫"'自愿地'向无产积极做重大的让步"③。斯大林在晚年写的《马克思主义和语言学问题》中,又从哲学的高度阐明了事物的质变形式的多样性,从而也揭示了社会主义革命的道路也将是多样的道理。他分析了"新质要素逐渐积累,旧质要素逐渐衰亡"的事物质变的渐进形式,阐明了世界上的事物是复杂的,事物的质变形式也是多样的,打破了关于事物质变是"爆发"的单一形式的传统观念。

在社会主义革命的道路问题上,邓小平同志根据当代的新形势,也提出了不一定要暴力解决问题的新观点,他在1984年说:"处理国与国之间的关系,和平共处五项原则是最好的方式。……总结国际关系的实践,最具有强大生命力的就是和平共处五项原则。""现在进一步考虑,和平共处原则用之于解决一个国家内部的问题,恐怕也是一个好办法。"④问题提得十分明确,

---

① 《列宁选集》(第三卷),第624页。
② 《列宁全集》第25卷,人民出版社,1988年版,第173页。
③ 斯大林全集编辑部编:《斯大林全集》第六卷,人民出版社,1956年版,第104页。
④ 邓小平:《建设有中国特色的社会主义》,人民出版社,1984年版,第67页。

这正是具体矛盾具体对待的马克思主义的实事求是的态度。治国犹治病,必须对症下药,不可一方乱投。由此可见,不考虑不同国家的具体情况,而把暴力革命视为区分马克思主义与非马克思主义的标准,是不科学的,是与马克思主义南辕北辙的。

那么,在1903年片山潜发表《我的社会主义》的时候,日本无产阶级可否通过暴力革命夺取政权,有没有这种可能性和现实性？片山潜没提出暴力革命的纲领,是否能因此就断定他还不是马克思主义者呢？对这些问题,需要进行具体分析。在20世纪初,也就是片山潜开始成为马克思主义者的时候,要求日本马克思主义者以暴力革命推翻天皇政府夺取资产阶级的政权,并且规定如果他们不用暴力夺取政权,便判定他们不算马克思主义者,是不切合实际的。具体的社会矛盾要用具体的方法解决,这是马克思主义的活的灵魂。在当时的日本,从思想上准备武装夺取政权是正确的。片山潜的《我的社会主义》提到了革命,而没有明确提出应在思想上准备暴力革命是其不足之处,但要求把暴力革命付诸实际却是错误的。如果当时硬要这样去做,表面上很"革命",实际上会与革命的目的背道而驰,是对革命有害的"左"倾盲动主义或无政府主义。无产阶级革命会有流血牺牲,因而无产阶级战士要能够面对淋漓的鲜血。然而,在没有胜利可能的情况下制造流血牺牲,绝不是正确的策略。对此,日本当代的史学家也是有总结的。例如井上清说:"在'国法许可的范围内'的……社会主义也没有被允许继续发展。幸德秋水在社会党被禁止前不久,带着在美国受到的无政府主义的影响回到日本,开始主张像日本这样的专制国家,除了工人的'直接行动'——总罢工之外,没有其他革命的道路……正在工会似有似无的这个时期,总罢工是不可能的,幸德秋水的主张是无视日本现实的知识分子唯心论的革命主义的错误思想,却受到了当时知识分子的社会主义者的多数支持。他们的运动是唯心论的,是激烈的。这给政府提供了镇压的借口和机会。"① 井上清与铃木正四合著的《日本近代史》又说,幸德秋水主张"直接行动",是"小资产积极的意识,犯了对形势估计过高的'左'倾错误"。片山潜主张争

---

① 井上清:《日本的历史》下册,第97—98页。

取普遍选举权和通过议会来实现革命,"在当时的阶段上,比幸德路线的害处较小"①。这些分析是实事求是的。今天再以暴力革命作为 20 世纪初日本革命者算不算马克思主义者的标志,显然失之片面。

四、可否以片山潜的自我述评作为评价他的主要论据

有的同志引证片山潜自己的话,论定他是 1917 年以后才成为马克思主义者的。可否以片山潜的自我述评作为评价他的主要论据呢?换言之,可否以人物的自我述评作为评价该人物的主要论据呢?一般说来,自我述评有实事求是的,也有不实事求是的;谦逊者有之,吹嘘者也有之;势不得已者有之,别有用心者也有之;比较客观全面者有之,纯属主观片面者也有之。也还有这样的情况,当时个人认为正确的,后来历史证明却是错了;当时个人认为是错误的,后来历史证明却是对了……所以人物的自我述评只可以作为评价人物的参考或论据之一,而不能作为主要论据,更不可作为盖棺之论。评论片山潜也应如此。

片山潜曾做过这样的自我述评:"我投身于工人运动是明治三十年(1897 年)秋天的事。自此以后直到今天我没有忘了为解放日本工人农民的斗争。"为什么他过去参与领导的社会主义革命尚未成功呢?他说:"我的这种失败,就是由于合法主义者的观念而引起的。作为一个社会主义者的我,在当时还是一个议会主义者,实际上就是机会主义者,而毒害工人和农民的,到最后也就是合法主义者。"②"当时"指何时,片山潜没有说,因此给研究片山潜的工作带来一定的困难。从字面上看,当时是指他从投身工人运动到他不再是议会主义者的一段时间。这段时间的下限,从片山潜自己的著述中找不到具体答案。片山潜在他逝世的前一年所著《我的回忆》后附的《回顾抄略》中说:"给我的生涯以最强有力的感化影响的书是孔子的《春秋》、矢野文雄的《经国美谈》,特别是列宁的《国家与革命》。这些是指导我

---

① 井上清、铃木正四:《日本近代史》,合同社,1955 年版,第 250—251 页。
② 片山潜:《工人运动在日本——为了社会主义》,原为英文版,山边健太郎译,中译见片山潜:《日本的工人运动》,三联书店,1959 年版,第 251 页。

行动的主要书籍。"①这是就其"平生"而言的。孔子的《春秋》是寓褒贬,别善恶,讲大义名分,维护等级秩序的,如果以片山潜的这段自述为主要论据,那么片山潜终其一生恐怕也很难说是一位"真正的""彻底的"马克思主义者。显然不能这样立论。

如果人物的自我述评可以作为评价他的主要论据的话,片山潜还有更早就确信应该信仰马克思主义的话。如前所述,他和安部等于1895年组织的社会主义研究会,研究了马克思等,到1900年这个研究会又发展成为"社会主义协会",片山潜说他们经过多次认真的讨论,得出的结论是:"确信唯有马克思主义才是我们应该信仰和实践的真理。"②能据此说片山潜在1900年已成为马克思主义者了吗?如果可以这样立论的话,那么很多口头上挂着马克思主义的人(中外这样的人都很多)就都可以称为马克思主义者了。这当然是不正确的。

列宁说:"判断一个人,不是根据他自己的表白或对自己的看法,而是根据他的行动。判断哲学家,不应当根据他们个人所挂的招牌('实证论'、'纯粹经验'哲学、'一元论'或'经验一元论'、'自然科学的哲学'等等),而应当根据他们实际上怎样解决基本的理论问题、他们同什么人携手并进、他们过去和现在用什么教导自己的学生和追随者。"③早在两千多年前,孔子也说过一句名言:"视其所以,观其所由,察其所安,人焉廋哉?人焉廋哉?"④评价片山潜也应以此为准则。

金无足赤,人无完人。纵观片山潜生平的思想和活动,尽管有这样那样的不足和缺点,但他不愧是"日本杰出的马克思主义者"和"东方最早的马克思主义者之一"⑤。他对日本、东方和世界的无产阶级革命运动的贡献,他反对帝国主义、反对帝国主义侵略战争、保卫世界和平事业的贡献,将永垂青史。

(作者李威周,青岛大学,原文刊于《世界历史》1986年第6期)

---

① 片山潜遗稿:《走向革命社会主义的道路》,冈田宗司编,刀江书院,1970年版,第64页。
② 片山潜诞生一百年纪念会编:《片山潜著作集》第3卷,第279页。
③ 《列宁选集》(第二卷),第221页。
④ 《论语·为政》。
⑤ 《中共中央致电纪念片山潜诞辰》,《人民日报》1959年12月3日。

铁路与日本对外扩张

祝曙光

近现代日本铁路的兴建,除经济目的外,还具有对外扩张的需要。作为新兴的交通运输工具,铁路具有极为重要的军事机能,在备战和战争期间,日本铁路担负着快速集结兵力、运输军需品、输入国外战略物资、确保军需产业和其他重要产业从业人员的输送、疏散人员等繁重任务。近现代日本铁路是在经济上追赶西方和建立殖民帝国的特殊历史条件下发展起来的,扩大对外侵略是日本统治者修建铁路的重要目的之一。

一

令人难以置信的是,起初军部是日本修建铁路的最大障碍。明治初期,军部考虑的是如何巩固国防、抵御外侮,对外扩张还未提上议事日程,因此军部认为敷设铁路有碍国防,极力加以反对。当时围绕是否修建铁路,日本国内存在着两种截然相反的意见。以大隈重信、伊藤博文为首的开明派认为应该尽快修建铁路;而保守派却极力反对修建铁路,人民群众乃至许多政府官员也不理解修筑铁路的意义。由于铁路建设投资大、周期长、资金回笼慢,保守派认为,西方人鼓励日本修建铁路不怀好意,目的是掏空日本的国库,使日本经济陷于崩溃,因此他们将铁路讥讽为"失金之道"。兵部省也加入了反对者的行列,借口新桥站占用了军事用地,向太政官递交了抗议书。

兵部省的反对意见可以归纳为两点：其一，原则上反对修建铁路，认为敷设铁路有碍国防；其二，不得已而建铁路，火车站必须远离市中心。1870年6月，兵部大辅前原一诚以个人名义上书太政官，列举修建京滨铁路的九大弊端。① 鹿儿岛藩大参事西乡隆盛、开拓次官黑田清隆明确指出，为了巩固国防，必须将军事拨款置于优先地位，修建铁路还为时尚早。

京滨铁路是日本第一条铁路，该铁路于1870年4月正式动工修建，1872年10月竣工。当时，为了减少来自军部的压力，大隈重信决定铁路线路尽量避免穿越军事辖区，为此将东京火车站建在汐留（新桥），横滨火车站设在海岸的填筑地上，并且从野毛海岸到神奈川青木町间筑一条海上长堤，在海堤上敷设铁路，避免了与兵部省发生冲突。② 由此可见，当时军部对铁路的战略价值缺乏清醒的认识。

1877年爆发的西南战争一举改变了军部对铁路的认识。铁路在西南战争中发挥了积极作用，充分显示了铁路的军事效能。西南战争的胜负在一定程度上取决于交战双方对交通线的控制，以及由谁占有了铁路这一先进的交通运输工具。当时明治政府已修通了东京至横滨、大阪至神户和京都至神户的铁路。尽管铁路线不长，除京滨铁路以外，其他两条铁路均为单线铁路，运输效率不高，然而它对于明治政府增强军事输送能力，加快部队的动员、结集速度，还是起到了不可忽视的作用。1877年2月14日，当代理陆军少辅大山岩获悉西乡隆盛的萨摩藩前卫部队从鹿儿岛出发的消息时，立即要求铁路专管机关——工部省于14日下午1时从新桥发一列列车，运兵400人；2时发列车一列，运兵900人；15、16日从新桥运送同样数量的兵员到横滨，由此拉开了日本铁路军事运输的序幕。为了保证完成军事运输任务，工部省在京滨铁路上投入了58辆客车，并且把京滨铁路定期列车编入军用列车序列。2月19日明治政府正式发出讨伐令，军事输送任务日益繁重。2月20日至9月5日，从新桥运往横滨的兵员总计26 000人。西南战争期间，明治政府动员的兵员共6万人，其中约半数兵员是通过京滨铁路

---

① 日本国有铁道修史委员会：《日本国有铁道百年史》第1卷，成山堂书店，1998年版，第72—73页。
② 沢和哉：《日本的铁道——120年的故事》，筑地书馆，1993年版，第16页。

输送的。铁路还输送大量的武器、弹药、粮食等物资。① 由于政府军动员迅速,粮食弹药供应及时,士气旺盛,叛军很快被击溃。西南战争改变了军部对铁路建设和铁路运输事物不问不管的消极态度,逐步插手铁路建设事业。1879年,陆军卿大山岩要求铁道局将车辆种类、数量、性能及运行状况向军部进行报告,开始了战时体制下利用铁路的综合调查。1881年(明治十四年),当日本铁道会社成立时,由于军部的坚持,在开业契约书中列入这样的条款:"当发生非常事态、兵乱之时,会社具有根据政府的命令由政府任意支配铁道的义务"(第24条),明确指出在战时状态下国家有权利用私有铁路。1884年2月25日,太政官发布文告指出:"铁道的敷设、变换如与军事有关,须与陆军省协议。"②这样,军部特别是陆军对铁道政策的发言力大大增强了。19世纪80年代围绕修建东京至京都的铁路干线的走向发生争执,铁道局主张沿东海道敷设,军部认为东海道易遭受来自海上的攻击,提出沿危险性较少的中山道敷设,结果军部的意见被采纳。由此可见,19世纪80年代中期以前,日本在修建铁路时主要考虑的是巩固国防,发展经济,铁道政策是防御性的。80年代中期以后,日本的铁道政策发生了明显变化,即铁路建设与日本的对外扩张联系起来。为了侵略朝鲜,军部从1886年开始积极准备同中国的战争,把整备铁道网作为一个重要课题加以深入研究,研究重点是如何将外征部队迅速输送到出港地,初步形成了利用铁路输送外征部队的设想。③ 1886年,军部着手对军制与军备进行全面改革。陆军次官桂太郎和参谋次长川上操六联名向陆军大臣提出意见书,把建军目的分为两种,"其一是只防御敌国入寇,并严守局外中立,欧洲二等国之建军目的是也。其二是大扬武威,当国家缓急之秋,诉诸武力以决雌雄……既所谓养他动之兵者,欧洲强国即一等国之建军目的是也"。④ 1888年参谋本部发表了《铁道论》一文,把铁路运输作为军备的一部分,提出为了改善军事运输而建设铁路。不久参谋本部又抛出了《关于铁道的军事定义》,川上操六发表了

---

① 日本国有铁道修史委员会:《日本国有铁道百年史·通史》,成山堂书店,1997年版,第37页。
② 野田正穗等:《日本的铁道——成立与展开》,日本经济评论社,1994年版,第62页。
③ 老川庆喜:《铁道》,东京堂,1996年版,第51页。
④ 井上清:《日本的军国主义》第1册,马黎明等译,商务印书馆,1985年版,第220页。

《日本军事铁道论》。军部发表此类文章的目的是唤起民众和舆论对铁路军事机能的认识，同时也标志着军部已初步构筑了有关铁路军运的理论体系。

二

19世纪80年代末90年代初，军部进一步参与铁路政策的制订，为备战即将到来的日中战争提出了许多建议，如本州干线铁路计划、实现铁路复线化、改良线路、停车场等。1890年陆军省为了检验铁路军运效果，几次军事大演习均把铁路军事输送作为重要内容。特别是1890年3月19日在浓尾地方进行的陆海军联合大演习，军部利用东海道线和武藏线实施军事运输，取得了很好的效果。演习中采用战时输送方式，即削减一部分民用列车，充实军事运输，变更列车时刻表。甲午战争爆发后，日本迅速通过铁路运输兵力，运输的主要通道是国铁东海道线、直江津线（现在的信越本线）以及日本铁道会社所辖的上野至青森、大宫至高崎和山阳铁道会社所辖的神户至广岛的铁路。①

为了提高军事输送效能，军部还要求敷设军用铁路。甲武铁道会社于1894年7月，即甲午战争爆发前夕受陆军省委托，开始建设通往青山练兵场的军用线及青山停车场，9月17日完成。该停车场的作用是接受集中于东京的部队，并且把其迅速输送出去。山阳铁道会社受陆军省及递信省的委托敷设广岛至宇品的军用铁路。尽管该铁路长度只有5.8公里，但对于把军队及军需品直接运往港口发挥了重要作用。日本铁道会社所辖的赤羽、品川间的线路与东海道线的联络以往经品川转向，为了实施从青山停车场经甲武、日本两铁道与东海道线进行直通运输，日本铁道会社在品川、目黑间的大崎分叉修建一条通往东海道线的大井线路。该线路长1.5公里，于开战前的7月开工，8月竣工。此外，为了把东海道线的横滨站也作为转向线的停车场，在神奈川至程谷间开设直通线路。该线路于1894年8月开工，9月完成。这些短线铁路的建设费用均从军费中支出，是专门的军用铁路线。

---

① 日本国有铁道修史委员会：《日本国有铁道百年史·通史》，第102—103页。

由于采取了上述措施，使得军部能够迅速将大量兵力集结于出港地——广岛，为取得战争的胜利创造了有利条件。1894 年度日本国铁的军事运输量为兵员 174 595 人，军用品 43 445 吨；1895 年度国铁运输兵员为 105 944 人，军用品 20 736 吨，马匹 7 727 头。①

  日本之所以取得甲午战争的胜利，一个重要原因是铁路线大大超过中国，运输效率也是中国铁路无法相比的。甲午战争前，日本拥有铁路长达 3 000 多公里，而中国仅为 400 公里。中国统治者不了解铁路军运的作用，战争爆发后，御史王鹏运奏请将山海关过关铁路拆毁，修复关城，理由是"日军登陆后强劫火车，驾驶内犯，一路毫无阻隔，殊切隐忧。"②王鹏运不懂得铁路的重要军事作用，他这种自毁铁路、影响军运的谬论遭到了李鸿章的驳斥。当时中国统治阶层中除李鸿章等人以外，大多数人不了解铁路的战略价值，于"铁道情势尚未深知"。而日本统治者却在甲午战争前对铁路的战略价值进行了深入研究。铁路在 19 世纪 50 年代爆发的克里米亚战争中显示了重要作用，它能加快军队的动员和部署，保证军队的调动和接应，克服了以往的给养限制、季节限制和传递限制，可以迅速、及时地把大量兵力和军需物资投入战场或战场后方的集结区，形成优势。③ 铁路的军事效能在 1866 年的普奥战争和 1870 年的普法战争中再次得到了验证。因此，欧洲各国把敷设铁路与发展现代化武器放在同等重要的位置。在西方，用铁路调动军队已经成为一门可以准确计算的科学。德国军方估计，一个军团连同全部军需物资，须用 117 列火车运送，在复线铁路上 9 天可以运行 900 公里，如果徒步行军，则需花费两个月。④ 这种将铁路引入战争的思想对日本统治者产生了深刻影响。由于日本陆军军制采用的是德国模式，而德国的铁路军运又走在其他国家的前面，因此日本军方派出人员前往德国学习，引进德国先进的铁路军运理念和丰富的军运经验。

---

① 日本国有铁道修史委员会：《日本国有铁道百年史·通史》，第 102—103 页。
② 戚其章主编：《中国近代史资料丛刊续编——中日战争》，中华书局，1989 年版，第 367 页。
③ 朱庭光主编：《外国历史名人传近代部分》下，重庆出版社，1982 年版，第 102 页。
④ G. R. 波特主编：《新编剑桥世界近代史》第 11 卷，中国社会科学研究院世界历史研究所组译，中国社会科学出版社，1987 年版，第 298 页。

日本铁路军运的权威是大沢界雄。他对改进日本的铁路军运和确立日本的铁路军运理念发挥了重大作用。他于1893年赴德国研究军事运输,1895年4月回国,任辎重兵少佐、兵站监部参谋。甲午战争的胜利进一步提高了日本军部对铁路军事机能的认识,把铁路视为战争机器的重要组成部分,在运输资源的空间配置上高度重视军事因素。1898年9月,大沢界雄在东京的帝国大厦发表了题为《铁道国有论》的演说。大沢界雄认为日本铁路的军事输送效率远远落后于德国。当日本进行军事动员时,东海道线1日可发军列12次,而同样的线路德国可发军列48次,是日本的4倍,德国在复线铁路上甚至可发60次。大沢界雄认为,一个师团的运输需要发军列96次,按1日12次的输送能力,需要8天才能保证部队出发。如果1日发48次车,2天就能保证部队出发。他认为提高军事输送能力的最佳途径是铁路国有。[①] 军部要求平时发挥经济作用的铁路在战时迅速转换为军事运输工具,确立铁路经济机能与军事机能并立的制度。军部不仅认识到了铁路的战略价值,而且对铁路的战术价值也有充分的认识。1896年,军部在东京组建了铁道大队,正式开始了野战铁路的建设。

20世纪初日俄两国在围绕争夺朝鲜和中国东北的殖民利益方面发生了尖锐的矛盾。随着日俄矛盾的加剧,日本加快了对俄军事作战的准备,提高铁路军运效率是其中重要的一环。1904年初,陆军当局提出了铁道军事供应令案,要求内阁加以审议。枢密院把该案作为重要敕令案加以审议,结果该案被通过,并于1月25日加以公布。同时,制订了《铁道军事运输规程》作为实施细则。据此,国铁、私铁均有义务根据陆海军当局的命令修建军事上所需要的工程,并且规定军事运输为直通运输,即从出发地直接运输到目的地。此外,根据参谋本部的要求,1901年10月,日本铁路管理部门完成了朝鲜京仁铁路的敷设工作。随着战争日益临近,日本政府又拨出紧急补助金敷设京釜铁路,开战后的1904年10月,京釜铁路全线贯通。

参谋本部的动员计划是以3个师团编成第一军占领朝鲜;再以第九(驻金沢)、第十(驻姬路)、第十一(驻善通寺)师团以及骑兵、炮兵各一个旅团编

---

① 原田胜正:《明治铁道物语》,筑摩书房,1983年版,第246页。

成第二军在辽东半岛登陆，与第一军相呼应，会师辽阳，另以一个师团即第八师团（驻弘前）在罗津登陆，对乌苏里方面的敌军进行牵制或监视。这样开战之初，动员的兵力为 7 个师团，骑兵、炮兵各一个旅团。当时日本铁路干线的运输能力为每日平均可发军用列车 14 列，运输船的输送量为 30—40 万吨。2 月 10 日，日本正式发布对俄宣战公告，2 月 11 日参谋总长命令第一军司令官将近卫师团及第二师团的一部分由铁路运输到广岛，运输从 2 月 15 日开始，29 日运输完毕。第一军运输完毕的当天，军部又向第二军所属各师团下达动员运输令。第二军的运输从 3 月 19 日开始，陆续向广岛集结。

日俄战争期间国铁为了满足军事运输和一般交通运输的需要，采用不同的运行方式，即分为特别运行、普通运行和凯旋运行。为了运输近卫师团、第二师团，东海道线从 2 月 14 日起采用的是特别运行的输送方式。每日上、下午各发军列 14 次，仅发 2 次普通列车，这种输送方式对其他国铁线和私铁线也产生了影响。各铁路线路的管理部门采用了一些临时措施，例如阪鹤铁道和吴线分别从 2 月 14 日和 2 月 16 日起实施新的列车运行时刻表。日本铁道、山阳铁道从 2 月 17 日实施特别运行。信越线则在 2 月 22 日至 26 日实施特别运行。北越铁道于 2 月 23 日变更列车运行时间。新宿至大井段、新桥至大井段在 2 月 17 日至 20 日实施新的列车运行时间。新桥至新宿段、新桥至大森段也运行临时列车。[1]

日俄战争期间，日本能完成庞大的运输量有多方面的原因。当时日本铁路营业里程为 7 000 余公里，年运输旅客 1 亿人次，货物 2 000 万吨。青森至下关间的本州纵贯干线已完成。在北海道，函馆至小樽、旭川、富良野间的铁路已接近完成。在九州，门司至八代间，门司至长崎以及佐世保的铁路也已贯通。这样基本上完成了连接主要区域的纵贯干线铁路。尽管连队所在地还未完全修通铁路，但 13 个师团的司令部所在地以及 4 个军港均有铁路相连。[2] 日俄战争期间，日本军事运输的规模比甲午战争时大得多，共运

---

[1] 原田胜正：《明治铁道物语》，第 214 页。
[2] 同上，第 224 页。

输人员 128 万,马约 20 万匹,货物 53 万吨。这些运输需要客车约 4 万辆,货车约 12 万辆。客车行驶里程约 1 103 万英里,货车行驶里程约 2 911 万英里。日俄战争结束以后,明治政府又进行了长达半年多的大规模的凯旋运输,一直持续到 1906 年 5 月。① 这仅仅是国铁的统计数字,而私铁当时的营业里程是国铁的两倍,其军事输送量当然大大超过国铁。这样大规模的军事运输,必然削减旅客列车,对一般货物列车也予以限制,特别是开战之初的 2—3 月间,东京至广岛、宇品间的铁路几乎完全被用于军运,一般运输严重受阻。为此铁道作业局仅仅在军事运输的间隙开行临时列车,以方便一般旅客。此外还利用军列的返程来进行客货运输。日本通过甲午战争和日俄战争,终于建立了自己的殖民帝国,至 1914 年,日本已拥有约 30 万平方公里的殖民地,殖民地人口近 2 000 万。

三

1937 年 7 月,日本发动了全面侵华战争。1941 年 12 月又发动太平洋战争。陆军总兵力为 51 个师团,其中 43% 的兵力用于中国战场,19.6% 的兵力用于太平洋战场,二者合计约占日本总兵力的 63%。② 这样庞大的兵力全靠铁路运往港口,然后通过海运输送到中国和太平洋地区各战场。

日本铁路在侵华战争和太平洋战争中的作用主要表现在以下几个方面:

第一,铁路为日军迅速运输了大量兵员和军需物资,有力地支持了日军在各战场的军事行动。侵华战争爆发后,国铁就开始了军队大运输,截至 1937 年末,共向中国大陆输送了 17 个师团,约 50 万人。1937 年 7 月至 1938 年 7 月,铁路动员运输的兵力高达 200 万人。军需物资的输送量也在激增。1936 年度铁路货物输送量为 9 700 万吨,1941 年度达到 1 亿 5 100 万吨,1943 年度更达到 1 亿 7 800 万吨。军用物资输送量的增加是导致铁路货物输送增加的一个重要原因,如 1936 年度军用货物输送量为 558 000 吨,

---

① 日本国有铁道修史委员会:《日本国有铁道百年史·通史》,第 150 页。
② 胡德坤:《中日战争史》,武汉大学出版社,1988 年版,第 488 页。

1943年度达到24 252 000吨。① 1941年8月1日，美国政府宣布对日本全面禁运石油，这对日本是一个致命打击。因为日本的石油产量只能满足平时所需的20%，所需石油大都依赖进口，其中4/5来自美国。日本的能源供应骤然紧张起来。由于石油消费受到限制，加上船舶匮乏，运输兵员和军需物资不得不向铁路转移。为了保证军事运输，铁路管理部门抑制非紧急运输，在特殊情况下甚至可以拒绝非紧急运输。太平洋战争爆发后的第二年，即1942年，日本政府决定实施战时陆运非常体制，重点是海上运输货物尽量向铁路转移。这样铁路货物输送在整个运输中占压倒优势。铁路管理部门还应军部的要求敷设军用铁路，如1939年4月修通的通往太刀洗机场的甘木线以及1944年4月竣工的横须贺至久里浜的铁路②，军部还指示铁路部门制造适应战争需要的重载机车和客货车。

由于铁路已成为日本战争机器的重要组成部分，太平洋战争后期，美军利用陆基飞机和舰载飞机日夜不停地对日本铁路进行轰炸，力图切断日本铁路运输线。1944年6月，北九州铁路受到了美军B29轰炸机的攻击，以后空袭次数逐渐增多。1945年8月13日11时50分，总武本线成东车站受到美军舰载机的轰炸，第302次列车的5节客车和一辆满载火药的货车被炸引起爆炸，整个站内的建筑物全部被炸毁，造成27名旅客和15名铁路员工死亡。③ 战争后期此类事件并不罕见。由于盟军飞机的轰炸，铁路被毁严重，国铁被毁线路长达1 600公里，占国铁线路的8.2%；车站被毁198个，占2.3%；通信线被毁90 000公里，占13.2%；信号线路被毁4 000公里，占9%；机车被毁891辆，占14.4%；客车被毁2 228辆，占19.1%；货车被毁9 557辆，占7.5%；联络船被毁79 774吨，占65%。受攻击次数最多的线路是东海道本线，共172次，其次是鹿儿岛本线88次，中央本线81次，东北本线72次，常盘线71次，日丰本线67次，其他各线也都受到不同程度的攻击。因空袭而死亡的铁路员工多达1 250人，受伤3 153人，旅客死亡717人，

---

① 老川庆喜：《铁道》，第248页。
② 沢和哉：《日本的铁道——120年的故事》，第179页。
③ 野田正穗等：《日本的铁道——成立与展开》，第258页。

受伤1 777人。①

第二,铁路为日本掠夺殖民地资源和物资的运输起到了重要作用。随着战争规模的扩大以及美英等国对日本的经济封锁,日本面临资源不足和物资匮乏的困境。为此,日本加紧对殖民地资源和物资的掠夺,以达到"以战养战"的目的。日本大藏相贺屋兴宣说:"在相当长的时期内将无暇顾及当地居民的生活,暂时采取榨取的方针。"②日本通过各种方式对殖民地进行榨取,掠夺中国的"二白"(盐和棉花)、"二黑"(铁和煤)以及粮食,还从中国、朝鲜和东南亚各国掠夺了大量石油、锡、橡胶、铜、钨等战略物资。为了将这些物资运到国内,日本一方面建立所谓"日满华一体的自足体制",强化"日满华"海陆运输;另一方面修建专用铁路以确保殖民地物资输入内地。煤炭、矿石、棉花、粮食等物资均属大宗、散装货物,铁路是长(距离)、大(批量)、散(装)、重货物的最好运输方式。在战时陆运非常体制下,中国物资经短距离的海上运输后,由南朝鲜港口中转输入日本国内。南朝鲜的中转运输始于1942年12月。第一个月的中转运输量是3万吨,以后逐渐增加,1944年下半年达到每月30万吨。经南朝鲜中转和北朝鲜中转的大陆物资,通过海上运输,在日本沿岸的船川、秋田、酒田、新潟、直江津、富山、伏木、七尾、敦贺、舞鹤、境、宫津等港口卸货,然后由铁路向京滨、中京、阪神地区输送。运输的物资起初以煤炭为主,以后则主要是中国东北地区的大米。战争后期由于黄海、东海水域受到美军的严密封锁,中国大陆的物资改运至朝鲜东岸的罗津、清津、雄基、城津、元山等港口。随着战局的恶化和美军对海运的封锁,殖民地资源的输入日益困难,日本统治者加紧了对本国资源的开发。1942年下半年开通了田川、只见、福山等专用铁路。③

第三,铁路为日本对外战争提供大量军费。铁路运输收入是日本国民收入的重要来源。日本国铁的财政收入一直相当不错。侵华战争爆发后,铁道特别会计被纳入临时军事费特别会计,1938年4月1日开始施行。临时军事费在国铁财政中占很大的比重。这样,国铁不仅从事军事运输,而且

---

① 日本国有铁道修史委员会:《日本国有铁道百年史·通史》,第341—343页。
② 李玉、骆静山主编:《太平洋战争新论》,中国社会科学出版社,2000年版,第258页。
③ 日本国有铁道修史委员会:《日本国有铁道百年史·通史》,第328、333—338页。

也是军费调拨机构。1938—1943 年国铁提供的军事费用高达 7 亿 2 600 万元。1944 年为 2 亿 5 500 万元,占运输收入的 12%。由于临时军事费用的增加,使国铁纯收入不断下降,财务状况日益恶化。①

  第四,铁路运输有力地推动了日本战时经济的发展。日本经济从 1937 年 7 月起转入战时经济,重工业化学工业被置于优先发展的地位,尤其是军需工业增长迅速。随着人与货物的集散规模越来越大、集散空间越来越广,对铁路运输能力的需求就越来越高。侵华战争和太平洋战争期间,日本的人与货物的空间位移主要是通过铁路运输得以实现的。战时日本构筑了由铁路、公路、海运、航空等运输方式组成的综合运输体系,而铁路是综合运输体系的中心。由于船舶数量不足,海运运力下降,军部要求提高铁路运输力,使铁路运量达到极限。煤炭是海运向陆运、特别是向铁路转移的主要货物。据统计,九州、北海道铁路的煤炭输送量,1942 年度与 1941 年度相比,增加了 4.3 倍,1943 年度则增加了 11 倍,1944 年度增加了 15 倍。② 除了煤炭以外,向铁路转移的货物还有釜石的矿石,九州的钢材、水泥以及北海道的马铃薯、焦炭、木材等。实施陆运转移计划以来,每年向铁路转移的货物大约为 2 100 万吨。为了完成陆运转移计划,日本铁路管理部门不仅增发货物列车,而且从 1942 年 11 月到 1945 年 6 月停运部分旅客列车。随着战争形势的恶化以及运输量的激增,铁路管理部门进一步强化旅客运输统制,把旅客分为通勤旅客、团体旅客和一般旅客。所谓通勤旅客是指在军需产业和其他重要产业的从业人员以及在校学生。首先确保这部分旅客的运输。团体旅客是指参加劳务配置、开拓迁移、军事训练等直接增强国家战争能力的人员,以上人员乘坐火车只需付运价的一半。对一般旅客的旅行则加以限制。1944 年 4 月 1 日开始,100 公里以内的近距离旅行,车票按一定比例发售;100 公里以上的远距离旅行,属于公务旅行者须持有各机关出具的公务旅行证明,其他旅行者须持有当地警察署出具的旅行证明。"1945 年,为了迎接本土决战,除东海道、山阳线以外,几乎废止了特别快车。在这种状

---

① 日本国有铁道修史委员会:《日本国有铁道百年史·通史》,第 315 页。
② 同上,第 325 页。

态下,自由的旅行是完全不可能的。不持有旅行证明就不能作长距离旅行,仿佛又回到了中世纪。"①1943 年 10 月 1 日,铁路管理部门实施新的货物运输时刻表,货物列车运行里程增加了 33 000 公里,是 1936 年的两倍。相反旅客列车运行里程减少了约 5 000 公里,不及 1936 年。货物列车凌驾于旅客列车之上,"这在国铁漫长的历史中是仅有的一次"②。

综上所述,铁路在日本的对外扩张中发挥了重要作用,尤其是全面侵华战争时期,日本铁路超负荷运转,实际上已经成为战争机器的重要组成部分,成为国际反法西斯力量打击的重要目标之一。

(作者祝曙光,苏州科技大学历史学系教授,原文刊于《世界历史》2006 年第 2 期)

---

① 原田胜正:《铁道与近代化》,吉川宏文馆,1998 年版,第 191 页。
② 久保田博:《铁道经营史》,大正出版株式会社,1985 年版,第 162 页。

满铁史概述

苏崇民

南满铁路股份有限公司(日文名称"南满洲铁道株式会社",简称满铁),是20世纪上半期日本帝国主义设在中国的巨型殖民侵略机构和首屈一指的经济垄断组织。从1906年到1945年,它在中国大陆上从事侵略活动达40年之久。[①]

考察满铁的产生、发展直至灭亡的全过程,就满铁发展史上若干重大问题提出初步看法,就是本文的目的所在。

一

满铁的设立有着深远的历史背景。

日本在明治维新后,随着资本主义的发展,统治阶级苦于国内原料不足和市场狭隘,急于向外扩张,扩大其殖民地势力范围,于是炮制了一条吞并朝鲜—灭亡中国—称霸亚洲的基本路线,即所谓"大陆政策"。1894年发生的中日甲午战争,就是日本推行"大陆政策"的一个重大步骤。但是,日本的大陆政策同沙俄的远东政策利益对立,矛盾尖锐。这两个后起的帝国主义

[①] 本文所用资料,主要来自满铁和日本外务省档案,并参照了满铁的"社史"、统计报表、调查报告及有关回忆录和传记,这些都已编入《满铁史资料》一书;该书将由中华书局分卷陆续出版。由于篇幅关系,此处恕不一一注明。

强国，都依恃其军事力量与地理上接近的条件，企图将富饶的中国东北抓到自己手中。日本和沙俄在东北争夺势力范围的斗争愈演愈烈，终于在1904年爆发了日俄战争。结果，沙俄战败，日军攻占了旅顺、大连、沈阳，并将俄军赶到了公主岭以北。1905年，在美国的撮合下，日俄两国签订了朴次茅斯和约。它们无视中国主权和清政府的声明，就沙俄在我国东北的权益进行了肮脏交易。沙俄继续保留它在长春以北的一切权利，而将旅大地区租借权以及长春至大连的铁路及其一切附属权利完全让给日本。从此，日本强盗接替了沙俄强盗在东北南部的地位。日俄媾和后，日本除了立即威逼清政府签订了"中日会议东三省事宜正附条款"（又名"北京条约"），使清政府确认日俄和约中有关中国东北的条款外，还进一步向清政府索取了安奉铁路的"改良、经营"权，吉长、新奉铁路的贷款权和鸭绿江右岸的木材采伐权以及开放商埠16处等等新的侵略权益。

根据中日北京条约的有关规定，日本理应逐步撤走军队，将东北的行政权归还中国政府，但是，处心积虑长期霸占东北的日本军部非但迟迟不肯撤兵，反而到处设置军政署，实行军事管制。它们设卡收税，殴官辱民，肆无忌惮地破坏中国的主权，激起中国官民的极大义愤，就连著名的亲日派如袁世凯、陶大钧之流也发出怨言，一再催促日本撤兵。另一方面，日本占领当局，利用军事管制为日本商人垄断东北的进出口贸易大开方便之门，而对英美商人严加限制，这也触怒了英美帝国主义。从1906年2月起，英美连续提出抗议，要求日本实行"门户开放、机会均等"，并提醒日本，他们支持日本打败沙俄，为的是打开东北大门，而不是为了用日本的统治去代替俄国的统治。

经历一场激烈的战争，人力财力都已涸竭的日本，面对中国人民高昂的民气和英美的抗议，不得不在是继续其军事占领而冒同中国对抗和失去英美支持的风险，还是撤回军队、行使根据不平等条约取得的侵略权益、徐图进取这二者之间，做出抉择。为此，日本首相西园寺公望亲自到中国东北视察情况，巡风摸底，并由通晓世界政情的韩国统监伊藤博文出面召开元老重臣参加的"满洲问题协商会议"（1906年5月22日），做出决策。这个"满洲问题协商会议"是中日北京条约缔结后，日本关于中国东北问题的一次最高级决策性会议。会上伊藤博文分析了日俄战争结束后,日本面临的问题和国际形势,认为日本继续在中国东北实行军政统治必将激起全中国人民的反对,这对于在大陆上立足未稳的日本来说绝非良策,而且日本不能失掉英美在财政上的支持,开罪英美对日本也是非常不利的。因此,会议决定迅速撤兵,并撤销其各地军政署,将关东总督改为关东都督,由其掌管旅大租借地。对于东北地区则标榜维护中国主权和尊重美英要求的"门户开放、机会均等"的原则。

这样一来,如何利用根据不平等条约取得的侵略特权,首先是以什么形式经营南满铁路的问题,就被提上日程。实际上,从日军占领这条铁路之日起,关于经营该铁路的各种方案即纷纷出笼,其中的《满洲经营策梗概》《经营满洲策略》《满洲铁道纪要》等则成为后来满铁设立的蓝图。

1906年1月,日本政府设立了"满洲经营调查委员会",以陆军首脑儿玉源太郎为委员长,研究和起草所谓"经营满洲",即在中国东北推行殖民侵略的具体政策和方案。这个委员会起草了一些文件,其中最主要的就是"关于设立南满铁路股份公司的敕令草案"和"命令书草案"。这两个草案在"满洲问题协商会议"之后,立即被日本政府通过。当年6月7日以敕令第142号公布了"关于南满铁路股份公司的问题",7月13日组成了满铁设立委员会,8月1日由外务、大藏、递信三大臣向满铁设立委员会委员长发出"秘铁第14号命令书",8月18日日本政府批准了满铁章程,11月13日任命后藤新平为第一任总裁,11月26日召开了成立大会。1907年4月1日,满铁正式开始营业。日本帝国主义的侵略机构——满铁就是这样迈出了它剥削压迫中国人民、掠夺中国资源的第一步。可见,满铁是日本侵华"大陆政策"的产物。

满铁的设立,主要是依据上面提到的两个文件,即"第142号敕令"和"命令书","敕令"是公开发表的,"命令书"则是秘密发给设立委员的。"敕令"仅规定满铁的大体轮廓,凡"公之于世反而不利的事项"均载"命令书"中。这两个文件规定:满铁公司由日本政府设立,满铁总裁、副总裁及理事由日本政府任命,日本政府设满铁监理官监视其业务,日本政府得以发布监督公司事业的命令;日本政府得以取消公司的决议和解除其干部的职务;日本政府规定满铁的资本总额并保有其半数，日本政府保证民间股份的六厘分红和公司债利息；政府可随时命令满铁接受新任务，政府得以随时使用满铁的铁路、土地及其他物品。此外，满铁每年收缴股款、募集公司债、事业计划、预决算以及关于会计及营业的规章都要经日本政府审查批准。由此可见，满铁在形式上虽然是独立的股份公司，实质上则完全处于日本政府的控制之下，无异于国家机关。正如满铁初代理事、日本法学"权威"冈松参太郎在《南满铁路股份公司的性质》一文中透露的，满铁是"假公司之名，行机关之实，代替政府经营南满洲"。因此，它是个殖民公司，是国家的代理机关。

日本政府擅自设立满铁一事粗暴地践踏了有关条约。即使根据有关的不平等条约，南满铁路也应循中东铁路的先例由中日合办，公司的总办应由中国选派，钤记应由中国刊发，章程应由中国颁布。日本政府包办一切，这就进一步损害了中国保有的条约上的权利，更加暴露出它的帝国主义的狰狞面目。事情到了如此地步，甚至连腐朽昏庸、卖国媚外的晚清政府也曾就此再三提出抗议。然而，日本政府却蛮横地拒不理会中国的抗议，根本无视中国仅有的权利，悍然宣布了这个日本殖民公司的设立。所以，满铁自设立之日起，就是日本帝国主义强加在中国人民头上的侵略和掠夺的工具。

二

从1906年设立时起到1945年解体时为止，满铁约经历了40个年度，这期间发生了1931年的"九一八"事变。"九一八"事变前，日本在东北的侵略势力虽然有所发展，但整个东北地区，除旅大租借地及南满铁路沿线的所谓"附属地"外，仍然处于中国主权之下。日本帝国主义侵略东北和东部内蒙古的所谓"满蒙政策"就是要变这个地区为第二个朝鲜，日本历届政府有关中国东北的决议、声明、指示、通牒，尽管五花八门，而其实质都是为了实现这个根本目标。

满铁作为日本"经营满洲"的中枢机构，在这个时期，占有突出的地位。它的任务即是所谓"经营满洲"，利用其拥有的各种特权和手段，努力发展日本在南满以至全东北的势力，力图变东北为日本的商品市场、投资场所、原料产地和殖民地区。可以说,日本在东北的其他机关,都是围绕着满铁而转动的。

满铁拥有帝国主义在华企业所能得到的一切特权,包括修筑和经营铁路、港口、电信、航运,开采煤矿和山林,自行决定运费和费用,取得铁路沿线土地任意修建房屋,免缴不动产税、所得税、铁路材料的进口和交易税、印花税直至限制中国修筑平行铁路,甚至在所谓"附属地"排斥中国主权,形成名副其实的"满铁王国"。

满铁依恃其所拥有的这些特权,充分利用它的垄断地位和资本优势,采取了无孔不入的所谓"综合经营"方针,"表面上经营铁路,暗地里实行种种设施"①,在铁路的招牌下经营"在满洲的一切有利润并有发展前途的事业"(寺内正毅在满铁设立委员会上的讲话)。它以经营"铁路及开采其附属之煤矿为重点"②,同时如同水银泻地一样,渗入到各个部门中去。

满铁第一任总裁后藤新平及其副手第二任总裁中村是公根据日本政府确定的政策,制订了满铁的经营方针。

后藤新平原是日本台湾总督府的民政长官,具有丰富的殖民统治经验。日俄停战期间,他曾到中国东北"视察"铁路,并为儿玉源太郎起草了《满洲经营策梗概》。后经儿玉源太郎的推荐,他就任满铁总裁并兼任关东都督府顾问,参与都督府一切政务。1908年7月,他又在满铁隶属于递信大臣管辖的条件下就任了日本政府的递信大臣,同时提升副总裁中村是公为第二任满铁总裁,继续推行他所确定的经营方针。

后藤新平鼓吹在中国东北实行"文装武备"的殖民政策,"举王道之旗,行霸道之术"③,即打着"亲善"的招牌,干着侵略的勾当。在后藤和中村的主持下,满铁将其总公司移至大连,确定了以大连为中心发展满铁事业的方针。

大连港是港阔水深的不冻港,又是日本和中国东北以至欧洲的海陆联络中转地。日本政府决定把它变成日本侵略东北的基地,因而宣布大连为

---

① 儿玉源太郎、后藤新平:《满洲经营策梗概》。
② "满洲经营调查委员会"1906年3月17日报告书。
③ 鹤见祐辅:《后藤新平》第2卷,劲草书屋,1965年版,第814—817页。

自由港，免除进出口税，交给满铁经营。满铁将其总公司迁到大连，以大连作为其"经营满洲"的根据地。它继续沙俄时代的筑港工程，修筑港湾和水陆运输设备，并且同海参崴港和营口港竞争，实行以大连为中心的运输政策。1910年大连港压倒了历来是东北地区主要吞吐港的营口，成为东北第一大港。南满铁路代替辽河水运垄断了南满的出口农产品运输，于是南满的进出口贸易开始被日本操纵。满铁还以大连为基地开辟海上航路，经营海运事业。

在东北经营铁路，是满铁活动的主要内容。满铁设立时，从日军手中接收的是经过战争的破坏又改成窄轨的铁路和只完成一半工程的大连港，可以说是百孔千疮，要想使这条铁路运转自如需要一笔巨额资金，而满铁所有的只是民间股东缴纳的200万日元现金。满铁按照日本政府的指示，在大藏省和兴业银行的协助下，采取了依赖外债的方针。从1907年到1913年，它在英国先后发行了一亿日元的公司债，并用这笔资金向美国、英国、德国和俄国购买了机车车辆、机器设备和钢轨，顺利地渡过了创业的难关。它将南满铁路由战时的窄轨改筑为与京奉铁路一致的标准轨距铁路，并在大连至苏家屯间铺设了复线，采用了由美国进口的新式机车车辆，又在大连沙河口修建了号称东洋第一的用德国机器装备起来的大铁道工厂。于是，一条拥有自己的出海口和强大运输能力的殖民地铁路开始了运转。在经济上，它将东北的农村同资本主义世界市场联系起来，从中牟取巨大利益。在军事上，它是日本进入东北的主要通道，日本守备队就驻扎在铁路沿线。此外，满铁还将日俄战争期间日军擅自修建的安奉轻便铁路强行改筑为标准铁路。这条铁路通过鸭绿江桥与朝鲜铁路接轨，成为日本通向东北的第二条通道，日本的朝鲜驻军利用这条铁路可以朝发夕至直达东北的首府，在军事上是极其重要的。它也是日本在该路沿线掠夺林木和矿藏、建立殖民统治的工具。

满铁还以"铁路附属地"名义在铁路沿线建立日本殖民地。满铁在南满、安奉铁路沿线占据了大量的所谓"铁路附属地"，其中除铁路用地外，还包括大面积的市街地、练兵场、农田和矿区。在"铁路附属地"的名义下，日本帝国主义在这广大的地区里建立起完全独立于中国的行政系统和法律制度之外的殖民地,成为中国领土上的"独立王国"。

日本帝国主义将中俄《东省铁路公司合同》第六条,即"凡该公司建造、经营、防护铁路所必须之地……由该公司一手经理。准其建造各种房屋工程,并设立电线,自行经理,专为铁路之用"条文中的"一手经理"的法文一词歪曲为"绝对的排他的行政权",从而声称它享有条约规定的"附属地"行政权,这完全是强词夺理的虚构。条文中的"一手经理"的含意是十分清楚的,根本与行政权无关。日本帝国主义主要还是依恃武力,在"附属地"建立起殖民统治制度。满铁根据日本政府三大臣"秘铁第 14 号命令书",在"附属地"、"经营土地及房产","进行关于土木、教育、卫生等必要设施","对居民征收手续费及分赋其他必要费用"等等。它在大连总公司设有地方部,在各地设地方事务所,总揽"附属地"一般行政。它并于 1907 年 9 月公布了"附属地居住者规约",宣布"附属地"内住户和租地户必须遵守满铁发布的各项规则,并以公费和手续费的名目缴纳税捐。关东都督府则在"附属地"内遍设警务署及其分支机构,维护殖民统治,欺压中国人民。

"铁路附属地"逐年扩大,1907 年它的面积约为149.7平方公里,以后每十年即差不多扩大一倍。它是日本帝国主义在中国实行和扩大政治、军事、经济、文化各种侵略活动的重要基地。日本的军、警、宪、特机关和各种侵略团体,莫不猬集于此。日本的冒险家、淘金者、浪人和投机商也以附属地作为他们的安乐窝,在满铁的庇护下,分享殖民侵略的利益。

后藤新平还根据在台湾的殖民统治经验,主张满铁需要考察中国特别是东北地区的政法制度、风俗习惯,调查工矿农商及交通等一般经济情况以及与之有关的亚洲和世界政治经济情况,以便为发展满铁本身事业和为日本政府、军部制订侵略政策提供必需的参考资料。为此,满铁于 1907 年 4 月设置了调查部(后改称调查课);1908 年 9 月设置了东亚经济调查局。它不仅调查东北的政治、经济、文化、法律、交通以及军事情况,并且逐步将其调查范围扩及中国内地、俄国远东、外蒙等地。它不仅搜集各种文字资料,而且派人深入中国内地实地考察和刺探情报,盗窃机密,大搞特务活动。

满铁为调查东北的自然资源,研究掠夺方法,垄断重要的工业原料,还在 1907 年 4 月设置了地质课(后改称地质调查所)。1910 年从关东都督府接办了中央试验所,1913 年又设置了产业试验场(后改称农事试验场)等科学研究机关。

此外,满铁还攫取抚顺、烟台煤矿,经营大连和铁路沿线的电气、煤气、仓库、旅馆等事业,投资营口水道电气公司、满洲日日新闻社、清和公司等,并资助日本农场主购买土地以鼓励农业移民。至 1913 年中村是公任满离职时,满铁已经打下了其综合经营和发展对外投资经营各种事业的基础,并且取得了超乎意料的成就。它不仅支付了总数达 2900 余万日元的公司债利息,还攫取了与此几乎相等的利润。因此,日本政府确认它"在营业方面经济的基础已经确立"①。

第一次世界大战爆发后,西方列强忙于战争,无暇东顾,为日本帝国主义独霸中国提供了绝好的机会。日本以对德宣战为口实,悍然出兵山东,占领青岛及胶济铁路,并且利用袁世凯急于称帝的野心,迫使他签订了"二十一条"卖国条约。其中关于东北的有:将旅大租借期限和"南满洲"及安奉两铁路期限均展至九十九年,日本人有在南满的土地商租权和在内蒙的农业合办权以及在南满和东蒙的铁路借款优先权,等等。据此,日本认为它在南满的"特殊地位"已经巩固,可以放手大干了。

1916 年日本军阀头目寺内正毅组阁,积极推行"鲜满统一"兼并东北的政策。在"统一内政"的幌子下,着手调整在东北的侵略机构。第四届满铁总裁退役中将中村雄次郎恢复现役就任关东都督,并以关东都督身份"统裁"满铁业务,总揽大权。同时,废除满铁的总裁和副总裁制度,任命满铁副总裁国泽新兵卫为理事长,在关东都督"统裁"下,主持满铁日常业务。这就使满铁作为日本政府侵略工具的作用更为突出了。

中村雄次郎是陆军将领,曾任陆军总务长官,他对满铁的经营当然更多地反映日本军部的影响。欧战引起了当时经济上的虚假繁荣,这为经营基础已经巩固的满铁提供了大肆扩张的广阔场地。中村雄次郎采取了"向外

---

① 床次铁道院总裁:《对满铁的意见》,1913 年 12 月。

部发展以谋求满铁的大量利益"的"积极方针"①,迅速扩大满铁的经营范围和活动领域。

它插手山东铁路和煤矿的经营。1914年日军入侵山东,满铁当即要求"担任铁道、矿山、港湾、海运等各种设施的经营以及青岛市政的管理"②。1915年3月满铁按日本政府指令,派出以藤田虎力理事为首的一批满铁社员组成了山东铁道管理部,协助日本侵略军从事山东铁路和煤矿的经营管理。满铁的企图显然是要变山东为第二个"南满洲",只是由于中国人民的坚决斗争,日本在华盛顿会议后不得不交还青岛和胶济铁路,满铁的企图才落了空。

它把持吉长〔吉林—长春〕铁路,攫取东满吉林资源。1917年10月,日本根据"二十一条"同北洋政府签订了《改订吉长铁路借款合同》,由满铁"代为指挥经理营业",实际上完全把持了吉长铁路,使它从属于南满铁路。日本利用它掠夺东满吉林的农林矿产。1918年满铁又在吉林设了公所,加强在吉林的侵略活动。

它操纵四郑〔四平街—郑家屯〕路,向西满东蒙扩张势力。1917年4月,满铁承揽四郑路筑路工程,派了总工程师;同年12月路成通车,满铁又派了营业主任,操纵该路。1918年,满铁又在郑家屯设了公所,对西满和东蒙进行调查,刺探情报。对于蒙古王公则采取笼络的方针,利用他们在经济上的困难,贷以款项,在他们的领地内获取土地和利权。

由于战时造成的虚假繁荣,煤炭市场急剧扩大。满铁大力扩大抚顺煤矿,不但开凿了新井和露天矿,并且兼并了大连矿区,使产量翻了一番,并修建了大发电厂。由于满铁急于开采煤炭,根本不顾工人死活,事故不断发生。1916年4月14日大山井发生火灾,中国工人死亡达150人。事故发生后满铁仍不采取安全措施,改善工人劳动条件,终于在1917年1月11日又发生了一场惨绝人寰的大爆炸,中国工人死亡者达917人。1916年7月,满铁还收买日本大仓财阀侵占的辽西阜新县新邱煤矿六个矿区的开采权,以

---

① 中村雄次郎在满铁股东大会上的报告,1916年6月17日。
② 1914年10月14日满铁总裁致内阁总理大臣函。

中日合办大新、大兴两公司的名义经营，矿区面积达43 000余亩。

1916年，满铁按照日本政府钢铁自给政策的要求，在钢铁价格暴涨的情况下，决定开办炼铁厂。它以"二十一条"规定的南满铁路沿线的矿业合办权为依据，指使汉奸于冲汉出面，以中日合办名义设立了振兴铁矿公司，在1917年和1921年前后两次取得了东鞍山、西鞍山等11个矿区的铁矿石开采权以及石灰石、耐火黏土、硅石、菱镁矿等矿区权。1918年开始修建鞍山制铁所，以年产13万吨生铁为第一期目标，1919年4月日产200吨的第一座高炉投产，从此，它就成为日本在海外最大的、也是东北最大的钢铁基地。

1917年满铁设立哈尔滨公所，在北满发展势力。十月革命后，日本出兵北满和西伯利亚并参加共管中东路，为满铁向北满发展提供了机会。1918年4月，满铁遵照日本政府的密令，设立了极东运输组合，利用俄国公司旗号，收买船舶，组织江上运输，为日军服务达数年之久。后来在1921年满铁又从白俄资本家谢夫谦克手中收买了大兴安岭400方里的扎免林区采伐权，在北满安下了侵略的据点。

在交通运输方面，1915年满铁设立大连轮船公司作为它的海上"别动队"，以加强以大连港为基地的中国近海航路。1917年7月，朝鲜总督府将"国有"的朝鲜铁路委托满铁经营，实行"满鲜"铁路的一元化，作为寺内内阁"鲜满统一"计划的一个步骤（1925年3月解除了这项委托）。

它还扶植日本私人资本在东北的经济侵略活动，对在东北经营工商业和农业的日本资本家，给了各种形式的"扶助"，并且投资新设的南满矿业、满蒙毛织、满鲜坑木、东亚土木企业等公司。与满铁有投资关系的企业1915年只有8个，1922年增加到37个，其中包括一些规模较大的企业。为了促进日本棉纱、棉布对东北的出口，它从1913年起，还在安奉路实行所谓"三线"（日本国铁、鲜铁、满铁）特别减低运费。

总之，满铁已发展成为拥有培养线和海运能力，垄断东北出口货物运输，经营朝鲜铁路和煤铁等重工业，投资各种企业，活动范围扩及山东、北满、内蒙和朝鲜的规模巨大的超级殖民公司。

第一次世界大战结束后，远东形势变化很大。帝俄为革命后的苏俄所代替，德国完全退出了在远东的争夺。美、英、法等国又加紧了对中国的侵略，特别是占有经济优势的美国决心争夺在中国的霸权，日本独霸中国的局面遂告结束。在美国的策动下，1920年成立了新四国银行团承办中国各项借款。1922年，又签订了华盛顿九国公约，重新确认了"门户开放、机会均等"的帝国主义共同支配中国的原则。日本在中国的侵略遭到挫折，在国际上被孤立，不得不采取与英、美"协调"的对华外交。同时，由于俄国十月革命的影响，中国民族民主革命运动日益高涨，以轰轰烈烈的五四运动为起点，反对帝国主义特别是反对日本帝国主义的各种形式的斗争，此伏彼起。这些都迫使日本帝国主义不得不改变其对中国的侵略策略，由剑拔弩张、动辄以战争相威胁改变为标榜"不干涉内政"，重弹"中日提携""共存共荣"的老调，形成了1924年起占主导地位的币原外交。经济侵略又成为主要的侵略方式。不过，在中国东北，又有特殊情况。华盛顿会议实际上并没有触动日本在中国东北的地位，新四国银行团虽然未接受日本的"满蒙"除外论，实际上却承认了日本已取得的筑路权。日本帝国主义从未放弃"二十一条"中关于东北的侵略性的条款规定，并不断地为所谓土地商租权、内蒙的农业合办权、铁路借款优先权等向中国当局提出交涉。"维护满蒙权益"是日本帝国主义一贯追求的所谓"不能动摇的国策"，是它的对外政策的根本原则。不仅如此，由于十月革命的胜利，结束了帝俄在北满的侵略活动，日本帝国主义认为有机可乘，急欲将整个中国东北置于它的独占之下，遂决定抛弃联合俄国划分南北满势力范围的一贯方针，大肆向北满扩张。日本法西斯军部更一再策划使东北脱离中国的阴谋。

战后日本历届政府推行的"满蒙"政策，集中在以下三点：第一，铺设以南满铁路为中心的包括北满在内的"满蒙铁路网"；第二，大量商租土地，增加在东北的日本移民；第三，扶植日本殖民者在东北经营的农业、工矿业和商业。而实现这些目标又主要依靠增加满铁的力量，发挥满铁的作用。于是，满铁的地位更加突出了。

满铁对于铁路作为帝国主义侵略工具的作用的认识是十分清楚的。为了扩张日本的势力范围，在军事上同苏联对抗，限制中国军事和经济力量的发展，增加满铁的运输收入，扩大南满铁路的吸货区域，满铁向日本政府提出"积极铺设满蒙五铁路"的建议,1925年又制订了以20年为期的野心勃勃的"满蒙开发铁道网"计划,准备修筑35条总长8 800公里的铁路,完成以南满铁路为中心的、包括北满地区多数铁路在内的、由满铁控制的"满蒙铁路网",并且将修筑南满铁路的培养线和在北满筑路列在首要地位上。

与此同时,满铁同奉系军阀政权先后签订了洮昂〔洮南——昂昂溪〕和吉敦〔吉林——敦化〕路的"承造合同",采取包工形式,通过派遣日本顾问和铁路总会计,分别把持了一部分经营权或财权。吉敦路是吉长路的延长,是日本梦寐以求的吉会〔吉林——会宁〕路的一部分。它的建成意味着日本和满铁在吉林省东部地区势力的明显增长。洮昂路则是四洮路的延长,它不仅是南满铁路向黑龙江省的变相的延伸,而且是满铁实现其北满政策,扼制中东铁路的重要环节。

第一次世界大战期间,北满大豆等出口货物大部南下运往大连,曾形成满铁垄断的局面。满铁又乘与美国共同监理中东路之机同该路签订了对满铁有利的运费协定,致使满铁的货运收入直线上升。但是,到了1924年,中东路归中苏共管,同乌苏里铁路恢复联运,北满货物又可东行海参崴出口,这样就打破了满铁的一家垄断。满铁力图维持既得地位,掌握北满进出口贸易的控制权,乃制定了"北满政策",与中东路对抗。它一面同乌苏里铁路签订"北满货物分配数量协定",借以牵制中东路;一面投资设立了资本为1 000万日元的国际运输公司,作为它争夺北满出口货运的别动队。这个公司的分支机构遍布东北各地,它使用各种手段,如贷给货主收购和运输货物所需资金,组织马拉大车队,实行秘密运费折扣等,吸引北满货物南下,甚至以中国货栈成发东的名义,在哈尔滨高价抢购大豆,运往大连。满铁几乎垄断了南满全部货物和北满南下货物的运输。1929年由南满铁路运往大连港的出口货物达760万吨,其中煤炭、大豆、豆饼占80%以上。煤炭的7/10、大豆的2/10、豆饼的6/10被运往日本国内。这就充分说明了满铁在使中国东北变成日本的农矿产品原料来源地方面所起的重要作用。

它还盗买大量农田土地,大力推行殖民侵略计划。大搞殖民侵略本是满铁设立时的既定方针。满铁曾经采取发放附属地土地、培植退伍兵农户、资助个人农场主直接或以商租名义盗买土地的办法,推行这一方针,但收效甚微。于是，1922年日本政府亲自出面，指使满铁、东洋拓殖公司和大仓组联合设立东亚劝业公司，在中国东北侵占土地，扶植日本农场主，推行殖民侵略政策。1928年，满铁收买了东亚劝业公司的全部股份，独自经营，利用该公司在辽吉两省盗买了大量土地，准备移殖日本农民，并对朝鲜移民进行管理和盘剥。1929年，满铁又设立了资本为1 000万日元的大连农事公司，在旅大租借地内，强征中国农地，加紧进行移殖日本农户的试验。

此外，它还不断地扩大抚顺煤矿和鞍山制铁所，加紧对东北资源的掠夺，继续投资兴办工矿企业，垄断电力和煤气的供应；资助日本零售业成立"输入组合"，扩大日货在东北的市场，采取运费减价的办法，对中国自办的铁路发动激烈的竞争，千方百计破坏中国自办铁路的联络运输。

据满铁经济调查会后来公布的调查数字，1930年年底，日本在东北的投资总额为1 756 636 000日元，其中满铁的投资额为904 646 000日元，超过半数。至于在产业资本投资中满铁投资的比重就更大得多了，因为除大仓财阀有两三例外，其余日本投资都集中于商业和金融。如果再考虑到各资本帝国主义国家对东北的总投资中，日本的投资占有95.6%这一情况，可以说满铁在东北经济领域已经处于压倒一切的优势地位。它掌握着长约1 100公里的南满、安奉铁路和大连港、营口、安东码头，还有吉长、吉敦、四洮、洮昂四条培养线，它经营着抚顺、新丘二大煤矿和鞍山制铁所，它侵占了482.9平方公里的"铁路附属地"，它通过五十多个子公司，垄断南满地区的电力、煤气、玻璃、纺织等工业部门。在满铁的卵翼下，日本的大小资本家、淘金者、冒险家和浪人齐集南满特别是"附属地"内，形成一大势力。满铁拥有一个包括3万人的各种专门人才的队伍，他们组成社员会，大造"满铁是日本大陆政策的生命线"和"中国铁路包围南满铁路"威胁日本生命线的舆论，煽动战争歇斯底里。以满铁社员会的反动骨干为核心组成的"满洲青年联盟"，公开叫嚣要成立"满蒙独立国"。他们同法西斯军人串通一气进行阴谋策划。满铁的机关报则充当了它们鼓吹侵略的喉舌。满铁的调查情报机构长期积累的各种情报资料，更为制订侵占东北的计划提供了依据。正是满铁二十余年的经营活动，从政治上、经济上、文化上以至军事上为日本发动"九一八"事变做了准备。

"九一八"事变爆发后,满铁又以其庞大的人力、物力、财力积极配合日本关东军,为关东军提供运输手段,协助关东军占领和经营中国铁路,为关东军提供技术力量、通讯设备,配合关东军掠夺中国电台、工厂、银行;提供"附属地"房舍作为关东军的兵营、基地,组织自卫队协助关东军作战。关东军在拼凑伪满傀儡政权时,又是满铁为其各级组织输送了大量的骨干。因此,完全可以说,满铁是日本帝国主义侵华的大本营和急先锋。

三

从1931年"九一八"事变起到1945年日本侵略者投降为止,在东北的历史上属于伪满洲国时期,就满铁来说,则是它发展的后期。

日本帝国主义在"九一八"事变后制造了一个傀儡政权,成立了伪满洲国,将整个东北变成了自己独占的殖民地。从此以后,采取公司形式的满铁在东北的政治活动及其在"满铁附属地"的政治统治逐渐失去意义。

"九一八"事变后,日本帝国主义的新目标是将东北建成为扩大侵略的产业中心和屯兵要地,加紧掠夺东北的资源,以发展日本的军事工业。为此,它推行了以"一行业一公司为原则的发展国家资本主义的统制经济政策。由于满铁拥有雄厚的资金、技术力量和丰富的经验,自然成为这一活动的核心。

垄断全东北水陆交通运输,是"九一八"事变后,满铁经营活动的主要特征。1933年3月1日满铁设"铁路总局"于沈阳,经营所谓"满洲""国有"的铁路、港湾、水运及其所有附属事业,侵占了原来分属九个中国路局总长2 939公里的18条铁路以及葫芦岛港和营口的河北码头。1935年3月满铁又接办原中东铁路的干支线1 732.4公里,连同新建铁路在内,"铁路总局"管辖的所谓"国有"铁路总长达6 857.3公里,为满铁自有铁路营业里程的六倍多。

1936年10月1日满铁将其各铁路机构合并,在沈阳设"铁道总局",统一经营铁路、港湾、水运和汽车运输,成为管理整个东北水陆交通的总机关。这是一个庞大的机构,下设直属各课和经理局、营业局、输送局、工作局、工务局、建设局、铁道警务局,并且管辖五个铁路局和两个铁道事务所以及铁道学院和铁道研究所。各个铁路局下又设有铁路监理所并辖有学校、医院、农场、工厂、苗圃、种畜场、警犬训练所、汽车营业所,等等。铁道总局管下还有哈尔滨林业所、哈尔滨造船所及皇姑屯、新京(长春)、哈尔滨、松浦、齐齐哈尔、大连等地铁道工厂和北满经济调查所。

满铁经营铁路的主要任务是满足日本政府和军部关于"国防"、"开拓"和"维持治安"的要求。所谓"国防"就是支持和配合侵略战争,将军事运输和军用品的运输摆在首要地位。所谓"开拓",就是掠夺各种资源,攫取高额利润,移殖日本农民和促进日货倾销。所谓"维持治安",就是协助关东军和伪满政权镇压中国人民的抗日斗争,建立和加强日本在东北的殖民统治。除经营铁路外,满铁还垄断全东北的公路汽车运输和北满江上运输。这就是说,它控制了东北所有现代化的水陆交通工具,其目的仍然是为关东军的用兵和作战服务,同时用于掠夺资源和巩固日伪的法西斯统治。

修建军用铁路是"九一八"事变后,满铁的首要任务。满铁新筹集的绝大部分资金,都投在"新线"的修筑上。这些新筑铁路都是根据关东军的要求,首先考虑军事上的需要而修筑的。其中特别是敦图〔敦化—图们〕路的修筑,实现了日本帝国主义二十余年梦寐以求的日"满"最短路线。日本能以最快速度经过北朝鲜将军队直接运到长春及北满,这就极大地增强了日本的军事地位。当然,这条铁路对于日本掠夺东满吉林地区的各种资源也是极为有利的。到1937年年底,满铁修建通车的铁路包括锦承〔锦州—承德〕、图佳〔图们—佳木斯〕、虎林〔虎林—林口〕、滨北〔三棵树—北安〕、北黑〔北安—黑河〕、京白〔长春—白城子〕、白温〔白城子—温泉〕各线在内计有28条,总长达3 500公里。它的殖民地军事铁路网已基本建成。它们在日本帝国主义将东北建成为军事侵略基地方面起了极为重要的作用。它们又是日本帝国主义镇压中国人民反"满"抗日斗争,建立和加强日本的殖民统治的重要手段;在掠夺东北的财富和宝藏,盘剥和压榨东北人民方面,它们则是巨大的吸血管道。由于新线的修建,这种"国有铁路"的货运量在1936年度达到1 865余万吨,较1933年度的891余万吨翻了一番以上,其货运收入达8 000余万元。

1932年1月，满铁还应关东军的要求，设置了经济调查会，协助关东军起草和制订伪满洲国的经济统制政策和各项计划、法令。这个经济调查会，虽然是在扩大满铁调查课的基础上成立的，它的人员和经费也都是由满铁提供，然而，实际上它是关东军的附属机关，一切按关东军的命令和要求行事。伪满洲国最初一批经济政策法令就是由经济调查会炮制出来的。后来，它又参与了伪满第一个五年计划的起草和对华北经济的全面调查。直至1936年经济调查会撤销，它的班底并入产业部为止，它起草的规划、资料近3 000件。满铁经济调查会的存在突出地说明了满铁和关东军的密切关系。

在经济调查会参与策划下，关东军决心推行经济统制政策，并决定以满铁为中心，进行经营。满铁以大量新设关系公司，增加社外投资的方式，成为这一"经济开发"的主角和实行经济统制的骨干。这就出现了满铁关系公司发展的"黄金时代"。从1931年到1937年，满铁的关系公司由57个增加到80个，满铁对关系公司的投资从11 000万日元猛增为24 797万日元。在1936年12月底，在东北地区全部新设公司455家中，满铁关系公司为29家，而这29家公司的实收资本却占实收资本总额的54.4%。可见，满铁关系公司规模之巨大和地位之重要。在具有"统制"某一部门或行业的特权的19个特殊公司和10个准特殊公司中，满铁关系公司分别占13个和8个。如果加上"九一八"事变前设立的满铁关系公司，它在东北地区共有67个。它们分布在各种工业、矿业、土建、水电煤气、农林、金融、通讯交通和商业部门，并处于垄断或举足轻重的地位。因此，可以说满铁通过其关系公司网完全垄断了东北经济的命脉。

满铁新设关系公司的一个重大特点，是它们从属于日本军部的扩军备战计划，被用于增强日本的作战能力。由伪满洲国出土地、矿权和厂房，由满铁（吸收日本资本家的资本）出资金和技术，开办日本军阀急需的"具有国防经济意义的工业"和化学工业。1933年，满铁将昭和制钢所设于鞍山，实行钢铁联营，到1937年8月，它年产生铁70万吨，钢材28.5万吨，成为东北军需工业的基础和核心。1934年2月，满铁同伪满洲国合办了资本为1 600万日元的满洲炭矿公司（简称满炭）。它是伪满洲国的煤炭业统制机关,管辖除抚顺煤矿和本溪湖煤铁公司以外的全部煤炭的产销。这样一来,满铁实际上包办了煤炭的生产,垄断了燃料的供应。1935年5月,满铁参与设立了资本为1 200万日元的"满洲"采金公司,垄断了吉黑两省和东部内蒙古的金矿开采。1935年投资设立的"满洲"铅矿公司垄断了锦西杨家杖子铅锌矿的开采。同年设立的"满洲"矿业开发公司更独占了"国防重要矿产资源"的矿业权。1936年,在抚顺设立了资本为2 500万日元的"满洲"轻金属制造公司,策划利用东北的矾土页岩,年产4 000吨铝,加强了日本军需工业。1933年10月满铁同日本理化学兴业公司合作设立了资本为700万日元的日满镁工业公司,利用大石桥一带贮量极大的菱镁矿,冶炼金属镁。铝和镁作为轻金属都是发展军事工业的重要原材料。1934年3月设立了资本为620万日元的同和汽车工业公司,是汽车工业的统制公司,承担日本国产汽车的装配修理、车体制造和销售,主要是供应关东军所需车辆。满铁持有这个公司股份的46.8%。1934年11月设立的资本为9 000万日元的"满洲"电业公司(简称满电),垄断并统制全满的电气事业,满铁持有它的半数股份。此外,为了发展与军需密切相关的基础化学工业,1933年,满铁在大连设立了"满洲"化学工业公司(简称满化),资本为2 500万日元,年产18万吨硫铵。1936年又设立了年产苏打3.5万吨的"满洲"曹达公司。同年,满铁又参与设立了"满洲"盐业公司为日本化学工业提供原料盐。就是这样,满铁以其资本和技术,发挥其综合经营的长处,对东北各种资源进行系统的掠夺,为发展军需工业,变东北为日本扩大侵略的兵站基地而不遗余力地活动着。

　　日本在东北的殖民统治刚一确立,即着手殖民侵略的准备,而具有这方面经验,掌握运输手段,并且拿得出资金的满铁又是这一侵略活动的得力工具。在日本政府的授意下,满铁拿出300万日元,指使东亚劝业公司在东满、北满一带强制"收买"农地,并以"整地"为名大肆圈占土地。到1935年一共侵占土地一百多万公顷,为大规模殖民作了准备。1935年满铁又投资设立"满洲"拓植公司作为殖民机构,开始由日本大批移民。1936年日本政府通过了"二十年百万户"的殖民计划,殖民规模乃日见扩大。这一年,满铁还将东亚劝业改组为鲜满拓殖公司,专门组织朝鲜移民并对他们进行统治与盘剥。

随着军事铁路网的修筑和煤炭生产的扩大,满铁的木材消耗量成倍增长。1935年满铁兼并了中东路,攫取了该路沿线的三大林区(绰尔、东部、岔林河)和与之有关的海敏公司及亚布洛尼亚林区。这五大林区共占面积160万余公顷,年采木材约100万方。1936年满铁又与伪满洲国合办"满洲"林业公司,垄断吉林省国有森林的采伐权,扩大了采伐规模。满铁控制的扎免采木公司和满鲜坑木公司都扩大了采伐规模,加紧了对东北林业资源的掠夺。

1935年7月,满铁促使各地日本零售商"输入组合"联合设立"满洲"输入公司,给予各种优惠待遇,如贷款和提供担保,使之大量进口日本商品,促进了日货倾销。1936年10月,满铁又将它的商事部分离,同满炭合资,成立资本为1 000万日元的大商业公司日满商事公司,满铁及其关系公司的产品由该公司统销,满铁及其关系公司所需生产资料也由该公司供应。这样,该公司就垄断了钢铁、煤炭、化工制品以及机械设备等各种重要生产资料的进出口贸易和市场交易。它成为扶植日本工业企业的重要杠杆和扼杀中国民族工业的罪恶的绞索。

1933年以后,日本加紧对中国华北的侵略。随着日军大举侵入华北,满铁也加强了它在华北的经济活动,1935年2月,满铁经济调查会和东亚课开始全面调查华北经济,制订了"华北经济开发方针大纲方案"。同年11月,满铁设立了天津事务所,作为驻在华北的中枢机构,下设北平分所,并在郑州、青岛、济南、太原、张家口、绥远、多伦等地设驻在员。它伙同侵华日军的特务机关,对华北进行了广泛而详细的调查,为日本侵占华北经济机构和掠夺华北资源做了充分准备。天津事务所还在日军的配合下,进行了攫取战略物资和铁路利权的活动。同年12月,满铁根据日本政府的指示,又拨款1 880万日元,设立了兴中公司。这个公司作为满铁在华北的别动队,打着发展"满华贸易"的旗号,以掠夺龙烟铁矿、井陉煤矿以及华北的棉花和长芦盐等重要战略资源和攫取津石铁路权益为目标而大肆活动。

1937年"七七事变"后,日本发动了全面侵略中国的战争。为了支持这场战争并准备入侵苏联，它急于在东北建立以工矿业为中心的军事工业体系，同时更加系统地掠夺东北的农林牧资源，以便将东北建成"旧满华经济集团"的基础工业和农产品供应的基地。为此，它扩大了"满洲产业开发五年计划"的原定指标，将重工业部门的投资指标，由原来的 25 亿日元增加为 36 亿 6 千万日元。如此庞大的计划，仅靠满铁的资本和技术是无法实现的。日本政府和军部把希望寄托在"最为关心"东北的新兴财阀"日产系"的鲇川义介身上。鲇川义介野心勃勃，他计划引入美国的资本和技术，在东北建立巨大的汽车制造厂，并以汽车工业为核心，垄断全满重工业。鲇川的计划得到了日本政府的支持，于是他于 1937 年 12 月 1 日，将"日本产业"公司迁入东北。设立了由"日产"和伪满洲国各投资 2.25 亿日元的巨型公司"满洲"重工业开发股份公司（简称满业）。这个公司被赋予垄断伪满全部重工业的特权。这样，满铁不得不从重工业部门退了出来，将它属下的重工业移让给满业。从此，满铁就放弃了垄断一切的"综合经营"方针，而大力向华北发展，希图在华北建立新的垄断地位。1937 年"七七事变"发生后，满铁立即竭尽全力投入紧张的军事运输，将日军的增援部队和辎重弹药由东北源源运往华北，同时将它的天津事务所扩大成为直属满铁总裁的华北事务局，陆续接管了日本侵占的华北各铁路近 5 000 公里，控制了华北的交通大动脉。这种由日军占领交满铁经营的形式，一直持续到 1939 年 4 月；满铁向华北派出的员工有 2 万多名，各种车辆达 5 000 余台。

在这期间，满铁的别动队兴中公司也异常活跃。它紧密配合日本侵略军，接管了全部所谓"军管"工矿，包括井陉煤矿在内的 19 个主要煤矿以及其他铁矿、炼铁厂、电灯厂、盐厂、苏打工厂以及打包工厂等华北主要的大型厂矿，共计 56 个，同日本财阀串通一气，对这些厂矿大肆进行掠夺。满铁就是这样直接参加了对中国的侵略战争，参加了对华北的占领和统治，推行日本帝国主义的"以战养战"的反动方针，掠夺华北的各种资源。

1939 年 4 月，伪华北傀儡政权宣布实行铁路"国有"，设立了日伪合办的华北交通公司，在资本 3 亿日元中，满铁占 12 000 万日元。日本政府为统制华北经济,于 1938 年 11 月新设华北开发公司。1940 年 1 月,满铁将兴中公司的全部股份转让给华北开发公司,这就结束了满铁在华北的"综合经营",它的地位基本上为华北开发公司所代替。

不过,满铁在华北仍然保持很大的势力。华北交通公司实质上不过是满铁华北事务局的变种。它的人员、周转资金和器材,完全是由满铁提供的。满铁和华北交通公司始终保持着"联合经营"。并且,满铁仍然控制着山西的大同煤矿公司和山东矿业公司,直到日本侵略者战败投降为止。满铁通过华北交通公司、大同煤矿公司和山东矿业公司,在华北铁路和煤矿方面,仍然拥有很大的势力。

在东北,满铁则集中力量,发展交通运输事业。为支持日本侵华战争和准备进犯苏联,满铁在关东军的授意下,不断地进行交通运输的战时准备,赶建军用铁路和扩建港湾;并为配合日伪的产业五年计划,修筑了一部分以掠夺煤铁和木材为目的的"产业铁路"。到 1943 年,包括承古〔承德—古北口〕线、绥佳〔绥芬河—佳木斯〕线、兴宁〔新兴—城子沟〕线在内,建成了 17 条总长 1 500 余公里的新线和近 900 公里的复线。此后,满铁即停止了新线的修建,专注于奉山〔沈阳—山海关〕、安奉〔丹东—沈阳〕等干线的复线的修筑。在此期间,满铁还扩建了大连西港、葫芦岛港和北朝鲜的罗津、雄基二港,新建了大东港和大连渔港。

从"七七事变"时起,侵华部队的运输即成为满铁的经常性业务,军用列车平均每月达 200 次。1939 年日本开始推行"北边振兴计划",日军参谋本部要求满铁扩大军事运输能力,使满铁处于对苏作战的准备状态。满铁为配合关东军在北满边境的集结,加强了军事运输的管理。1941 年 7 月末至 9 月中旬所谓"关东军特别演习"期间,满铁发挥了高度机动的运输力。太平洋战争期间,满铁又将关东军的主力由北满运往南方战场。由于军事运输的频繁和日伪推行"五年计划"对战略资源的大掠夺,铁路货运量从 1937 年到 1941 年增加一倍,客运量增加一倍半以上,而实际运输能力只增加半倍,致使运输状况日益紧张。满铁采取压缩"营业品"运输量的办法以扩大军事运输。1942 年以后,日本的海上运输能力日益削弱,原来由海路运往日本的华北煤炭、粮食等物资,不得不改由陆路,即经由东北和朝鲜的铁路运往釜山或罗津,再运往日本,实行所谓"陆运转嫁"。满铁的运输能力愈显不足,捉襟见肘,穷于应付,又实行了所谓"高度重点原则",将民用货物的运输量压到货运量的10%以下。结果,铁路运输的收益率明显下降,这就从根本上动摇了依靠铁路高额利润支持的满铁财政的基础。满铁采取的超过设备能力提高运输量的办法,又使事故逐年增加,铁路经营陷于恶性循环之中。

满铁还根据关东军的要求,为建立交通运输的战时体制,一面加紧扩大长途汽车路线,一面加强对江上运输的统制。"七七事变"后,满铁即设立汽车局,开始推行庞大的"汽车事业四年计划",妄图将它经营的"国营"长途汽车路线由6 000公里扩大为60 000公里,结果费了九牛二虎之力,到了1941年3月才勉强达到20 000公里。这一年,运输人员约2 000万人次,货物近10万吨,就因不堪亏累而停止扩充。太平洋战争发生后,由于汽车零件难以进口,加上燃料不足,汽车运输的经营陷入停滞状态。满铁企图用加强对民营汽车事业的统制和通过大连都市交通公司与国际运输公司统制短途和城市汽车运输,以及改用木炭燃料等办法,苟延残喘。

在北满江运方面,满铁于1939年设立了北满江运局,强行收买了全部民船,一手把持了全部北满江上运输。它占有船只310只,每年运输量约为70万吨货物和70万人次旅客。

1938年,满铁撤销了成立不久的产业部,新设调查部;1939年又扩大了调查部,并将调查列为满铁"三大事业"之一。1941年度,满铁调查部拥有调查员及助手约1 600名,加上拨归调查部领导的满铁中央试验所的技术人员500名,总数超过2 000人,该年预算超过1 000万日元。它是日本当时最大的调查情报机关,也是世界上有数的规模庞大的调查机关之一。它为日本军国主义建立"日满华经济集团"和"大东亚共荣圈"的政策,为在中国沦陷区和日军所到之处建立殖民统治秩序,为系统地掠夺日军占领区的物质财富,充当侦察前哨,起草掠夺计划。调查部组织的大规模调查有"中国惯例调查""中国抗战力调查"和"日满华经济集团调查",其目的是为日本政府和军部制订侵略政策提供依据。此外,调查部还进行"社业调查"和"北方调查",并且派遣特务到东南亚地区直接配合日军的侵略活动。

为配合侵华战争，满铁还扩建抚顺煤矿，发展石油化学工业；设立制铁工厂，生产海绵铁和特殊钢。为配合日本的大规模移民侵略活动，它设置了满洲开拓青年义勇队训练所及义勇队开拓团。

上述情况表明，"九一八"事变发生后，满铁作为"经营满蒙的中枢机关"的地位虽然发生了变化，但它在日本帝国主义侵略中国的活动中，仍然扮演了一个重要而又凶恶的角色。

由于中日战争的长期化以及太平洋战争的爆发，日本在战争泥潭中愈陷愈深。满铁同整个日本帝国主义一样，它所固有的各种矛盾及困难也日益加剧。战争提出的加大运输量和各种物资产量的要求同满铁的运输和掠夺能力的矛盾；满铁增加和扩大其运输和生产设施的要求同它所能筹集的人力、物力和财力的矛盾，都在加深并日益尖锐化。这些矛盾随着日本侵略者和中国人民之间，满铁同被它盘剥的工人、农民之间的矛盾的日益激化而不断发展着。满铁曾用加强法西斯统治，强迫工人提高劳动强度直至实行所谓"总动员"等办法，妄图摆脱困境。但是，正如日本帝国主义的侵略不可避免地走向失败一样，作为日本帝国主义侵略工具的满铁，也摆脱不了覆亡的命运。中国人民在中国共产党的领导下浴血奋战，取得了抗日战争的伟大胜利，同时也就在中国土地上彻底埋葬了日本帝国主义吸吮中国人民膏血达40年之久的侵略机构——满铁。

结束语

当年，满铁曾是日本帝国主义在中国土地上的一个缩影。

日本帝国主义的发展与其穷兵黩武的侵略扩张政策和战争手段密不可分，满铁和侵略战争也有着不可解之缘。满铁本身就是侵略战争的产物，又成为发动新的侵略战争的借口和支柱。它随着侵略战争的进展而发展和壮大，又随着侵略战争的失败而灭亡。

军国主义是日本帝国主义的主要特征，军国主义也给满铁打上了深深的烙印。满铁的设立自始就在军阀头目的主持之下，满铁设立委员长一职始终由军阀头目担任,满铁初代总裁由军阀头目推荐,满铁一度归关东都督统裁,都是耐人寻味的。至于"九一八"事变后,满铁被置于关东军司令官的直接监督之下,满铁的经营完全服从于日本军部的"国防和开发满洲经济"的需要,就更加说明问题了。

日本帝国主义的先天性弱点之一是资本积累不足,日本国家政权在帝国主义发展过程中自始就具有重要作用。官商依靠国家政权赋予的特权急速成长为财阀资本,日本国家资本的出现也很早,满铁就是日本国家资本同财阀资本相结合向海外发展的一个典型。满铁的设立为日本财阀资本向海外输出提供了一个既能保证可靠的利润又不必承担风险的途径。

日本资源不足加上半封建农业造成的市场狭隘,促使日本资产阶级向殖民地半殖民地寻求原料和市场,满铁正是它们手中最有力的工具。满铁利用铁路、港口将东北的粮食、特产大豆、煤炭、钢铁源源不断地运往日本和世界各地,同时也为日本商品开辟了一个广大的市场。

可见,满铁史就是日本帝国主义侵略殖民地的历史,同时也是日本帝国主义发展史的重要组成部分。满铁疯狂地掠夺东北的资源。它开采了抚顺、阜新、富锦、蛟河等地的煤矿,鞍山的铁矿,锦西的铅矿,复州的黏土矿,大石桥的菱镁矿,清原的金矿,等等;它到处砍伐森林;它插手农业、畜牧业;它投资盐田。

满铁为发展日本的军事工业,在东北建立了钢铁工业、铝镁冶炼业、汽车工业、化学工业、石油工业,以及作为这些工业基础的电力工业。

满铁为使日货占据东北市场,从实行特价运费到组织日本零售商成立输入组合,从设立贸易馆到设立统制各种工业品交易的特殊公司。为操纵农产品的出口,满铁还在各地设立交易所信托公司,并通过国际运输公司和协和栈大搞囤积投机活动。

列宁在《帝国主义是资本主义的最高阶段》一书的法文版和德文版序言中曾经指出:"建筑铁路似乎是一种简单的、自然的、民主的、文化的、文明的事业。……事实上,几根资本主义的干线已经用千丝万缕的密网把这种事业与整个的生产资料私有制联系在一起了,已经把这种建筑事业变成压迫附属国〔殖民地加半殖民地〕里占世界人口半数以上的十亿民众和'文明'国里资本的雇佣奴隶的工具。"一部满铁史雄辩地证实了列宁的这一科学论断的无比正确。

（作者苏崇民，吉林大学日本研究所，原文刊于《历史研究》1982年第5期）

满铁与关东军的"华北自治"阴谋

武向平

1933年5月25日,关东军司令官元帅武藤信义,在密云与国民政府军事委员会北平分会代理委员长何应钦的军特使、该分会的参谋徐燕举行会谈,并接受了中方提出的停战协定的意见。5月31日,关东军副参谋长、陆军少将冈村宁次在塘沽,与国民政府华北军代表、分会总参谋、陆军中将熊斌签署了《塘沽协定》。[①] 该协定是继日本于1915年提出"二十一条"后,对中国主权和利益损害最为严重的协定。它不但使国民政府间接地承认了"伪满洲国",并使冀东地区22个县完全丧失了中国主权,成为日本任意活动的地区。[②]《塘沽协定》签订后,"满铁"便伙同关东军加紧策划"华北自治"阴谋。关于《塘沽协定》和"华北自治"阴谋,国内有的学者虽然已经进行研究,但"满铁"在整个事件中所起的作用却鲜为人知。本文根据日文原始档案资料,从"满铁"参与

[①]《塘沽协定》:日本将其称作为《停战协定》,国内有的学者提出该协定有两个文本,有的学者认为在国内找不到日文原始文本,其实,由关东军一手策划的《塘沽协定》日文原始文本珍藏于吉林省社会科学院满铁资料馆内。《塘沽协定》的具体内容如下:一、中国军队一律迅速地撤退到延庆、昌平、高丽营、顺义、通州、香河、宝坻、林亭口、宁河、芦台所连线以西及以南地区,此后,不得越过该线,并不得有任何的挑衅、扰乱行为;二、日军为了确保上述内容的实行,将通过飞机及其他方法进行视察,中国方面对此应加以保护,并提供各种便利;三、日军确认中国军队已经遵守上述规定时,将不再越过该线进行追击,并主动归还长城之线;四、长城线以南,以及上述各连线以北和以东地区由中国警察机关维护治安,不可用刺激日本军队感情的武装军队;五、本协定签订后立即生效。

[②] 解学诗、宋玉印:《满铁内密文书》(第15卷),社会科学文献出版社,2015年版,卷首解说,第1页。

"华北自治"的活动入手,分析"满铁"在日本侵略华北政策中所发挥的作用。

一、《塘沽协定》善后交涉:大连、唐山和北平会议

关东军策划"华北自治"的首要步骤是接管所谓"战区"的各项权益,以达到控制华北地区的目的。冈村宁次同熊斌签订《塘沽协定》后,关东军便加紧策划"华北自治"阴谋,"满铁"也利用自身便利的条件紧密配合并参与整个事件之中。1933年7月2日—6日,关东军和国民政府华北政权代表就战区各项权益接收问题在大连进行了谈判,关东军及日伪政权的参会者为副参谋长冈村宁次、参谋喜多诚一、伪军李际春等;国民政府代表为雷寿荣、殷同、薛之衍。在大连谈判过程中,关东军最大的目标就是希望通过对所谓"战区"军备整顿和铁路接管,来达到对华北地区的控制。关于"战区"整备问题,关东军在谈判中提出了提出如下内容:第一,从李际春军中选出4 000精兵组成治安警察队;第二,改编后的保安警察队隶属于河北省政府,推举李际春为总队长;第三,李际春的地位及其军队的善后费用由薛之衍负责予以解决;第四,保安警察队的训练地点在丰润县和滦县两地;第五,善后处理在一个月内完成。① 为了保障与国民政府的谈判达到预期目标,关东军又制定了善后处理实施纲要,该纲要明确规定,改编解散士兵的善后处理工作由李际春全权负责,并将改编和解散的士兵作成名册上交给接收委员会,保安队人员的改编截止到7月25日;改编士兵以地区为单位的名册交付战区接收委员会,由李际春与接收委员会协议后进行改编,将解散的士兵依次输送到马场附近进行裁撤,被解散的士兵的武器一律收缴,并发给极少数额的解散费,上述经费由接收委员会负责。②

关于奉山、北宁两铁路接管问题,关东军提出了如下协议内容:第一,关东军将唐山作为与山海关的中间联络站,关东军归还长城线时将秦皇岛作为与山海关的中间联络站,上述联络站的车站、站台、机车库房等营业设施共同使用,山海关站的处理将另行规定;第二,关于山海关站的共同使用规

---

① 关东军司令部:《大连会议议事录》,1933年7月6日,第53—54页。
② 同上,第55—56页。

定如下：车站、站台、宿舍、机车库房及相关的其他列车运行和营业的设施共同使用，并决定在于长城线归还时在当地设立两铁路局委员会；山海关所在的工厂、学校、医院归北宁局使用；为了保持在山海关的北宁所属的各机构，奉山局所支出的经费经过清算后由北宁局支付；第三，山海关——唐山间破坏设施的修筑经费，奉山局清算后由北宁局支付；第四，列车使用期间所产生的利益由北宁和奉山两局进行平分；开滦煤炭运输的收支按照北宁铁路与开滦煤炭原有的规定进行协商解决；山海关——唐山间北宁铁路工作人员的工资、薪金至6月全部由北宁局支付，7月以后的工资和薪金以车辆的归还和联络站为界限，分别由奉山、北宁两局进行支付；第五，对中英公司借款的处理措施：1921年及其后的借款由北宁局负担，但前年（1931年）9月以后由奉山局所支付的金额从今年（1933年）8月开始在每月的月末按月利进行偿还，为了确保上述偿还的有效实行，北宁局应由天津交通银行作为支付的担保，奉山局则通过奉天交通银行直接领取，上述支付需要延期时要附加五分的年利；1921年的借款从7月份开始由北宁局全部支付；奉山、北宁两局在同日内向中英公司发表通告文。①

关东军策划《塘沽协定》善后处理的第二项措施便是召开了唐山会议。1933年7月16、17、19日，国民政府华北分会再次派雷寿荣、薛之衍、李十一为代表，就伪军李际春的地位问题进行了会谈，关东军参谋喜多大佐列席。这次会谈主要有以下几方面的内容：第一，为了保障善后处理的有效进行在唐山设立编遣处，由李际春担任委员长，每月的费用为8 000元，北京政府还要向李际春支付善后处理费为7月10万元，8月5万元，9月5万元；第二，设立两个保安警察队，第一总队队长由王铁相担任，驻地在滦县；第二总队队长由赵雷担任，驻地在丰润县。②

以上是《塘沽协定》签订后，关东军为了进一步入侵华北在大连会议和唐山会议上强加给国民政府的各项不平等协定，其最终的目的就是要把冀东22个县从华北地区分离出去，为"华北自治"阴谋的实施奠定基础。继大连和唐

---

① 关东军司令部：《大连会议议事录》，第57—60页。
② 关东军参谋部：《唐山会议ノ決議事項》，藏吉林省社科院满铁资料馆，1933年7月5日，第64—69页。

山会议后,在关东军的策划下,于1933年11月同国民政府进行了北平谈判。北平交涉时,关东军的代表是副参谋长冈村宁次,冈村携带着事先草拟好的一份《关于北支善后交涉之协定案》并要求国民政府予以接受,该协定案的主要内容为:长城线各关口的守备权归"日满"负责;凡有日本驻屯军的住民地,一律不得配备武装;华北政权要为日军的驻屯提供各种方便;为了与"伪满洲国"进行交通、商贸、航空、通信等联络,要求成立委员会进行交涉。①

可以说,在《塘沽协定》及其善后处理的交涉过程中,各种条款基本都是由关东军事先策划的,并要强加给国民政府和华北当局的,虽然国民政府在谈判过程中始终坚持"不签字""不换文"的原则,并坚决对"伪满洲国"不予以承认,但这一时期南京国民政府在对日外交采取的是退让、委曲求全的方式②,这也在一定程度上助长了关东军得寸进尺的气焰,为下一步的"华北自治"阴谋的萌发奠定了基础。

二、"满铁"的助力:酒井大佐谈话摘要与"满铁"对《塘沽协定》及相关协定的"解释"

在华北的侵略政策上,关东军一方面积极地策划《塘沽协定》及其善后处理,另一方面向在对华情报搜集和调查上具有特殊地位的"满铁"下达了嘱托令③,要求"满铁"积极配合军部的对华侵略政策。1935年1月26日,日本中国派遣军参谋长酒井隆④对满铁经济调查会干事押川一郎进行了谈

---

① 关东军参谋部:《停战协定善后处理二关スル北平会议》,藏吉林省社科院满铁资料馆,1933年11月7日,第72—74页。
② 杨天石:《黄郛与塘沽协定善后交涉》,载《历史研究》,1993。
③ 日俄战争后,日本在中国东北存在关东州(后改为关东厅)、关东军、领事馆和"满铁"四巨头,在对华侵略政策上"四巨头"彼此相互制约。"九一八"事变后,"满铁"主动投入到关东军的麾下,成了关东军的左膀右臂。随着关东军进一步入侵华北,"满铁"也随即向华北地区进军,成了关东军的"经济参谋本部"。
④ 酒井隆(1887—1964),广岛县人。1908年日本陆军士官学校第20期毕业生,1916年日本陆军大学毕业后,担任驻华副武官。1924年任济南领事馆武官,1928年一手策划制造了"济南惨案"。1934年任驻天津中国屯军参谋长,起草《何梅协定》。1938—1941年,先后任张家口特务机关长、驻新疆联络部长官,主导对华经济侵略和资源掠夺。1941年任关广东第23军司令官。香港沦陷后,曾担任香港军政厅的最高长官。1945年2月在北京设立酒井机关进行重庆谈判,12月被中国政府逮捕。1946年8月,被南京军事法庭判处死刑。

话,指出关东军对华北的政策最终目的就是以"华北自治"为名来实行蚕食的侵略政策,该侵略政策实际上采取的是一种"渐进主义",即通过以军事侵略手段,达到对华北经济控制的目的,并要通过威吓等方式逐渐对国民政府力所不及的地区,在不导入外国势力的前提下,实现对华北的分离。酒井谈话摘要具体内容如下:第一,酒井认为"满铁"对于关东军嘱托的调查事项,态度并不是很积极主动,认为"满铁"仅形成一纸报告,在态度上缺少热情;第二,酒井认为"满铁"向关东军提供的两份调查报告,其中一份是可以公开使用的,另一份调查报告应仅限于内部使用,不可外漏,如关于对龙岩铁矿的调查中发现明磐石之事,不可向天津驻屯军报告;第三,酒井认为天津、北平两事务所自"满洲事变"以来缺少与军部的联络;第四酒井认为满铁嘱托班作为关东军的辅助机构,应该明确不应只顾追求"满铁"自身的利益,而应从日本国的整体利益进行考虑;第五,酒井认为"满铁"调查员以"满铁"社会的身份而居功自傲,导致了军部的反感;第六,酒井认为"满铁"应从以下几个方面进行改正:1."满铁"嘱托班应从"满铁"天津事务所的统制中分离出来,完全进入军部中;2. 在军部内部设置优秀的联络员;第七,酒井提出"满铁"进军华北的方针是要为日本国策做出贡献,要成为华北工作的主动者;第八,酒井指出,关东军对华北的方针是为了避免国际冲突而采取渐进主义,此方针将向陆军省进行报告,实际上主要就是要通过军事威慑,达到经济统制的目的,对南京政府威慑力所不及的地区,在外国势力不导入的前提下,把中国置于分立状态,在该地区通过否定南京政府主权的形式,通过接受关税、邮政统制等一切重要的资源控制,与满洲的形式完全不同。[①]

从上述酒井隆与满铁调查会干事押川一郎的话可以看出,关东军实际上对"满铁"没有完全听从于军部的安排、按照军部的意见行事很不满意,为了改变这种局面,"满铁"便积极地配合关东军对华北的侵略政策。首先,"满铁"通过对《塘沽协定》及相关诸协定的"合法性"问题做出"解释"。《塘沽协定》签订后,"满铁"的势力也开始向华北地区进行全方位的渗透。为了使关东军一手炮制的《塘沽协定》及善后处理诸协定"合法"化,满铁对该协

---

① 经济调查会干事:《酒井大佐ノ談片ヨリ》,藏吉林省社科院满铁资料馆,1935年1月26日。

定中停战区域问题、治安维护问题、接收问题、交通和经济等诸问题进行了全面"解释",其目的是为日本进一步侵略华北地区寻找"合理"的借口。1935年6月20日,"满铁"经济调查会外事班调查员真锅藤治在山海关运输班本部,形成了《从国际法所见停战协定及其相关诸协定之研究》的意见书,该意见书的前面标有"特秘"字样,这充分说明这份出自"满铁"调查员真锅藤治之手的意见书是秘密进行的。该意见书共有六章内容和七个附件组成。具体内容如下:关于停战协定及其附属诸协定的性质,该意见书中指出,关东军签订《塘沽协定》及附属协定的真正目的是通过与国民政府华北分会代表的谈判,使该协定及附属协定在国际法上得到"承认",并迫使国民政府对"日满"议定书及附属协定予以承认,从而使"伪满洲国"在国际上合法化。[1] 该意见书中还进一步指出,关东军向华北入侵的根据就是"日满"议定书第二条中规定"日本国及伪满洲国中任何一方的领土及治安受到任何威胁时,以及缔约国任何一方的安全和生存受到威胁时,两国将共同为了国际利益而进行防卫",关东军向热河出兵的最大的目标也是为了实现所谓的"日满"共荣,并希望通过与国民政府进行谈判,使《塘沽协定》及相关诸协定在国际法上"合法化"。[2] 关于《塘沽协定》及附属协定的本质问题,该意见书中指出,从国际法的角度来看,这次的"停战协定"实际就是"休战协定",从日军对停战地区治安维护监察权、中国军队放弃挑衅和扰乱行为、禁止反日行动、日本在在规定的区域内有驻军权等这些内容来看,按照国际法的规定实际上是一种狭义的保护条约,所以,要从"伪满洲国"关系事项入手,把解决"满洲事变"作为这次谈判的最终工作目标同国民政府进行谈判。[3] 关于停战地区的规定,该意见书中指出,关于停战区域的界限,按照停战协定的第一项和第四项的规定,实际上把延庆、昌平、高丽营、顺义、通州、香河、宝坻、林亭口、宁河、芦台之连线的西南地区,以及长城线东北地区

---

[1] 真锅藤治:《国際法ノ見地ヨリ見タル停戦協定竝関係諸協定ノ研究》,藏吉林省社科院满铁资料馆,1935年6月20日,第9页。
[2] 同上,第10—11页。
[3] 同上,第12—13页。

划分为"非武装区",日军可以在上述地区充分进行活动。① 另外,该意见书中还对日军的长城线归还问题及驻军、李际春伪军的整编及当地治安警察队的构成、铁路接管、中英债务的偿还等问题进行了详细说明,上述这些问题的说明实际与关东军的意见完全一致,最终的目的就是要通过冀东22个县军事管制、经济控制、铁路接收等一系列的侵略措施,最终达到把华北分离的目的,也进一步说明"满铁"在侵略华北政策上与关东军是相辅相成的。

三、"满铁"与"华北自治"阴谋

如上所述,早在1935年1月,日本派遣军参谋长酒井隆在同"满铁"经济调查会干事押川一郎谈话时就已经明确告知,关东军对华北的侵略政策是企图通过"华北自治"的阴谋,实现对华北的分离。于是,"满铁"便就"华北自治"的阴谋提出了意见书。1935年6月16日,"满铁"经济调查会外事班调查员真锅藤治就"华北自治"问题向关东军提出了具体的实施意见书。具体内容如下:关于日本的军事行动,意见书中指出,"日本为了实现大陆政策开始积极地向华北地区进军,但从当前的国际形势来看,日本的军事行动已经引起了国际社会对远东局势的关注,并企图联合起来阻止日本的军事行动,基于以上情况,日本对华北的军事行动要慎重推进"②。关于京津两地的国际地位,意见书中指出,"京津两地在国际上是特殊的地区,不但有国际社会的租借地,还存有按照借款条约规定的一些国际担保物件,这些物件在国家法上具有合法性,如果关东军强行向两地出兵,势必要引起国际社会不满,所以,向京津两地出兵也需要慎重考虑"③。关于"华北自治"的工作,"满铁"认为无论是从观念论上还是从方法论上来讲,都是"合情合理"。从观念论上来看,意见书中指出,"我国扩大势力是基于天理,从万物生长的规律的阶段性法则来看,国家的强大是其中一个必然的发展阶段过程,事物发

---

① 真锅藤治:《国際法ノ見地ヨリ見タル停戦協定竝関係諸協定ノ研究》,第5—17页。
② 真锅藤治:《最近ノ国際情勢卜對北支工作ニ對スル私見》,藏吉林省社科院满铁资料馆,1935年6月16日,第2页。
③ 同上,第2—3页。

展要经过膨胀期、休养期、膨胀期、衰退期等阶段,这是自古以来历史证明的历史发展规律。我国的现状就是出于膨胀期,向八方出击这是符合自然法则的。今日之对华工作如果采取停滞、中止或消极的态度的话,这是完全违法了自然法则。所以,日本要抓住这个机会,把中国完全置于日本统治之下,这是顺应天意的重大国策抉择"①。从国际社会的现状来看,意见书中指出,"目前国际社会对日本的干预并不是很充分,但有史以来国际社会从未放弃对中国利益争夺,这就需要充分地认识到我国在对华工作方面的特殊性和目的性。从眼下国际社会的现状来看,日本如果采取强硬的对抗方式,对抗一国尚有余力,但要是多国联合起来,结果却未可知。而且,国际社会对日本的对华政策从来都是从政治的、经济的等多方面进行观察的,尤其是在'满洲事变'后,国际联盟对日本的军事行动进行了公开的抗议,所以,日本要对国际社会的实际情况充分考虑"②。从保全"伪满洲国"与进兵华北的必要性来看,意见书中指出,"从保全'伪满洲国'及其发展资金的保障方面来看,深切地感到确保华北势力范围乃是实现上述目标的当务之急。从'伪满洲国'的现状来看,要使其完全在行政、财政等方面实现独立实为不易,而且,从日本自身情况来看,要培养'伪满洲国'的发展和壮大,日本要耗费巨大的经济财富,这样势必会使日本的财政陷入紧张,但华北地区有众多的良田沃土,自古以来在中原称霸者占据此地就相当于占据了整个中国,再加之华北地区有丰富的煤炭等矿产资源,还有平津两地作为华北的经济、金融和交通的中心,与黄河、白河等各大水系相连,并与北宁、平汉、津浦各铁路相连,还有近1亿居住人口,其背后的经济价值无法估计。从这一点来看,如果使'伪满洲国'的国境线延长至上述地区的话,将会极大地解决'伪满洲国'的财政问题,从现在华北的状况来看,要迅速地实现确实有困难。当务之急就是要使华北处于日本的支配之下,确立相关依存的经济制度,并为上述目标的实现而努力。这项工作是解决'满洲事变'以来最重要的工作,华北问题的妥善解决是保全'伪满洲国'的重要步骤"③。

---

① 真锅藤治:《最近ノ国際情勢卜對北支工作ニ對スル私見》。
② 同上,第3—4页。
③ 同上,第5—6页。

对"华北自治"实施方法上,意见书中指出,日军要在协定规定的地区内等待时机以实现华北政权独立,日本对华北工作上要进行充分的技术研究,从目前的状态看,日本军在向华北出兵上应暂作延迟,要把日军驻扎在边境线地带以待时机,并要在扶植"华北政权"上作出全面考虑。① 意见书中还进一步指出,在出兵华北时要采取以下几种方式:出兵时要尽量以威吓为主,尽量避免直接开枪;要尽量避免对外国人的生命及财产造成伤害;除去公共使馆区、外国租借地等以外,已经获得的地区直接占领;要对义勇军进行严加管制,并要严加防范所谓浪人的暴乱行为;对上述地区的历史的、宗教的、美术的及学术的建筑和遗迹进行保护;对良民给予充分保护,坚决避免强征及其他的强制性行动;要向当地的民众及外国人进行充分的宣传,说明日本出兵的目的并没有领土野心。② 另外,意见书还就如何注意华北地区的国际动向提出了措施,即对华北地区国际区域要采取与"满洲"不同的新方法和新手段,要充分发动外务省、公使馆、领事馆、驻外武官等国际机构,以及"满铁"的交通、通信、情报、舆论宣传等机构的功能,密切留意国际社会的动向,并将上述各机构所搜集到的各种情报进行综合分析,研究军队作战计划和国际法上通用的方法,一旦紧急事态发生时要汇集各机构互相联络,在应对事态发展上互相提携。③

1935年6月20日,"满铁"经济调查会外事班调查员真锅藤治就中国军队违反停战协定,关东军采取的军事行动又秘密地形成了意见书,具体内容如下:第一,直接在停战地区内进军的场合。该文书中规定了关东军入侵的五种场合:中国军队向停战地区撤退或超越所划分的边界线时;中国军队在撤退时妨碍了关东军的视察行动时;在停战区域内中国军队运用武力刺激了日本的感情的行为时;否定关东军指定的交通、经济各机构时;拒绝为日本军队提供各种方便时,在上述情况发生时日军可以直接采取行动。④ 第

---

① 真锅藤治:《最近ノ国際情勢ト對北支工作ニ對スル私見》,第7—8页。
② 同上,第8页。
③ 同上,第9页。
④ 真锅藤治:《停戰協定及附属諸協定違反ニ對スル軍事行動ニ就ク》,藏吉林省社科院满铁资料馆,1935年6月20日,第5页。

二,向中国当局者提出抗议没有效果时向停战地区进军的场合:在停战地区内有挑衅、扰乱行为或发生危险时;在停站地区内担心扰乱治安维护时;违反大连会议的相关规定时;违反唐山会议的相关规定时;妨碍关东军指定的交通、经济及其他机构执行公务时;策动反日排外行动时;为了保护日本人及关内外日本民众生命及财产安全时;审查时发现私自携带或私藏武器时;违反保安队轮换规定时。① 第三,在停战地区外进军的场合:在停战地区外进行军事准备时;违反停战协定,在停战区以外地区进行军事策动活动;在停战区外进行反日、抗日行动对停战区造成重大影响时;在停战区以外地区发生动乱及影响治安维护重大动乱,并波及停战地区时;在停战区内发生与军事行动相关联的事件时,上述场合发生时,日军将采取军事行动。②

以上是"满铁"经济调查会外事班干事真锅藤治代表"满铁",向关东军提出的关于日本向华北出兵的各种"理由"。从上述的内容可以看出,这些"理由"无非就是为了进一步侵略华北而寻找的借口。

结语

"满铁"作为近代日本设在中国东北最大的"国策会社",在中国东北盘踞长达40年,几乎全部参与了日本的侵华行动,在日本发动侵华战争的特定历史时期,"满铁"本身的活动轨迹就是一部侵略史,"满铁"在参与侵华过程中还有诸多的鲜为人知的侵略史实。③ "九一八"事变前,"满铁"主要是积极地配合关东军进行情报搜集工作,"九一八"事变后,"满铁"便应关东军之请担负起关东军的军事运输任务,并调动各个部门的人力、物力对关东军的侵华战争进行有力支援。在关东军入侵华北的过程中,"满铁"更是加大了对其军事侵略活动进行支援的力度。"满铁"不但在《塘沽协定》及其善后处理中积极帮助关东军出谋划策,还伙同关东军策划"华北自治"阴谋,并就

---

① 真锅藤治:《停戦協定及附属諸協定違反ニ對スル軍事行動ニ就ク》,第6—7页。
② 同上,第8页。
③ 武向平:《满铁与国联调查团研究》,社会科学文献出版社,2015年版,第221页。

"华北自治"的具体实施步骤提出意见书,供关东军侵略华北之用。另外,"满铁"还对其自身的业务范围进行了调整,把重心向华北地区转移。1935年8月,"满铁"应关东军侵略之需要,由"满铁"经济调查会干事组成了关东军嘱托班,先后推出了《华北经济开发方针大纲案》《华北产业开发指导纲领》等文件,"满铁"所炮制的这些方案,实际上是继"九一八"事变后,日本对华进行经济掠夺的预案。[1]

(作者武向平,苏州大学社会学院历史系,原文刊于《东北师范大学学报》2017年第4期,《新华文摘》2017年第2期全文转载)

---

[1] 解学诗:《满铁与华北经济》,社会科学文献出版社,2007年版,第31—37页。

日本对我国东北森林资源的掠夺

张传杰　孙静丽

　　明治维新后,日本就提出了向外扩张的方针,中国东北成了它侵略的主要目标。因为东北的矿产、农业和森林等资源非常丰富,特别是大片的原始森林,珍贵的稀有树种更使日本侵略者梦寐以求。为满足其军用和民用的需要特别是日本占领东北以后,随着军需木材量的不断扩大,日本侵略者采用所谓"集团采伐"和"一扫光"式等采伐手段,进行狂采滥伐,给我国东北森林资源造成不可估量的重大破坏和损失。专门论述这一问题的文章尚不多见。对此问题深入研究,对彻底揭露日本帝国主义的侵华罪行是十分有益的。本文仅拟就日本掠夺我国东北森林资源的过程、手段以及造成的破坏和损失,做一初步探讨。

一

　　早在19世纪末,日本帝国主义就先后派遣浪人和间谍打着"科学研究"的旗号,深入东北三省和内蒙东部地区进行资源调查,并先后出版了描绘东北森林资源的书籍。其中《富饶的满洲》里提到:"满洲森林之广大,令人惊愕。"[1]《满洲地志》则称:"满洲全部山峰,皆有森林覆盖之",还介绍了森林的分布及树种情况。《白山黑水录》也以文学形式把东北的森林描绘为:"苍

---

[1] 松木敬之:《富饶的满洲》第3章,日本政治转输社出版。

苍郁郁,若黑云横天,一望无际,数千里不见涯溪",这无疑更刺激了侵略者的胃口。

1904年日俄战争爆发,日军占领九连城后,便设置了调查委员会,调查鸭绿江两岸的森林资源。1905年5月在安东成立了军政署和战地临时建筑部,开始在安东和龙岩浦一带"征收"鸭绿江木材。以后又对木材实行军事管制,垄断森林采伐业。没收了沙河镇大东沟一带中国商人存放的原木,在安东设置了军用木材厂,大量加工木材以充军用或运往国内。

1905年11月26日,清政府外务部会办大臣那桐和日本公使林权助签订了《中日会议东三省事宜条约》,连同《鸭绿江木植公司章程》13条、《中日合办鸭绿江森林合同》和《中日木植公司事务章程》等一系列文件,使中国森林资源的采伐权、贩卖权和木税权等完全操纵在日本侵略者手中,同时,建立了中日合营的"鸭绿江采伐公司",该公司享有整个林区的木材收买和专卖权,这样,日本完全控制了鸭绿江流域的森林特权。三十几年时间,森林资源摧毁殆尽,每年均有巨额木材由鸭绿江经安东(今丹东)关出口,大部分运往日本。据1919年安东关报告,出口木材计:梁(硬木)47 446根(每根长8英尺①)、软木575 598块、板8 233 553平方英尺。据日本人撰写的《鸭绿江林业志》统计,1909年至1929年间大约有3 000万立方米左右的木材经朝鲜运往日本。②

满铁作为东北最大的木材消费者,为满足每年对坑木、枕木、电线杆、原木的需求,1919年满铁与安奉沿线的日本木材商组成资本为30万日元的满鲜坑木公司,主要是满足抚顺煤矿对坑木的需求。最初主要以安奉铁路沿线的森林采伐为主,至1927年前,平均每年提供大约2 500万材(大约3 000—3 600车)坑木。③ 后来,满铁又通过贷款资助的办法控制了吉林省桦甸县韩家林场的采伐权。1922年满铁又以600万元的资本掌握了"扎兔林业公司",采伐区域为中东路西线大兴安岭林区的兴安宜立克都、乌奴尔、免渡河林区,面积约1.7万平方公里。从此,满铁取得了参与经营大兴安岭

---

① 1英尺约为0.3米。——编者注
② 陈本善:《日本侵略中国东北史》,吉林大学出版社,1989年版,第201页。
③ 陶炎:《东北林业发展史》,吉林省社会科学院,1987年版,第143页。

森林的完全合法的地位，也获取了日本向东北北部进行经济扩张的据点。此外，满铁还出资经营"海敏采木公司"，拥有的乌尔旗汗林场森林面积为4 000平方公里，牙多尔林场森林面积为570平方公里。日本大小资本家也纷纷来到东北成立林业和制材公司，经营造纸、铁路和电业。1917年11月设立的富宁造纸公司，采伐林区在松花江和牡丹江流域共32处，总面积达7 335万公亩。1918年6月成立的黄川采木公司取得了黄花松甸子和四合川两处林场采伐权，林区面积合计3 996万亩。1917年11月成立的丰材公司在吉林省桦甸县和安图县，拥有森林采伐区域共1 200平方华里。① 1919年成立的兴材公司在吉林省获取了12处林区，面积为2 162.56万公亩。② 以上都是100万元以上的大企业。1919年设于安东六道沟的"鸭绿江制纸株式会社"，年产纸浆15 000吨，制纸8 000吨。1920年仅安东地区由日本财阀经营的制材企业就达33家。在吉林省内"鸭绿江制材无限公司"设有许多分厂，如吉林木材工业株式会社、敦化制材合资会社、小林制材工厂、面高制材所、大山木厂、近藤林业公司、横道河子工厂、大仓制材所等十多处。从1905年到1931年，日本资本家在东北各地设置木材加工企业为54家。③ 据李明银在《帝国主义对华经济侵略史况》中统计，从1917—1927年，日本从东北输出的木材有6 460万石（每石约等于1立方米）。

"九一八"事变前，东北平均每年木材产量为50—80万立方米，除用于东北的各项用材外，相当一部分木材向外输出，或运送关内各地，或出口朝鲜和日本等国。1932年，东北木材净输出量是8.5万立方米，占东北木材产量1/10左右。④ 到1936年林木产量增加了约100万立方米，达到184.5万立方米。

"九一八"事变后，日本很快侵占了东北三省。伪满政权建立后，日本帝国主义更披上了"合法"的外衣，开始有步骤地控制和掠夺东北的林业资源，1933年3月1日，日本操纵伪满政府颁布了《伪满洲国经济建设纲要》，对经

---

① 1华里＝0.5公里。——编者注
② 苏崇民：《满铁史》，中华书局，1999年版，第320页。
③ 陈本善：《日本侵略中国东北史》，第202页。
④ 杜恂：《日本在旧中国的投资》，上海社科院，1986年版，第397页。

济实行统制方针,提出了"带有国防的或公益性质之重要事业,以公营或令特殊会社经营为原则"。为此,对东北林业的林业方针是:"国有森林之经营为原则"。而"目前林业的主要任务是林场暂停发放,期于今后五年间整理林场权,对于主要森林施行基本调查,整理国有森林,确之其合理的经营之基础"①其目的是通过对东北森林资源的调查,对林场权的整理,把东北的森林全部纳入其统治之下,其他民间团体不得涉足。

为实现对东北林业的占有和集中管理,对森林的采伐权也进行整理。1934年伪满政府以敕令颁布了林场权整理法,取消了《东三省国有林发放规则》中的一般林场权。

为加速对东北林业资源的统制,1934年3月30日,日本帝国主义又制订了《日满经济统制方策要纲》。它提出"本着使满洲经济与我国经济的不可分关系日趋深厚的宗旨……采取行政乃至资本性统制措施",其中采木业的统制方法就属于"原则上由满洲该种事业中处于支配地位的特殊会社经营,直接接受帝国政府的特别保护监督"②。《方策要纲》还提出:"满洲森林开发……之供应日满两国木材及纸浆原料之需。"③日本掠夺东北森林资源的企图昭然若揭。

1936年6月,伪满政府又以第47号敕令颁布了林场权整理法,至1938年,取消了152处一般林场权,余者以后逐步取消。根据"整理法",对俄国人所享用的林场权采取无条件收回的政策;对一些特殊林场权,采取收买与允其投资相结合的政策,以达到整理林场权的目的;对于日本人控制满铁系统的林场,采取延长一定时间或给予一定的优惠条件来解除其林场权。通过以上手段,日伪最终控制了整个东北的森林资源。

二

1937年,日本帝国主义掀起全面侵华战争后,为供战争物质需要,把中

---

① 中央档案馆等编:《东北经济掠夺》,中华书局,1991年版,31页。
② 同上,第38页。
③ 同上,第42页。

国东北作为战略物资的供应基地,因此,更加疯狂地掠夺东北地区的资源。在日本帝国主义掠夺东北资源的诸多计划中,两个产业五年计划是比较重要的,即1937—1941年和1941年9月分别制订的两个产业五年计划。

在第一个产业五年计划中,就提出了一个林业计划。该计划的方针是:"采伐量要达到1 000万立方米"①。在农畜产品部门中,其他财政支出不在内,仅林业共计划资金是1.6亿元,然而,实际使用资金却是6.92亿元。

第二个产业五年计划更着重于战争资源的掠夺,即发展所谓基本资源产业,特别是对煤炭、农产品倾注全力。为适应该计划的主要方针,在林业方面,计划每年采伐1 300万立方米的木材,在资金数额上,农畜产品及林产品的投资增加到9亿元。

日本为了弄清东北的林业实况,一方面对东北森林进行航测,另一方面进行实地调查,并在此基础上编成森林资源统计和林相图,使其成为编制林野经营计划的重要依据。日伪还将东北全境划分为16个林野经营区,管辖125个事业区,并对经营区制订了《林野经营大纲》,垄断了东北森林的经营权。

为加强对东北森林资源的管理和掠夺,伪满政府几易林政及生产机构。伪满时期实行林野局、营林局和营林署三级机构,统管整个东北的森林经营事宜。伪满政府组织林业行政,而森林经营和采伐则由"满洲林业株式会社"统一组织经营。到1938年,"满林"成为伪满洲国林野局的代行机构,负责伪满洲国的木材统治和配给,经营木材及进出口。1944年"满林"解散,另行组建了"满洲林产公社",并将以前设立的"满洲森林采伐协会"和"满洲制材统制组合"并入,成为东北木材实际的统制机构。到1945年,因各营林局被裁撤,地方林野机构也全部撤销。而在省设林政厅,在县(旗)设林政科管理地方林野工作。由于日本人的直接插手,他们垄断了各个林区的开采权,中国的民族林业一律不得涉足。

日本帝国主义为了更有效地直接进行殖民掠夺,日伪在1937年颁布了"新学制",提出中等教育职业化,使学生能够学到实用知识与技能,以便毕

---

① 中央档案馆等编:《东北经济掠夺》,第201页。

业后能立刻为日本的殖民掠夺服务。提出"关于中等程度以上之教育,考虑社会之需要与供给而施行之。"①其方法是加重实业课的讲授及实习的课时。通过这一措施"养成有益于产业开发之部门,及于国民生计有益之职业从事者。"②

1938年1月1日,在原奉天高等农业学校的基础上成立的奉天农业大学,设有三年制的林学科,课程有25门,还有实验实习,周学时为41课时。培养目标是:"进行造林、森林利用、治水、防沙、森林土木、测量等的森林技术官员和中等教育的林业教师以及林业经营者所必需的教育。"③

奉天农业大学十分重视农场及苗圃的建设,以作为学生实验和实习基地。该校有农场实习地46.83万平方米,林学苗圃和标本园2.79万平方米④,另设林产制造室,而且各学科的实验室条件较好,在当时的历史条件下是相当先进的,1940年又附设一年制的林学特修科。

奉天农业大学的毕业生由学校向伪满洲国政府或满洲林业株式会社推荐就职。1939年第一期毕业生就职于林野局的有8人,营林署12人,奉天农业大学2人,在大同学院继续深造的1人,特殊会社4人,总计27人。⑤到1945年日本投降为止,共招收10期学生,毕业7期,共培养220名具有大学学历的林业人才,特修科培养了78名具有大专学历的林业人才,他们充当了日本帝国主义掠夺东北森林资源的尖兵。

日本帝国主义的林野科技试验研究,是日本进一步掠夺性开发、利用东北森林资源的基础。日伪时期林业科技试验研究的范围较广:造林、伐木、利用等均在其研究范围之内。1943年正式规定林野试验室归林野总局直辖,1945年林野总局改为兴农部林政司时,林野实验室仍为林政司直辖机构。日伪时期设有伪满大陆科学院、林产科学研究室、木材试验室和胶合板研究工厂。这一切都是为了永久占有并更有效地掠夺东北的森林资源。

---

① 《满洲国学事要览》,1940年版,第4页。
② 皆川丰治:《满洲国的教育》,满洲帝国教育会,1939年版,第49页。
③ 《奉天农业大学要览》,1939年版,第139页。
④ 樊期曾:《东北农业教育史》,辽宁教育出版社,第141页。
⑤ 《奉天农业大学要览》,第70页。

日伪时期，木材分为一般用材和特殊用材两个部分。一般用材占整个木材产量的绝大部分。如1937—1944年木材总产量约为3 508万立方米，一般用材为2 472.9万立方米，占总产量的70.49%。

日本全面侵华后，东北一般木材的主要用途走向如下：从需求状况看，1939年东北需求一般木材总计为383.6万立方米，其中军需占47.7%；1940年东北一般木材需求量为397.2万立方米，其中军需就为179.8万立方米，占当年一般木材需求的45%；1942年东北需求一般木材总计为373万立方米，而军需为181.5万立方米，占东北一般木材需求的48.7%。[①] 由此可见，在东北一般木材的需求中，日伪用于军事目的的占一般木材总需求的1/2左右。另外，满铁对一般木材的需求量较大，1939年满铁需一般木材32.8万立方米，占当年东北一般木材需求的8.6%。1940年满铁一般木材需求量是31万立方米，占当年东北一般木材需求的7.9%。

太平洋战争爆发后，日本侵略者对木材的需求量更大。为补充船舶不足，日本仅用于造船的专用材即达17.8万立方米。

1939年东北生产的一般木材输往日本为31 337立方米，1940年为32 828立方米，1942年输往日本及其他国家的一般木材为28万立方米，1943年为10.7万立方米。[②] 从这组数字可以看出，伴随着日本对外侵略战争的不断扩大，从我国掠夺走的木材也越来越多。

总之，日本全面侵华后，木材主要用于满足军事需要。对于民需、公需和满铁的需求以及纸浆和出口等都降到次要地位，一切为侵略战争服务。

三

日本帝国主义对中国东北森林资源的掠夺，不仅严重地破坏了森林资源，也促使了日本侵略者更多地掠夺其他资源，更加速了日本帝国主义疯狂地侵略中国。

从整个日本对东北林业的掠夺情况看，它对东北森林资源的掠夺并不

[①][②] 满铁：《华北、东北、朝鲜重工业原料的供求关系》，1944年版。

像自由资本主义时期以掠夺原料(木材)为直接目的,而是作为基础产业、即把掠夺东北木材资源作为永久占领东北,不断地掠夺其他矿产品、农产品资源的基础资源而加以利用的。就日本统治东北所制订的林业政策看,日本把中国东北的森林资源,既是当作原料加以利用,又是当作掠夺东北丰富的煤、铁、铝等资源的前提性资源加以开发掠夺,它是日本对东北资源掠夺的重要方面之一。

曾参与满洲产业开发和修正五年计划的主计处长、日本人古海忠之在1954年7月1日的笔供中写道:"制订满洲产业开发五年计划的目的是日本用经济,特别是用发展重工业来确保对东北的侵略,同时也是日满结成一体,弥补日本资源的不足,企图扩大帝国的势力在拟定以及修改该计划的过程中,很明显地表现出这一点。从一开始就把重点放在日本所缺乏的铁、石油及其他重工业的开发上,而且工矿业部门,尤其是重工业所占的比重不断增加,扩大对日本的支援。本计划与中国人民的福利毫不相干。"①

该计划包括四大部门,即工矿业部门、农畜产部门、交通通信部门、开拓部门。为实现对工矿部门的掠夺,加快兴修铁路和交通通信设施,这就需要一个庞大的掠夺开发上述资源的前提性资源——森林资源。为此,为解决东北地区大规模兴建铁路而对枕木、电线杆、车辆用材的需求;为解决掠夺煤炭、铁矿而需要数额巨大的坑木;为建立重工业基地而需要的建筑用材;还有木炭、火柴、胶合板等对木材的需求等。这从日伪时期林木的走向、主要用途等方面表现得极为明显。

特别是在特殊用材方面,主要包括修建铁路所必需的枕木,挖掘煤、铁矿所必需的坑木,通讯、电力所需的电线杆等。就日伪时期的特殊用材产量来看,1943年总产量为497.4万立方米,而特殊用材产量为131.4万立方米,占总产量的26.4%。1944年生产总数为493.2万立方米,特殊用材产量为134.7万立方米,占总产量的27%。1937—1944年的木材总产量为3508万立方米,其中特殊用材产量为1036万立方米,占总产量

---

① 中央档案馆等编:《东北经济掠夺》,第204页。

的29.5%。

在日伪的特殊用材中,枕木的需求与生产量占特殊用材总和的1/2左右。这与日本统治时期大规模地修建东北的铁路干线及森林铁路有关。从一定意义上讲,由于东北有十大林区,森林面积占东北总面积的近1/4,许多东北主要干线都是穿越各大林区,因此,东北的铁路都是有森林铁路性质的。

日俄战争后,日本侵略者夺取了南满铁路,改修和加宽了安奉线,从而开辟了东北通往日本的最短路程,为日本掠夺东北森林资源创造了便利条件。

"九一八"事变后,满铁执行关东军的指令,负责完成其多年策划的"满蒙铁路网计划",即负责修建伪满洲国有铁路。新建的第一条铁路是敦图线,1934年拉法至哈尔滨也全线竣工,日本梦寐以求的日、满最短线路得以实现。日本、朝鲜通过图们与哈尔滨连在一起了,从而加强了日本对东北的统治和资源掠夺。

1935年,中苏合办的中东铁路也落入满铁手中。这样,东北所有的铁路、港口河川的运输经营均被日本所垄断和控制,日本通过新修的铁路同以往的铁路连成网、片,不仅贯穿了长白山、张广才岭等林区,而且伸入到大、小兴安岭、完达山等基本保持自然状态的林区边缘。截至1943年10月1日,满铁建成通车的铁路新线是5 149.9公里和复线888.6公里。由这些铁路的修建而形成的东北铁路网,既便利了日本对东北资源的掠夺,又便于日本对东北的控制。条条铁路纵横交错,像毒蛇般地盘踞在整个东北大地。

满铁为了加速掠夺长白山腹地及大、小兴安岭密林地区的森林,又修筑了许多条森林铁路。满洲林业株式会社也拥有许多条森铁,近藤林业公司在取消林场权前,修复亚布力通往林区的80公里森林铁路。据1944年12月统计,各省森铁总计1 699公里,运送量为105.7万立方米。

显而易见,东北的铁路干线与森林铁路,成为日伪运输东北森林资源的重要交通工具。与此同时,铁路的修建与维修也是东北木材中特殊用材的最大用户之一。1934—1935年两年间,满鲜坑木株式会社向满铁提供枕木

67万根。1940年满鲜坑木株式会社销售枕木21万根,轻便枕木20万根。其中经销枕木最多的是1934年,为86万根;最少的是1942年,为9万根。①

为满足日伪对枕木的需求,各营林署也大量生产枕木。如海拉尔营林署1935年生产枕木276 111根;1936年为570 374根;1937年为799 122根;1938年为1 391 308根。②

从枕木的需求看,1933年枕木需求量为400万根;1938年为800万根;1942年为694.8万根;1943年为724.8万根。③ 太平洋战争爆发后,满铁为维修其现有路线每年需用木材170万立方米。所以,在日本统治东北期间,枕木是历年木材需求大户。枕木的生产也始终保持在东北木材生产总量的10%左右。1937—1944年,日伪生产枕木总和为422万立方米,占同期东北木材生产总量的12%。

在东北特殊用材的需求中,坑木的需求与枕木相差无几。这与日本帝国主义疯狂地开采东北的煤炭资源密切相关。而且坑木的需求在伪满14年中呈上升的趋势,这是与日本帝国主义掠夺东北煤炭资源逐年增加相一致的。1937—1944年,伪满生产坑木总数为402万立方米,占同期东北木材生产总数的11%。在特殊用材中,电线杆的需求量也占一定的比例,对电线杆的需求是从属于日伪加强通讯网络及照明、动力用电的需要。1944年生产数量为9.6万立方米,占东北木材总产量的2%。

需要特别指出的是,日本大量地向东北移民,对东北的木材需求与年俱增。除林业"开拓团"外,在数十万农业移民中,迁居在各林区周围的日本"开拓团",任意采伐林木营建房舍或其他民用。凡"开拓团"屯居的村落周围,林木砍伐殆尽。

日本殖民者为消灭东北抗日联军,在采伐森林过程中,采取了"集团采伐"和"一扫光"式的采伐,严重地破坏了东北的森林资源。日本侵略者这种竭泽而渔的采伐政策,使大量的原始森林被砍伐,使许多稀有的珍贵树种绝

---

① 苏崇民:《满铁史》,第711页。
②《满鲜林业概观》,满洲木材通信社,1940年版。
③ 满铁:《华北、东北、朝鲜重工业原料的供求关系》。

迹，使植被完好林木繁茂的林区变成了荒山秃岭。

总之，日本帝国主义对东北森林资源的掠夺，目的是为了支援并扩大侵华战争，妄图占领全中国。同时也是为了支援太平洋战争，以建立日本帝国主义梦寐以求的"大东亚共荣圈"。

（作者张传杰，大连外国语学院社会科学部；孙静丽，辽宁师范大学附中，原文刊于《世界历史》1996 年第 6 期）

孙中山对日态度再认识

俞辛焞

第三次广东政府在孙中山的革命生涯中占有极为重要的历史地位。本文试图就广东政府之成立、致犬养毅函、关余、商团事件等几个问题，探讨孙中山的对日态度及日本的对孙政策，进而考察1919年前后孙中山的对日态度是否发生根本性转变问题。

一

在以往的研究中，国内外一些学者认为，孙中山对日本的认识和态度，以1919年为界，发生了根本性的变化。也就是说，1919年之前，由于对日本帝国主义的本质缺乏认识，孙中山期待日本政府及军部的支持和援助，对日本没有进行深刻的批判；而1919年之后，他认清了日本帝国主义的本质，抛弃了对日的幻想，并抨击日本的对华政策，其对日态度发生了根本性的变化。

人们对事物的认识，随着历史的发展与变化，大都要经历从浅到深、由表入里，从低级到高级的发展过程。孙中山对日本的认识也是如此。1919年后，他对日本批判的次数明显增加，程度也日趋深刻。这说明他对日的认识和态度确实发生了变化，但这并不是根本性的转变。[①]

[①] 参见拙著《孙中山的革命运动与日本》，日本六兴出版社，1984年版，第26—33页。

这里,首先要明确一个问题:判断孙中山对日本帝国主义本质是否有认识的最基本标准应是他对日本的侵华本质是否有认识。笔者认为,作为中国民主革命先驱的孙中山对此是有认识的。1894年11月兴中会的成立,标志着孙中山走上了革命的道路。他制定的兴中会章程明确指出,日本发动的侵华战争给中国造成了民族危机,并且深刻地揭露了列强将瓜分中国的事实。① 1903年9月,孙中山在《支那保全分割合论》一文中,进一步揭露了日本对福建、浙江一带的侵略。② 1905年日俄战争时期,孙中山欲联法抗日。③ 1910年日本吞并朝鲜后,孙中山非常警惕日本对中国进行新的侵略。1911年2月,他在写给宫崎寅藏的信中指出:"但恐贵国政策已变,既吞高丽,方欲并支那,自不愿留一革命党在国中也。"④同年8月,他在《复咸马里函》中又指出了日本对中国发动新的侵略战争的可能性。⑤ 武昌起义爆发后,孙中山最为戒备的是日本和俄国出兵干涉。他回国前在欧美进行外交活动的目的便是想利用欧美列强牵制日本和俄国。⑥ 1912年8—9月,他又多次提到日本以南满铁路为中心侵略南满的事实,并指出"日占南满,韩、满交通日便,一旦有变,五日间日兵可运到十万,北京内外受困"⑦。1917年1月,他在《大阪朝日新闻》发表《日中亲善之根本义》一文,批判日本追随欧美列强扩大在华殖民权益,表示对日本的不满、恐惧和怀疑。⑧ 在同年5月发表的《中国存亡问题》一文中,孙中山进一步明确指出,"割台湾于日","胶州已归日占","日本占南满、东内蒙、山东、福建,均在〈中国全国幅员〉百分之五以上"⑨。上述事实说明,孙中山在1919年前对日本的侵华本质有一贯的、较为明确的认识。当然这并不是说孙中山对日本帝国主义的认识是非

---

① 中国社科院近代史研究所:《孙中山全集》第1卷,中华书局版(以下所引各卷均同,唯出版年份分别于1981—1986年,不一一注明),第19—20页。
② 同上,第218—224页。
③ 巴斯蒂:《论孙中山在法国政界中的关系》,第4—5页。
④《孙中山全集》第1卷,第508页。
⑤ 同上,第532—533页。
⑥ 参见拙著《孙中山的革命运动与日本》,第142—146、58—59、77—80页。
⑦《孙中山全集》第2卷,第425页。
⑧《大阪朝日新闻》1917年1月1日。
⑨《孙中山全集》第4卷,第45页。

常深刻的。如1913年春,孙中山作为国宾访问日本时曾说过,日本"绝无侵略东亚之野心","纵近年来不免有侵略之举动,亦出于万不得已,非其本心,是我们最要原谅日本的"①云云。但这些话是在访日的特定条件下说的,是一种外交辞令。

第二个标准是孙中山对日本对他本人及中国革命的态度是否有所认识。我认为,孙中山对此也是有认识的。日本为孙中山和革命党人开展革命活动提供了空间,日本民间的有识之士也曾协助过他所领导的革命,因此孙中山把日本当作革命的基地;但另一方面,1895年广州起义和1900年惠州起义时,孙中山要求日本提供军械,但终遭拒绝。② 1907年3月、1910年6月,他曾两次被日本政府驱逐出境。1905年11月,日本政府镇压了留日学生的革命活动,1908年12月查封了《民报》。孙中山对此十分愤慨。但他能够自我克制,甚至忍气吞声。然而,1911年12月他从欧美回到上海后,便公开表示了对日本的愤慨之情。在谈到曾两次被日本驱逐时,他说道,"我甚为怨恨日本","当我主动(与日本)握手时,(日本)却回避不握;而其自身需要时,则来握手了"③。他还指出,在日本"经常遭到日本政府的苛刻待遇,对此并不是没有不满的"④。

有一些学者笼统地把孙中山是否对日本抱有希望和期待当作判断他对日本帝国主义本质是否有明确认识的标准。我认为对日抱有希望和期待,有两种情况:一是对日本帝国主义没有认识或认识不清,盲目地寄希望于日本;二是有清楚认识,从策略上利用列强之间的矛盾,争取日本的支持和援助。前者是认识问题,后者是策略问题,不应混为一谈。即使同一个策略也会有不同的结果。由于各个时期日本对孙中山的政策不同,孙中山的希望和期待有些可以实现,有些不能实现。因此,不能笼统地将孙中山是否对日抱有希望和期待作为判断他是否对日本帝国主义本质有清楚认识的标准。

主张1919年孙中山对日认识和态度发生根本转变的学者的根据是,孙

---

① 《孙中山全集》第3卷,第26—27页。
② 参见拙著《孙中山的革命运动与日本》,第142—146、58—59、77—80页。
③ 1911年12月宗方小郎发自于上海的书简,日本外交史料馆藏。
④ 1911年12月27日本庄繁少佐致参谋总长电,第155号,日本外交史料馆藏。

中山在这一年指责日本为帝国主义。6月24日,孙中山在答日本《朝日新闻》记者问时确实说过,"乃不图武人,逞其帝国主义野心……以中国为最少抵抗力之方向,而向之以发展其侵略政策焉"①。孙中山所说的"帝国主义野心"就是指对中国的侵略。然而,孙中山在此之前也使用过"帝国主义"一词。1905年2月,他写道,"天下列强高倡帝国主义,莫不以开疆辟土为心"②,也就是说帝国主义就是侵略和吞并他国领土。1919年孙中山使用"帝国主义"一词来对日本进行的批判,与其以往对日本的谴责相较,在内容上大体是相同的。这进一步说明1919年前后,孙中山对日本的侵略本性及对中国侵略事实的认识是一致的。

主张1917至1919年孙中山的对日认识和态度根本转变的学者还认为,由于他对日认识和态度的转变,抛弃了对日的幻想,不再期待日本政府和军部的支持和援助,并一再批判日本。的确,1919年后孙中山对日的批判十分尖锐,毫无顾忌。诸如,他揭露和批判"近代日本对于东亚之政策,以武力的、资本的侵略为骨干,信如世人所指;而对于中国,为达日本之目的,恒以扶植守旧的反对的势力,压抑革新运动为事"③;二十一条"差不多完全把中国主权让给日本了。在这种协定底下,中国就要成了日本的附属国,日本的陪臣国,恰和日本从前在高丽所用方法一样"④,"拟以施诸高丽人之手段,复施诸吾人,将中国改成日本之殖民地"⑤;他还谴责"乃日本竟强行占据胶、青,无异强盗行为!日本可为强盗,吾国断不能与强盗交涉,更不能承认强盗有强夺吾国土地之权利"⑥。他要求日本废除马关条约。⑦ 1921年11月第二次广东军政府成立后,孙中山在反对掌管北京政权的张作霖的同时,宣布拟与日本作战。他说,"我们的任务非常明确,这就是为统一中国而斗争和同日本作战"⑧,言及北伐时,他又说"吾人并不攻伐中国之北方,乃欲与日本战耳!"⑨这些表明,孙中山的对日认识确实日益深刻,对日本的批判

---

① 《孙中山全集》第5卷,第72页。
② 《孙中山全集》第1卷,第260页。
③—⑦《孙中山全集》第5卷,第276、298、514、206、399页。
⑧ 同上,第529页。
⑨ 同上,第626页。

也愈来愈严厉。

　　那么,发生这种变化的原因何在呢?本文并不否认孙中山在五四运动和苏俄革命的影响下,思想有所发展,对日认识有所提高的事实。但更为重要的是,1917年以后日本对北方的军阀政权和南方的孙中山及广东军政府所采取的不同政策。1917年第一次广东军政府成立后,中国分裂为相互对立的两个政权。日本对孙中山广东军政府的政策往往与对北京政府的态度密切相关。对北京政府不冷不热时,对孙也忽远忽近。日本欲推翻北京政府的统治者时,则支持孙中山。日本积极支持北京政府对全中国的控制时,则压制孙中山和广东政府。1917年段祺瑞控制北京政府时就是如此。日本拉南北军阀势力搞所谓南北议和时,也竭力排斥孙中山。孙中山对日支持北京政府的政策非常不满。日本寺内内阁支持段祺瑞武力统一中国的政策和原敬内阁排斥孙中山搞南北议和的举动,均引起孙中山的极大愤慨。这时期孙中山对日的公开批判正是这一愤慨的总爆发。这一点,孙中山于1920年6月致田中义一函中说得较为清楚。在这一信函中,孙中山揭露了日本历届内阁支持袁世凯、张勋、段祺瑞、张作霖的事实,并指出日本政府对于中国所持政策,"专以援助反动党排除民主主义者为事","近年以来,中国人民对日恶感日深,根本原因,实由于日本之政策与民国国是不相容,故国人咸认日本为民国之敌。若再以乱中国之和平为事,则恶感更深,积怨所发,其祸将不止于排货"①。1916年6月袁死后,如果日本继续支持孙中山反对北京军阀政权,孙中山也不会如此批判日本。因此,这时期孙中山对日的批判,虽有对日认识提高的因素,但更为主要的是日本对北京军阀政权和孙中山及广东政府的政策转变所致。也就是说,在日本的南北政策发生转变时,孙中山一改以往敢怒而不敢言的状况,猛烈抨击日本。然而,这不是对日认识的飞跃,更不是对日态度的根本转变。如果说这是根本性的转变,那么第三次广东政府时期孙中山与日本的关系便无法得到合乎实际的解释了。

---

① 《孙中山全集》第5卷,第276—277页。

二

1923年2月,孙中山建立了第三次广东政府。这是与北京的吴佩孚、曹锟政权对立的政府。北京政府得到了英美的支持。日本在北京政府中的势力,由于1920年直皖战争中段祺瑞的失败及1922年第一次直奉战争中张作霖从北京的败退,几乎消失殆尽。列强要维护和扩大在华权益,首先要控制北京的中央政权。从这一角度来说,日本的对华政策遭到了严重的挫折。为挽回颓势,日本改变了对孙中山和第三次广东政府的政策。

在第三次广东政府时期,日本历经四届内阁,即加藤(友三郎)、山本、清浦、加藤(高明)内阁。1924年5月,清浦内阁制定了《对华政策纲领》。这一纲领,可以说代表了这一时期日本政府的对华政策。该纲领的第三条写道:

> 鉴于中国政局的现状,目前不要偏重于中央政府,与地方实权者尽可能广泛地结成良好关系,以图谋我势力的伸张。因此,经常以公平的态度对待地方实权者,对其正当的目的予以好意的援助。至于援助的适度及方法,根据帝国的利害关系,适当地加以调节。[①]

这里说的地方实权者,首先是指奉系军阀张作霖。为维护在满蒙的权益,该纲领第八条写道:"对现在东三省实权者张作霖根据既定方针,继续予以好意的援助,并维护其地位。"[②]关于张作霖和满蒙问题在该纲领中占有2/5的篇幅,这说明张作霖和满蒙在日本对华政策中的重要地位。这一纲领没有直接涉及孙中山和广东政府,但所谓的地方实权者中理应也是包括的。

日本的这一对华政策,是企图从南北夹击北京的吴、曹政权。而且这一政策是与孙中山和段、张的三角联盟相呼应的。为此,日本在北方暗中支持被赶出北京的张作霖,重整旗鼓,东山再起,以夺取北京政权;在南方,放弃

[①] 日本外务省编:《日本外交年表及主要文书》下,日本国际联合协会,1955年版,第61页。
[②] 同上,第62页。

寺内、原敬内阁时期压制和排斥孙中山的政策,主动接近孙中山和广东政府要人,表示"好感"。这虽然不是积极的支持,但与前一个时期的政策相比较,是个转变。

一个国家对另一个国家或者某一个集团的外交政策的转变,通常是首先表现在更换外交使节上。广东政府成立不久,即1923年3月,日本外务省召回驻粤总领事藤田荣介,由天羽英二接任。天羽曾作为随员参加过凡尔赛、华盛顿会议,是颇有能量的中年外交官。将他派往广东的目的是进一步了解孙中山,改善日本与孙中山及广东政府的关系。

日本政府把北京政府作为中国的合法政府予以承认,没有承认广东政府。按外交惯例,作为日本外务省派遣的外交代表不能与广东政府进行正式的外交接触。但天羽却打破外交惯例,抵达广东的第四天即6月16日,便在廖仲恺的陪同下,前往大本营拜访孙中山。孙中山对他强调了"日本执行独立外交的必要性"[①]。9月16日,即争取关余斗争中,天羽又一次拜访了孙中山。1935年3月他回忆访孙情景时说,"孙中山常对我主张大亚西亚主义,说作为亚洲国家的日本仿效欧美推行帝国主义政策是不像话的。日本应主动废除不平等条约,实现真正的富有成效的日中提携"[②]。这说明孙中山依然对日本抱有希望,希望日本与中国和亚洲各国人民联合起来,反对欧美列强。

天羽任职期间,与广东政府要人来往频繁,关系密切。抵穗的第二天,即5月14日,天羽设宴招待广东省省长廖仲恺和徐绍祯。16日上午,又一一拜访廖仲恺、警察局长吴铁城、市长孙科;21日再访廖仲恺[③] 此后,天羽和广东政府要人多次相互设宴招待。这些都超出了外交礼仪,反映了广东政府与日本关系发展的一个侧面。

孙中山一直期望得到日本贷款。在第三次广东政府时期也是如此。5月2日,廖仲恺访天羽,托他向台湾银行借款20万元,以省长公署作抵押,6

[①] 天羽英二日记·资料集刊行会编:《天羽英二日记·资料集》第1卷,1984年版,第1325页。
[②] 同上,第1420页。
[③] 同上,第1325—1326页。

个月内用盐税还清。① 此后,廖仲恺数次派代表何品佳,与天羽交涉借款事宜。7月11日,廖仲恺又访天羽,商谈广东政府借款问题。当晚,财政部长叶恭绰等招待天羽,继续商谈此事。② 8月4日、28日,何品佳两次会见天羽,交涉向华南银行借款事宜。③ 此外,叶夏声、吴尚鹰、廖朗如等相继到驻粤日本总领事馆,交涉借款问题。这时期,孙中山和广东政府以广东最大企业之一的广东水泥厂为抵押,与三井财阀进行了3 000万元的借款交涉。④

广东政府还通过天羽总领事,与日人竹藤、甲府就造币厂问题进行多次交涉,并于8月17日签署了有关协定。⑤

广东政府还希望日本帮助开发矿山资源。广东政府聘请日本农商省的技术员,勘探高州矿山。此事由孙中山友人山田纯三郎负责,后藤新平等参与。⑥

广东政府成立后,孙中山拟派廖仲恺赴日。此事提出较早,6月30日、7月11日廖仲恺访天羽时就提出过派员访日一事。⑦ 此次廖欲赴日的目的尚不清楚,但廖作为省长代表孙中山,希望与日本政府和军部要人会谈的可能性很大。

1923年9月1日,以东京为中心的关东一带发生大地震,引起大火灾,损失惨重。孙中山获悉此消息后分别致函日本政界、财界、军界要人及旧友,表示慰问。他在致犬养毅函中写道:"比闻贵国地震海啸,遂成巨灾。同种比邻之邦,交游宅居之地,罹兹惨变,怛悼逾恒。文自战地归来,留意迅访,幸挚友良朋,尚庆无恙,悬情之恫,差幸轻减。想展伟略,纾宏规,指顾之顷,顿恢旧观。特修寸戋,遥寄侍右,敬候兴居。并祝平安。"⑧孙中山又特令胡汉民、杨庶堪致函陆军大臣田中义一大将,并亲自致电日本国摄政裕仁亲王(即后来的昭和天皇):"值贵国京城和国家遭受空前灾难,造成生命财

---

① 天羽英二日记·资料集刊行会编:《天羽英二日记·资料集》第1卷,第1326页。
② 同上,第1335页。
③ 同上,第1338、1341页。
④《日本及日本人》,1927年10月15日号,第49—50页;《孙中山全集》第9卷,第534页。
⑤ 天羽英二日记·资料集刊行会编:《天羽英二日记·资料集》第1卷,第1339—1340页。
⑥《日本历史》1987年8月号,第90页。
⑦ 天羽英二日记·资料集刊行会编:《天羽英二日记·资料集》第1卷,第1333、1335页。
⑧《孙中山全集》第8卷,第197页。

产损失之际,请接受中国人民的深切慰问。我深信日本举国必将本着素有的勇气与刚毅精神对待这一事件。"①此外,广东政府还欲派团赴日慰问。10月6日和13日,廖仲恺会见总领事天羽时再次谈到此事。② 孙中山和广东政府对日本大地震所表示的态度,虽系对受灾国民的慰问,但也表明了对日本政府的积极态度。

广东政府成立后,日本陆军参谋本部也派军官赴粤,与广东政府要人频繁接触。日军参谋总长上原勇作派遣的佐佐木到一通过山田纯三郎结识了广东政府要人蒋介石、孙科、伍朝枢,并受聘为广东政府军事顾问。③ 日本陆军预备役军官井上谦吉任孙中山顾问,曾陪同李烈钧、孙中山两次访日。参谋本部派往上海的冈村宁次中佐也颇受大本营参谋长李烈钧的信任。1924年秋李奉孙中山之命赴日时,有关重要情况都通过冈村宁次转达给孙中山。这些说明,广东政府与日本军部也有往来。

不仅如此,广东政府可能从日本购置了一批武器。据吴佩孚特使透露,孙中山向日本购枪一万支。④

五四运动以来,在中国南北,反日运动连绵不断。1923年春,又掀起了收回旅大的爱国反日运动。这一运动波及广东,香山县青年学生没收日本棉纱,抵制日货。孙中山和广东政府不但未予以支持,反而诱导学生停止斗争。天羽对此表示满意,于7月12日致电内田外相说"现政府对我方态度比较友好,因此目前只好委托中国当局,我方取默认的方针"⑤。从中也不难看出广东政府的对日态度。

综上所述,第三次广东政府成立后,日本对孙中山和广东政府的政策和态度有所转变,而孙中山和广东政府对日的态度也随之发生了变化。孙中山和广东政府显然对日本抱有期待,希望得到日本的支持和援助。如果1917至1919年孙中山的对日态度发生了根本性的变化,恐不会发生上述情

---

① 《孙中山全集》第8卷,第198页。
② 天羽英二日记·资料集刊行会编:《天羽英二日记·资料集》第1卷,第1347—1348页。
③ 《佐佐木到一笔供》(1946年7月5—10日),见中央档案馆等编:《日本帝国主义侵华档案资料选编——九一八事变》,中华书局,1988年版,第14—15页。
④ 日本外务省编:《日本外交文书》大正十二年第2册,第291—292页。
⑤ 同上,第259页。

况的。

孙中山对日的这种期待和希望还表现在1923年11月16日致犬养毅函中。

三

1923年9月2日,日本成立了山本权兵卫内阁。山本是海军大将,该内阁是藩阀内阁。孙中山通过山田纯三郎获悉他的老友犬养毅入阁任邮电大臣,1916年曾支持孙中山反袁的田中义一陆军大将任陆军大臣,1900年惠州起义时一度表示支持孙中山的后藤新平任内务大臣。10位大臣中有3人曾在不同时期、不同程度地支持过孙中山。因此,孙中山对这届内阁寄予新的希望。其中,孙中山最为信赖的是民党领袖犬养毅。孙中山想通过犬养毅影响和说服山本内阁支持他和广东政府的革命事业,支持亚洲各国人民的民族解放斗争。因此,他称"先生此次入阁,将大有为,可助吾人未竟之志,以解决东亚百年问题,闻之狂喜"[①],他在致犬养毅的长信中,表达了对这位大臣的期待和希望。这虽是一封私人信件,但从内容来说可谓孙中山致山本内阁的照会或声明。他对日本提出了以下希望:

(一)希望日本放弃追随欧洲列强的帝国主义政策,支持亚洲各国人民的反殖民主义斗争,成为亚洲被压迫民族的良友。"今次先生入阁,想必能将追随列强之政策打消,而另树一帜,以慰亚洲各民族嗷嗷之望","倘日本以扶亚洲为志,而舍去步武欧洲帝国主义之后尘,则亚洲民族无不景仰推崇也"[②]。孙中山还指出,日本在维新中崛起于东方时,万万中国人和亚洲各族人"无不视日本为亚洲之救主",如日本以英待爱尔兰而待高丽则可收拾亚洲全境之人心,"今日亚洲各国皆以日本为依归矣"[③]。

(二)希望日本支持中国革命。他期待"日本政府此时当毅然决然以助支那之革命成功,俾对内可以统一,对外可以独立,一举打破列强之束缚。

---

① 《孙中山全集》第8卷,第401页。
② 同上,第401—402页。
③ 同上,第402页。

从此日支亲善可期,而东亚之和平永保""今幸而先生入阁,想必能将日本前时之失策与盲从列强之主张一扫而空之,其首要则对于支那之革命事业也"①。为此,孙中山特别强调了"日本之维新实为支那革命之前因,支那革命实为日本维新之后果,二者本属一贯,以成东亚之复兴,其利害相同密切本有如此,……为日本国家万年有道之长基计,倘支那无革命发生,日本当提倡而引导之"②。孙中山还借日本与欧洲列强在华的矛盾指出,日本与欧洲列强在中国的利益相反,"凡对支政策,有利于列强者,必有害于日本",因此日本不应盲从列强,而应支持中国革命。③

（三）希望日本承认苏俄,采取亲苏俄政策。"日本当首先承认露国政府,宜立即行之,切勿与列强一致"④。他举例说明日本与欧美列强不同,并强调承认苏俄的好处,甚至说"亲露者为日本自存之一道也"⑤。

以上说明,孙中山希望日本支持他所领导的中国革命,期待日本与中国、亚洲各国及苏俄一道反对欧洲列强。孙中山的这一希望和期待,大都不切合实际,日本也不可能接受。因此,这一希望和期待只不过是幻想而已。

可是,孙中山对日本的这一希望和期待,是在对日批判的基础上提出的。在致犬养毅函中,孙中山尖锐地批判了日本的对外政策：

（一）批判了日本追随欧洲列强的对外政策。孙中山指出,"贵国对支行动,向亦以列强之马首是瞻,致失中国及亚洲各民族之望,甚为失策也"⑥。他还批评"日本无远大之志、高尚之谋,只知步武欧洲之侵略手段,竟有并吞高丽之举,致失亚洲全境之人心,殊为可惜!"⑦

（二）批判了日本对中国革命的态度。孙中山愤怒斥责,"日本对于支那之革命,十二年以来,皆出反对行动;反对失败,则假守中立以自文。从未有彻底之觉悟,毅然决然以助支那之革命"⑧。

（三）批判了日本与列强出兵干涉苏俄,迟迟不承认苏俄的行径。孙中山指出,日本"初以误于与列强一致行动而出兵,后已觉悟而曾单独与露国

---

①②③《孙中山全集》第8卷,第404页。
④⑤ 同上,第405—406页。
⑥⑦ 同上,第401—402页。
⑧ 同上,第404页。

代表开数次之会议矣,乃竟以承认问题犹与各国一致,而致感情不能融洽,逐碍种种之协商不得完满之结果"①。

孙中山对日本的批判与希望和期待是一个事物的两个方面。他批判的是日本的过去,期待的是日本的将来。这种相互矛盾的现象在孙中山的讲演和文章中屡见不鲜。他的三民主义讲演就是如此。孙中山在这一讲演中揭露:"最近可以亡中国的是日本。……日本近在东邻,他们的海陆军随时可以长驱直入。日本或者因为时机未至,暂不动手;如果要动手,便天天可以亡中国。"②但又在这篇讲演中强调中国要强盛,就须学日本。他指出:日本由于具有大和民族精神,"所以乘欧化东渐,在欧风美雨中,利用科学新法发展国家,维新五十年,便成现在亚洲最强盛的国家,和欧美各国并驾齐驱,欧美人不敢轻视","我们要中国强盛,日本便是一个好模范","因为日本能够富强,故亚洲各国便生出无穷的希望","故世界上的白种人不但是不敢轻视日本人,并且不敢轻视亚洲人"③。

孙中山对日的认识和态度,即孙中山的对日观,充满了矛盾。既要学习日本,又要揭露日本;既期待日本,又批判日本;既肯定日本,又否定日本。这种现象并非孙中山所特有,殖民地、半殖民地的民主主义革命家对资本主义列强的态度基本如此。他们一方面十分仰慕资本主义列强的科学技术及资产阶级议会民主,力图把它引进本国;一方面又反对列强的侵略和殖民政策,谋求民族独立。这是列强的对内资产阶级议会政治、对外帝国主义侵略政策的二重结构所造成的。孙中山的对日认识和态度,也是作为列强之一的日本所具有的这种二重性的反映。

还应指出,1918 年 6 月孙中山渡日归来至第二次广东政府时期,他侧重于批判日本,不提对日的希望,更无赞誉之词。但第三次广东政府时期则不然,批判和期待始终并存。关于这一点,孙中山于 1924 年 2 月接见日本记者松岛宗卫时说得较为清楚,松岛认为,孙中山这种对日既批判又寄予希望的态度"恰如无节操之女郎",并劝他有所改变。对此,孙中山则强调"此

---

① 《孙中山全集》第 8 卷,第 405 页。
② 《孙中山全集》第 9 卷,第 233 页。
③ 同上,第 189—190 页。

乃促贵国反省之举","实为贵国朝野之觉醒","吾辈排日只是手段,目的是亲善。为达此目的,乃斗胆出排日之策"①。可见,孙中山在这个时期批日或者反日并不意味他与日本的决裂,更不意味他对日态度的根本转变。他为的是争取日本的支持和援助。为此,他对日本的过去也做了必要的批判。

此外,这个时期孙中山对日本的期待,还与中国南北政局密切相关。列强的侵华政策同出一辙,对此,孙中山的认识是清醒的,一贯的。但对待它们的态度和政策,在各个时期又有区别。如第二次广东政府时期,孙中山欲联美、德反日,因为此时期孙中山在国内的政敌是执掌北京政府实权的张作霖,而张作霖得到日本的支持。但第三次广东政府时期则不同,盘踞北京的是曹、吴,他们得到美英的支持。因此,孙中山反过来想联日反英美。曹、吴与英美的结合,又促使日本政府改变了对孙中山的政策。这一原因使孙中山的对日态度和日本的对孙政策发生了变化。由此可见,孙中山对日态度的变化是由于政治风云的变迁和客观形势的要求所致,是利用日本与欧美列强在华的矛盾,以及对国内主要政敌的策略性变化,而不是对日认识和态度的根本性转变。那么,孙中山是否完全相信自己对日的期待和希望一定能实现?结论是否定的。如关于日本能否成为被压迫民族的良友问题,他"将以先生(指犬养毅——作者注)之志能否行于山本之内阁而定之"②。这表明,他寄希望于犬养毅,而对山本内阁则是拭目以待。

孙中山致犬养毅函是在争取关余斗争中写的。函稿的内容,反映了这一时期孙中山的思想和斗争策略。下面,就海关关余和商团事件,进一步探讨孙中山和广东政府的对日关系。

四

争取关余斗争是孙中山反帝斗争的一个组成部分。中国海关应属中国管辖,但在半殖民地的中国,海关行政管理权却被以英国为首的列强所把持,海关收入用来支付庚子赔款和以关税担保的外债及其利息。其剩余部

---

① 《日本及日本人》,1927 年 10 月 15 日号,第 50 页。
② 《孙中山全集》第 8 卷,第 403 页。

分即关余,自1917年起交与北京政府。1919年起关余总额的13.7%拨给西南护法政府,但1923年3月却停止交付。第三次广东政府成立后,孙中山便要求将这一部分关余拨给广东政府。

孙中山争取关余斗争的矛头,首先指向英国。因此,他极力争取日本的支持。7月20日,在正式照会驻京公使团之前,孙中山派广东政府外交部长伍朝枢访天羽总领事,要求日本予以支持,并请天羽将此意转告内田外相,"诚望日本予以承诺"①。此时,日本与孙中山、广东政府关系大有改善。9月5日,孙中山向驻粤领事团和驻京公使团正式提出这一要求后,总领事天羽便致电驻北京公使芳泽谦吉和外相山本权兵卫②,希望支持孙中山的要求。他说,自1920年以来未交付款虽有商量之余地,但没有理由拒绝广东政府对现在及将来关余之要求,至于13.7%的分配额,因今日广东政府之辖地大为缩小,当依实情再商议。③ 10月6日,在北京的日、英、法、美公使商议孙中山的关余要求时,日本公使芳泽表示支持孙中山④,认为孙的要求言之有理,如拒绝则有收回海关之虞。

可是,总税务司英人安格联于11月2日断然拒绝孙中山的关余要求。11月19日,广东政府外交部长伍朝枢就此事质问驻粤英国总领事杰弥逊,并警告:"如拒绝广东政府之要求,非常遗憾,只能诉诸最后之手段。"⑤这一"最后之手段"即指收回海关。杰弥逊则威胁伍说,"若如此,英国将断然实行经济封锁"⑥。这样,广东政府与英国的关系急剧恶化。然而,广东政府与日本关系却进一步发展。11月6日,总领事天羽拜访孙中山;同日晚,省长廖仲恺、外交部长伍朝枢、市长孙科、公安局长吴铁城等设宴款待天羽⑦;16日,孙中山致函犬养毅,希望日本支持他的事业。当时,广东从西贡进口大米,出口生丝,如英国等列强实行经济封锁,广东的对外贸易将遭受严重打击。因此,孙中山欲求日本船只承运这些进出口物资。11月20日,孙中

---

① 日本外务省编:《日本外交文书》,大正十二年第2册,第596页。
② 1923年9月2日山本权兵卫内阁成立,山本首相兼外相。
③ 日本外务省编:《日本外交文书》,大正十二年第2册,第597—598页。
④ 同上,第598—599页。
⑤⑥ 同上,第601页。
⑦ 天羽英二日记·资料集刊行会编:前揭书第1卷,第1351页。

山派他的日人顾问井上谦吉,将此意转告天羽。但天羽表示不赞同。24日,孙中山又派邹鲁向天羽再次提出这一要求,仍遭拒绝。天羽在关余问题上支持了孙中山的要求,但在收回海关问题上反对孙的要求。他要井上将此意转告孙中山。

此时,孙中山积极改组国民党,推进广东政府的革命化。同时,孙中山和广东政府收回广东海关之说广为流传,这便加深了列强对孙中山和广东政府的敌意。12月1日,驻京公使团警告孙中山和广东政府:"不得对中国海关有任何干涉,如加干涉则将采取必要的强硬手段。"①公使团还提议,各公使电告泊于广州的各国军舰"应与领事团商量,采取必要之措施"②。对此,日本也采取了协调一致的态度。外相伊集院③电训芳泽:"万一广东政府无视外国之意向,擅行非法之措施(指收回海关——作者注),我方不妨与领事团取一致之态度,并与军舰联络,采取适当之措施,以便阻止此种事态"④,但又指示"避免取主动态度"⑤。这表明,日本虽然与列强采取统一的行动,但仍为今后同孙中山和广东政府的交往留下余地。

12月3日,驻粤英国总领事杰弥逊将北京公使团12月1日的警告转告伍外长。5日伍外长答复杰弥逊:广东政府"并无干涉税关及迫胁收管海关行政之意",但关余"应截留为本＜地＞方之用"⑥。可是,北京公使团依然拒绝了孙中山和广东政府的要求。孙中山和广东政府虽然提出强烈抗议,却没有实力抗击列强。孙中山力图通过外交途径解决。他希望与总税务司安格联交涉,并请日本居中促成。12月15日,孙中山通过日人佐藤安之助向天羽表达了此意。⑦ 翌日,孙的日人顾问井上谦吉以孙中山的名义设宴招待天羽,同日晚,伍外长再次宴请天羽,并请日本公使芳泽从中调停、斡旋。17日,天羽致电伊集院外相,认为"有慎重考虑之必要"⑧。这说明,孙中山和广东政府依然对日本抱有希望,日本对其要求也有所同情和支持。

---

①② 日本外务省编:《日本外交文书》,大正十二年第2册,第602页。
③ 9月19日伊集院彦吉为山本内阁外相。
④⑤ 日本外务省编:《日本外交文书》,大正十二年第2册,第604页。
⑥ 《孙中山全集》第8卷,第550页。
⑦ 天羽英二日记·资料集刊行会编:前揭书第1卷,第1367页。
⑧ 日本外务省编:《日本外交文书》,大正十二年第2册,第613页。

因此,广州舆论一时对日表示满意。《民国日报》载文称,"东方外交上尚为有力之发言者,则为日本,日本自遇灾变以来,外交方针不无稍改,故此对于关余之收用,亦表示满意于我"①。然而,此时美、英、法、意等正向广州调集军舰。随之日本也调来两艘军舰。泊于广州港的外国军舰增至17艘,陆战队也准备登陆,局势恶化。因此,请日本公使调停的希望变成了泡影。

可是,孙中山和广东政府无力与列强进行武力对抗。恰在此时,葡萄牙公使符礼德路经香港。孙中山派代表与其接触,请他居中调停。葡公使把孙中山之意转告北京公使团,但公使团拒绝了孙中山的要求。

1924年1月4日,美国公使舒尔曼来粤,与伍外长进行了会谈。双方就关余问题达成一致意见:1.广东政府不收回广东海关;2.所拨关余用于治水和市民的福利事业。6日,舒尔曼拜会孙中山,孙对伍、舒会谈结果无异议。② 舒尔曼回到北京后,便与公使团、总税务司及北京政府商议此事。北京政府在不用于军费之条件下同意将关余的一部分拨给广东政府。总税务司也表示赞同。4月1日北京公使团决定将部分关余拨给广东政府,孙中山和广东政府争取关余的斗争终获成功。停泊在广州港的外国军舰也从1日起陆续撤走。

关余问题虽然是通过美国的斡旋得到解决的。但孙中山和广东政府为解决关余问题曾寄希望于日本,且多次要求它予以支持。事实上日本对孙中山和广东政府也有所同情和支持,这是不可否认的事实。如果说1919年前后孙中山的对日认识和态度发生了根本性变化的话,他与日本之间不会产生这种关系。

1924年秋,广东商团勾结英帝国主义,妄图颠覆广东政府。孙中山和广东政府在平息这次叛乱中,依然对日本抱有希望,争取日本的支持。孙中山获悉商团头子陈廉伯偷运军械、密谋叛乱的消息后,于8月5日与天羽总领事商谈调解两者间对立的问题。③ 对此次叛乱,日本采取了与英法不同的态度,天羽总领事作为驻粤领事团的首席领事,当8月28日广东政府的

---

① 1923年12月15日《广州民国日报》。
② 1924年1月7日广东总领事天羽英二致外相松井庆四郎电,日本外交史料馆藏。
③ 天羽英二日记・资料集刊行会编:前揭书第1卷,第1400—1404页。

陈友仁通知商团将挑起事端时，他召集驻粤各国领事和各国首席海军军官商议后，只是采取了保护外国侨民的措施，并通告广东政府。但英法领事及海军军官对此不满。他们秘密开会，决定当商团军开始军事行动时，英法两国军舰和海军陆战队将直接采取行动，支持商团军。① 29日，英国总领事杰弥逊还致函恫吓广东政府："现接英国（驻粤）海军长官通知，云他已奉香港海军司令之令，如果中国当局向城内开火，则所有可动用的英国海军部队将立即采取行动来对付他们"②，露骨地表示了对广东政府的敌意。面对这一恫吓，孙中山于9月1日发表《为广州商团事件对外宣言》，抨击了以英国为首的帝国主义列强。

此时，日本正值加藤高明内阁执政。以奉行"协调外交"著称的币原喜重郎外相，对英国的军事恐吓采取了不合作态度。孙中山注意到日本的这一态度，9月2日，派秘书茸玉访天羽总领事，向他展示8月29日英国总领事的恫吓函，陈述孙中山对英国异常愤慨之情，并说天羽总领事所采取的保护侨民措施是"稳妥的"③，对日本政府所持的态度表示满意。

孙中山在与商团斗争的同时，决定北伐。北伐的主要目的是推翻英美支持的曹锟、吴佩孚把持的北京政府，统一全中国。为了抗衡英美势力，孙中山更要争取日本的支持。为此，他决定派大本营总参谋长李烈钧东渡日本，"联络彼中朝野之士，为发起亚洲大同盟以抵抗白种之侵略"④。9月7日晚，李烈钧设宴招待天羽；12日晚，天羽回请即将赴日的李烈钧等16人。⑤ 天羽还致电外相币原，请其为李访日提供方便。⑥

此外，广东政府还希望得到日本的经济、军事援助。廖仲恺的代表何品佳于9月10日拜访天羽，交涉贷款之事。⑦ 10月，商团军蓄意制造流血惨案，散发逼孙中山下野和要打倒孙政府等传单，准备发动武装叛乱。广东形势十分紧张。孙中山和广东政府为争取日本的援助而频繁活动。10月10

---

①② 日本外务省编：《日本外交文书》，大正十三年第2册，第529、531页。
③《孙中山全集》第11卷，第3页。
④ 同上，第180页。
⑤⑥ 天羽英二日记・资料集刊行会编：前揭书第1卷，第1405—1406页。
⑦ 1924年9月23日广东总领事致币原外务大臣电，第244号，日本外交史料馆藏。

日是武昌起义13周年纪念日,胡汉民和伍朝枢借机招待天羽总领事。翌日,胡汉民等又访天羽,要求日本提供大炮8—10门、短枪5 000支及子弹。10月11日,访日归国的广东政府考察团和教育视察团,与天羽总领事举行座谈。

以上事实说明,孙中山和广东政府这时期依然对日本抱有很大希望,希望日本支持和援助平息商团叛乱。

对孙中山和广东政府的这一希望和要求,日本虽然没有公开支持,但态度是微妙的。10月15日,广东政府平息了商团叛乱。英法等国领事要求天羽总领事调动军舰,参加统一的军事行动。但天羽拒绝了这一要求。因此,停泊在广州港的英法军舰不敢轻率支援商团军,只派少量水兵在沙面租界登陆。

平息叛乱后,商团军头子陈廉伯逃进沙面英租界。他深知天羽与孙中山及广东政府的密切关系,乞求天羽居间调停。天羽表示"在不损害政府及商团利益并无外国人干涉内政之嫌疑的范围内,如有良方,可作非正式斡旋"①。16日,胡汉民访天羽,天羽向他询问对商团军的意向。胡表示:坚决取缔商团军。鉴于此种情况,天羽没有再提及调停之事。

平息商团叛乱后,留下了列强向广东政府索取赔偿问题。英法等国领事主张采取统一行动,以便对广东政府施加更大的压力。但天羽作为首席领事,反对这一主张。因此各国未能采取统一行动。② 另一个问题是在赔偿交涉中如何处理南北两个政权。日本和列强均承认北京政府为中国的合法政府。因此,10月17日领事团会议决定:"鉴于北京政府认孙派为叛乱集团,当地各领事在与孙政府交涉的同时,各公使也应与北京(政府)交涉。"③ 对此,币原外相于10月24日电训天羽总领事,"我方并不认为孙派为叛乱团体,从主义上不能同意将索赔和叛乱团体问题联系在一起",并指示他应与广东政府交涉赔偿问题。这表明了日本政府对孙中山和广东政府的态度。

---

① 日本外务省编:《日本外交文书》,大正十三年第2册,第544页。
②③ 同上,第545—546页。

孙中山平息商团叛乱后,准备收回广东海关。10月17日,孙中山任命罗桂芳为广东海关监督,并令他接受粤关。领事团连续召开两次会议,准备仿效1923年的关余争端,由各国派遣军舰和陆战队,以武力对抗孙中山。英、法、美、葡四国立即调来8艘军舰,并要求日本也派军舰参加这一行动,但日本再次拒绝了这一要求。[①]

那么,日本为什么在商团事件和海关问题上没有与其他列强采取完全一致的政策?此时正值第二次直奉战争。冯玉祥借此发动北京政变,吴佩孚、曹锟从北京败退,张作霖、段祺瑞重新执掌北京政权。孙中山曾为反吴、曹,与张、段结成三角同盟。北京政变后,冯玉祥邀请孙中山北上,共商中国政局问题。张、段是日本支持的军阀势力。如在此种形势下日本向孙中山和广东政府施加军事压力,无异从背后牵制孙、张、段联盟的形成,对日本来说与己不利。因此从自身利益出发,日本拒绝参加列强的统一行动。而这在客观上有利于孙中山所领导的平息商团叛乱和收回海关的斗争。

日本与其他列强在对华政策问题上具有二重性。一是一致性,为了侵略中国的共同目的,日本与其他列强有时采取统一行动,这在关余争端中表现最为突出。二是争夺性,日本与其他列强在瓜分中国和扩大在华权益的斗争中相互争夺。第二次直奉战争前后,为争夺北京政权,英美支持曹、吴,日本支持张、段、冯。这种二重性是帝国主义侵略本性所决定的。孙中山对日本和列强侵略中国的本性早有明确的认识,但是他从对抗支持曹、吴的英美战略出发,利用列强相互争夺的矛盾,争取日本对他的支持和援助。虽然孙中山在致犬养毅函和关余、商团事件中提出的对日希望和期待,与这一时期日本的对孙政策相去甚远,但是由于列强间的相互争夺,在特定的历史条件下,可能会出现相对的、暂时的、部分的一致点。第三次广东政府时期孙中山的对日态度和日本的对孙政策正是体现了两者间的这种关系。

通过对第三次广东政府时期孙中山与日本关系的探讨,清楚地看出这一时期孙中山依然对日本抱有希望,甚至抱有幻想。由此可见,1919年前后孙中山对日的认识和态度并没有发生根本性变化,而只是一种策略性变

[①] 藤井昇三:《孙中山研究》,劲草书房,1983年版,第256页。

化。这时期他对日本的认识虽有新的提高,但他的基本认识是一贯的。而且这时孙中山虽然采取了联俄政策,但也没有放弃联日的活动。11 月孙中山渡日和在日的言行进一步证明了这一点。[①]

(作者俞辛焞,南开大学历史研究所,原文刊于《历史研究》1990 年第 3 期)

[①] 见拙著《孙中山的革命运动与日本》,第 354—371 页。

一、"对华二十一条要求"产生的背景及主要内容

1914年7月,第一次世界大战爆发。日本统治集团将大战视为对外扩张的"天佑良机",以"日英同盟"为借口对德宣战,侵占了德国的租借地胶州湾和山东铁路,在此基础上,1915年1月,大隈内阁向中国政府提出了由五大项二十一小条组成的"对华二十一条要求"。其主要内容可分为三类:第一类是确保和扩大既得权益,如继承德国在山东特权的第一项要求,延长旅顺、大连租借地及"南满铁路"租借期限至99年为核心的针对"满蒙"的第二项要求;第二类是要求新权益,包括汉冶萍公司由中日合办的第三项要求以及中国沿海的港湾和岛屿不得转让及租借他国的第四项要求;第三类是排斥欧美列强,将中国变为日本的"保护国",如第五项所要求的中国中央政府必须聘请日本人担任政治、财政和军事顾问,中国政府所需武器的相当数量必须从日本购买,中国的兵工厂和部分地区的警察由中日合办,以及将武昌—南昌九江、南昌—杭州、南昌—潮州间铁路的建设权交给日本等等。[①]

"对华二十一条要求"可谓日本侵华权益的"集大成",其中第五项要求更是表明日本政府欲借一战期间欧美列强无暇东顾之机将中国变为日本的独占势力范围,因此不仅遭到中国政府的抵制,也引起了打着"门户开放,机会均等"的旗号在中国进行经济扩张的美国和将长江流域视作势力范围的英国的不满。美英两国先后以第五项要求违反了列强间有关工商业"门户开放,机会均等"的协议以及侵犯了中国的"政治独立"和"行政保全"为由,向日本政府提出抗议。在国际社会的压力下,日本宣布将第五项要求作为"保留条款"留待日后,并以武力恫吓的"最后通牒"方式迫使中国政府接受了日本的要求,两国间签署的一揽子条约和换文史称"民四条约"。

1919年召开的巴黎和会上,中日两国围绕以山东问题为代表的"民四条约"的存废展开激烈争论。中国政府主张,中国既为战胜国,则胶州湾租借地及德国在山东的一切特权均应直接归还中国,"民四条约"是战争期间

[①] 有关"对华二十一条要求"各项的详细内容,见日本外务省编:《日本外交年表及主要文书》上卷,原书房,1965年版,第401—416页。

日本以武力相威胁的结果,战后理应宣布其无效。日本政府则要求继承德国在山东的特权后方可归还胶州湾租借地,并拒绝废除"民四条约"。由于英法与日本之间早有密约,且日本以退出和会相威胁,致使巴黎和会拒绝了中国代表团的要求,消息传出后,中国国内爆发了声势浩大的五四运动,中国外交代表拒绝在对德和约上签字,山东问题成为悬案。

由于巴黎和会没能解决列强在远东的矛盾,1921年11月在美国的主导下召开了华盛顿会议。作为远东遗留问题的主要内容,山东问题和"民四条约"是华盛顿会议必须要解决的。美国对日本独霸山东极为不满,并认为打破日本在山东的势力范围是推行"门户开放"政策的实际保障,在美国的压力下,日本被迫放弃了大部分山东特权,但仍可控制胶济铁路5—15年。在华盛顿会议上,中国代表团多次提出废除"民四条约"的要求,然而日本政府顽固坚持以旅大租借地和南满铁路为核心的"满蒙特殊权益",只同意放弃"民四条约"中的第五项"保留条款"。华盛顿会议签署的九国公约一方面宣布保障中国在"满蒙地区"的主权,另一方面也承认日本在"满蒙"享有"特殊利益",这一相互矛盾的规定使得"满蒙问题"成为中日关系及华盛顿体系的一大隐患。[①]

二、北一辉关于"对华二十一条要求"的主张

众所周知,辛亥革命爆发后,北一辉受黑龙会的派遣前往上海,并以宋教仁的"盟友"身份参与或见证了革命党的许多重要活动。1915—1916年,北一辉执笔了《支那革命外史》,不仅被同时代的日本人视作中国革命问题的"专家",甚至后世的日本历史学家亦将这本书当成研究辛亥革命及中日关系的重要史料。在该书中,北一辉在对辛亥革命的基本特征进行分析的基础上,提出了建立"中日军事同盟"的亚洲战略。主张中日两国通过缔结"军事同盟",共同发动"对英战争"和"对俄战争",将英俄帝国主义的势力驱

---

① 中日间关于"对华二十一条要求"的交涉过程,参见王芸生:《六十年来中国与日本》第6卷,三联书店,1980年版,第69—314页;白井胜美:《日本与中国——大正时代》,原书房,1972年版,第42—89页。

逐出亚洲代之以日本的霸权。其认为对中国而言,由于英俄两国是侵华最甚、在华享有利权最多的帝国主义国家,中国要达成民族独立就必须先打败英俄,而积贫积弱的中国单靠一国之力是难以实现这一艰巨目标的。因此,北一辉主张中国唯有借助日本的帮助,同日本缔结"军事同盟"才能实现民族独立。对日本而言,清王朝和以袁世凯为首的北洋军阀是英俄帝国主义在中国的代理人,宋教仁领导的立志以"明治维新"为榜样,建立新国家的革命党才是日本应该争取的政治力量,因此日本应该首先帮助革命党夺取政权。基于这一主张,北一辉批判了日本政府利用辛亥革命造成的混乱扩张"满蒙"权益的做法。[①] 对于上述北一辉的"中日军事同盟论",有研究者称其为"非权益拥护论"[②]、"以增进日本的国家利益和推动亚洲国家的近代化为目标的稳健的民族主义论"[③],甚至是"追求亚洲的独立和解放的国际主义论"[④]。以下本文将通过分析北一辉关于"对华二十一条要求"的见解,揭示其"中日军事同盟"论的具体实态和侵略本质。

巩固和加强日本的"满蒙特殊利益"是"对华二十一条要求"的重要目标。其主要内容包括:延长旅顺、大连租借地及"南满铁路"租界期限至99年,日本人在"满洲"南部及东部内蒙古地区享有开采矿山,修建铁路以及租赁和买卖土地的权利,"南满"和东蒙的地方政府要聘请日本人担任政治、财政和军事顾问等等,在此"特殊利益"之下,中国政府仍名义上享有"满蒙"的"主权"。对于上述"二十一条"关于"满蒙特殊利益"的要求,北一辉不屑一故地指出:既然日本已经通过在日俄战争中的胜利从俄国的占领下夺取了"满洲",则"满洲"的归属问题在日俄战争结束时就已经"尘埃落定"——"满洲"已是日本的领土,其主权早已和中国毫无关系。因此在北一辉看来,向中国政府要求延长旅大租借地及"南满铁路"租界期限等扩张权益的行为,完全是对西方列强瓜分中国的"雕虫小技"的卑劣模仿,日本在"满洲"的"利

[①] 北一辉:《支那革命外史》,《北一辉著作集》2,美铃书房,1968年版,第182页。
[②] 黄自进:《北一辉的辛亥革命、五四运动观》,东京外国语大学海外情报研究所,1999年版,第68页。
[③] 乔治·M. 威尔逊:《北一辉与日本的近代》,冈本幸治译,第87页。
[④] 冈本幸治:《北一辉:转换期的思想构造》,第10—11页。冈本幸治编著:《近代日本的亚洲观》,第177—201页。

益"已是日本帝国的内部事物,根本无须同中国政府进行商议。① 1912年,日本浪人川岛浪速勾结日本军部,阴谋扶植以满清肃亲王为首的宗社党在"满蒙"建立日本控制下的"独立王国",史称"第一次满蒙独立运动"。对于"满蒙独立运动",北一辉基于同样的理由明确表示反对。他打电报给黑龙会头领内田良平,要求内田设法说服日本政府取消"满蒙独立运动"。② 他认为,日俄战争后"满洲"已"名正言顺"是日本的领土,因此完全没有必要由中国人出面搞什么"独立运动";相反,肃亲王为满清余孽,日本若支持肃亲王不仅会影响和中国革命党人的关系,而且会给依附英国的袁世凯势力以打击日本的借口,对日本不利。③

另一方面,由于北一辉主张中日缔结"军事同盟"共同打击英俄两国在亚洲的势力,因此他不得不面对日本"领有满洲"同"中日军事同盟"之间的紧张关系。对此,北一辉提出"满蒙交换论",试图以此缓和与中国的关系。辛亥革命爆发后,俄国利用革命后的一时混乱暗中支持蒙古"独立",1911年11月外蒙宣布脱离清王朝,成立"大蒙古国";1912年7月,日俄两国签署第三回"日俄协约",互相承认对方在"满洲"和蒙古的"势力范围";1913年11月中俄两国关于蒙古问题达成协议,中国承认外蒙自治及俄国在外蒙享有的各项工商业特权,俄国则承认中国对蒙古的主权。北一辉的"满蒙交换论"正是在这样的背景下产生的,其主要内容是:日本政府援助以宋教仁为首的革命党夺取政权并发动对俄战争,将俄国的势力驱逐出蒙古,恢复中国政府对蒙古的实际统治,作为交换,革命党领导的中国政府应当对日本在"满洲"的"主权"不存异议。④ 至于未来革命党领导的政权是否能接受"满蒙交换论",北一辉的态度相当乐观:"他们(指宋教仁为首的革命党——作者注,以下同)并非自不量力地要求日本归还南满,他们是期待日本据守保全主义者(即所谓"保全中国")的城郭将炮口对准北方的侵略者(指俄国人

---

① 北一辉:《支那革命外史》,《北一辉著作集》2,第102、184页。
② 北一辉:《北一辉致内田良平电报》(明治四十五年二月十九日),《北一辉著作集》3,美铃书房,1999年版,第678页。
③ 北一辉:《支那革命外史》,《北一辉著作集》2,第184页。
④ 同上,第185页。

侵蒙古），他们是（对于日本同俄国联手）将炮口对准自己的不信不义愤慨不已。"①也就是说，革命党反对的是日本支持俄国染指蒙古的第三回"日俄协约"，对于日本"领有满洲"革命党原本并无异议。那么，果真如此吗？

在《支那革命外史》中，北一辉高度评价宋教仁的民族气节和组织才能，将领导中国革命、建立"中日军事同盟"的希望寄托在宋教仁的身上。那么宋教仁又是如何认识东北的主权问题的呢？日俄战争初期，宋教仁一度对日军的胜利抱有期待，但随着日本侵略中国东北的野心日益明朗，宋教仁就开始在时事评论中呼吁人们警惕日本的侵华阴谋。更为重要的是，这一时期宋教仁高度关注东北的战略地位，将其视作"可制清廷死命"的革命根据地。1907年4月至8月，宋教仁亲赴东北组织同盟会辽东支部，并试图说服东北的"马贼"投身革命。1908年，中日两国围绕"间岛"（今吉林延边地区）的主权归属产生领土纠纷，其间正在日本从事革命活动的宋教仁经过细致的调查，利用日方的资料证明"间岛"自古就是中国的领土，并将其发现提供给清政府外交当局，最终粉碎了日本分裂中国东北领土的阴谋。② 关于宋教仁在对待外国的援助和维护国家主权方面的立场，有日本研究者正确地指出："在'间岛问题'上，宋教仁展示出了即使是边境的土地，也一寸不能割让给外国的气概……宋教仁虽然接受内田良平等大陆浪人对于革命的物质援助，但他绝不会以牺牲国家和民族的利益为代价去交换革命事业的成功。"③由此可见，北一辉所构想的"满蒙交换"只能是一厢情愿的美梦。

关于山东权益的归属，北一辉的见解极为"独特"。在北一辉的"军事同盟"构想中，德国是未来日本发动对英战争的有力同盟国。他说："日本从其错误的外交（日英同盟和一战中进攻山东）中觉醒过来并为'未来的孤立'而战栗时，和同样因为外交失策而陷入'现在的孤立'并为之苦恼的德国结成同盟就是自然之数。日德海军将英国海军分割于太平洋和大西洋，再由德国占领英国本土，日本帮助印度独立，如此则迫害有色人种的罪恶史将随着

---

① 北一辉：《支那革命外史》，《北一辉著作集》2，第103页。
② 宋教仁：《我之历史》，吴相湘主编：《中国现代史料丛书》1，台北文星书店，1961年版，第331—333页。日方的研究有松本英纪：《宋教仁的研究》，晃洋书房，2001年版，第130—132页。
③ 松本英纪：《宋教仁的研究》，第143—144页。

英帝国的分割宣告结束。"① 因此,北一辉认为第一次世界大战中的日本对德宣战是被英国利用的"外交失误"。日德战争的结果,日本占领了德国的胶州湾租借地,巴黎和会上中日围绕山东问题展开激烈对立,中国的要求被拒绝后国内爆发了五四运动。当时正旅居上海的北一辉目睹了五四运动的浩大声势。他认为,五四运动是彻头彻尾的反日运动,运动的领导者正是十年来和他"生死与共"的南方革命党的同志们,而造成这一局面的原因则是日本的外交失策。1917年日本同意中国参战是其中最大的失策:"美国引诱中国参战之时,日本亦急急参与如同与美国争宠,此举无异是以自己的手为日后中国在巴黎和会上阔步前进打开了大门。"② 换言之,北一辉认为如果日本阻止了中国参战,中国就没有资格参加战后的媾和会议,中国代表不出席和会,就不会有两国围绕山东问题的纠纷以及其后的反日运动。那么,有关山东权益的归属,北一辉又是如何主张的呢?

首先,北一辉认为中国名义上作为协约国一方参加了大战,但实际上并没有为战争的胜利做多少贡献,因此战后中国无权向和会要求归还德国在山东的权益,而1914年日本在进攻青岛的德军要塞之前,向世界宣布"以归还中国为目的"是愚蠢的作茧自缚。③ 其次,北一辉又主张日本也不应拘泥山东权益,而应该将山东利益归还德国。这一关于山东问题的处理意见是北一辉世界战略的重要一环。他认为媾和会议实际上是日美两大新兴帝国同旧霸权国英国争夺世界霸权的舞台,美国在和会上高唱"不并土不赔偿",其真实意图是要抑制英国独占德国殖民地的野心,因此日本应积极配合美国的战略部署,力求恢复德国在山东的势力范围。这样,一方面可以阻止英国吞并战败国的殖民地,另一方面与美国联手并拉拢德国。不仅如此,由于法国和意大利分别对阿尔萨斯、洛林地区以及阜姆港抱有领土要求,为达目的他们势必要与日美协商以缓和"不并土不赔偿"的主张,届时日美可通过接纳法意的要求进一步孤立英国,最后再由美日共同瓜分德国在非洲和南

---

① 北一辉:《支那革命外史》,《北一辉著作集》2,第178页。
② 北一辉:《写在第三回公刊颁布之际》,《北一辉著作集》2,第356页。
③ 北一辉:《支那革命外史序》,《北一辉著作集》2,第2页。

洋的殖民地。①

综上所述,北一辉认为关于山东问题的处理作为弱国的中国根本无权介入,山东权益的归属完全由日本决定,是为日本创造有利的国际环境的一颗重要棋子。通过围绕山东问题的纵横捭阖,日本不仅可以打击英国的势力,还可以拉拢西方列强孤立英国,为在日英争霸中取胜创造条件。可见,北一辉一再主张无视中国主权,牺牲弱国利益。

"对华二十一条"的第三项是有关汉冶萍公司的中日合办问题。汉冶萍公司由湖北汉阳的制铁所、大冶的铁矿和江西萍乡的煤矿三部分组成,其中大冶的铁矿对日本具有特别重要的意义,日本的钢铁制造中心八幡制铁所所需铁矿的 2/3 来自大冶铁矿。钢铁工业是一切重工业的基础,也是国防工业的最大支柱,如何确保钢铁业的正常运作,不仅是经济问题,也是国防安全问题。日本政府对汉冶萍公司的重视,其原因也在于此。1912 年,孙中山就任中华民国临时大总统后,南京政府面临严重的财政危机,日本政府趁机通过上海三井物产以向革命党提供贷款为诱饵,要求南京政府同意中日合办汉冶萍公司。在革命的困难形势和日本的威逼利诱双重作用下,孙中山同三井物产的代表签署了中日合办汉冶萍的草约。后来由于南京参议院的强烈反对,南京政府最终撤回了草约。对于围绕汉冶萍公司展开交涉的孙中山和三井物产代表的日本政府,北一辉表示了极大的反感。他认为,首先,辛亥革命的直接起因是四川的保路运动,1911 年 5 月清政府颁布"铁道国有令",宣布湖广铁道(粤汉、川粤铁路的总称)国有化,并将之交给英法德美四国借款团以换取 600 万英镑的借款,四川民众群起反对,武昌首义便在混乱中爆发了。像这样辛亥革命的目的原本是反抗外国势力染指中国,因此以汉冶萍公司的国家资产做担保去向外国借款是对革命精神的背叛,同清政府并无二致;②其次再看日本政府,北一辉认为 1905 年日本在日俄战争中取胜,从此便成为"保全中国"的"亚洲门罗主义"的代言人,然而以借款为诱饵换取汉冶萍公司的经营权却是对英帝国主义资本侵华的模仿,而

---

① 北一辉:《对凡尔赛会议的最高判决》,《北一辉著作集》2,第 210、211 页。
② 北一辉:《支那革命外史》,《北一辉著作集》2,第 66 页。

赶走英国资本,铲除英国的在华势力才是日本应当实践的"门罗主义"的"国家正义"。①

那么,北一辉又主张如何解决汉冶萍公司的问题呢？北一辉认为一旦中日缔结军事同盟,共同发起对英作战和对俄作战,以大冶的铁矿保障日本的军工生产就不仅是日本的需要,也事关中国的安全。因此只要日本积极援助亲日的革命党势力夺取政权并与之缔结军事同盟,为对付英俄这两个中日共同的敌人,中国政府会主动将汉冶萍公司的经营权交给日本,根本无须采用"最后通牒"这样的强硬手段。② 然而如前文所论,所谓革命党的"亲日"和满足日本的要求只不过是北一辉的主观臆断而已。

"对华二十一条"的第四项要求中国政府承诺不再租借或割让沿海岛屿和港湾予他国,目的是防止西方列强扩大在华势力范围,使中国成为日本的"禁脔"。北一辉却认为,此项要求是毫无意义的"儿戏"。对于视英国为日本称霸亚洲的头号敌人的北一辉而言,早在鸦片战争时期,英国便已占据香港,并将香港建设成为英国海军在远东的重要军事基地,一旦日本发动对英战争,英国便可以香港为基地攻击日本,因此不拔掉香港这颗"钉子",即便中国政府承诺不再租借或割让沿海岛屿和港湾,也只能是隔靴搔痒,于事无补。③

前文已论及,在"对华二十一条"的五大项要求中,第五项尤其展示了日本变中国为其"保护国"的野心,对此中国的抵抗自不待言,就连在华享有特权的其他列强也明确表示反对。在中日交涉二十一条的过程中,美国首先指出从日本购买武器及中日合办兵工厂的要求违反了"工商业机会均等"的原则,聘请日本人担任中央政府的顾问以及中日合办警察损害了中国的"政治独立"和"行政保全",并以此为由向日本政府提出抗议。英国也向日本递交了批判第五项要求的备忘录。美英列强的反应说明二十一条特别是第五项这样激进的侵华诉求已使日本陷入国际孤立,因此日本政府被迫暂时搁置了第五项要求。那么,以"保全中国"自居的北一辉又如何看待第五项要

---

① 北一辉:《支那革命外史》,《北一辉著作集》2,第93页。
② 同上,第191页。
③ 同上,第175页。

求呢？北一辉认为辛亥革命的领导核心是宋教仁等留日学生，他们之所以立志革命是因为在日本接受了国家主义、民族主义的熏陶，他们的革命理论来自日本，他们革命建设的蓝图也取材于日本明治维新的现代化经验，日本"指导"中国的思想和人才基础事实上早已具备，因此，不待第五项要求的出笼，中国作为日本的"保护国"也已是无可争辩的"事实"。[①] 从"中日军事同盟"的构想出发，在第五项所列举的各项具体要求中，北一辉最为重视的是"中日合办兵工厂"。他主张在中日两国缔结同盟共同发起"对英作战"和"对俄作战"之际，两国"武器的沟通"至关重要，届时应以汉冶萍公司的铁矿为基础组建中日合办的大型兵器制造工厂。[②] 针对英国对第五项要求的批判，北一辉认为第五项所要求的武昌—南昌九江、南昌—杭州、南昌—潮州间铁路的建设权虽然有损英国在长江流域及华南的势力范围，但整个第五项要求均为"保全中国未来"的"建设性要求"，因此英国对第五项要求的批判完全是出于其自身侵略亚洲的阴谋。[③]

美国也反对日本在第五项中的要求，并且随着日本在第一次世界大战期间不断企图扩张在亚太地区的霸权，日美冲突愈演愈烈。然而，在北一辉的"中日军事同盟"构想中，美国由始至终都是日本在太平洋上的"盟友"，他设想在未来的日英争霸战中从美国筹措军费，并利用美国雄厚的资本在中国建设铁路。[④] 围绕二十一条交涉日美矛盾已现端倪，北一辉对此却不以为然。第一，美国要想在列强瓜分中国的形势下确保其在华投资的安全和保证中国开放市场只能仰仗日本的武力护航。[⑤] 第二，只要日本承诺在打败英国后将原本属于英联邦的加拿大交给美国，在未来的日英争霸战中美

[①] 北一辉：《支那革命外史》，《北一辉著作集》2，第18、103、104页。北一辉在描述革命党同日本的关系时露骨地写道："看这些留日学生的干部们，他们的思想如同日本人，他们的神色也如同日本人，他们这种提起空枪准备抢夺敌军弹药而勇往直前跃进的动作也如同我们日本人啊！"北一辉：《北一辉致清藤幸七郎书简》(1911年11月5日)，内田良平文书研究会编：《内田良平关系》第1卷，东京芙蓉书房，1994年版，第330页。
[②] 北一辉：《支那革命外史》，《北一辉著作集》2，第191页。
[③] 同上，第174页。
[④] 同上，第192、200页。
[⑤] 同上，第193页。

国就会支持日本。① 基于上述理由,北一辉认为,日美在太平洋问题上的合作是理所当然的。然而只要稍稍检视第一次世界大战以来日美关系的历史便可得知,北一辉对美国外交政策的理解和判断是完全错误的。②

可见,对于严重侵犯中国主权,并受到国际社会广泛批判的"对华二十一条"的第五项要求,北一辉在"保全中国"及"中日军事同盟"的幌子下均将其描述为开发中国未来的"建设性要求"。事实上第五项要求所体现的激进的侵华诉求不仅遭到了中国方面的坚决抵制,也引起了美英列强的不满。因此,对第五项要求大唱赞歌的北一辉的主张,实难称作是"增进日本的国家利益和推动亚洲国家的近代化的稳健的民族主义论","追求亚洲的独立和解放的国际主义论"了。

通过以上论证可以看出,北一辉并非是以往某些研究者所认为的"非权益拥护论者"。以"对华二十一条要求"为例,除"中国沿海岛屿和港湾不得租借或割让他国"的第四项外,北一辉在建立"中日军事同盟"的幌子下,其无视中国主权、扩张日本霸权的企图,甚至比迫于国际社会的压力暂时搁置了将中国变为日本"保护国"的第五号要求的日本政府走得更远。北一辉一再建议日本政府支持中国革命党夺取政权,并将建立"中日军事同盟"的希望寄托在以宋教仁为代表的中国民族主义革命派身上,其目的是利用"亲日"的革命党控制中国,使中国成为日本称霸世界的工具。然而对比宋教仁在对待外国的援助和维护国家主权方面的行动和言论可知,北一辉的侵华企图是不能见容于中国民族主义革命派的,因此所谓建立"中日军事同盟"只能是北一辉的一厢情愿;在北一辉的"同盟"构想中,英国和俄国是假想敌国,美国是不可缺少的同盟国。但北一辉错误地理解了美国的外交政策,没有认识到日本独霸中国的"大陆政策"同美国"门户开放"政策之间的深刻矛盾和对立,其"日美同盟"的构想完全是脱离现实的纸上空谈。

---

① 北一辉:《支那革命外史》,《北一辉著作集》2,第 200 页。
② 刘笑盈:《眺望珍珠港——美日从合作走向战争的历史透视》,北京广播学院出版社,2002 年版,第 36—344 页。

综上所述,北一辉的亚洲战略不仅是谋求日本霸权的侵略计划,也是对东亚国际关系现实的歪曲,因此他绝非"增进日本的国家利益和推动亚洲国家的近代化的稳健的民族主义者",更不是"追求亚洲的独立和解放的国际主义者"。

(作者赵晓靓,广东外语外贸大学东方语言文化学院日语系,原文刊于《世界历史》2010年第1期)

20世纪20年代日本陆军在对华决策中的地位与"二元外交"

郭循春

随着1910年代大正民主运动的兴起,政党力量开始在政府的总体决策中发挥越来越大的作用。原敬在1918年上台组阁以后,开始改变过去桂园交替内阁、大偎内阁、寺内内阁时期,对华决策中陆军话语权过重的局面,并促成外务省对陆军在中国问题上话语权的平衡乃至超越。这也是日本能够顺利参加华盛顿会议,并在原敬、山县去世后依然坚持协调外交、对华不干涉政策的重要基础。原敬、山县殁后,陆军省和以政党政治为背景的外务省之间缺乏调和者,矛盾逐渐凸显。至1929年间,由这种矛盾引发的、双方在对华政策决策权方面的博弈经历了三个不同的阶段。通过论述每个阶段双方博弈的史实,可以帮助我们了解日本政府对华决策的流程、特点以及陆军在决策中的地位,并使我们从中认识到所谓"二元外交"的本质,为我们更客观地了解1930年代及以后日本的对华行动提供一个重要前提。日本学者关于"二元外交"的研究大多集中在1930年代和1940年代,国内学者在日本对华政策制定过程、二元外交等课题方面的研究成果更少一些。[①]

日本陆军能够积极干涉对华外交的原因,不仅仅在于陆军军国主义思

[①] 北冈伸一:《日本陆军与大陆政策1906—1918》,东京大学出版会,1978年版;北冈伸一:《从政党到军部1924—1941》,中央公论新社,1999年版;服部龙二:《东亚国际环境的变化与日本外交1918—1931》,有斐阁,2001年版;雨宫昭一:《近代日本的战争指导》,吉川弘文馆,1998年版;三谷太一郎:《近代日本的战争和政治》,岩波书店,2010年版;加藤阳子:《探索的1930年代——日美关系和陆军中坚层》,山川出版社,2012年版。

想、统帅权独立等因素的影响,还在于其拥有制定对华政策的能力和自信力。了解日本陆军在制定对华政策中的地位,首先需要了解日本陆军制定对华政策的能力及程序。

一、陆军对华政策的制定过程

近代日本陆军对其政府之中国政策的干涉、对外务省中国政策的批判,来源于三点原因:第一即"军人干政"这一军国主义思想的影响下的"陆军性格"使陆军对内政外交时刻保持一种拟干预的状态;第二即"明治宪法"所规定的"统帅权独立"这一法理依据,使陆军能够将对华外交问题随时"偷梁换柱"为国防问题而进行干预;第三即陆军拥有强大的对华情报网,赋予了其在中国问题之认识和解决方面的高度自信力,使之时时置喙并贬斥外务省的对华决策。关于前两点内容,已经有多数学者给予过论述,但是较少有学者将第三点内容同"二元外交"联系起来论述,而身处历史现场的日本政治人物在追述"二元外交"之源流时,多会首先提到日本陆军对华情报工作的开展。[①] 陆军对在华情报网的构建及其对情报工作的自信力,实际上对于"二元外交"之发展有着很重要的作用。

1925 年初,参谋总长在对驻华谍报武官的训示中曾经表示"我陆军的对华情报工作并非他处可比,不仅为我朝野所信赖,更是我陆军的骄傲",驻华武官也表示"面对欧美对华之物质优势,我唯有组织上之优势"[②]。这种自信力来源于其在中国的情报体系,包括驻屯军司令部、驻华使馆武官、各地实力派的日籍军事顾问三大机构。驻屯军司令部包括关东军司令部、天津军司令部以及 1923 年以前的汉口驻军司令部;驻华使馆武官包括驻北京公使馆武官、驻上海、济南等地的领事馆武官;各地实力派军事顾问则包括张作霖、吴佩孚、冯玉祥、唐继尧等大小军阀身边的日本顾问或军事研究员。在众多驻华机构的基础上,参谋本部又在 1922 年前后制定了"对华军事谍

---

① 小幡西吉传记刊行会编:《小幡西吉》,小幡西吉传记刊行会发行,1957 年版,第 406—407 页。
② 《在华谍报武官会议记事之件》,防卫省防卫研究所藏:陆军省—密大日记—T14 - 5 - 10,Ref. C 03022726700,第 229 页。

报计划书",向各驻华机关规定了情报搜集的大致方针及基本细则,要求各机关就相关事宜向参谋本部提供临时报告和定期报告,为各驻华机关搜集情报提供了统制性指导。① 了解陆军对华政策的制定过程,首先要对这些渠道的特点及工作流程有所认识。

第一,关东军司令部和天津驻屯军司令部。该两个驻屯军司令部在行政上向陆军省负责,但在实际的情报工作中,同时向陆军省和参谋本部作出报告。在情报获取的方式上,分为主动和被动两种形式。例如1924年奉天特务机关长贵志弥次郎的华中调查报告、关东军参谋长川田明治的北京走访报告、本庄繁的吉黑两省陆军视察报告等,皆为主动的自下而上之对华调查。② 而1923年国际上"对华共管"舆论高潮迭起之际,陆军省即命令驻华各机关分别做成对华国际管理之意见书,此为被动的自上而下的工作。③ 两种形式的调查涵盖了东三省及华北甚至西北地区的政治、经济、资源、社会等方方面面的内容,并将重点放在与军事相关的方面。如天津驻屯军对华北军队状况之调查,从军队规模、武器装备、作战能力、人员配置、各级军官名单及其私人生活,到各军阀驻扎防备概况、军用电话线路图等,事无巨细,全部涵盖。④ 第二,驻华各使馆武官。该机构以北京公使馆武官室为中心,相互独立,共同隶属于参谋本部。日本公使馆附属武官制度最早开始于1875年,早期需听命于公使,并无自动工作之权力。⑤ 但至甲午战后,武官权限的扩大成为专供参谋本部所及情报之机构。驻华武官向参谋本部提供的中国情报极其丰富,以1923—1925年间担任驻华公使武官的林弥三吉为例,其在就任后不满一年的时间里,就向参谋本部发出了不少于35篇报告,报告内容包括华北军队详情、北京政府内情政令、中国对外交涉细节、北京

---

① 许金生:《战前参谋本部的对华军事谍报计划》,《立命馆经济学》,2011年第60卷第2号,第54—63页。
② 《贵志少将华中旅行报告》,陆军省—密大日记—T13-5-12,Ref. C 03022677900;《本庄少将中国军队视察报告之件》,陆军省—密大日记—T13-5-12,Ref. C 03022678000;《曹大总统的谈话要旨》,陆军省—密大日记—T13-5-12,Ref. C 03022679000。
③ 《中国国际管理问题相关件》,陆军省—密大日记—T13-5-12,Ref. C 03022678500。
④ 《华北军事调查报告》,陆军省—密大日记—T12-5-11,Ref. C 03022626400。
⑤ 铃木健二:《在外武官物语》,芙蓉书房,1984年版,第16页。

学生运动详情、民众集会活动、国际舆论走向等。① 第三,在华日籍军事顾问和军事研究员。该类人员隶属于陆军省,在派遣程序上由陆军省和外务省联合向内阁提供被派遣者名单,内阁再做出正式任命。该类顾问和军事研究员在情报搜集上不同于驻屯军和驻华武官的是,其具有较强的私人性质,专管内部情报,可以说是北京政府及各军阀同日本陆军高层进行交流的直接通道,在提供情报方面发挥着其他机构无法替代的作用。例如在1921年"山东悬案"的解决过程中,中日之间正式交涉难以进行,私下交涉却一直不断,其主要负责人就是坂西利八郎。北京政府内阁、总统府的一举一动都经由坂西向日本陆军中央报告。再如奉天方面的町野武马、菊池武夫、本庄繁、松井七夫、仪我诚也;吉林方面的铃木美通、林大八、大迫通贞;云南方面的山县初男;浙江方面的冈村宁次;广州方面的矶谷廉介、佐佐木到一、小野弘毅等等,在帮助日本陆军中央了解北京及地方军阀情报方面发挥了巨大作用。

除了以上具有机构性的对华情报来源以外,陆军省和参谋本部还通过日本在华教官、军医等获取情报。② 陆军省还不定期向中国派遣临时出差人员,以搜集中国军事、经济、交通、社会等方面的情报。③ 尤其是1925年以后,陆军驻华及临时赴华人员的情报搜集对象从人事的内容进一步扩展到农业、矿业、战时资源、生产力等方面,为陆军制定对华政策提供了主要依据。

来自驻华机构的情报一般会被发送到参谋次长或者陆军次官的手中,参谋次长和陆军次官再将相关情报交付参谋本部第二部和陆军省军务局。第二部和军务局内部机构按照需要拟定出对华政策草案,再返回到参谋次长或者陆军次官手中。陆军中央需要处理的同中国相关的问题可以大致分为两类,分别是无需同外务省协商的纯军事性问题、需要同外务省协商的政策性问题。关于纯军事性问题,涉及的内容性质不同,陆军中央处理相关问

---

① 防卫省防卫研究所:陆军省—密大日记,大正十二年1—6册。
②《东三省时局相关意见交换之件》,外务省外交史料馆:《日本外交文书》,大正十四年第2册(下卷),第824页。
③《将校中国出张相关之件》,陆军省—密大日记—T14-2-7,Ref. C 03022695100。

题的手续也就存在一定的差异:第一,和军队调动等军令问题无关的事件,相关情报会集中到陆军省,并由陆军省以陆军次官的名义负责处理。在这个过程中,参谋本部也可以参谋次长的名义,主动或者被动地向陆军次官提出相关建议。如 1922 年 5 月参谋本部提出的"对奉直战后中国问题所持之态度"、1923 年 7 月参谋次长武藤信义致陆军次官的"中国现状对策案"、1923 年 8 月参谋次长致陆军大臣的"对英美关于中国铁路政策之我部意见"等。① 陆军省拟定最终方案以后,以陆军次官的名义向驻华机关做出指示,重大命令则以陆军大臣的名义向驻华机关做出指示。第二,和军队调动有关的情报,则被送往参谋本部,在做出决策后由参谋次长向在外驻军做出指示,重大命令由参谋总长签署。例如在第二次直奉战争、郭松龄事件的过程中,关于独立守备队、朝鲜驻军的调动情况,都由关东军参谋长向参谋次长做出报告,并由后者做出指示。关于对华政策性问题,由陆军内部拟定政策后,由陆军省军务局负责部外交涉。其基本程序包括以下几个步骤:第一,内阁会议上提出对华某问题的讨论,并要求制定相关对策;第二,陆军省将制定对策的命令传达给省内相关部门和参谋本部,后两者联合或独立制定出相关建议策,即陆军意见的核心内容,并提交给陆军次官,陆军次官将之汇总到陆军省军务局,由军务局进行扬弃、综合,拟定出代表陆军意志的初步草案;第三,经上级同意后,军务局将相关草案拿到由陆军省、外务省、大藏省、海军省等部门人员构成的联席会议上进行公开讨论,制定综合草案;或者军务局长持草案单独同其他省部机构交涉——如外务省亚洲局或大藏省通商局等,制定新的草案;第四,军务局长将同各省部讨论后制定的草案提交陆军次官过目,陆军次官提出相关意见,返回军务局,继续同其他省部交涉,最终制定出陆军次官满意的草案;第五,陆军次官将草案交由陆军大臣签字,如有必要,陆军大臣可以会同其他省的大臣对草案再次进行讨论修改,并制定最终成案,各大臣联合署名后,将成案提交总理大臣,并在内阁进行正式决议及对外公布。简单而言,即参谋本部做出核心意见提交陆

---

① 外务省外交史料馆藏:《帝国对奉直战后中国政局应当采取的态度》,Ref. B 03050252300;防卫省防卫研究所:《中国现状之对策案》,Ref. C 03022623100;防卫省防卫研究所:《我部关于英国对华铁道警备案的意见》,Ref. C 03022623000。

军省进行综合拟案,军务局负责对其他省部的交涉,各省妥协后制定成案提交内阁以政府名义公布。

以上即为陆军制定对华政策的基本流程:在华情报搜集、同地方军阀的接触、军队内部调动等问题上,陆军采取内部解决,不过问外务省的原则;在例如对华纲领、对华声明等政策性问题上,陆军需要同外务省协调,并最终以外务省或政府的名义对外公布相关政策。但是,实际上,公开发布的对华政策的内涵,有多少体现了外务省的意志,又有多少体现了陆军的意志,却是需要详细讨论的问题。这就牵涉到整个1920年代陆军省和外务省在对华政策上的博弈过程。

二、1920年代陆军与外务省在对华政策中的博弈

已有的研究成果大多认为,日本陆军推行"大陆政策"的气焰在原敬组阁之后,随着"协调外交"的推广而有所收敛,华盛顿会议更使"协调外交"达到了一个高峰。其后日本国内政党政治的发展、国民反军风气的增加、对美经济关系的加强都进一步压制了陆军在政治上的话语权,直至田中义一组阁,才逐渐改变了陆军在对华政策上相对劣势的决策地位。但是实际上,1920年代,陆军虽然在政治地位、民众支持度方面有所下降,但在关系到对华政策的问题上,其只在1920年代前期处于相对劣势的地位,中后期便逐渐恢复了其较强力的存在性,这种存在性充分表现在了同外务省在中国政策上的博弈过程中。按照陆军和外务省在中国问题上的博弈特点,可以将1920年代的这个过程分为三个阶段:第一,1920—1923年,外主陆从的阶段;第二,1924—1927年4月,陆军对外务省阳奉阴违的阶段;第三,1927年5月至1929年,陆军对外务省全面反扑的阶段。下面对这三个阶段陆军和外务省在中国政策问题上的博弈过程进行论述。

第一阶段,陆军和外务省的博弈主要表现为参谋本部同政府的博弈,并表现出政府的优势地位。一战爆发以后,日本连续对外用兵,陆军在对外事务上拥有越来越多的发言权,严重影响到了日本政府的外交活动。1917年寺内内阁时期为了排除陆军对外交活动的影响,专门成立了直属天皇的"临

时外交调查会",吸收政党和议会势力,增加其在对外活动中的发言权,以压制陆军势力,并起到了一定的作用。但是紧接着,日本出兵西伯利亚成为对外问题的重心,"军令权"再次坐大,陆军继续在对外事务中保持强大影响力。为此,政府及政党人士都对陆军的跋扈表示反感,原敬内阁的大藏大臣高桥是清甚至在内阁会议上要求"立刻废止参谋本部"①,但是由于现实原因而无法改变陆军干涉内政外交的局面。

但是一战结束后,起于 1910 年代初期之大正民主风潮进一步发展,同时国际社会追求民主和平之风也影响到了日本,反军思想在社会日益普及,要求削弱军阀政治权力的呼声日益高涨,例如针对殖民地总督武官制度,当时的报纸称"如今武官总督制度之大失态已经完全暴露于世人面前……改革政治之途径无非废除军阀和选任新政治家两种途径。旧武官制度使外人猜忌,搅乱东亚和平,无疑对政治有害无益。"②面对军部的顽固和社会的改革要求,原敬上台后借助社会要求改革之风潮,巧妙地利用陆军内部陆军省和参谋本部的不和,通过一个现实方法和两个长远计划来改变现状。现实方法就是加强同山县有朋的私人沟通,减少同参谋本部的直接摩擦,同时拉拢陆军大臣田中义一,以牵制参谋本部。两个长远计划包括:第一,通过田中义一推行陆军内部改革,以瓦解陆军干预外交的机构性基础;第二,渐渐将政党势力渗透到原本属于陆军管辖的领域中。③ 具体而言,原敬所采取的措施包括尝试推行军部大臣文官制、殖民地总督文官制、设立国势院以将军需事务集中到内阁总理大臣手中、联合陆军大臣田中义一推动上原勇作辞职以图改革参谋本部、华府会议召开之际自任海军大臣等。④ 虽然撤废"军令权"的计划没有成功,但是原敬政府在外交事务中确实实现了政府和外务省的意志,最为集中的表现就是西伯利亚和山东铁路沿线撤兵问题。1921 年 5 月 16 日,原敬主持召开了有内阁各大臣、西伯利亚派遣军司令官、

---

① 原奎一郎:《原敬日记》第五卷,福村出版株式会社,1981 年版,第 297 页。
② 《总督政治的着手改善》,《大阪新报》大正八年 8 月 10 日,神户大学经济经营研究所新闻记事文库藏,政治(16—129)。
③ 雨宫昭一:《近代日本的战争指导》,吉川弘文馆,1998 年版,第 130 页。
④ 同上,第 156 页。

朝鲜军司令官、青岛军司令官、关东军司令官、朝鲜总督、关东厅长官等参加的"东方会议",宣布了日本将从西伯利亚和山东铁路沿线撤兵的决定。①参谋本部虽然对此表示反对,但是经不住原敬政府多方面的工作,最终表示遵从政府意愿。这为日本参加华盛顿会议创造了比较积极的条件,是自一战开始以来,在陆军和政府就外事态度对立的情况下,政府最终取得胜利的为数不多的情况之一,为此后两年间日本政府在同陆军就对外问题的博弈中占据主动地位奠定了基础。1921 年 11 月,原敬遇刺身亡;1922 年 2 月,山县有朋去世,日本政党和陆军分别失去了最重要的领导人,但是并没有改变已经形成了的陆军同政府的关系状态。这主要是因为,山县去世以后,参谋本部失去了重大靠山,陆军省同后继的高桥是清内阁、加藤友三郎内阁、山本权兵卫内阁继续保持合作,对参谋本部保持压制态势。加藤友三郎曾明确指出"参谋本部派到中国的军事顾问造成了极端双重外交,陆军必须予以纠正"②,这些因素使得参谋本部无法对政府决策造成比较大的威胁。另一方面,此时华盛顿会议结束,原敬内阁时期拟定的对外政策已经在国际上定型,任意改变只会有损日本形象;从 1922 年 6 月到 1923 年 8 月担任内阁总理大臣的加藤友三郎是当年华盛顿会议的全权代表,又是坚定的国际派,在压制日本国内陆海军强硬派方面发挥过重要作用。所以在原敬去世后的两年中,陆军顺应了政府的对华不干涉主义和协调主义,拒绝了对第一次直奉战争中张作霖的援助,完成了从西伯利亚和山东的撤兵、推行了裁减 5 个师团的山梨军缩计划。这不得不说是日本政府在外事政策上,对陆军的一种胜利。但是这种状况从 1924 年开始就逐渐发生变化了。

第二个阶段,从 1924 年宇垣一成担任陆相到 1927 年 4 月田中义一组阁为止,在对华政策上主要表现为陆军省同外务省之间的博弈,具体体现在第二次直奉战争和郭松龄事变过程中。从宇垣一成的日记中可以看出,他是一个有着典型军国主义思想、权势欲、自负心和坚定意志的人,诸如"……群蒙弄柄、国运行诘,众愚妄动,社会停顿。凡事依靠外力终为不可。我当

---

① 小林道彦等编:《内田康哉关系资料集成》第一卷,柏书房,2012 年版,第 15 页。
② 信夫清三郎:《日本外交史》下册,天津社会科学院日本问题研究所译,商务印书馆,1980 年版,第 485 页。

在爱祖国、爱陆军、爱人类的信念下,以公明正大之心机、吞吐宇宙之气概、乾坤一掷之机略、自在无碍之手段,勇敢走上匡救国家社会之大道……"这一类话语在宇垣的随笔中处处可见。① 1923年中国掀起大规模的排日运动,使得日本国内众多人士,尤其是陆军,开始对原敬内阁以来的"对华不干涉政策"和在中国政策上的"国际协调主义"表示反感。宇垣曾在日记中写道"中国根本没有作为一个国家的价值,与这样的国家为邻,日本外交竟然能够袖手晏如,不得不说真是乐观的好人","中国排斥日货日益强烈,日本商人着急难耐,出现各种骚动……即便是目光短浅的人也该觉醒了吧,但中日双方都有无能的政府,彼此之间难以成事。"②从中可见宇垣对政府之中国政策的反感,因而,刚刚登上陆军大臣的座位,其就主张改变过去的"对华不干涉"和"协调主义"外交,制定积极的对华政策。1924年1月,清浦奎吾内阁一上台就决议制定新的对华政策纲领。陆军省趁此机会提出了完全不同于外务省的对华政策方案。③ 在该方案中,陆军省主张抛弃"协调外交"、积极干涉中国内政、援助张作霖、加强对华各项事业的统制工作。但是该方案因为对华积极性过于明显而遭到外务省的反对。双方最终在调和了大藏省意见之后互相妥协,制定了具有相对积极性而又不违反"协调精神"的"1924年对华政策纲领"。而就在该纲领刚刚完成的时候,清浦内阁垮台,"护宪三派"的加藤高明内阁上台,坚持"协调主义"的币原喜重郎出任外务大臣,完全反对"1924年对华政策纲领"的内容,坚持更进一步推动"对华不干涉主义"和中国问题的国际协调主义,从而开启了陆军省和外务省之间在中国问题上尖锐对立的阶段。

加藤高明内阁上台不久,中国发生了第二次直奉战争,币原喜重郎向日本内外明确表示不会干涉中国内政,不会援助张作霖,并且警告陆军中央和关东军,不要采取援助张作霖的行为。④ 但是以宇垣为首的陆军省和白川义则担任司令的关东军的援张态度是非常明确的,同时又因为担心同外务

---

① 宇垣一成:《宇垣一成日记1》,みすず书房,1968年版,第399页。
② 同上,第419、432页。
③ 日本外务省:《日本外交文书》,大正十三年第2册,第773页。
④ 同上,第357页。

省过于明显的分裂会引发政治变动,所以就采取了对外务省阳奉阴违的决策,秘密援张。① 1924 年直奉战争爆发前后,在宇垣的授意、白川义则的配合下,陆军省先后两次至少向张作霖提供了步枪 10 000 挺、枪刺 10 000 条,步枪弹 1 500 万发,各类炮弹数千发等数量重大的武器供应。② 同时,陆军省还秘密安排在华将校帮助策动冯玉祥反叛直系、发动北京政变。在日本陆军的帮助下,奉系最终取得了战争的胜利,使中国政治格局暂时按照日本陆军的意向展开。可以说,这是陆军省围绕对华政策在同外务省博弈过程中的一次胜利,并进一步激励了日本陆军干涉对华政策的野心。其后的 1925 年底,又发生了"郭奉战争",相较于第二次直奉战争,更加直接地威胁到了日本在东三省的利益。面对这种局面,币原认为"无论是谁统治东三省都不会不顾及日本的利益,没有必要支持张作霖",依然强硬地坚持"对华不干涉主义"③。但是宇垣则认为"除张作霖以外,没有人能够保证北满的安定,支持张作霖并非因为对他个人有特殊待遇,而是为了北满利益",强硬地坚持划定可解除双方武装的区域,并要求增兵东三省。④ 经过交涉,外务省 12 月 7 日同意向双方传达一个原则性警告,警告双方战斗不得危害日本利益。但这显然不为陆军所满意。为此,币原同宇垣进行了直接商谈沟通。币原最终同意:1. 由关东军向奉郭两军发出"二十华里内禁止战斗行为"的第二次警告;2. 军方同意当中国方面对"二十支里"提出疑问时不进行答复,允许通过正当外交途径来交涉;3. 军方同意在禁战区域内,只有奉郭两军发生直接战斗时才解除其武装;4. 军方同意设置禁战区域并不意味着关东军警备区域的扩大,允许非武力情况下的各种商业交易和人员募集,默许两军从禁战区域通过,即不再禁止郭军进入营口。⑤ 令人费解的是,宇垣一成给关东军司令的指示中只提及"不禁止任何非武力强迫的人员募集和军需品买

---

① 尚友俱乐部儿玉秀雄关系文书编辑委员会编:《儿玉秀雄关系文书》第一卷,同成社,2010 年版,第 317 页。
② 《对关东军弹药特别支给之件》,陆军省—密大日记—T14-3-8,Ref. C 03022704000,第 232—244 页;宇垣一成文书研究会:《宇垣一成关系文书》,芙蓉书房,1995 年版,第 231 页。
③ 章伯峰主编:《北洋军阀》第五册,武汉出版社,1990 年版,第 290 页。
④ 宇垣一成:《宇垣一成日记 1》,第 491 页。
⑤ 日本外务省:《日本外交文书》,大正十四年第 2 册(下卷),第 893 页。

卖行为"而没有提及"只有两军直接战斗时才解除其武装、默许其进入禁战区域、不再禁止郭军进入营口"一事，甚至指示关东军禁止铁路对武装团体的运输、为了防卫的需求还可以派兵进入附属地外必要的地点。① 对这些安排，外务省毫不知情。在作出这样的安排后，陆军依然要求增兵，而外务省却不再妥协，陆军就依靠"统帅权独立"，上奏天皇，获得增兵敕令，逼迫外务省以政府名义发布增兵公告。从这一连串的行动可以明显看出，宇垣在郭奉事件中，对外务省政策的阳奉阴违，以及在对华政策上陆军的独立性。实际上，这一阶段，外务省和陆军之间的隔阂与博弈不仅仅表现在中央，在驻华机构中，双方的矛盾也非常明显。驻华使馆武官林弥三吉曾向陆军中央抱怨称"虽然我们努力同外务省官员保持联络，但是他们对我们却有一种敬而远之的态度，甚至连电报都不给我们看，所以希望中央能督促外务省让他们警告在外人员，与我们保持联络。"② 同样的，外务省驻外人员也在抱怨陆军。驻奉天领事吉田茂在"郭奉战争"刚开始时也向币原抱怨称"白川司令同张作霖多次往来，却从来未对下官言及此事，关于此事变中军队将采取的方针，他也从来不跟我提起，我还是通过中国人知道了事情的大概，而且这样的情况经常发生……鉴于我国陆军以往总是在中国问题上单独行动的先例，希望当局给予注意。"③ 可见，1924—1927 年，币原担任外相、宇垣担任陆相期间，日本陆军和外务省之间的矛盾达到了 1920 年代的最高点。

但是，这一阶段，社会对民主制之追求、对政党制之肯定、对军部的反对之风潮依然强盛，尤其是 1926 年初的田中义一的"陆军机密费"事件被议员中野正刚捅出来之后，时人称"蚕吃桑吐丝，我吃饭说人话，田中吃金子却吐谎言。"④ 此时，陆军在国民中间可谓面目扫地，国民反军思想进一步加强。连陆军大臣宇垣自己都说："在我上台之前两三年的时间里，军队一直是不得国民好气。上任后在僚友的帮助下刚改变了过去的风气，高层的将军就

---

① 《张郭战史送交之件》，陆军省—密大日记—S1-5-5，第 55—57 页，Ref. C03022774800。
② 《在华谍报武官会议记事之件》，第 252 页。
③ 日本外务省：《日本外交文书》，大正十四年第 2 册（下卷），第 822 页。
④ 川上亲孝：《政友会总裁田中义一大将相关的陆军机密费横领问题的真相》，国立国会图书馆藏，特 243—79，昭和二年，第 10 页。

为了一己私利，引发了国民的反感……听说过前辈为后辈做的烂事收尾的，但是我竟然要作为后辈给前辈的烂事收尾，而且多次如此，实在是遗憾，更重要的是感觉这些事破坏了我们辛苦构建的军部同国民的关系。"①由此可见，这一阶段国民对于军部的反感依然强盛，宇垣依然不会公然违抗政府命令，引发国民之更过的反感，所以干涉中国内政之行动都是秘密进行的。另外，宇垣作为有一定政治眼光的军人，担心同外务省的直接决裂会引发政坛的变动以及日本国际外交的被动。所以，在对华政策上，陆军对外务省大体上采取表面协调，实际上我行我素、阳奉阴违的政策。除了第二次直奉战争、郭奉战争以外，这种特点还表现在对华武器出口、拉拢中国地方派系等等方面，充分体现了这一阶段陆军省同外务省博弈的激烈性。

第三阶段，主要在1927年5月至1929年的田中内阁时期。在对华政策上，此阶段陆军意志逐渐压制了外务省意志，矛盾由过去外务省同陆军之间转移到陆军中坚层同田中政府之间。如上文所述，陆军对币原外交的不满在多次事件中表现出来，至1926年这种不满继续酝酿，以至于宇垣在议会上对币原和若槻首相进行公开诘责。② 1926年中国出现的"北伐"对币原外交而言，是一次沉重的打击。"北伐"过程中出现的"南京事件""汉口事件"使币原的对华外交政策成为众矢之的。"南京事件"以后，日本社会出现了极大的骚动，报道称"百余名国民军对领事馆齐射后，饿狼般闯入，拿着手枪、刺刀抢劫现金、眼镜、手表、指环，领事馆瞬间化为阿鼻地狱。"③各媒体纷纷宣称"中国的暴行无视国际信义，我当断然采取自卫之政策"，呼吁向中国派兵。④ 日本社会持续许久的反军风潮在面对中国的北伐时瞬间消散了，这一背景成为陆军在该阶段重新掌握对华政策话语权的重要原因，而另一个原因即田中义一的上台。

在对华政策失败的压力下，若槻内阁于1927年4月20日全体辞职，政

---

① 宇垣一成：《宇垣一成日记1》，第510页。
② 同上，第509页。
③ 《言语难以形容的国民军的暴行》，《大阪每日新闻》，昭和二年3月30日，神户大学经济经营研究所，新闻记事文库藏，国际劳动问题（9—027）。
④ 《中国的暴行〈无视国际信义〉》，《大阪朝日新闻》，昭和二年8月9日，神户大学经济经营研究所新闻记事文库藏，国际贸易（31—013）。

友会总裁田中义一随即组阁上台。据宇垣一成记述,田中义一之所以能够成为政友会总裁,主要原因就是政友会看重田中解决中国问题的手腕。①所以,田中一上台就立刻着手制定新的对华政策。但是要克服币原外交在数年间留下的痕迹,田中首先需要对外务省进行压制,以弥合外务省同陆军之间在对华政策上的分歧。② 为达此目的,田中自任外务大臣,并在外务省和陆军方面分别进行了新的人事安排。在外务省,长期活动于中国并同陆军关系密切的森恪出任政务次官,拥有极大的外务权力;先前的亚洲局长、对华文化事务局长出渊胜次担任外务次官,后期又改为对华强硬的吉田茂接任;外务省亚洲派中心人物有田八郎出任亚洲局长。外务省最重要的职位都由所谓"亚洲派"人物担任,自然形成了对省内欧美派的压制,对于清除过去的币原对华政策发挥了重要作用。在陆军方面,田中任命与自己亲近并容易指导的白川义则担任陆军大臣。③ 陆军次官和军务局长分别由年轻的畑英太郎、阿部信行担任,并将过去几年中势力坐大的宇垣一成调任朝鲜总督,保证了对陆军省的控制。同时,担任参谋总长和参谋次长的分别是亲长州派的铃木庄六和金谷范三,所以,田中在组阁时对陆军的控制力比较强。此时,田中一身兼任总理大臣、外务大臣、陆军最高指导者的身份,消除了过去几年间外务省同陆军在中央层面的对华政策分歧。

田中上台伊始的对华政策,体现的正是陆军的意志,这可以通过一系列的事件予以证明。第一件事就是1927年第一次出兵山东。陆军至晚在1927年五月就已经有了向京津、山东、扬子江流域某处出兵的构想,随着北伐的进展,渐渐确定了当北军在徐州败北之际出兵济南的策略。④ 按照以往的政策,外务省必然是不会同意出兵中国,但是面对北伐的状况,外务省甚至找不到可以来进行"撤退居留民"交涉的中国对象,再加上强势的森恪在外务省对陆军政策的推动、田中积极对华政策的宣传等因素的影响,最终

---

① 宇垣一成:《宇垣一成日记1》,第564页。
② 坂野润治:《近代日本的外交同政治》,研文出版社,1985年版,第123页。
③ 雨宫昭一:《近代日本的战争指导》,第213页。
④ 参谋本部编:《昭和三年中国事变出兵史》,岩南堂,1971年版,第21页。

外务省在没有任何反抗的情况下采取了追随陆军的出兵政策。① 这无疑是田中内阁期间,陆军在同外务省博弈过程中占据优势地位的一个开端。第二件事则是1927年6月底7月初举行的"东方会议"。此次东方会议又被称为"第二次东方会议",以区别于原敬内阁在1921年举行的"第一次东方会议"。"第二次东方会议"相比较于"第一次东方会议",陆军参会人员除了陆军大臣和关东军司令以外,还增加了陆军省陆军次官及军务局长、参谋本部参谋次长及第二部长、海军省海军次官及军务局长、军令部次长。② 这么多的军事高层人员参加政府的局部级会议,在田中内阁之前的1920年代日本政治史上是没有先例的,由此可以看出田中内阁的对华政策在很大程度上是体现着陆军意志的。另外,从会议最终的"对华政策纲领"中也可看出陆军一贯的思想。该"对华政策纲领"大致可总结为三点内容:1. 为保护日本在华利益不惜采用军事手段;2. 维护满蒙治安;3. 满蒙是中国的特殊地域。这几点内容可以说是"日俄战争"以来,日本陆军中大陆政策积极派一直所倡导的,更是从山县有朋到上原勇作、田中义一等陆军指导者所追求的目标。③

其后,又连续发生了第二次出兵山东问题、济南事件、刺杀张作霖事件,是为"陆军暴走"之开端。一系列事件惹起了极大的外交纠纷,而交涉过程又无不体现了陆军的意志。甚至于后来当关东军以张作霖死后东北混乱为借口,欲出兵京奉线而遭到田中压制时,陆军中坚层对田中也产生了极大的反感心理——关东军参谋长斋藤恒此时在日记中批判田中"外交软弱","是

---

① 《外务省的百年》等部分资料记述称1927年5月派兵的决定不是来自陆军和田中而是来自外务省政务次官森恪,为迫使田中内阁派兵,森恪甚至威胁田中"如果不肯增兵就废除田中政友会总裁的身份"。这种观点难以立足,且不论森恪如何以一己之力压制陆军和田中义一,陆军方面向中国派兵的意图是从北伐开始就已经存在的,根据1927年二月天津军司令官向陆军大臣宇垣一成的报告,陆军已经有了派兵以应对不时之需的计划(《中国驻屯军增兵要领相关意见》,防卫省防卫研究所:陆军省—密大日记—S2-4212,Ref. C 01003763700);高仓彻一在《田中义一传记》中,表示之所以出现这种观点,是因为相关资料采用了1940年《森恪传》的内容,该书出版于陆军的"辉煌时代",对同陆军关系密切的森恪有拔高之嫌。
② 外务省百年史编纂委员会:《外务省的百年》,昭和四十四年版,第754页;原奎一郎:《原敬日记》第五卷,第387页;高仓彻一:《田中义一传记》下卷,原书房,1981年版,第645—651页。
③ 北冈伸一:《日本陆军与大陆政策1906—1918》,第336—337页。

应该被更换的首相"①。所以,进入田中内阁时期,陆军在同外务系的博弈中已经从过去的被动状态转为主动状态,并逐渐呈现出压倒外务省的优势,最终展现出其在对华政策上独断专行的特点。与此同时,过去外务省同陆军之间在对华政策上的矛盾,逐渐转变成了陆军中坚力量同日本中央政府在对华问题上的矛盾。这种矛盾最终成为日本发动"九一八"事变的一个重要因素。

三、1920年代"二元外交"的本质

日本近代史上的"二元外交"出现很早,陆军高层对之也有比较明确的认识。二元外交在1920年代的历史语境中又被称为"二重外交"或"两重外交",简单地说就是外务省外交与陆军外交的并立状态。外务省外交和陆军外交又因为其机关所在地,分别被称为"霞关外交"和"三宅坂外交",两者在日本近代历史上长期并存。陆军外交起源于陆军对华谍报工作,明治五年8月,陆军大将西乡隆盛同外务卿副岛种臣就大陆政策进行了商讨,决定从陆军中选派优秀将校赴中国和朝鲜了解军事以备将来之需求。随后陆军方面就派出了北村重赖、别府晋介前往朝鲜,池上四郎、武部熊吉前往中国东北,明治六年又派遣桦山资纪、儿玉利国、福岛九成前往华南。明治九年,陆军省第二局长川上操六认为对清朝必有一战,所以进一步加强了向中国派遣陆军谍报人员的工作。随着派遣人员的增多,陆军支持成立了在华的日清贸易研究所等谍报机构,不仅负责收集对华情报,还负责培养陆军对华谍报人员,大大提高了陆军对中国情报的收集能力。② 陆军的对华情报工作从未间断,一直到1920年代,形成了本文第一章所论述的对华情报体系。在几十年的历史过程中,陆军依靠其情报体系获得了很多对华外交优势,自然会产生对华工作的信心以及对外务省工作的不信任,在实际的对华工作中也就屡屡出现干涉外务省外交的状况。这就是所谓"二元外交"的根源。

---

① 雨宫昭一:《近代日本的战争指导》,第220页;外务省百年史编纂委员会:《外务省的百年》,第922页。
② 小幡酉吉传记刊行会编:《小幡酉吉》,第406—407页。

从历史的实际状况看,绝大多数情况下,只有在涉及中国问题的时候,日本政府内部才会出现陆军和外务省之间的外交"二元化"。对此,1926 年的陆军大臣宇垣一成在一次公开的演讲上给出了很充分的说明:

> 多年来,一直有人非难军部,说我们推行双重外交或者军阀外交。早在七八年前外交当局就有人说,陆军不应插手同中国相关的外交事务。但是在我等看来,中国或者西伯利亚问题不仅是单纯的外交问题,也是国防问题,是关系到日本帝国命运的大事件。如果是西班牙或者瑞典等国家的问题,陆军绝不会插嘴。世间所说的双重外交都是针对中国问题的,中国问题关系国防,自然不可能单纯由外交家自己决定,政治家、商业家、学者都会插嘴中国问题。这样的话,关于中国问题就不能说是军部的双重外交了,而应该是三重外交、多重外交甚至七千万人的国民外交……在中国问题或者西伯利亚问题方面,不可能绑住我们的手堵住我们的嘴,让我们等闲视之……今后我们依然会像过去一样进行中国问题的调查和处理工作。这不是我一个人的想法,而是我军部大多数人的想法……世间很多人都知道陆军对中国的研究非常权威,我们自己也相信这一点。①

从宇垣一成的演讲中可以看出,其首先在潜台词中已经承认了日本"二元外交"的存在,并坚持认为只有在中国问题上,才会出现陆军对外交的干涉。与此同时,宇垣还认为陆军将来也不可能停止对华外交的干涉,其理由就是对华问题关系到"国防"。实际上,这种思想正是导致 1920 年代及其以后陆军在对外问题上同外务省对立,且话语权越来越强大的一个重要原因。因为一战以后,"总体战"思想逐渐成为日本陆军的主流战略思想,其要求战争同所有社会资源以及全体政治体系的紧密关联,并使军队能够将任何的国家活动定义为与国防有关的活动。在这样的思想指引下,除非外务省完全成为军队的附属机构,否则"二元外交"的现象永远也不会消失。1930 年代日本外交的真实状况,正好诠释了这一点。可以说,这也是近代日本作为

---

① 宇垣一成:《宇垣一成日记 1》,第 539 页。

一个军国主义国家不可避免的本质性特点之一。

那么,1920年代出现的"二元外交"中陆军和外务省博弈激烈这一特点,又要怎样来诠释呢?

通过对比分析1920年代同其他年代之间,陆军同外务省博弈特征的差异,可以发现:与其说1920年代的"二元外交"是陆军对外务省的二元化,不如说是外务省在宪政常道的背景下,对日本传统军国外交的二元化。

1910年代日本陆军在对华外交决策中的地位,可以通过北冈伸一的《日本陆军与大陆政策》有一个基本的了解。总体而言,在1910年代,日本陆军在对华问题上基本是处于政府的指导之下的,同时政府对华政策体现的也是陆军的意志,陆军在对华相关问题上即便有不同于政府方针之处,也只是通过建言建策来表达自身对华政策意向,因而较少出现陆军同政府之间尤其是同外务省之间的直接矛盾。这主要来源于以下几点原因:1. 政府领导人威望高,统治力强。1910年代日本内阁总理大臣先后由西园寺公望、桂太郎、山本权兵卫、大偎重信、寺内正毅、原敬担任。其中西园寺和大偎是明治维新元老,桂和寺内是陆军元老,山本权兵卫为海军元老,他们在军队及政府都有着很高的威信,对军部以及政府之全体都有着较强的控制能力,陆军同政府之间在具体问题上产生的矛盾会在高层指导者手中得到化解。原敬虽然属于纯政党力量,但是其在政友会威望很高,且同山县有朋、田中义一关系融洽,在处理同陆军之间的矛盾时,能够同时从政党和陆军领袖两方面入手予以化解。2. 1910年代历届政府所推行的"大陆政策"大部分都是符合陆军的意志的。例如,辛亥革命前后,西园寺内阁所推行的加强日俄合作瓜分满蒙、日本军事势力进入长江流域等政策;二次革命期间日本政府及政党对南方势力暗中支持的政策[①];"一战"开始后对青岛的迅速出兵政策;大偎内阁时期的满蒙独立运动、对华"二十一条"政策;寺内内阁时期对段祺瑞的支持、中日军事同盟的构建政策;原敬内阁时期批准出兵西伯利亚政策等等,都是同陆军意志相呼应的大陆政策。在这样的情况下,陆军同政府之间在对华问题上的矛盾必然是有限的。陆军同政府在1910

---

① 北冈伸一:《日本陆军和大陆政策1906—1918年》,第99页。

年代最大的矛盾是陆军增设师团问题,上原勇作甚至曾为此辞去陆军大臣职位导致第二次西园寺内阁瓦解。但是该问题的本质更多表现为政党、陆军、海军之间的利益博弈,其中对华政策意见分歧这一因素表现得并不明显。所以,可以说,在整个1910年代,日本对华政策的推行是符合陆军意志的,甚至可以说就是按照陆军意志进行的。3. 1910年代日本外务省组织力量还比较薄弱,外务省独立决策的机会比较少、能力比较弱,很多时候表现得更像是总理大臣或元老的一个附属机关。作为一个国家一级部门,此时的外务省可谓规模微小——1917年全部职员只有四百余人,预算约为750万日元。① 在机构上,1910年代的外务省实行"二局四课"制,即所谓政务局、通商局及二局之下各设的亚洲课和非亚洲课。每当有事之际,省内才会设立临时的调查委员会等机构。所以在对外决策上,外务省的力量是很小的。更严重的是,到了1917年寺内内阁时期设立了临时外交调查委员会。该委员会设立固然在削弱了陆军对外交事务的影响,但同时也将外务省政务局的事务全都吸收,几乎架空了原本就无力的外务省,外交大臣、次官、政务局长都成了"伴食者"而已②,直至原敬内阁后期该临时调查委员会才不再发挥实际作用。在整个1910年代,唯有加藤高明担任外交大臣时曾尝试打破惯例、绕过元老,加强外务省力量,实现外交一元化,但是最后却落得无奈辞职的结局。所以说,外务省在1910年代的弱小,也是造成这一时期陆军与之矛盾较少、陆军在对华决策中权力极重的一个原因。

再来看1930年代。在这一时期,日本陆军在对华决策过程中所占据的重要地位已经有很多的学者进行过论述。③ 从"九一八"事变到"一·二八"事变,到华北事变,再到卢沟桥事变,陆军的决策权已经远远超过过去几十年中的状态,外务省可以说已经成为日本陆军推行对华政策的跟随者,负责的只是事务性工作,以至于到1930年代中期外务省被时人讽刺为"陆军省

---

① 外务省百年史编纂委员会:《外务省的百年》,第752—755页。
② 小幡酉吉传记刊行会编:《小幡酉吉》,第408页。
③ 北冈伸一:《从政党到军部1924—1941》;三谷太一郎:《近代日本的战争和政治》;加藤阳子:《探索的1930年代——日美关系和陆军中坚层》。

外务局"①。关于这一时期陆军在日本对华事务中决策权的问题已经无须多论。

对比一下 1910 年代和 1930 年代日本陆军在对华决策中的地位，并综合前文所论述，可以发现，陆军在对华决策中的地位在 1920 年代确实受到了一定程度的压制。这种压制在 1920 年代初期原敬、加藤、山本内阁时开始出现；到 1920 年代中期的护宪三派内阁及宪政党内阁时期进一步加强，将外务省和陆军的矛盾推至最高峰；至 1920 年代后期田中内阁时期开始出现逆转，并最终为陆军发动"九一八"留下了伏笔。通过对比，将思维放长远后可以看出，陆军而非外务省，所推行的对华外交政策才是日本近代史上对华外交的最根本构成要素，而 1920 年代"二元外交"的本质更像是日本近代对华政策走入了一个短期的"岔道"，并在 1920 年代末得到了"修正"。也就是说，与其认为 1920 年代出现的"二元外交"、"军阀外交"是陆军对日本政府或者外务省的外交"二元化"，不如说是日本外务省在政党势力和"宪政常道"的背景下，对日本固有的军国外交的二元化。

造成 1920 年代这种特点的原因包括很多方面，其中最主要的为以下几点：

（一）政党指导外交的力量的增强。大正民主运动以后，日本政党力量逐渐走向成熟，这种成熟体现为在多个政治领域的指导力的增强，其中自然也包括对外交话语权的增加。1917 年寺内内阁时期成立的"临时外交调查委员会"吸收政友会总裁原敬和国民党总理犬养毅参加，可以说是政党直接指导外交的开始。② 1918 年 9 月 29 日原敬组织成立政友会内阁，除了陆、海、外相以外，阁僚皆为政友会党员，可以说是日本最早的正规政党内阁。原敬在组阁前就曾提到"陆军外交为政府多年来之积弊，常常累及国家为甚，其实例已不胜枚举……必须对之予以警戒"③，表达了对陆军干涉外交的反感以及统一外交的意图。但是政友会上台初期毕竟无法立刻扭转陆军

---

① 小泉十二：《围绕外交的军部和外务省》，今日问题社出版，昭和十年版，第 6 页。
② 三谷太一郎：《日本政党政治的形成——原敬的政治指导的展开》，东京大学出版会，1995 年版，第 265 页。
③ 雨宫昭一：《近代日本的战争指导》，第 107 页。

干涉外交的局面,所以在出兵西伯利亚问题上依然同陆军表现出妥协。随着政友会在国会、政府、社会等各个方面执政力量的稳固,其在对外决策方面的指导力量已经足以和陆军相比,以至于能够在1921年的西伯利亚撤兵、山东撤兵问题上迫使陆军向政府妥协。原敬内阁以后,政友会高桥是清组阁,其后加藤友三郎、山本权兵卫分别组织所谓"中间内阁"①,依然保持了对外事务话语权。内阁结束以后,清浦奎吾领导的贵族院内阁上台,引起国会内政党力量的反对,以至于清浦内阁上台五个月便告瓦解,彰显出政党此时在日本政坛的力量。其后连续出现"护宪三派"内阁、宪政党内阁,进一步加强了政党势力的外务话语权。尤其是币原喜重郎担任外务大臣期间,以非政党身份依靠政党在国会的支持,对陆军外交形成了极强硬的打压态度,达到了近代日本政党外交的最高峰。1927年依靠政友会力量上台的田中内阁,推行所谓的自主的"田中外交",其背后政党力量依然强劲,只是政友会主动靠近陆军,导致在陆军在同外务系之间的博弈中占据优势地位。

(二)外务省力量的增强。原敬后期,关于外交事务的决策已经由政府完全负责,将对外政策决议送交临时外交调查会已成为一个单纯的程序,这必然带来了外务省决策权的提高。更主要的是,一战之后,外务省进行了大规模的扩张,并大大增加了1920年代的职员人数。巴黎和会前后,外务省增设条约局,下设三课,分别负责条约的草拟解释、缔结修正、国际法调查。和会以后政务局和通商局之下分别设立了第三课,大大增加了外务省的工作量和对外话语权。1920年10月,外务省又进行了具有里程碑式的改革,即亚洲局和欧美局从政务局中分离出来,至1934年之间形成了外务省的"四局时代"。新设的亚洲局和欧美局不仅负责处理一般外交政策、政治条约,还涉及对外军事。另外,新设的亚洲局所启用的少壮派职员,想要掌控对中国问题的发言权。以上几点因素必然会引起外务省同陆军之间的冲突。随着华府会议的召开,外务省又在1921年8月设置了情报部,直接负责部外活动;1923年5月设置了对华文化事务局;1923年12月设置对华文化事业调查会。在发展中央机构的同时,外务省派出机关也进行了扩张,除

---

① 坂野润治:《日本政治史》,放送大学教育振兴会,1993年版,第150页。

了将各地原有的部分领事馆升格为总领事馆以外,还在很多城市开设新的领事馆。其中在中国新升格的总领事馆包括福州、济南、青岛领事馆;新设的领事馆包括芜湖、张家口、满洲里等馆。至1924年,外务省在职人员已经达到1 101人,总预算达到2 650万日元。① 可以说,1920年代是日本外务省大规模扩张的时期,也是对外权力激增的时期,在这个过程中外务省侵蚀陆军在对华决策中的地位,并与之形成博弈是必然的。

(三)国际因素的影响。1920年代对日本外交最大的国际影响因素就是对美外交比重的增加。一战结束以后,日本原本以日英同盟、日俄密约为基础的欧洲式"帝国主义外交"开始瓦解,美国式的具有理想主义色彩的"威尔逊式外交"开始在日本政治家脑海中出现,这就是原敬、币原"协调外交"的基础。随着华盛顿会议的召开,日本成为华盛顿体系中的一员,"协调外交"成为日本外交的主流,不管是在对美直接外交上,还是在通过中国的对美间接外交上,对美事务的比重都大大增加。② 在这个过程中,外务系的欧美派话语权显著上升,与此相对应的则是不熟悉美国情况的日本陆军在外交事务中话语权的相对下降。

以上几点原因造成了1920年代日本"二元外交"的特点,更成为影响日本陆军在对华决策中地位和话语权的重要因素。认识到该"二元外交"的特点以及陆军的决策地位变化,对于更客观地了解1910年代和1930年代日本对华外交政策有很重要的意义。

四、结语

近代日本历史上,陆军在对华决策过程中的地位一直很重要,其对华外交与外务省对华外交是时人及后世学者所论及的"二元外交"的主要内容。日本陆军对日本政府之中国政策的干涉、对外务省中国政策的批判,源于多重原因,其中军国主义思想以及明治宪法体制下以统帅权独立为特点的天皇政治制度是比较主要的原因。而还有一个重要的原因却常被学者所遗

---

① 外务省百年史编纂委员会:《外务省的百年》,第752—755页。
② 三谷太一郎:《日本政党政治的形成——原敬的政治指导的展开》,第267页。

漏,即陆军强大的对华情报能力和明晰的对华决策行政流程。陆军拥有强大的对华情报网,赋予了其在认识和解决中国问题上高度的自信力,使之时时置喙并贬斥外务省的对华决策。通过认识陆军在华谍报网络的构建、谍报工作的进行,了解陆军中央在对华决策中的具体工作流程,可以帮助我们深刻地理解所谓"二元外交"的本质,并发现陆军情报的搜集能力、内部决策流程的明晰及决策的效率,是陆军保证其对华决策地位的关键因素,也是1920年代陆军就中国问题同外务省博弈过程中的机构性支持。

进入1920年代,日本大正民主主义思潮进一步发展,社会上"反军主义"的流行、政坛上政党政治的推进,都给日本陆军地位带来了一定的压迫。因而,1920年代日本陆军在对华决策中的地位有所下降,同时又使之处于一种变化的状态,这种变化伴随着社会氛围的变化以及陆军同外务系之间的博弈而出现。从陆军对华决策地位的变化,可以看出1920年代"二元外交"的特点所在,将这种特点同1910和1930年代日本对华决策特点相对比,更可看出1920年代"二元外交"的本质:在对华问题上的"二元外交",与其说是陆军对政府或者外务省的"二元化",不如说是外务省在社会风潮、政党政治的背景下对日本军国外交的"二元化"。陆军所推行的对华外交政策才是日本近代史上对华外交的根本构成要素,1920年代的"二元外交"更像是日本近代对华政策在外务省引领下走入了一个短期的"岔道",并在1920年代末得到了"修正"。

归根结底,"二元外交"是日本内部在中国问题上观念、政策分歧的一种表现。但是,从该分歧的起始以及最终结果来看,对外扩张、军国主义的思想和行动,才是其最根本的底色。

(作者郭循春,南开大学日本研究院,原文刊于《世界历史》2018年第1期)

1927年蒋介石与田中义一密约述实

周颂伦

一

1927年蒋介石访日期间,与日本首相田中义一举行秘密会谈并达成密约。这一重要事件长期为人们所忽略,即使有所论述,由于资料的限制,亦未能揭示其全貌。本文试图依据现有的中日文档案资料,考察蒋介石与田中义一密约的内容及其影响。

有关蒋介石和田中义一秘密会谈的记录原件,现存于日本外务省外交史料馆(A.1.1.0.10),同时收录在日本外务省编《日本外交年表及主要文书》中。这是参加密会的佐藤安之助的会谈笔录,于1927年11月14日由外务省外务次官以"半公信"的形式发给驻华公使芳泽谦吉及驻上海、奉天和汉口各总领事,资料可信度颇高。由于会谈是在东京青山田中私宅进行的,故称"青山会谈"。长期以来,这份会谈记录一直是人们研究北伐时期中日外交的最主要资料,人们并由此以为"青山会谈"即1927年蒋介石与田中义一密谈的全部内容。关于青山会谈的另一份档案资料,是陪同蒋介石参加会谈并任翻译的张群所做的记录,存放在"中华民国总统府档案"中,其详本现难察见。但1976年日本《产经新闻》连载《中日关系八十年之证言》时,曾充分利用了这份记录。台湾"《中央日报》"在《产经新闻》第一日连载后,以《蒋总统秘录》冠名,隔日译印,后又成书出版。对照印证,两份记录相去甚远,从问答的语气到记述的内容,日外务省的藏件都较平实详备。我国近年出版的《中华民国史》第2编第5卷(杨天石主编)有关蒋介石、田中义一会谈的记述,依据的应是日外务省文书档案。

在蒋介石访日期间,与之有过重要接触的日方人士还有战前右翼首领头山满、外务省政务次官森恪、参谋本部长、陆军大将松井石根等人,他们的传记资料亦有相当的参考价值。美国学者戴维·贝尔加米尼著《日本天皇的阴谋》也谈及此事,因颇多描述,故资料含量不足。我国文史出版社出版的《中华民国大事记》,对蒋介石访日的记述十分精当,惜乎体裁所限,未能充分展开。

二

蒋介石与田中义一在青山的会谈,从1月5日下午1时半始,进行了约2个小时,因田中要去腰越别庄而结束。田中希望再谈一次,蒋介石回答恐不能在东京久滞,可以同张群再议。从会议记录来看,双方一问一答共18个回合。当田中问及今后的打算时,蒋介石颇为老练地回答,过去许多计划和希望都失败了,将来怎么办,希望听取教诲。田中显然是有备而来,其谈话的要旨,可以归纳为以下三点:

(一)"若未能安定长江以南,一旦被摘掉嫩芽之共产党再度萌芽生叶……此忧甚大,故以为阁下宜专念南方一带之统一。"①

(二)"至于北方张、阎、冯之争斗阁下不必插手,此类争斗自己便会有所结果。"②

(三)"世间动辄便称日本帮助张作霖,其实全然不符事实。日本绝对不援助张作霖,漫说物质援助,即便劝告一类其他帮助亦一切皆无。日本的愿望唯安心于满洲之治安维持。"③

---

① 日本外务省编:《日本外交年表及主要文书1840—1945》下,原书房,1966年版,第103—104页。
②③ 同上,第104页。

田中的这番谈话,其中心是劝告蒋介石经营南方,缓图北伐。如此,一则可以坐收北方军阀互斗之渔利,二则可以彻底镇压共产党。"此即日本期望反共产主义之阁下坚守南方之大望所在……日本对此必尽力给予援助。"①

对田中的劝告,蒋介石的回答是:"坚固南方而后北伐,亦全然同感。唯明察此道理却仍举北伐,乃因当时的情形是忧虑若不北伐,祸乱反而会起自南方"②,委婉地表示,若不北伐,日本之"大望"反而会落空。

在对话中,蒋介石不失时机地再三向田中表明对己方实力的估计,反复暗示北伐的决心。蒋介石说:"总理(孙中山——引者注)曾有言不得牺牲日本之利权。我亦相信日本在中国的利益安全即中国之国利民福之安全……中国军队的革命运动是以中国及列强的利益为目的的……中国的排日风潮是由于日本帮助张作霖,吾人虽谅解日本之态度,然厌恶军阀的中国国民则误以为军阀是依赖于日本的。故日本欲帮助吾人同志早日完成革命,则必一扫国民之误解。事如若如此,满蒙问题应容易解决,排日亦能绝迹……俄国因这层意思已加干涉于中国,日本岂有任何干涉援助不予之理。"③

谈话至此,蒋介石已经将全部意图表达出来。他不仅要求日本停止援张,而且要求日本援助"国民革命",若如此,所谓"满蒙问题"的解决和与日本经济性命攸关的"排日抵制日货"运动的平息,都是可以考虑的。然而,对蒋介石这一番谈话,田中却不冷不热地回答:"听过阁下毫无隐藏之心底之声,我也想再畅谈一番。奈何出发时间迫临,即令延宕出发,今日也谈不完。还是改日再议,千万在滞留期间再有一次甚于今日之恳谈。"④

蒋介石当然颇为不满。他在当天的日记中写道:"然彼田中仍以往日军阀官僚相视,一意敷衍笼络,而相见不诚。则余虽不能转移日本侵华之传统政策,然固已窥见其政策之一斑,此与余固无损也。"⑤

---

① 《对华外交关系一件》,日本外务省外交史料馆藏,A.1.1.0.10。
② 日本外务省编:《日本外交年表及主要文书》下,第104页。
③ 《对华外交关系一件》,日本外务省外交史料馆藏,A.1.1.0.10。《蒋总统秘录》中删除了于蒋不利的一些用词。
④ 《对华外交关系一件》,日本外务省外交史料馆藏,A.1.1.0.10。
⑤ 古屋奎二:《蒋总统秘录》,台北"中央日报社",1975年版,第1542页。

三

　　青山会谈应当解决的问题是具体确定北伐再举时的行动界限，或日本至多将在何等程度上容忍南军北进，但没有取得明确的结果。在会谈时，蒋介石曾对田中义一说："渡日一个月以来，与贵国各方人士接触之后，感到置国内时局不顾而旁观于海外，事实上已不可能。故陈述自己的想法并听取阁下教示后，决心归国。"①空手回国是蒋介石所不能接受的。而《秘录》则记："经过以上一些会谈，访日的目的大致达成。"②

　　从青山会谈的内容介绍来看，当田中提到日本没有支持张作霖，唯关心满洲治安时，蒋介石没有作正面回答；同样，当蒋介石提出日本放弃扶张政策则满蒙问题容易解决，并希望日本援助"国民革命"时，田中却中止了会谈。那么"访日的目的大致达成"又从何谈起？

　　此外，造成北伐于长江一线戛然而止的重要原因，是日本第一次出兵济南。当继续北伐时，日本又第二次出兵济南，并增兵津京地区。然而，由蒋介石亲任总司令的第一集团军却在与日本谈判未有最后结果的情形下，绕过济南，直逼长城以南。蒋介石此时的勇气又从何而来呢？

　　据此，所谓"访日的目的大致达成"，看来是有所指的，即蒋介石在访日期间得到了田中的某种保证。那么，除青山会谈外，蒋介石是否与田中还有接触？

　　据查，9月29日蒋介石到长崎，翌日便去云仙静养；10月3日由云仙抵神户，住"有马大旅社"。在这里，他议妥与宋美龄的婚约，11日由神户去大津等地游玩。从13日至21日的一个星期内，蒋介石在风景胜地箱根游览，23日到达东京。此后至11月8日由神户乘船回上海期间，与蒋介石有过正式接触的有：内田良平、宫崎龙夫、秋山定辅、头山满、佃信夫、萱野长知、梅屋庄吉、涩泽荣一、出渊胜次、犬养毅、长风外史、飞松宽吾、佐藤安之助、山本条太郎等各界要人。

---

① 《对华外交关系一件》，日本外务省外交史料馆藏，A.1.1.0.10。
② 古屋奎二：《蒋总统秘录》，第1543页。

与其他有关资料核对,可发现《秘录》有意无意隐去了蒋与另外几位日本重要人物的接触,及13日蒋在东京的短暂停留。13日,蒋先到东京入住帝国饭店,作了一个简短发言:"为了贵我两国国民一致的东亚和平,首先必须谋图中国国民革命的完成,建设真正为两国欢迎的基础。"①此后,他才带着张群去了箱根。

关于这段情形的记述,现在只发现两份资料。《森恪》一书这样写道:"蒋入京以后,首先便让张群同东京的要人接近。张访问了陆军省铃木贞一氏,接着又访问了参谋本部第二部长松井石根氏,请求搭桥会见田中总理。蒋、田中及森在箱根进行了会见。"②其中提到的铃木贞一,后来曾任国务大臣、企画院总裁。战后,他在《北伐与蒋·田中密约》中回忆道:"蒋介石住在帝国饭店。当时参谋本部的部长松井石根曾驻过支那,对国民党有所理解,所以就用车送到了松井处,用电话同森恪取得联系后,就进入了可称为密约的舞台。田中与蒋介石,再加森恪、张文陪席,商讨了种种事情。根据情况,日本也可以在所有方面援助蒋介石统一中国。其交换条件是对日本在满洲向来拥有的既得利权予以默认。由于只是在箱根达成了这样的约定,故外界说密约什么的,并非空穴来风。"③

关于密约的内容,《森恪》一书则记述道:"(一)日本承认与共产党分离、与苏联断绝后国民革命的成功、支那的统一。(二)支那承认日本在满洲的特殊地位与权益。以此为要点,双方圆满地达成了谅解。"④

两份资料的可信度,在史学界是有定评的。而对"箱根密约"的过程和内容,两者的记述完全吻合。因此,有充足的根据可以判明,在青山会谈之前,已经有过"箱根密约"。但是,如果将青山会谈与箱根密约的内容作一比较的话,则不难发现两者之间存在着微妙的差别:即蒋介石再三重复箱根密约的约定,而田中却反复劝告蒋介石巩固南方,缓图北伐,并尽量避免对蒋介石的要求做出正面回答。在短短不到半个月时间内,田中的态度发生了这样的变化,的确耐人寻味。

---

①② 山浦贯一编修:《森恪》,《明治百年史丛书》,原书房,1982年版,第614页。
③ 秦郁彦:《秘められた昭和史》(知性·别册5),河出书房新社,1956年,第25页。
④ 山浦贯一编修:《森恪》,第614页。

四

据已公开的各种资料综合分析，田中内阁时期日本外交的首要追逐目标，还是力争在短时期内解决"满蒙问题"。东方会议制定的《对华政策纲领》共计八项，前五项规定了对中国"本土"的基本方针，后三项规定了"满蒙政策"。经内阁承认后，由田中上奏天皇，其基本精神就是要将"满蒙"与"中国本土"相分离。① 很显然，要实现这一政策目标，就须想方设法使北部中国的"混乱局势"继续保持下去。1927年当北伐战争顺利进行时，驻奉天领事吉田茂判断，奉军"早晚难免败亡"，一旦"京津地区的动乱波及东三省"，局面就更加不可收拾，故"希望帝国政府劝诱列强，以力量强制南北两军停战。"② 在东方会议期间，驻华公使芳泽谦吉提交《中国一般政情报告及意见》，认为，"如果北伐能维持现状，两军处于对峙状态，时局可算小康"③。可见，作为外务省的技术官僚，吉田和芳泽之辈都认为中国继续分裂混乱，或阻挠中国"统一"，是实现"满蒙政策"的最好条件。

身为陆军退役大将，曾参与1906年第一次国防方针制定过程的田中义一，出于对苏战略的传统，特别重视与苏联接壤的"满蒙"地区的军事地位；身为政友会总裁，正值政友会"产业立国"党是提出之际，为解决资源和人口问题，田中又特别重视"满蒙"的经济地位。政友会在失却政权十数年后所以能重返执政党地位，就是伙同军部攻击民政党的"软弱外交"，许诺一举解决"满蒙"问题才得以实现的。在田中看来，只要同列强的协调关系不致崩裂，便可以不惜用干涉内政与武力介入的方式维护日本的在华权益。田中应当比任何人都清楚在"满蒙"与南方中国之间有一块混乱区域借以缓冲的重要性。

而蒋介石则不然。他所要求的是借"统一"之机控制全中国。因此，

---

① 参见日本外务省编：《日本外交文书》昭和期Ⅰ，第1部第1卷，第36—38页。
② 1927年驻奉天总领事吉田茂致田中外相电，第156号，日本外务省编：《日本外交文书》昭和期Ⅰ，第1部第1卷，第168—171页。
③ 参见佐藤元英：《昭和初期对中国政策的研究》，原书房，1992年版，第80页。

以承认日本在"满蒙"的利益为代价换取日本对他"统一"中国的支持,是他的一贯方针。自在广东率军北伐开始,蒋就不断派人与田中接触,商讨日后中国的势力划分。① 至青山会谈时,蒋颇为圆滑地言及关于"满蒙"问题,孙中山在一些非正式场合的权宜之说。用森恪的话说:"蒋来日的目的,就是打探日本朝野对国民革命的意见,引导田中内阁的方针承认革命。"② 蒋介石在青山会谈时一再强调箱根密约的内容,自然是想再一次得到田中的确认。

完全可以这样分析:箱根密约虽然确定了双方的行动界限,但因为日本承认了蒋介石继续北伐,即意味着日本暂时放弃了继续干涉中国内政、制造混乱、利用北部中国作为"满蒙"屏障的可能。这就是说,田中用最低的政策目标交换了蒋介石的最高政策目标。对田中内阁而言,这绝不是一种成功的外交交涉。所以,田中虽然在箱根密约中作过承诺,但在青山会谈时却改而采取了顾左右而言他的态度。这种变化或许含有对箱根密约的反悔之意,或许出于政友会、军部和森恪的压力,想用一种似是而非的手段改变箱根密约的承诺。③ 后来日本再度出兵济南,制造局部事端,应是这种态度的延伸。

综上所述,可以认为,决定蒋介石在二次北伐中态度的,不是青山会谈,而是箱根密约。箱根密约是蒋1927年访日的真正结果,应当引起史界同人的充分注意。

(作者周颂伦,东北师范大学历史文化学院,原文刊于《历史研究》1998年第3期)

---

① 参见高仓徹一:《田中义一传》(下),原书房,1981年版,第740—741页。
② 山浦贯一编修:《森恪》,第614页。
③ 关于田中态度变化的直接原因还有待于进一步研究。

日本的军部政治化与法西斯主义的确立

徐 勇

日本的法西斯主义，没有希特勒、墨索里尼那样的首魁，也没有德意法西斯主义那样的政党，它是在军部的控制下，通过连绵不断的对外战争，借助天皇权威确立起来的。这是日本法西斯主义的基本特点，同时也是学术界长期争论的疑难所在。对20世纪三四十年代日本政治体制的认识，否定论者认为是战时体制或者军国主义体制，肯定论者认为是天皇制法西斯或者军部法西斯。许多著述都重视军部的主导作用，但又常常忽略近代化之后的日本政军关系，忽略军部的政治化和法西斯化，并将军部与法西斯党、军国主义和法西斯主义等不同实体简单地归结为一体，从而在研究中发生歧义。本文试图从政治学和军制学的角度对这一问题进行一点新的探索。

一、军部在明治宪政中的地位

战前的日本军部，是在明治维新之后伴随军事近代化组建起来的，它包括陆军参谋本部、海军军令部以及陆军省、海军省、侍从武官府等部门。军部这一名称，据井上清先生考证出现较晚，20世纪一二十年代才逐渐被广泛使用。最初只用于区别政府行政部门与军事部门，或作为军阀的别称。由于形势的变化，最后成为表示与政府分庭抗礼的军方势力的独特概念。

军部势力的变化和崛起经历了渐变的历史过程。明治初期近代天皇制初创，国家军制尚未定型，兵权和政权的关系时有变动。在1878年陆军参谋部建立之前，基本沿袭大村益次郎的设计，采用法国式的兵权从政主义，兵部省归属于太政官，兵权归属于政府。但在实际用兵时，往往派出"讨伐总督"负责军事指挥，出现"独立于太政大臣和陆军卿的军事机关，造成了政治和军事一元化组织的破坏"①，从而显露出背离兵权从政主义的端倪。后来在山县有朋等人主持下，模仿普鲁士，建立直属于天皇而分管军令大权的陆军参谋部，海军也分立出相应的军令机关，从而使"军令大权"和"军政大权"分立，废弃了兵权从政主义之下的军事一元制。所谓"军令大权"与"军政大权"，两者的权限难以截然相分，据日本宪法学家和军制学家的介绍，"军令大权"（又称"统帅权""兵马大权"）包括平时的战略计划、临战动员及作战指挥等事项；"军政大权"包括编制、训练、后勤供给等内容。军令大权被分立出来，只将军政大权归属于内阁，这在军制学上称为"军事二元制"。1889年颁布的明治宪法，又以法律形式肯定了这种变化了的新的政军关系。明治宪法规定，天皇总揽统帅权，并赋予军令长官"帷幄上奏权"，即凡有关军令事项，可以不经过内阁直接上奏天皇，由天皇裁断。这就是战前日本盛行的"统帅权独立原则"。按照西方宪法学的解释，这一原则就是政军关系中的兵权独立主义。日本的"统帅权独立"，既是学习普鲁士进行改革的舶来品，又是自身军国主义传统的再现。古代的武家政治是幕府的军事专制，明治初期新组建的国家军队的雏形"御亲兵"也直属于天皇。日本学者指出，统帅权独立原则的成因在于日本的"传统"和"实际习惯"。② 所以，统帅权独立原则的确立，既是明治维新资产阶级改革的产物，又是资产阶级民主主义革命不彻底的结果。

政军关系是战前日本国家政体中的关键，人们甚至称为"明治宪政之眼"③，正是在这个要害上，军部孜孜以求，以逞其雄。从军事一元制的兵权从政主义到军事二元制的兵权独立主义，反映了战前日本政军关系的变化。按照资产阶级民主政治的要求，兵权不能脱离代表民意的议会的约束，应归

---

① 森松俊夫：《日军大本营》，军事科学出版社，1985年版，第15页。
② 松下芳男：《明治军制史论》下卷，有斐阁，1956年版，第297页。
③ 内阁制度百年史编纂委员会：《内阁制度百年史》上卷，大藏省印刷局，1985年版，第65页。

属于对议会负责的行政机关——内阁。而统帅权独立原则,使军部独立于内阁之外,内阁失去了兵权,无法执行控制军队的职能。虽然陆军大臣和海军大臣也是内阁成员,但他们作为军部的派出代表,在内阁中享有特殊地位。他们具有特殊地位的依据是所谓的军部大臣现役武官专任制。自1872年陆海军省分设后,长官资格没有完全确定,初期还有非武官的胜安芳任海军大辅(相当于海军大臣)的情况。但随着军部势力的增长,军部逐渐强化其政治地位。1901年第二次山县内阁改订官制,以敕令形式规定,陆海军大臣须由军方推荐,由现役上、中将担任,次官由现役中、少将担任。这一制度背离了议会制原则,直接地危害了内阁的存在。因为第一,在组阁之前,假如军部不满意该届内阁,便不推荐陆、海军大臣人选,内阁只好流产;第二,军部若与现任内阁意见相左,则让陆、海军大臣辞职,并且不再推荐继任人选,迫使内阁辞职;第三,当内阁辞职后,陆、海军大臣可以不与其他阁员共进退,继续留任。所以陆海军大臣并不介意内阁的更迭,而仅仅依据军部的利益办事,执行军部的政见。统帅权独立原则与陆海军大臣现役武官专任制是军部势力的两大支柱,前者已经使"参谋本部部长的地位优于陆军大臣而于太政大臣并立"①,后者则进一步掌握了内阁的存亡。

从法律角度来说,只有天皇能够管辖军部。明治宪法规定天皇统帅陆海军,军部应对天皇负责。但近代天皇制的特点是"廷政分离",天皇无实权,不亲政,即使在御前会议上裁决争端也是只听不答。故此,名义上直辖于天皇的陆海军,实际上无所约束,自成中心。在天皇权威的神圣光环中,军部成了日本学者所说的明治宪政的"权力核"②,居于特殊的政治地位。战前日本的历史表明,军部这一"权力核"不断膨胀,逐步地摆脱了政府的控制,成为与内阁并立的"双重政府"③,最后在天皇大权的名义下实行独裁,把日本引向战争。

统帅权独立原则与陆海军大臣现役武官专任制的实行,其初衷主要是保证军事力量的独立发展,防止各种社会力量和政府官僚对军事的干扰。

---

① 松下芳男:《明治军制史论》,第15页。
② 安部博纯:《日本ファシズム研究序说》,未来社,1975年版,第151页。
③ 松下芳男:《明治军制史论》,第493页。

为此目的,明治宪政的缔造者们为军部设置了一道不准逾越的藩篱,这就是根据西方民主政治原则而确定的"差别主义"。

所谓差别主义,就是履行宪法和法律所规定的权利和责任方面,军人与普通公民有所差别,即要求军人不得干政,军人在政治上应采取中立主义。明治宪法第 32 条规定,在履行日本公民的权利方面,作为军人不能与"陆海军法令或纪律相抵触",陆军刑法也规定:"军人上书建议或者谈论有关政治事项,或者用文书将其广为传播者,处以一个月以上三年以下的禁锢。"[1]海军刑法也有相同的规定。1900 年实施的治安警察法规定:现役和征集中的预备、后备役陆海军人,限制其结社自由。在选举法方面,1883 年规定,陆海军现役军人不能作为府县等地方官员的选举人。1889 年制定的众议院议员选举法规定:"陆、海军人现役期间不得行使选举权和被选举权。"

差别主义并不只是限制普通士兵和中下级军官,同时也限制高级将领以及各层军事机构。明治维新功臣之一,陆军中将谷干城就曾因"干政"而被转入预备役。1931 年陆军大臣南次郎在一次会议上对军、师头目作有关满蒙问题的"训示"被报界披露之后,也引起一场风波,许多人认为陆军当局干预政治,触犯了陆军刑法。1934 年陆军省新闻班发布有名的"陆军小册子",被政党方面斥为"军人干政"。可见,军部所受的来自明治宪政所规定的差别主义的约束,是不能忽略的。差别主义的确立,一方面是藩阀政府要集中力量发展军事势力,另一方面也是力图阻止官兵参与自由民权运动,防止议会民主主义扩散到军队。

按西方政治学原理,差别主义是兵权从政主义的必备条件,民主政治总是以差别主义来保证政府对兵权的统属。但在日本明治宪政的条件下,内阁不但因统帅权独立而失去了兵权,还被放进了特洛伊木马——两名听命于军部的现役大臣。因此,由各种法律条文确定的军人不参政的差别主义原则,终究是要破裂的。

军部势力不断发展着,特别是中日甲午战争和日俄战争之后急剧膨胀,不再担忧内阁和官僚的干预,而且要求扩张它的政治权益。对军部来说,差

---

[1] 松下芳男:《明治军制史论》上卷,第 525 页。

别主义乃是无益的羁绊,不拔掉这道藩篱,就不能随心所欲地操纵政治。因此,军部必然要努力突破差别主义的束缚。如果不发生军部对政治的干预、不产生军部的政治性演变、就不会带来1930年代那样的国家政体结构的变化。日本军部在政治上不断介入的历程,就是军部突破差别主义向政治化、法西斯化的历程,就是其由单纯的军事机构演变为军事政治集团从而改变国家政体的历程。

军部在明治宪政中的权力核地位及其所受差别主义限制,是军部政治发展史的前提。为此,我们不仅要注意统帅权独立和陆海军大臣现役武官制的作用,更应重视长期为人们所忽略的差别主义的影响和军部自身的法西斯化的演变过程。

二、军部的政治化与法西斯化

所谓军部政治化,就是指军部突破差别主义,全面干预国家政治,由单纯的军事机构演变为政治军事集团。政治化的结果就是法西斯化,法西斯化既是政治化的继续,也是政治化的高级阶段。政治化和法西斯化代表了日本军部势力发展的历史进程。

明治维新伊始,军阀头目便是社会政治的基本操纵力量之一,他们中的某些人厕身于明治元勋的行列,作为军队的"大御所"和代言人积极参与国政,从某种意义上说,"日本近代政治史的发展就是军人干预政治的历史"[1]。但是在明治时代,军部仍依附于藩阀元老等明治元勋们,还不是完全独立的政治势力,在差别主义原则的制约下,只是存在着"军部政党化的危险"[2],而不是政治化的展开。进入大正时代以后,军部政治化的基本特征日益明晰。由于自然淘汰,明治元勋们相继死去(仅余西园寺公望一人),为军部独立发展创造了客观前提。更重要的是大批军校出身的少壮军官担任了军队要职,形成所谓"天保钱组"(即陆大派),军部势力以这些少壮军官为核心,摆脱了对藩阀元老的依附。他们虽然没有公开废除差别主义原则,

---

[1] 福地重孝:《军国日本的形成》,春秋社,1959年版,第64页。
[2] 松下芳男:《明治军制史论》下卷,第505页。

却以蚕食性的渐变手段,使差别主义形同虚设。军部逐渐成为公开的正式的社会政治中心。

随着资本主义的发展,日本资产阶级要求更多的民主和自由,在20世纪一二十年代掀起了大正民主运动。顺应这一历史潮流的资产阶级政党取代了藩阀元老,组织内阁,执掌政权。政党与军部同是日本统治阶级的工具,他们的利害基础是一致的,区别仅在于各自主张以不同的政治方式来巩固统治。政党要求采用资产阶级民主政治的方式,军部则主张采用专制主义的方式,这种分歧造成了政党与军部之间的权力争夺,产生了代表议会民主政治的政党与代表专制主义的军部势力之间日益加剧的对抗。对于有利于政党发展而不利于军部扩张的任何政策和措施,军部用种种手段予以破坏。1913年山本内阁在第一次护宪运动的影响下,修订了陆、海军大臣现役武官专任制,将现役扩大到预备役、后备役。同时又颁布新的文官任用令,使政府可以任用没有官员资格的政党成员。山本内阁的变革遭到了军部的忌恨,于是军部便利用西门子公司事件迫使山本内阁辞职。"这次倒阁运动的费用由陆军参谋本部支出,总务部长山梨半造是策划的中心人物"[①]。陆海军对于削弱军部特权地位的任何想法都极为敏感。如桂太郎曾设想组织新的政党并由文官出任陆、海军大臣,军务局长田中义一少将写信给朝鲜总督寺内正毅说,"这次桂公的政党,恐将修改陆海军大臣官制",他对此表示忧虑,并希望"陆海军协同一致,屹立于政党之外"[②]。

大正时代是军部全面介入政治,对抗议会民主,力图把日本纳入专制主义轨道,从而取得"政治人格"[③]的开始。军部在内政、外交等方面都增大了自己的发言权,试图提高自己的政治地位。在内政方面,它积极地配合政府镇压工人运动、社会主义运动和进步势力,1921年出兵镇压了东京市电业工人大罢工,1923年趁东京大震灾的混乱之机,残酷地杀害了早期社会主义者大杉荣夫妇及其6岁的外甥;在对外方面,1928年策划了"皇姑屯事件",妄图一举侵占中国东北,只是因为统治阶级认为时机尚不成熟,才未达

---

① 福地重孝:《军国日本的形成》,第79页。
② 井上清:《日本军国主义》第三卷,马黎明等译,商务印书馆,1984年版,第79页。
③ 永井三郎:《军部论》,先忧社,1925年版,第130页。

到目的。1930年民政党内阁派代表团出席了伦敦裁军会议,接受了英美提出的方案,没有完全满足军部的要求,于是军部在民间法西斯分子北一辉等人的支持下,攻击内阁"干犯统帅权",要求内阁辞职。这是军部与政党内阁大规模的公开对抗。日本学者对此评论说:"像这次伦敦会议期间国务和统帅分裂之剧的事例,迄今为止未曾见过。"[1]从而"激发了革新派(按即法西斯分子)青年将校的危机感"[2]。军部全面介入政治是其政治化的集中表现,反映了军部势力的迅速发展。

在大正民主运动时期的军部与政党的权力争夺中,军部并不占有太大优势。原因在于,军部尚需在政治化的过程中积蓄力量,而政党却有了蓬勃的发展。在1918年,以"米骚动"为契机,原敬内阁上台。原敬作为无爵位的政党总裁组阁,被称为"平民宰相",原内阁则被评论为"名实俱备的真正的政党内阁"[3]。在国际上,华盛顿会议限制了日本的军备规模,不利于军部的势力发展。在思想上和理论界,有美浓部达吉的"天皇机关说"和吉野作造的"民本主义"广为传播。特别是民本主义,强调"政治要依据民众意志而实施","政治的目的在为民众"。在1924年兴起的第二次护宪运动中,还实现了普选法(男子),建立了护宪三派内阁,从而使战前日本的民主政治——即资产阶级的政党政治达到顶峰。

政党政治虽然给军部专制势力造成很大威胁,但并没有取得真正的胜利。原内阁的高桥藏相曾要求废止参谋本部,将军令大权收归内阁,原敬首相认为时机不成熟,让高桥撤回了提议。从此再未触动过"明治宪政之眼"。在现役武官专任制方面,虽然扩大到预备役、后备役,但实际上从未出现过预备役、后备役大臣,更不用说文官了。正因为这两大支柱没受触动,军部的地位才有泰山之安。政党政治的兴盛及其对专制政治的压力只不过徒有声势,并没能改变多元政治的局势。以政党和军部为主,加上官僚、贵族等多种社会势力的均衡和僵持仍在继续。在这种多元政治下面,随时都潜伏有逆转的危机。

---

[1] 判泽弘:《昭和期リシチル抵抗と主張》,《思想》1976年第6期,第67页。
[2] 须山幸雄:《西田税二·二六への軌跡》,芙蓉书房,1981年版,第179页。
[3] 内阁制度百年史编纂委员会:《内阁制度百年史》上卷,第263页。

政党的兴盛和军部势力的膨胀,都是在天皇制的框架内完成的。天皇、元老、贵族、军部和政党均为近代天皇制的组成部件,是日本统治阶级不同阶层或集团利益的代表。在不同的时期,根据不同的政治需要,统治阶级可以调节它们的关系和位置,以维持其根本利益。因此,当政党政治经历了1920年代的鼎盛期,仍无法解决日本的内外危机的时候,统治阶级就不得不进行新的政治抉择,再次引发了各个政治集团新的角逐。与此同时,军部为反击政党,摆脱多元政治的僵局,不能不加速其政治化进程,从而步入其法西斯化阶段。

军部法西斯化就是军部的法西斯主义政治化。它并不只是通常所说的"披上法西斯铠甲"或"拿起法西斯武器"的问题。而是彻底地法西斯化,在思想、理论和运动中推行法西斯主义,其中心目标是在国家体制上否定议会民主主义、实行专制和独裁。

军部法西斯化的组织条件是完全具备的。天皇的精神权威可以代替法西斯的领袖权威;军队所特有的严密纪律,军部在国家政权中的权力核地位,使军部能够发挥德、意法西斯政党那样的组织作用。所以,"从根本上说起来,法西斯政党和团体就是一个非正式的军队,反之,军队可以说是非正式的法西斯主义的政党"[①]。政治化的军部,就能以一个武装的政治集团而代替政党,并释放出政党组织所无法比拟的巨大政治能量。

从理论上说来,法西斯化并不就是政治化的必然归宿。军部介入政治,其抉择应该有多种可能。但是在日本的特定条件下,军部走向法西斯化,既是上述时局演变的推动,又是民间的、更主要的是军队中法西斯运动的产物。日本的法西斯运动起自民间。1919年北一辉发表《日本国家改造法大纲》,标志着这一运动的兴起。在北一辉法西斯理论的影响下,一些人组织了法西斯小团体,并不断发展,终于形成一股反动的潜流。北一辉的法西斯思想在军队中特别是中下级军官中产生了广泛影响,军队中的法西斯分子也蠢蠢欲动。1921年,三名赴德国考察的军官永田铁山、小畑敏四郎、冈村宁次在莱茵河畔的巴登巴登温泉聚会,订立了归国后将全力推动改造日本

[①] 丸山真男:《ファシズムの諸問題》,《思想》1952年第11期,第137页。

的盟约,东条英机也参与了聚会。这就是所谓的"巴登巴登密约"(又称"三杰条约")。它是日本军队中的第一个法西斯性质的小团体,也是日本军部法西斯化的起点。由此我们也可以发现,军部法西斯化在时间与进程上都是与军部政治化交叉发生的,不久在军队内部出现了众多的形形色色的法西斯团体。它们有在巴登巴登密约基础上组建的二叶会,石原莞尔等人的木曜会,深受民间法西斯运动的鼻祖北一辉影响的天剑党,海军中的王师会,还有1920年代末出现的规模较大的一夕会、樱会等等。这些团体严格说来并不是政党组织,但他们有法西斯性质的政治纲领,有密切而广泛的人事联系,有目标明确的实际行动。最重要的是,这些团体已不再满足于一般性的政治操纵,不再停留于军国主义的政策主张,而是猛烈攻击资产阶级的政党政治,极力倡导法西斯主义的独裁和极权,构成了势头汹涌的军队法西斯运动。

  1920年代的军队法西斯运动主要集中在下层,各法西斯团体成员多为中下级军官,因此它带有明显的自下而上进行推动、扩展的特点。随着法西斯团体主要成员地位的升迁,各团体的影响日益增强,成为能够左右发展方向的势力集团。这些成员地位的变化,也使法西斯思想扩散到军部上层,促使在政治化发展过程中的军部迅速地走上了法西斯化的道路,并使日本军队法西斯运动呈现出自下而上、上下结合的特征。主要法西斯团体一夕会的发展就是证明。该会建立于1929年5月19日,其成员在1920年代大多属中下层校尉军官,建会时多半成为军部的中坚幕僚,遍布于陆军省、参谋部、教育总监以及航空部等机构和部门,握有很大实权。到1930年代,他们中的永田铁山、冈村宁次、东条英机等人,便成了军部的重要头目。而该会建会时拟定的三条政纲,则决定了其后军部法西斯的政治发展与对外战争的基本方向。

  日本军部法西斯的发展还具有内外结合的特点,它不仅不断从民间法西斯那里汲取理论和思想,而且与民间法西斯团体和成员之间的关系极为密切。如中上层军官与著名法西斯头目大川周明的关系就非同一般。在大川周明实际控制的"大学寮"中,军部的永田铁山、荒木贞夫、冈村宁次及天剑党的西田税等人,都曾与大川一起任教,故"大学寮"又有"昭和军阀的贮水池"之称。进入1930年代后,军部法西斯分子与民间法西斯分子开始把他们的理论付诸行动,将日本法西斯运动推向高潮。1930年伦敦裁军条约签订后,北一辉与军部一起攻击政党内阁干犯统帅权。1931年军队中的法西斯团体樱会与大川周明等人两次阴谋举行暴动,推翻政党内阁,拥戴军部独裁政权。虽然因种种原因而流产,但其用武力"完遂昭和维新大业"①的企图却成为军部法西斯所期望的目标。与此同时,石原莞尔、板垣征四郎等人在军部的授意下,按照一夕会的既定计划,策动关东军发动"九一八"事变,侵占了中国东北地区。他们的目的是借发动对外战争来推动国内改造。石原莞尔甚至洋洋得意地称道"满洲事变(即"九一八"事变)在实质上是昭和维新之前驱"②。由于军部法西斯的发展以及它处的地位和采用的手段,使其迅速成为日本法西斯运动的主导力量,民间法西斯等极右翼分子则成为它的坚强的社会支柱。

军部的政治化表明军部要积极全面地参与政治,而军部法西斯化则表明军部不仅仅要参与政治,而且要掌握国家政权,在全国实现军部独裁统治。因此日本法西斯主义运动的主要矛头是针对掌握国家政权的资产阶级政党,而政党也不甘心俯就。政友会的犬养毅在组阁时,就试图"要压一压军部"③。在不久后举行的大选中,政友会获得303席,赢得大胜,这也增强了政党反击军部的信心和力量。1932年5月1日犬养毅首相发表广播演说强调:"近来,在某些阶级中存在着否认议会的论调。……吾辈与此相反,确认这是能够改善的。"④5月10日民政党若槻总裁发表演说:"最近有一部分人欲否定立宪政治而推行专制政治……推行专制政治的人都要背叛其最初诺言而实行恶政"⑤,猛烈抨击军部。

然而,在政党"顺利地推进'振兴议会政治'的时候,法西斯分子却再度使用暴动手段,在5月15日杀死了犬养毅首相,推翻了政友会内阁。这次

---

① 秦郁彦:《军部法西斯主义运动史》,河出书房新社,1963年版,第28页。
② 角田顺:《石原莞尔资料·国防论策》,原书房,1971年版,第91页。
③ 枫元夫:《震撼の昭和政治50年》,日新报道出版部,1975年版,第65页。
④ 林茂:《日本内阁史录》卷3,第一法规出版社,1971年版,第279页。
⑤ 枫元夫:《震撼の昭和政治50年》,第71—72页。

暴动并没有具体纲领,只是企图对政党及其财阀伙伴予以袭击,促进国家改造(按即法西斯改造)的气氛"[1]。并希望在制造混乱之后,由荒木陆相为首的军部来收拾局面。果然,在暴动后的第三天陆相就向元老西园寺施加压力说:"陆军是反对政党内阁出现的。"[2]军中还传出:"假如颁发大令让政友会继续单独担当政权,将使陆相辞职而不派继任者,以此挫败组阁"。[3] 结果,组成了原海军上将斋藤实的"中间内阁","既不是政党内阁,也不是军部内阁,而是军部、政党加上官僚的联合政体。"[4]或者说"是军部和政党僵持着共同维持政权。"[5]此后,单独的政党内阁再也没有出现。

日本政党内阁的结束是日本议会民主政治的历史性的重大挫折,是军部法西斯在执政前的最大胜利,同时也带来了军部的内部分化,形成了皇道派和统制派。他们的分歧表现在两个问题上:第一,对于国家改造的手段,是自上而下地以合法手段进行,还是自下而上地搞非合法的政变。北一辉、西田税及其影响下的中下级军官坚持后者,而幕僚派将校却坚持前者。特别是"九一八"事变后,军部力量再度膨胀,"统制派看到了这一点,即扩大了陆军大臣的政治发言权,即使不停止宪法,也可以改造国家。"[6]第二是改造的次序,是先内后外还是先外后内。毫无疑问,他们都是要进行对外侵略扩张的。但根据板垣征四郎所主张的"满洲第一主义、国内革新第二主义"[7],又可以说:中下层皇道派军官是"国内第一主义、幕僚派是大陆扩张主义。"[8]所以,法西斯一夕会纲领规定:"把满蒙问题的解决作为重点。"

军部法西斯内部派别的分化产生了两方面的作用:其一在组织上促进了军部法西斯阵营的分化和改组,凝聚起新的核心;其二是促进了法西斯理论的发展,产生了新的政治纲领并指导其行动,从而加快了军部的法西斯化

---

[1] 前岛省三:《昭和军阀の时代——日本法西斯主义的形成过程》,米涅法书房,1974年版,第161页。
[2] 秦郁彦:《军部法西斯主义运动史》,第56页。
[3] 林茂:《日本内阁史录》卷3,第289页。
[4] 部川猪佐武:《近卫文麿重臣们》,讲谈社,1972年版,第16页。
[5] 枫元夫:《震撼の昭和政治50年》,第80页。
[6] 《战后日本·V》,青木书店,1966年版,第218页。
[7] 安部博纯:《日本法西斯主义研究序说》,未来社,1995年版,第209页。
[8] 林茂:《军部法西斯主义运动史》,第118页。

进程。1933 年 10 月斋藤内阁举行第一次五相会议,荒木陆军大臣提出了《皇国国策基本要纲》,要求扩充国防,救济农村,这一提案被看作是"皇道派革新政策的集大成。"① 但它与次年 10 月军部统制派以陆军省新闻班名义发表的《国防的本义及其提倡》的小册子相比,还是逊色得多。在此书中统制派以国防问题为中心,阐述了军部的战争观、国防观,并对社会、经济、教育等方面提出了一系列变革设想:一是要求在国防组织方面,为将来的战争而整顿出优于对手的组织系统;二是在国内安定国民生活,使农村山地渔村获得新生;三是搞好教育,要培养"国家观念"和"为了国家和整体而牺牲自己的崇高牺牲精神","要芟除极端的国际主义、利己主义、个人主义",要建立平时战时通用的思想战体系;四是积极发展武器装备,特别强调发展航空武器;五是经济方面,要改变以个人主义为基础的经济体系,抑制自由竞争,纠正贫富不均,实行"统制经济",确立战争经济。

小册子在社会上引起了广泛反响。在小册子发表的第二天,东京的股票立即下跌,持股者看到了军部强大的政治势力的存在,惧怕军部的统制经济的主张。政党方面评论道:"作为陆军而就有关社会改革或经济改革向国民发表指导意见,令人遗憾,万千之至唯有哑然而已,在有秩序的国家之中,岂有此等事情发生。"② 在野党中政友会反对最为强烈。参与政权的民政党则认为,这是"军人干涉政治",小册子"内容当否另当别论,像如此全面涉及国家政策的文书,理应是属于政府的职责。"③ 斥责军部在政治上的专横。

社会右翼和军部法西斯分子对此坚决支持。法西斯右翼刊物《皇道》发表了长篇连载文章《军部论》,不仅大加称颂,而且进一步阐述和宣传法西斯理论。《军部论》解释了军部在国家社会中的地位和介入政治的原因,说军部本来不介入政治,只因为以"个人主义和自由主义为基调的民主主义"在各方面都出现了"动脉硬化症。"④ 而"政界又腐败堕落致使皇国出现危

---

① 秦郁彦:《军部法西斯主义运动史》,第 72 页。
② 斋藤三郎:《右翼思想犯罪事件综合的研究》,东洋文化社,1975 年版,第 264 页。
③《军事史学》第 14 卷第 4 号,原书房,第 7 页。
④ 永井三郎:《军部论》,第 103 页。

机"①，故军部不得已而介入，取得"政治的人格。"②它认为欲拯救皇国必须按陆军小册子所强调的办法去"匡正富之偏在，实行统制经济"，不能只靠物质手段，而要发挥日本的皇国主义，像德国和意大利那样以精神方式去解决日本的社会政治问题。《军部论》要求日本国民"首先要信赖军部"，"军部是万民扶助皇猷的核心"③，并强调说："统制的强化，无论理念上还是事实上都是最迫切的问题。"④这些论述与德、意法西斯的理论如出一辙。《军部论》的序言还强调"皇道的第一要义在于实行"，这更使人联想到法西斯的行动哲学。

陆军小册子是二三十年代军队法西斯运动的"结晶"，它是军部统制派的政治纲领，阐明了其内外施政方针。可见，军部法西斯完全突破了明治宪政所规定的差别主义原则，它已不再是简单地介入政治、参与政治，而是推行一整套明确的、系统的法西斯主义政治。因此，陆军小册子在日本法西斯主义运动史上所具有的意义，正如一位日本史学家指出的，只有北一辉的《日本国家改造法案大纲》能够与之类比。⑤ 就是说，两者是日本法西斯运动发展史上的界标，北一辉的"大纲"的发表是日本法西斯运动的开端，而陆军小册子的发表则是军部法西斯化完成的标志。

三、日本法西斯主义的确立及其政治特征

从以上论述可以看出，军部利用其权力核地位，突破差别主义的限制和束缚，并与民间的和发自军队中下级军官的法西斯运动相结合，迅速地走上法西斯化的道路，这是日本近现代政治史发展的自然的、亦是必然的进程。军部自身完成了政治化，实现了法西斯转变。这就意味着明治宪政的权力核已经发生了"癌变"。先有军部的法西斯化，进而才有日本国家的法西斯化，由法西斯军部控制国家政权。这是日本法西斯主义确立的基本顺序。

----

① 永井三郎：《军部论》，第 129 页。
② 同上，第 130 页。
③ 同上，第 76 页。
④ 同上，第 129 页。
⑤ 秦郁彦：《军部法西斯主义运动史》，第 95 页。

1936年2月26日,以作为皇道派势力大本营的陆军第一师调离东京为导火线,皇道派军人发动暴乱,为军部统制派镇压。军部借此肃军,清洗了皇道派势力,确立了法西斯统制派的全面专政。傀儡政权广田内阁被扶持上台,这是军部与政党对抗之中的法西斯运动的产物,又是日本国家法西斯主义确立的标志。鉴于史学界存在分歧,我们需要阐述一下确认这一标志的理由。

首先,广田内阁在军部的安排下,恢复了陆海军大臣现役武官专任制。这一制度曾在1913年大正民主运动中被修订,放宽到预备役、后备役,力图使内阁摆脱军部的控制,这一修订本身就是民主政治的胜利。而广田内阁对旧法制的恢复,为军部控制政权提供了法律条件,政府再度受控,沦为军部的傀儡,大正民主运动所获得的成果付之东流。

第二,按军部的意志确定施政方针并改组国家机构。军部在广田组阁之初就向其提出了四条施政大纲:明确国体、充实国防、刷新外交、安定民生。广田内阁以这些要求为基准,在该年七月正式颁布了"充实国防"等七项国策。在内阁机构方面,军部对阁僚中的吉田茂等人不满意,逼迫广田更换。同时又插手机构调整,合并外务与拓务二省、农务和商工二省;改组内务省,新设管理朝鲜、台湾及南洋等殖民地的机构。还要求统一铁道、航空、通信等部门。其目的是在既定的政权中全面建立法西斯的统治秩序。

第三,确立了对外侵略方针,由内阁召集首、陆、海、外、藏等五相会议,制定"国策基准"。其主要目标是:"鉴于帝国内外形势、帝国应确立的根本国策是依靠外交和国防确保帝国在东亚大陆上的地位,同时向南方海洋扩张发展。"①这是日本对外侵略扩张政策在法律上的确认。

过去军部对政治的干预,或是就某项政策进行干涉,或是就某些内阁人选发表意见。像广田内阁时期这样全面的施政纲领,全面地改组并控制政府,极其罕见。这只能说明,日本的国家权力和内外政策均已从属于军部法西斯。这是一个转折性的历史变化。

军部控制了政府,其后果主要有两个方面:第一,无论是通过傀儡政府,

---

① 林茂:《日本内阁史录》卷3,第405页。

还是军部自己组阁,军部都可以随心所欲地推行法西斯主义;第二,内阁的傀儡化与法西斯军部的膨胀相结合,初步结束了分裂已久的"二重政府"局面,使已分离的国务和兵权在服从军部的条件下,重新结合,达到了新的法西斯主义的政治统一。正因如此,广田内阁上台就意味着日本军部法西斯体制形成,同时也就是日本国家法西斯主义的确立。

对于军部的法西斯统治,立宪政治派曾试图反击,但无法阻挡军部法西斯主义对其统治地位的强化和巩固。例如广田内阁下台后,经元老西园寺推荐,敕令宇垣一成组阁。宇垣为预备役上将,在1920年代的政党内阁中曾任陆相,配合政党实行裁军,改进陆军的新式装备,颇得政党和财界好评。因此,在倾向于立宪政治的元老西园寺公望等人眼中,宇垣是对抗法西斯军部的最后一个据点,但自然也是军部所不欢迎的人。在天皇所谓"大命"颁布之初,军部法西斯就直接派人劝说宇垣不要受命。宇垣受命之后,军部不合作,不推荐陆、海军大臣。宇垣企图再度依靠天皇权威压军部合作,但宫内府表示无能为力。连天皇的权威也奈何军部不得!对这一事件,宇垣自己评论道:"现在正处于是要法西斯还是要日本固有宪政的分歧点之上。"①法西斯军人则得意地说,扼杀了宇垣内阁,这是"第二次合法的二二六事件"②。它进一步巩固了军部的法西斯统治。广田内阁后,政党只能苟延残喘,不久就被全部解散,议会也是名存实亡,不起作用。军部可以通过广田内阁这样的傀儡换掌政权,也可以自己出面组织政府。

至此,我们可以对日本法西斯主义整个发展作一概括:20世纪二三十年代是日本法西斯主义的产生和发展期,1936年广田内阁上台标志日本法西斯体制的确立,其后近卫新体制与东条独裁为其发展高峰,直到1945年因战败而彻底崩溃。

在日本法西斯问题的研究中,否定论者往往将广田内阁以后的各届政府看作是战时体制,是军国主义,否定其法西斯属性。而肯定论的许多著述中,又常忽略对日本的政军关系的研究,忽略军部突破差别主义,完成法西斯化的演变历程。把军部集权与法西斯极权,军国主义与法西斯主义,总体

---

①② 秦郁彦:《军部法西斯主义运动史》,第189页。

战思想的形成与法西斯思想转变等不同实体简单归为一体,故而缺乏说服力。

所以,究竟是法西斯主义还是军国主义或战时体制,需要从理论上加以回答。军国主义,按马克思主义经典作家的解释,其最大特征就是以军事为国策中心,对内实行军事专制,对外实行侵略扩张。自从人类社会产生出国家这种政治形态之后,军国主义就相随问世。军国主义是一种政策体系的特征总括,军国主义可以依附于各种政治形态而不改变国家政体。例如古希腊城邦的斯巴达,是古代军国主义的典型,其政体是奴隶制贵族共和制,伯里克利时期的雅典是奴隶制民主制的鼎盛期,但也推行军国主义政策并与斯巴达等国争霸。在实行专断和集权方面,法西斯主义与军国主义有许多共同之处。所以有的日本学者说:"法西斯主义和军国主义是一对孪生子。"①而不同点在于,法西斯主义是一个近代政治范畴,它必须要在近代的工业化社会条件下,实行资产阶级的公开的恐怖的独裁专政。法西斯主义是对资产阶级议会民主政治的否定,是民主政治的直接对立面。

澄清了这一理论问题,再来看看日本,情况就很清楚了。日本的军部政治化,是在明治维新后的近代化基础上发展起来的。首先是作为兵权机关而打破宪政的约束,突破差别主义,全面介入政治,取得了"政治的人格"。军部全面介入政治的结果,就是其政治化的展开和法西斯转变的完成,并最终执掌政权,相对地统一了多元化的政治局面,改变了国家的政体结构,实现了国家体制的法西斯化。

如果要说准战时体制或战时体制,这在日本是有的。1933年的农村救济和更生运动,1938年的总动员法,1939年的米谷统制和价格统制令等,都是日本军国主义的准战时体制或战时体制的政策表现。但这些都概括不了政治体制上的状况。况且,政党内阁结束、陆军小册子,皇道派和统制派的争斗等等事件,也绝不是准战时体制或战时体制所能解释清楚的。因此,只有还原其法西斯主义的政治本性,才能得出这一时期的政治结论。

军部法西斯主义的发展和形成的过程,是日本法西斯头目所明确意识

---

① 安部博纯:《日本法西斯主义研究序说》,第106页。

和供认不讳的。东条英机说:"日本独特的制度——统帅权的独立使军部的发言权在政治领域膨胀。"①石原莞尔供认:"由于自由主义政党的没落,使军队担负起了政治上的重任。"②这就是说,日本法西斯主义的确立,是日本统治阶级的政治抉择,是以完成了法西斯主义政治化的军部作为代理人的。

由此而确立的日本法西斯主义,必然在领袖原则、执政集团、发展过程、确立形式和政体结构等诸方面都与德、意法西斯有相当大的区别,构成了日本法西斯的独特色彩。那么,其政治上的根本特征是什么,是天皇制法西斯、还是军部法西斯?

日本的法西斯主义是在君主立宪的近代天皇制的框架内确立的。天皇不亲政、无实权,是政治上的权威"机关"而不是现实政治的决策力量。天皇制之下的国家政体的结构变化,好比是一框积木,摆出了各种小房子。出现有藩阀元老政治—政党政治—法西斯政治—战后民主政治这样的演变和递嬗,这是日本近现代政治史发展的基本线索。如果把日本法西斯规定为天皇制法西斯,就是只见积木的框架,却忽略了小房子的屋顶。特别是把军部——这个控制了日本政治方向、为日本和亚洲人民带来了巨大灾难的恶魔抹掉,无论从哪个方面看都是不妥当的。

日本法西斯主义的运动史,就是法西斯军部所领导的反对议会民主、否定政党政治的历史,就是法西斯军部控制国家政权的历史。因此,本文的结论是,日本的法西斯主义就是军部法西斯主义,军部法西斯主义就是日本法西斯主义的最恰当的概括。

(作者徐勇,中国军事科学院,原文刊于《历史研究》1988年第4期)

---

① 《东条英机寻问录》,东京ニュース社,第146页。
② 角田顺编:《石原莞尔资料·国防论策》,原书房,1967年版,第455页。

日本青年将校的"国家改造"运动

孙仁宗

20世纪二三十年代,日本一批法西斯青年将校打着"昭和维新"的旗号,掀起了"国家改造"运动。这个运动是日本法西斯运动,特别是日本下层法西斯运动的重要部分。震惊内外的"五一五"事件(1932年)和"二二六"事件(1936年)是其中的两起大事。这两起事件为大家所熟知。但是关于青年将校运动,我国史学界还没有专文涉及。为什么会发生这个运动?它在思想上、行动上的特征是什么?本文试就这些问题做些探讨。

一

"青年将校"有其特定的含义。当年陆军中的青年将校运动领导人说:"青年将校大多是在部队中与下层官、兵同甘共苦的中队长(相当于连长)以下的军官,是各地驻军中年轻的大尉、中尉和少尉。但是绝不包括那些任职军部中央而声名显赫的人。"[1]陆军青年将校主要专指各地驻军中带兵的尉官,海军青年将校也是指派驻各地的尉官。总之,青年将校是那些不掌握军部大权的下级军官。

1919年8月,一批民间法西斯分子组织了日本头一个法西斯团体"犹存社"(1919—1923)。在犹存社及其分化后的民间法西斯势力中,最有影响

---

[1] 高桥正卫编:《现代史资料5·国家主义运动》,美铃书房,1964年版,第765页。

的人物是北一辉和大川周明,他们都把争取、依靠军部放在首位,前者专注于青年将校,后者则同军部中央的幕僚将校往还密切。在民间法西斯的影响下,从1922年起,以西田税为中心的一批青年将校和士官学校学生,经常私下讨论"国家改造"问题。他们特别热衷于传阅、讲读北一辉的《日本改造法案大纲》,有时则登门求教北一辉。从此兴起了青年将校的"国家改造"运动。西田税等人曾建立自己的组织。1927年7月还企图建立全国性的"天剑党"。由于受当局压制等原因,已建组织先后解散,天剑党未能成立。青年将校运动主要以秘密聚会、相互串连、来往书信、散发印刷品等方式,进行宣传联络,发展队伍,扩大影响。1924—1925年,陆军的运动成员扩大到几年来从陆军士官学校毕业的一批青年军官;以藤井齐为首的海军青年军官也于此时参与活动,并于1928年成立"王师会",拥有四十余人。进入1930年代后,由于内外局势的激变,青年将校运动非常活跃,他们不时集会,密谋策划。陆军青年将校支持荒木贞夫、真崎甚三郎等少数上中层军官,与他们一起结成了"皇道派"。末松太平回顾1930年代陆军中的运动情况时写道:"大抵每个联队(相当于团)至少都有一二位同志或同情者。"另据《木户幸一日记》记载,被宪兵队列为皇道派的陆军尉官多达462名,其中被认为最危险的人物是42名。[①] 随着"五一五"、"二二六"事件被镇压,青年将校运动在海军和陆军中先后消失。

　　从以上概述中可以看到,青年将校运动拥有一定的力量,在下级军官中颇有影响。它历时十五年之久,不是迅起即逝的偶发事件。为什么在20世纪二三十年代日本的一部分青年将校会掀起这样一场运动呢?原因大致有二。在一战之后,由于日本社会矛盾的激化,十月革命的影响和国际局势的变动,日本帝国主义陷入了全面危机,明治政治经济体制暴露出明显的破绽,汹涌全国的米骚动即其表现之一。面对这种局势,进步力量固然要求改革现状,就连一些保守、反动势力也在寻求新的对策。从犹存社开始,不少右翼团体纷纷打出了"革新""革命"的旗号。青年将校的"国家改造"运动在这种潮流中应运而生。不过,除了这种客观局势之外,对于这个运动的兴起

[①] 转引自竹山护夫:《陆军青年将校运动的展开与挫析(二)》,载日本《史学杂志》第78编第丫号。

有决定作用的,还在青年将校的自身状况。青年将校来自各方,情况复杂。然而他们多数人的出身、地位还是有相近或相同之处。他们是大多数出身中间阶层的下级军官。在二三十年代的历史条件下,这种出身和地位使得部分青年将校形成了共同的政治、思想倾向。1894年日本的帝国大学取消了补助金制度,此后公私立大学均需自费就学。中间阶层一般无力支付高额的学费。日本的军官学校则实行公费制,并对各阶层子弟开放。中日甲午战争之后,军国主义思潮弥漫全国,军官名声令人仰慕。于是,许多中间阶层的子弟,尤其是长子以外的子弟,竞相把考入军官学校作为报效君国、出人头地的门径。他们的学习、生活条件优于下层,不论学业或体格,在入学竞争中均占优势,他们在培养下级军官的陆军士官学校和海军兵学校中占了多数。

就1920—1929年陆军士官学校历届学生的情况来看,各类家庭职业的平均百分比如下:农户40.8%,军人16.9%,工商业者16.9%,文官公务员13.2%,自由职业者和企业职员12.2%。① 这里的"农户",主要是中农(自耕农、自耕兼佃农)和中小地主②,即农村中间阶层。可见出身这个阶层的青年将校占很大比重。"农户"加上自由职业者和企业职员,再加上公务员,"工商业者"中的中小工商业者,"军人"中的下级军官,那么出身中间阶层的青年将校显然占大多数。

中间阶层的经济地位不稳定,经常发生分化。第一次世界大战前夕,尤其是第一次世界大战后,由于财阀垄断势力的加强,竞争和经济动荡的加剧,中间阶层几乎普遍陷入了困境。占中间阶层50%—60%的自耕农和小地主,1899—1920年内188万余户降为150万户,更经常、大量的还是他们生存和生活条件的恶化,其表现之一即农户普遍债台高筑,1922—1929年

---

① 据藤原彰:《二二六事件》一文的第1表,见江口圭一编:《"日本法西斯主义"论》(历史科学大系第12卷),校仓书房,1977年版,第227页。
② 关于来自农村的青年将校,有认为以出身中小地主为主,有认为以出身中农为主。需要指出的是,日本的小地主经济(一般指有六町以下土地的地主),大多主要不靠佃租收入,而是靠自耕或其他经营来维持,与自耕农颇有相近之处。

自耕农每户平均欠债额由 258 日元增为 901 日元。① 他们许多人都在破产边缘拼命挣扎。再从自由职业者、企业职员、公务员这些新中间阶层来看，他们是近代资本主义的产儿，曾经从资本主义的发展中得到一席安身立命之地。可是一次大战之后，他们也遇上了生活难、就业难，当时人称求职、竞争和失业是他们面对的"三座鬼门关"。据 1926 年调查，80% 靠薪俸为生的家庭（不包括工人家庭）入不敷出。1925—1929 年，大学和专门学校毕业生的最高就业率仅66.6%②，上述两类人的遭遇足以表明中间阶层处境的急剧恶化。30 年代的经济危机更使中间阶层蒙受空前浩劫。与此同时，财阀资本却有增无已。这种状况使中间阶层深感世事衰乱，太不公平。他们有人大声疾呼必须"施行一视同仁之善政"。凡是日本人"都有权分享陛下赤子之荣誉与幸福"③。

中间阶层的境遇和心情，不能不推动部分青年将校去寻求改变人世的途径。青年将校运动中先后起过重要领导作用的有 12 人，半数以上出身中间阶层。如西田税的家是乡镇的佛具商（卖祭佛器具）；藤井齐的父亲是破产的煤矿主，"二二六"事件的主要发动者矶部浅一，他的父亲是农村泥水匠，因为农村不景气，主顾大减，收入不多，要靠母亲卖菜补贴家用；大藏荣一的家庭经营中小木材加工业，因生意清淡，八口之家仅够糊口。④ 这说明青年将校运动同它的许多成员出身中间阶层，以及这个阶层的衰落密切相关。

而且青年将校不掌握军部大权，也很少有可能晋升为中、上层军官。日

---

① 大桥隆宪：《日本的阶级构成》，岩波书店，1972 年版，第 26—27 页统计表；楫西光速、大内力等：《日本资本主义的发展》，阎静先译，商务印书馆，1963 年版，第 193 页。
② 《日本法西斯主义 1—形成期—的研究》，早稻田大学出版部，1979 年版，第 277、283 页统计表。
③ 朝日平吾遗书，见高桥正卫编：《现代史资料 4 · 国家主义运动 1》，美铃书房，1963 年版，第 479、480 页。朝日平吾是一个因学费无着而未念完大学的失意青年，于1921 年 9 月刺杀了安田财阀的创始人安田善次郎，并当即自杀了。
④ 另外八人的姓名和父兄职业如下：大岸赖好，父事农业，本人曾对小林多喜二的《不在地主》产生共鸣；古贺清志，父职工长；三上卓，父北朝鲜日日新闻社社长；栗原安秀，父退役步兵大佐；村中考次，父退役陆军少将；管波三郎，父律师，兄少将；香田清贞，父退役陆军特务曹长、锅岛家总管；安藤辉三，父庆应大学宿舍监督。见日本近代史料研究会编：《日本陆海军的制度、组织、人事》，东京大学出版会，1971 年版中的"主要陆海军人的履历"；须山幸雄：《西田税走向"二二六"的历程》，芙蓉书房，1979 年版，第 148、162、248 页。

本的佐、将级军官一般都从陆、海军大学毕业,只有很少得到上司青睐的尉官才有这种幸运,如进入陆军大学的尉官不到总数的 10％。青年将校屈居中上层将校之下,又位于士兵之上,这种地位相当于社会上的中间阶层。同时他们处在军队基层,经常接触士兵,而士兵绝大多数来自中下层,主要是农村中下层。因此许多青年将校,不论出身如何,能够了解和体会中间阶层不满不平的心声,投身"国家改造"运动。

如此说来,青年将校是否等同于一般中间阶层呢?当然不是。他们毕竟又是大日本帝国的军官。军部是近代天皇制的核心和支柱,以维护大日本帝国为天职,这是一般青年将校的基本立场。他们许多人从少年起就经受多年严格的职业军人教育,养成了帝国军官的优越感和使命感,自认为是"国家的干城,皇室的屏障",是有别于普遍人的国家中坚分子。他们的待遇较为优厚。20 世纪二三十年代,大学毕业生刚就业时,一般月薪 50 日元,而一个新任少尉月薪 75 日元,外加何月 20 日元的演习津贴,比前者几乎高出一倍。[1] 凡此种种,使得青年将校把自身命运与大日本帝国的盛衰紧紧地联结在一起。他们鼓吹"国家改造",用意也在拯救内外交困的大日本帝国。他们不能容忍任何危害、削弱帝国的举动。出于这一考虑和自身的利害,他们对政党内阁裁减军备"怒不可遏"[2],青年将校运动的不少骨干是 1920 年代前期的裁军年代加入运动的。

综上所述,青年将校是一个特定的社会政治集团,他们不等于一般中间阶层,也不同于中上层军官,而是大多出身中间阶层的下级军官。中间阶层具有两重性,它在不同的历史条件下,它的各个部分两重性的具体表现会有差异。就 20 世纪二三十年代的日本而言,自耕农、中小地主、中小工商业者占中间阶层的 70％以上。而青年将校正是同这部分人的关系最为密切,这部分人是中间阶层中的私有者,同财阀上层既有矛盾,又有割不断的联系。既接近下层,又同下层的进步力量格格不入。如米骚动后佃农的抗租斗争

---

[1] 儿岛襄:《马来之虎山下奉文》,天津市政协编译组译,天津人民出版社,1981 年版,第 14 页。
[2] 1920 年代前期,日本陆海军都进行了裁军。在陆军方面,山梨裁军裁减将校 2 268 人,宇垣裁军又使 1 200 将校退役,另外近两千名将校,被派往学校任教官。被退役者绝大多数是青年将校。

使中小地主"惶惶不可终日"①。他们大多独立经营小经济,是中间阶层中最为动荡不安、分化激烈的部分,也是其中最为闭塞、散漫的部分;他们没有经历真正的民主革命的洗礼,也很少受到民主主义、社会主义新思潮的影响;他一家一户保持着父权家长制的一统小天地,又是虔诚的忠君爱国分子,仰求以天皇为首的最高权力给予庇护和恩泽。因此,他们一方面渴望改变使他们困苦不安的现状,另一方面又留恋过去,力图改善旧制度,维护大日本帝国,包括它的对外扩张。从而在行动中显得动摇不定,前后矛盾。这种两重性的烙印在青年将校身上明显可见。同时,青年将校身上的军人优越感、使命感和军官的立场、利害,使他们有时显得十分急进、狂热,又往往显得更为保守、反动。

这种两重性使青年将校自成一伙,"精神与信念相同"、"在全国互通声息",掀起了"国家改造"运动,但是,这个运动没有也不可能超出中间阶层的狭隘眼界,摆脱帝国军官的反动偏见。

二

为了判明青年将校运动的实在阶级内容,下面就它的主要特征作一些剖析。

第一,青年将校运动用来取代现存体制的改革设想,纯属反动的空想。青年将校没有自行提出一套改革纲领,他们的改革设想取自民间,即北一辉的《改造法案》和权藤成卿的"农本自治主义"。陆军青年将校较为倾心前者,西田税曾将《改造法案》印成袖珍本,广为流传,一些海军青年将校则特别向往后者。

《改造法案》把行使天皇大权,发动政变,作为"国家改造"的首要步骤。改革的基本准则是,个人私有财产以一百万日元为限,一家持有土地以时价十万日元为限,超过部分由国家没收或征收,凡资本超过一千万日元的企业,一律收归国有。

---

① 大日本地主协会 1926 年陈情书,转引自日本《历史学研究》1980 年 6 月号第 12 页。

《改造法案》涉及内外种种政策,它不少蛊惑人心的提法,使青年将校为之倾倒。矶部浅一对北一辉钦佩得五体投地,说"改造法案每字每句全是真理"①。它的限制财产、土地、资本三原则被青年将校奉为未来的社会理想。"三原则"旨在抑制大资本、大财主,同时保留私有制和剥削,这正好迎合了中间阶层力求保持自身地位的心理。《改造法案》宣称,"个人自由活动与享乐取决于私有财产",并把贫富差别看成天经地义,甚至反对废除封建剥削,声称"小地主和佃农的存在乃是神意"②。既要保留私有制和剥削,又想限制私有财产、资本,这反映了中间阶层的一己私利和他们的异想天开。

权藤成卿在《自治民范》(1919 年 11 月)等著作中,承袭了明治以来的农本主义,强调人类离不开衣食,农业是国家的根本,同时鼓吹恢复古代的乡里自治,认为理想的治国方针应该是"听任生民自治,王者唯示规范,善于感化之",主张从"人心觉醒"着手,健全农村共同体,大家(包括地主和农民)共存互济,以振兴农业。③

藤井齐极口赞誉权藤成卿:"先生治国之才略居当代之首。"④日本农村是资本主义赖以发展的重要榨取源泉,是中央集权国家浩大开支的重要承担者,这种榨取和负担加剧了农户的贫困、分化,使农村经济日形凋敝。农本自治主义触及了农村的时弊,反映了农村中间阶层、小生产者寻求对策的愿望。但是,它回避了改革地主土地所有制这一根本问题,醉心于复古倒退的幻想,暴露了农村中间阶层、小生产者无力掌握自身命运,不敢正视现实,害怕展望未来的极大局限性。它并不根本否定旧制度,而是要把剥削和不平等万古留存下去。他们的改革空想同米骚动后方兴未艾的工农革命运动背道而驰,他们把马列主义的传播、工农斗争的发展视为大逆不道、心腹祸患,妄图用他们的改革空想去阻止和消除工农的革命觉醒。

第二,青年将校运动的基本着眼点,在于实现以天皇为中心的"君民一

---

① 大川周明、北一辉、桥川文三编:《现代日本思想大系 31 超国家主义》,筑摩书房,1964 年版,第 169 页。
② 高桥正卫编:《现代史资料 5》,第 14、16 页。
③ 权藤成卿:《农村自救论》,学艺社,1936 年版,第 27、200—204 页。
④ 高桥正卫编:《现代史资料 4》,第 55 页。

体",以及把"国家改造"与对外侵略战争结合起来。他们由此提出的实际要求,与军部为中心的当权集团的主张相接近或相一致。

青年将校是天皇权威的热烈崇拜者,认为"一君万民,君民一体"是日本建国的根本,也是国家改造的基本原理。而"全权政治"如同幕府政治,破坏了日本特有的君民关系,以致国政昏暗,国民不能分享天皇的恩泽。他们热切盼望以天皇亲政来取代政党政治。他们的前述改革设想,正是指望天皇运用自己的权威,削弱或消除介于君民之间的特权势力。所谓"君民一体",自然是主观臆想,天皇亲政也不现实。因为亲政不利于保持天皇超然于一切之上的神圣光辉。但是,反对政党政治,加强天皇权威的要求却适应了建立天皇制法西斯主义的需要。

海军青年将校发动"五一五"事件,把攻击的矛头直指政党内阁,杀死首相犬养毅。他们的行动与军部当权集团扼杀政党政治,扩大军部发言权的盘算不谋而合。日本军部历来是专制集权的化身,"五一五"事件后,军部权力的加强与农本自治主义显然大相径庭。

部分陆军青年将校受北一辉的影响,把天皇看作"国民的总代表""国民天皇",为自己塑造了一个带有民族色彩的天皇。他们宣称,昭和维新"不是无视、排斥天皇,仅由臣民进行的大众行动,也非排除国民在外的天皇独裁",而是"君民一体的国民行动"。他们有人甚至主张日本是"以天皇为中心的近代民主国家"[①]。其实,在他们的心目中,天皇依然至高无上,大权独揽。国民只对天皇起"协赞""翼赞"的作用,从根本上说,他们的天皇观与传统的"国体论"一脉相通,而与民主主义不两立。他们好称自己是"天皇的赤子",这种君民观没有脱出旧有的"家族国家论"的窠臼。1935年发生了"国体明征"运动,用传统的"国体论"围薄怀口扼杀了政党政治的理论支柱"天皇机关说"。这场围剿由贵族院发动,得到军部当局的大力支持。这时,西田税、矶部浅一、村中孝次等人就积极推波助澜,并提出"国体明征、肃军(指肃清统制派)、维新三位一体"作为行动口号。村中孝次解释说:"维新首在

[①] 高桥正卫编:《现代史资料5》,第11页;大谷敬二郎:《昭和宪兵史》附录资料,第699页,转引自前揭竹山护夫论文;矶部浅一:《狱中日记》,见《日本现代思想大系31》,第174页。

实现国民精神革命,物质改造在其次。精神革命之根本在于对国体之觉悟。"①他说的"物质改造",指制度、机构等改革,认为这是次要的、表面的,最紧要的是树立国体观念。他们终于同上层集团一唱一和,站到了一起。

青年将校"国家改造"运动的终极目标,不仅要使日本成为皇道国家,而且要布皇道于东西,使日本成为君临世界的大帝国。《改造法案》所谓"举亚细亚联盟之义旗,执未来世界联邦之牛耳",风靡一时的"国兼六合""八紘一宇",使他们心驰神往。但是,青年将校与中下层的联系,使他们深感社会动荡不安,难以进行对外扩张。"九一八"事变之前,他们要求先完成"国内改造",再转向对外战争。以后,他们强调"国内改造"必须与对外战争同时并举。在青年将校运动的重要据点户山陆军学校,一些中、少尉写了《第二次大战之逼近与国家改造之急迫》的传单,指责当局只注重外战而不顾国内的问题,这"无异于幕末日本的轻率攘夷",是"古今亡国者往往采取的可怕的亡国政策"②。他们十分担心日本重蹈俄国、德国在一次大战中发生内部崩溃的覆辙,深感非实行"国内改造"不可。

如此考虑"国内改造"的紧迫性,反映了中间阶层出身的下级军官的狭隘和反动性。1930年代,对于侵略战争采取什么态度,是划分日本政治力量的基本界限。青年将校既然在这个问题上与统治集团并无二致,那么势必在有关实际主张上同上层接近与合流

他们的农本自治主义仅仅归结为推行救农政策。"五一五"事件的直接起因,是1931年冬1932年春日本农村陷于令人目不忍睹的惨状。在"五一五"事件公审中,被告后藤映范(参与该事件的陆军士官候补生的头目)焦急地诉说,救济农村是刻不容缓的急务,否则士兵有后顾之忧,救济农村"实在是关系国防的大问题"③。1932年,陆军青年将校营波三郎、安藤辉三在军官中活动要求捐献部分薪俸,救济士兵家庭。这时,受青年将校拥护的荒木陆相,也一再呼吁救济农村。

关于救济农村的轻重缓急和方式方法,青年将校与当权集团有一定分

---

① 大川周明、北一辉、桥川文三编:《现代日本思想大系31》,第186页。
② 高桥正卫编:《现代史资料4》,第522页。
③ 大川周明、北一辉、桥川文三编:《现代日本思想大系31》,第162页。

歧，不过救济农村要求丝毫没有超出统治当局的政策范围。日本当局历来主张保持一个以小农为主体的农村，它有利于维护天皇制，也是好的兵源。直到东条内阁时，鉴于农村人口大量流入军需工业，有人建议要使工厂也成为良兵的来源，东条却认为，不论体质还是精神状态，工人都不如农民，强调必须尽力在农村保留 40％的人口。①

通过救济农村和更生农村经济运动，农村经济有所回升，青年将校的"革新"劲头随之缓和，他们的主要注意力转向对外扩张，同时，他们有些人转而支持当局的统制经济政策。1934 年 10 月，陆军发表了代表统制派观点的《国防之本义及其强化》这一小册子。"战争为创造之父，文化之母"，是它开宗明义的第一句。从总体战出发，为建立高度国防国家，实行全面的政治、经济统制，是贯穿全书的基本思想。小册子宣称，"只要不违反国家的需要，可以满足私人的创造精神和兴办企业的欲望"②，支持财阀发战争财。对于这本小册子，青年将校运动的重要领导人村中孝次大加推崇，说它的发表是"昭和维新形势的划时期的进展"，要求大家"全力支持陆军当局的信念、方针，并使之扩大与加强。"③在后来的统制经济中占支配地位并获得好处的是财阀，这对于高喊反财阀的青年将校是一个莫大的讽刺。

当然，青年将校与当权集团仍然不无分歧，他们同统制派的明争暗斗特别引人注目。村中孝次写了长文指责统制派，为青年将校申辩，但是他们承认，他们与统制派之间"与其说是理论的对立，还不如说是感情的对立"④，认为统制派为了维护自身的权势，不许青年将校擅自行动，加以排斥、压制，从而导致双方的不和，他列举了邓方在"国家改造"的方式方法方面的分歧，却没有片言只语涉及"国家改造乃内容方面的差别。青年将校与统制派的争斗具有很大的派阀之争的成分，这种派阀之争的激化，成了"二二六"事件的导火线。青年将校在这个事件中向陆相提出的要求，除希望"国体真姿显

---

① 丸山真男：《现代政治的思想与行动》，未来社，1981 年版，第 55—56 页；河原宏：《昭和政治思想史研究》，早稻田大学出版部，1979 年版，第 40 页。
② 高桥正卫编：《现代史资料 5》，第 281 页。
③ 竹山护夫：《陆军青年将校运动的展开与挫折（二）》。
④ 高桥正卫编：《现代史资料 4》，第 621 页。西田税也有同样看法，见《二·二六事件秘录》（一），小学馆，1971 年版，第 375 页。

现",加强国防之外,大多是关于惩处统制派,任用皇道派将领的派阀人事处理。

在一些实质性问题上越来越同当局接近和一致起来,或者陷于派阀之争,这就是青年将校运动的发展趋向。

不论中间阶层还是下级军官,都不是一支独立的政治力量。他们的实际地位,不可能使他们自发地侧向革命一边,只能使他们自觉或不自觉地倾向军部财阀等上层势力。列宁曾经指出:"据说,历史喜欢作弄人,喜欢同人们开玩笑。本来要走到这个房间,结果却走进了另一个房间。在历史上,凡是不懂得,不认识自己真正的实质,即不了解自己实际上(而不是凭自己的想象)倾向于哪些阶级的人们,集团和派别,经常会遇到这样的事情。"[1]青年将校运动正是如此,或者迎合上层统治集团的需要,或者受到统治集团的意志或既成局势的支配,除此没有别的结局。

第三,青年将校的行动方式是依靠少数人的密谋,破坏肇事,以对上层起惩戒压力作用。他们认为,实现维新,恢复君民一体,关键在于清除财阀、政党、元老、重臣、华族以至军阀这类君民之间的"疏隔群",其手段就是恐怖暗杀。"五一五"事件以"清君侧之奸"相号召,"二二六"事件举起了"尊王讨奸"的旗帜。这两次事件加上1932年春天海军青年将校参与策划的"血盟团"事件,共打死打伤政、军、财界首脑七人。"清君侧之奸"日本历史上早已有之,但是如此两次三番地杀害上层人物,尚属罕见。

不过,青年将校并非要推翻上层统治集团,他们主要还是着眼于对上层施以惩戒和压力。后藤映范说,对于腐败无道的统治者,"讲尽千言万语,他们依然有恃无恐,如果对他们中的某个人施以天诛,就会使他们全都立刻受到强烈切实的警告"[2]。海军青年将校曾与"血盟团"头目井上日召商议,把财界、政界二十名首脑列入暗杀名单。他们设想,"若能处死五人,或许能使统治阶级反省"[3]。陆军青年将校发动的"二二六"事件,也仅仅停留于扮

---

[1] 中共中央马克思恩格斯列宁斯大林编译局编:《列宁全集》第20卷,人民出版社,1989年版,第459页
[2] 大川周明、北一辉、桥川文三编:《现代日本思想大系31》,第159页。
[3] 高桥正卫编:《现代史资料4》,第85页。

"兵谏"。青年将校对于统治阶级的抨击可谓恨之入骨,采取的恐怖行动十分酷烈,但是并未摆脱对于上层的依赖和期待。

与此相关,他们抱着"只管破坏,不管建设"的态度。他们声言"伟大的建设之前,需要彻底的破坏"①。至于破坏后的建设,"五一五"事件的头目古贺清志说:"我们没有考虑建设问题。但是我们预料到,只要破坏了就有别人来建设。"山岸宏竟然认为,"破坏后的建设只好委之天命,别无他法。未到时候就作盘算是徒劳无益的"②。他们倾心于"国家改造",又对"建设问题"漠然置之,这似乎不可理解。其实这同样是把一些希望寄托于上层人物的表现。"有别人来建设","只好委之天命",都不外乎这种想法以为只要一闹事,就会促使天皇授命荒木组阁,打开维新局面。他们在闹事之后,立即向宪兵队自首了。陆军青年将校也有类似倾向。矶部浅一埋怨同伙,说他们对于《改造法案》"几乎全都模糊不清,只知高喊狂言而已"③。"二二六"兵变后,他们坐等天皇颁发"维新大诏",仰仗上层出来收拾局面,直至束手归顺投降。

青年将校时而急躁狂热,杀人闹事;时而垂等观望,动摇退缩。他们以不顾身家性命的"志士"而自命不凡,又把最后的希望寄予天皇为首的上层集团身上。总的来说,他们对于当权集团的依赖心理压倒了他们的不满情绪。

青年将校运动的上述特征,也可在日本民间的各种法西斯势力中看到类似的这种或那种表现。青年将校因为大多兼有中间阶层的出身和下级军官的地位,他们既在思想上接受民间法西斯的影响,又在行动上比民间法西斯更为急进。因此,他们的运动集中地、突出地反映了日本下层法西斯运动的一般倾向。青年将校运动的这些特征,一方面反映了中间阶层切望改变不合理现状的要求,带有反对财阀的色彩,呈现出猛烈急进的外貌,另一方面不论在思想上还是行动上,都未能同统治阶级划清界限,反而是迎合了军部等反动势力对外侵略扩张,对内专制独裁的需要,并对上层有严重的依

---

① 高桥正卫编:《现代史资料 4》,第 494 页。
② 秦郁彦:《军队法西斯主义运动史》,河出书房新社,1962 年版,第 58—59 页。
③ 大川周明、北一辉、桥川文三编:《现代日本思想大系 31》,第 181 页。

赖性。

　　青年将校运动的特征同时表明了它的法西斯主义性质。以反对财阀、反资本主义相标榜的改革空想，实质上是日本特有的法西斯主义的社会蛊惑宣传，借助天皇权威，扼杀政党政治，加强专制独裁，是日本法西斯主义的主要特点，强调把"国内改造"与对外侵略战争结合起来，是法西斯主义区别于旧时军国主义的重要标志；对上层的惩戒压力行动，旨在加速法西斯化。这些都是青年将校运动的实质性内容，构成了运动的基本倾向。必须看到，这个运动的革新与反动、急进与保守，是互为表里，不可截然分开的，两个方面交错结合在一起，构成了它的法西斯主义性质。

　　"二二六"事件后，日本法西斯的核心力量军部在内政外交方面居于支配地位。财阀则公然支持军部的内外政策。从广田内阁到第一届近卫内阁，法西斯统治在日本建立起来。

　　一方面，上层当权集团自上而下地逐步推行法西斯化；另一方面，下层法西斯运动对上层起压力作用。以前者为主，以后者为辅，相互结合，构成了日本法西斯化的运动方式。在这当中，加速自上而下法西斯化的进程，充当军部上层法西斯的垫脚石和法西斯化的奠祭品，就是青年将校运动及其成员的作用和结局。

　　（作者孙仁宗，浙江大学历史系，原文刊于《世界历史》1986年第9期）

30 年代日本法西斯政权的形成及其特点

李 玉

　　法西斯主义是资本主义总危机的产物,它产生于第一次世界大战后的混乱与革命危机年代。由于各个国家的历史、社会经济状况和民族特点不同,法西斯政权的建立及组成方式也不尽相同。

　　日本法西斯主义运动始于 1919 年犹存社的成立。而整个法西斯化的过程包括 20 年代的准备期,30 年代的形成期和 40 年代的完成期。其中,30 年代形成期,大致可分为三个阶段:1.1931 年 9 月至 1932 年 5 月。法西斯势力抬头,政党政治崩溃。"九一八"事变加强了军部的政治发言权,促进了法西斯主义运动的开展。通过"五一五"事件结束了政党政治,建立了包括军部、官僚、政党在内的"中间内阁"。2.1932 年 5 月至 1936 年 2 月。军部内部斗争加剧。"中间内阁"一再对军部让步(增加军费,扩大对华侵略,退出国联等)。三井、三菱等财阀,迫于形势,改变策略,改革人事制度,公开部分股票,向社会福利事业捐款,增加军需工业投资。"二二六"事件后,军部统制派压服了皇道派,恢复了军部大臣现役武官制,确立了军部对内阁的领导权。3.1936 年 2 月至 1937 年 7 月。法西斯政权确立。第一届近卫内阁于 1937 年 6 月成立,7 月发动全面侵华战争。同时迅速改革行政机构,把五相(首相、外相、藏相、陆相、海相)会议制度化,由少数阁僚决定国策;把企划厅改为企划院,拥有"扩充和运用战时综合国力的权力";设立指挥侵略战争的大本营及政府与大本营联络会议;将日本经济转入战时体制,颁布"产业统制法"等各种法律，制定"国家总动员法"，把政治、经济、文化等一切领域纳入战时管理体制，剥夺人民的一切自由和民主权利。第一届近卫内阁的上台，标志着日本法西斯政权的确立。

总之，与德国、意大利不同，日本是通过自上而下地、局部地改变原有的统治机构，加强天皇制机构的主要支柱——军部的地位与作用，最后建立了军部法西斯专政即天皇制法西斯专政。

下面，拟就30年代日本法西斯政权形成过程中的几个主要特点谈谈个人的浅见。

一

在日本法西斯政权建立过程中，军部起了主要的推动作用，民间法西斯势力只起了辅助作用。

所谓以军部为主要推动力是指：1. 在军中央部和下级军官中都存在着法西斯势力与法西斯主义运动。二十年代军中央部（陆军省和参谋本部）的少壮军官组织了旨在"刷新陆军人事"、"重点解决满蒙问题"的所谓"改造国家"的团体（双叶会、一夕会等）[1]，1930年以军中央部的幕僚军官为中心成立了法西斯主义团体——樱会，宗旨是"以改造国家为最终目的，为此，必要时不惜使用武力"[2]。与此同时，陆军下级军官中出理了"天剑党"，它是"以军人为基础，联络全国战斗同志，并结成同盟，以期改造国家的秘密结社"[3]。海军下级军官也成立了尊奉天皇的"绝对命令，断然实行道义的国家改造"[4]的"王师会"。这些军部法西斯势力上下结合，能量极大，成为推进法西斯化的主力。2. 军部在法西斯政权形成的各个阶段均起了重要作用。30年代初，依靠军部发动的"九一八"事变，民间法西斯势力迅速发展，并出现法西斯主义运动的高潮。"五一五"事件后，民间法西斯团体的活动

---

[1] 关宽治等：《满洲事变》，王振锁等译，上海译文出版社，1983年版，第120页。
[2] 田中惣五郎：《日本法西斯主义史》，河出书房新社，1960年版，第53页。
[3] 社会问题资料研究会编：《右翼思想犯罪事件的综合研究》，东洋文化社，1975年版，第68页。
[4] 同上，第81页。

日益衰落,法西斯化的推进完全由军部承担。最后,法西斯政权的成立也是通过军部内部的斗争,经军部之手实现的。可见,离开了军部法西斯主义运动,就谈不上日本的法西斯化。

在日本法西斯化的进程中,民间法西斯势力之所以不能成为主力而依附于军部,只起辅助作用,是有其原因的。

从军部的地位与作用看,只有它才能成为推动法西斯主义运动的主力。明治维新后确立的近代天皇制带有浓厚的封建专制主义色彩,天皇具有至高无上的神圣地位,通过军部和官僚机构总揽国家统治大权。军部是天皇制机构的重要组成部分,它主要包括参谋本部和海军军令部以及陆军省和海军省。参谋本部和军令部辅佐天皇行使统帅权,是独立于政府之外的负责国防和作战计划以及兵力调动的军令机关,它不经政府即可行使指挥权,也可以直接上奏天皇("帷幄上奏")。陆、海军省从军政(军队编制、兵器配备等)方面辅佐天皇,陆、海军大臣虽为内阁成员,但地位特殊,只要对内阁持反对态度,内阁即垮台或难于组阁。总之,军部超然于议会、内阁之上,具有极大的相对独立性(专断性)。

法西斯专政是一种暴力的独裁政权。日本军部所拥有的专断性与法西斯主义的独裁性之间没有不可逾越的鸿沟。只要将军部的专断性进一步加强,它完全可以担负起法西斯主义的一切机能。因此,在法西斯化过程中,就不需要像德国、意大利那样,依靠民间法西斯势力,组成统一的法西斯主义政党,自下而上地夺取政权。而只需要部分地对原有统治机构进行改组,不断加强军部的力量,给它披上法西斯主义的铠甲,即可实现法西斯化。因此,军部就理所当然地成为日本法西斯主义运动的主力。

从民间法西斯团体的组织情况看,它不可能组成一个统一的法西斯主义政党,当然也就不会成为推进法西斯化的主力。日本民间法西斯团体多脱胎于明治、大正年间的反动的右翼团体。封建性强,奉行家族主义和自我中心主义,其组织多以个人结合为中心,加上各团体主张形形色色,千差万别,缺乏共同纲领。故派别林立,组织极不牢固,频繁地组合与解散,完全处于一种所谓"一人一党"的一盘散沙状态,团体数最多时达 501 个(1933 年)。[1] 1931 年法

---

[1] 中村菊男:《昭和政治史》,庆应通信,1963 年版,第 68 页。

西斯主义运动高涨时,曾出现过两个大的团体,试图统一,均未成功。一个是"大日本生产党",尽管野心不小,实际只网罗了以黑龙会系统为中心的18个右翼团体。还有一个是"全日本爱国者共同斗争协议会",云集了玄洋社、犹存社等系统右翼团体,开展各种活动,以扩大影响,但终因内部帮派众多,成立仅一年即自行解散。

从民间法西斯各团体的所谓"改造国家"的方针看,它无意把自己作为法西斯主义运动的主力,只把自己置于军部的附庸地位。民间法西斯主义分子在搞政变时根本不考虑成功与否,"只考虑要成为昭和维新的奠基石"①。他们以恐怖行动为手段,"进行直接破坏,扰乱人心,使军部以保护秩序为名","发布戒严令,置我国于军政之下","建设一君万民制的皇道日本"(血盟团成员橘孝三郎等的预审书)。②可见,他们只重视破坏,而忽视建设,认为"建设与破坏,一体不二,建设是建设,破坏是破坏"(血盟团成员池袋的陈述词)。③ 而以破坏为己任,将建设,即建立法西斯政权之任寄托于军部。这势必使民间法西斯势力处处依靠军部,成为军部的追随者。

那么,民间法西斯势力在法西斯政权形成过程中的辅助作用又表现在哪些方面呢?

首先,为军部法西斯主义运动提供理论根据。日本法西斯主义的思想和理论渊源于传统的天皇制意识形态。其指导思想是日本主义(亦称日本精神、天皇主义、皇道等)。主要内容是,万世一系的天皇统治和国体神圣不可侵犯。忠孝一致,维护天皇(父)与臣民(赤子)之间的类似家族的关系(家族国家观),向亚洲扩张,使日本成为亚洲的盟主(大亚细亚主义)。这些传统的天皇制意识形态,加上蛊惑人心的"革新",甚至"革命"的口号("限制私有财产"、"反财阀"、"反政党"等)就构成了民间法西斯团体的种种贫乏的理论体系。其中对军部法西斯影响较大,并为其提供理论的主要是大川周明和北一辉。

大川周明积极宣扬"革新的日本精神论",提出为打破"内忧外患","确

---

①② 江口圭一编:《日本法西斯主义的形成》,载《体系·日本现代史》第1卷,日本评论社,1978年版,第155、156、144页。
③ 高桥正卫:《昭和的军阀》,中央公论社,1974年版,第164页。

保日本帝国的发展",要"兴民讨阀"(财阀),进行"国家改造"①,实现以尊崇天皇为中心的道义国家,使国民忠孝一致,超脱"自我",而维护和服从于天皇。② 对外进行"世界维新","打倒欧美帝国列强,建设东亚新秩序"③。大川通过行地社和大学寮同军部(主要是上层)接触,宣传其主张,扩大影响。1926年他同军部幕僚军官永田铁山等会面,向他们煽动立足于未来的争夺,"日本应当夺取'满蒙'作为经济单位,进行政治统治,至少要确保自给自足"④。1929至1930年大川又多次到陆军大学讲演,之后,又积极参与"樱会"策划的"三月事件"和"十月事件"(未遂),并被内定为政变后组成的新内阁的大藏大臣。⑤ 总之,通过大川,法西斯主义的"革新论"渗入到军部上层。

北一辉在《日本改造法案大纲》(下简称《法案》)中宣扬日本的世界使命就是在激烈的国际斗争中建立亚洲联盟,以此进一步"执世界联盟之牛耳",为此,必须扩充军事力,"领悟剑的福音"。同时在国内迅速实行"国家改造",利用天皇大权,停止宪法三年,解散议会,实行戒严,建立"改造国家"的内阁,限制私有财产,实现国内改造。⑥ 北一辉的《法案》,通过急进法西斯主义分子西田税等人在军队内散发,对下级军官影响极大。"二二六"事件参与者、皇道派军官矶部浅一曾谈到,当时给予许多军队和民间右翼团体"以理论,并鼓励其实行的,除了'法案',别无他物"⑦。激进的下级军官大多是通过阅读《法案》,接受了影响,而积极参加法西斯主义运动,并以此为经典,从事"国家改造"。例如,皇道派军官在策划"二二六"政变时,曾指着放在桌子上的《法案》,拍案叫道"就按它干吧"⑧。西田税甚至认为《法案》是"唯一体现日本精神"的"自豪于世界的思想",只有它"才是同我一起战斗

---

① 荣泽幸二:《日本的法西斯主义》,教育社,1981年版,第145—146页。
②③ 同上,第114—116、168页。
④ 刘田彻:《昭和初期政治、外交史研究》,创文社,1981年版,第140页。
⑤ 木下半治:《国家主义运动史》(1),福村出版社,1971年版,第116页。
⑥ 北一辉:《日本改造法案大纲》,载《北一辉著作集》第2卷,水篶书房,1979年版,第2卷,第291—348页。
⑦ 安部博纯:《日本法西斯主义思想的形成》,载《日本史研究》第123期,第40页。
⑧ 历史科学协议会编:《日本法西斯主义论》,校仓书房,1977年版,第212页。

到底的精神武器"①。可见,北一辉及其《法案》的影响非同一般。

其次,与军部法西斯势力勾结,制造恐怖事件和发动政变,自上而下地推进法西斯化。民间法西斯团体多次参与和发动了恐怖事件(血盟团事件,"五一五"事件等),其行动的目的用他们自己的话说,就是促使稳健派的"猛醒"和国民的"觉醒"。他们说:"我们知道仅仅靠我们民间同志和海军同志起事必然失败,但我们下定决心点燃革命之火,做革命的奠基石。"②血盟团头子井上日召在讲到为什么要采取暗杀手段时说,对于元老、重臣和财阀等的"铜墙铁壁,出版物,志士的诚意,均不起作用,只有使他们感到生命的危险,才能促使其猛醒"③。因此,民间右翼频频起事,从1931年至1936年策划恐怖事件二十余起,被起诉人员154人,涉及的右翼团体达104个。④ 这些恐怖行动冲击了日本社会,推进了法西斯化。

一是吸引了许多群众,特别是中间阶层,使他们同情或支持法西斯主义。民间右翼团体煽动的"打倒政党"、"反对财阀",尤能笼络人心。如在"五一五"事件的公审中,他们慷慨激昂,陈述农村的贫困,军队的危机,政党的腐败以及"天皇亲政"、"昭和维新"的迫切。结果,收到了效果,1933年7月审判开始后,各地展开了减刑请愿运动,截至8月19日,一个多月内寄给审判长、律师的减刑请愿书已达三十五万七千封。有的报纸写道:"不管怎样,政党的做法太残酷,所以国民对'五一五'事件的被告,从心里表示同情。"更有甚者,新潟县九名青年每人砍下一个手指,浸在酒瓶中寄给陆军大臣,表示对"英雄"的"敬佩"。⑤

二是冲击政党政治,威胁元老、重臣、财阀,迫使其改变政策,追随军部。民间右翼团体的恐怖活动是军部威胁元老、重臣、财阀等稳健派,摧垮政党政治,乘机扩大自己势力的有力武器。例如,军部曾利用"五一五"事件对元老、重臣施加压力,叫嚷:"如果还让政党单独组织内阁,陆军大臣难以就任,

---

① 竹山护夫:《陆军青年将校运动的展开与挫折》,《史学杂志》第78编第6号,第22页。
② 高桥正卫:《昭和的军阀》,第163页。
③ 社会问题资料研究会编:《国家主义团体的理论和政策》,第227页。
④ 江口圭一编:《体系·日本现代史》第1卷,第129页。
⑤ 前岛省三:《昭和军阀的时代》,密涅发出版社,1969年版,第211页。

将使组阁陷于困境。"①结果只好以"中间内阁"代替政党内阁,宣告政党政治的垮台。还有三井、三菱等老财阀在这些急进的行动冲击下,为了缓和民众对财阀的不满,也被迫"转向",即将财阀家族人员从部分财阀企业中撤出;公开了部分股票;以巨额捐款投向社会公共事业(如三井拿出三千万日元,组成"三井报恩会"),其意图如三井的池田成彬所说:"赚钱的地方最好不要用三井的名字,而在捐钱的地方用三井的名字。"②即把三井的名字用于社会慈善事业,改变人们对财阀的恶感。更重要的是,在此之后,老财阀将投资及经营重点转向重化学工业,走上军需工业的道路,密切了与军部的关系。

1932年"五一五"事件后,民间法西斯运动转入低潮,军部法西斯主义运动成为主流,最后,实现了民间法西斯主义梦寐以求的"昭和维新",建立了法西斯政权。如同军部法西斯分子所说的那样"最初点火的是民间团体,最后出来收拾的是军队"③。这句话最好地概括了民间法西斯团体自下而上推动法西斯化的作用。

二

日本法西斯政权是在对外侵略战争的推动下建立起来的。

日本法西斯政权建立的过程与德国、意大利不同,它不是先建立法西斯政权,后发动大规模侵略战争,而是先发动侵略战争(侵略中国的"九一八"事变),并在侵略战争不断扩大(从局部侵华战争到1937年7月后的全面侵华战争)的基础上,自上而下地建立了法西斯专政。因此,日本的法西斯化是伴随着战争进行的。

本来,近代日本资本主义的发展就离不开对外侵略。众所周知,日本资本主义是以半封建的寄生地主制为基础,并依赖于强大的近代天皇制而发

---

① 佐佐木隆:《陆军"革新派"的展开》,载近代日本研究会编《昭和期的军部》,山川出版社,1979年版,第24页。
② 石田雄:《近代日本政治结构的研究》,未来社,1959年版,第253页。
③ 社会问题资料研究会编:《右翼思想犯罪事件的综合研究》,第79页。

展起来的。由于半封建寄生地主制严重地阻碍日本资本主义农业经营的发展以及高额地租盘剥下农民的日趋贫困,使国内市场十分狭小。为此,日本只有向中国、朝鲜等国扩张,才能寻求市场与原料,如列宁指出的,日本以其"军事上的垄断权","占有极广大的领土和掠夺异族人民如中国人等等的极便利的地位……部分地补充和代替了现代最新财政资本的垄断"①。侵略战争已成为日本资本主义发展中不可缺少的因素。30年代初,为了摆脱严重的危机,日本统治阶级更加乞灵于侵略战争。军部也更视战争为至宝。"九一八"事变策划者之一的石原莞尔曾对战争的作用做了解释,"实行所谓内部改造或举国一致十分困难,而且要实现政治的安定尚需相当长时间","如果制订战争计划,将会使资本家相信我等的胜利,这时就有可能采取摆脱现政权的积极方针。而战争初期军事上的成功也会使民心沸腾",因此"视我国情况,较妥当的方式就是促使国家对外迅猛发展,并依照对外发展的状况,断然实行国内改造"②。从这段话中可以看出,军部十分重视侵略战争,把它作为实现军部法西斯专政的必不可少的手段。之所以如此,可以从下述两个方面来加以说明。

第一,对军部来说,侵略战争是吸引广大群众,特别是中间阶层,扩大法西斯主义支持层的最好的手段。30年代的日本,除广大农民外,城市小资产阶级(城市中间阶层)大量存在。一是小业主、小工厂主多,如1931年职工人数5—30人的小工厂占工厂总数的86%,而200人以上的大工厂仅占2%。③ 二是小零售商多,1930年商业人口有491万(占全国有职业人口总数2 962万人的16.6%),其中从事物品贩卖的零售商就达330万人。④ 三是自由公务者多,1930年职员、下级官吏、学校教员、医生等总数有180.9万余人。⑤ 这些人构成了一个庞大的社会中间阶层,是一支不可忽视的社

---

① 中共中央马克思恩格斯列宁斯大林著作编译局编译:《列宁全集》第23卷,人民出版社,1990年版,第114页。
② 安部博纯等编:《史料构成·近代日本政治史》,南窗社,1976年版,第281页。
③ 江口圭一:《日本法西斯主义形成的前提》,《日本史研究》第59号,第50页。
④ 江口圭一:《日本法西斯主义的形成和城市小资产阶级》,载季刊《现代史》第2号,第22—23页。
⑤ 早稻田大学社会科学研究所编:《日本的法西斯主义(1)》,早稻田大学出版部,1970年版,第269页。

会力量。因此,争取中间阶层的支持就成为日本法西斯主义的重要任务。但如前所述,日本民间法西斯势力四分五裂,难于统一,故无力担负此任。于是,这一任务自然落到军部身上。而在军部看来,争取中间阶层的最好手段就是战争。因为经济危机中,中间阶层深受其害,生活日趋贫困,如零售商的经营一蹶不振,停业、弃店逃走者层出不穷,有的小商贩一天平均收入才59钱,还不及职工的收入(一日平均186钱)。① 由此,其不满情绪,尤其对财阀、政党的仇视情绪与日俱增,国内阶级矛盾随之激化。军部抓住这一时机,发动了"九一八"事变,把它看成是"从天而降的神风"(宪兵司令部:《思想汇报》19号)②,大肆进行排外主义的煽动,鼓吹"满洲广阔肥沃的土地……正等待着几十万几百万大和民族"。"向满蒙投资事业最理想的是由中产阶级组成的股份公司来承担",而"为生活所迫的广大民众"也可以开发这个"无限的宝库"③。这些煽动立刻引起了中间阶层及其他阶层的共鸣。日本国内出现了一股支持侵略战争的热潮。赞扬、支持日本军队侵略行动的讲演会、座谈会接连不断,事变后的一个多月中各地就召开了1866次讲演会,听众达165万余人。④ 慰问信、慰问金、捐款源源流入陆军省。事变后的十天中,慰问信已达两万余封,有的要求"去满洲奉公",有的"希望一定要经军部之手解决满蒙问题"⑤。至1932年9月,各地的"国防捐献"已达587万日元(可买飞机50架)。⑥ 排外主义的狂热必然导致对政党政治的攻击,当时,连一向讨厌军部的作家永井荷风也认为"今日要一扫政党政治的腐败,更新社会风气,除武断政治外,别无他途"⑦。

这样,军部通过对中国东北的侵略战争,既把民众特别是中间阶层的视线引向国外,又借机提高了军部的威信。同时,把中间阶层的"反财阀"、"反政党"的情绪引向所谓的"国家改造",从而扩大了法西斯主义的支持层。可

---

① 江口圭一:《日本法西斯主义的形成和城市小资产阶级》,第22—23页。
② 吉田裕:《满洲事变中的军部》,载《日本史研究》第238号,第42页。
③ 江口圭一:《日本法西斯主义形成的前提》,第50页。
④ 江口圭一:《昭和的历史·4》,小学馆,1982年版,第94页。
⑤ 安部博纯等编:《史料构成·近代日本政治史》,第281页。
⑥ 江口圭一编:《体系·日本现代史》第1卷,第276页。
⑦ 藤村道生:《日本现代史》,山川出版社,1981年版,第141页。

谓"一箭双雕"。正因为如此,陆军省在1933年9月散发的《满洲事变爆发两周年》的小册子中兴高彩烈地写道:"(事变)使沉寂的祖国意识和皇国的重大使命感觉醒……只有它才能推进国家大业的完成,只有这种精神,才是这次事变的最大收获。"[1]

第二,侵略战争是促使日本统治阶级内部的元老、重臣、财阀等稳健派向军部靠拢,并与其妥协的重要手段。试以军部与财阀(主要是老财阀)关系的变化说明之。

日本财阀中,三井、三菱、住友等财阀是包括金融、商业、轻工业等部门的综合性康采恩,是明治维新后依靠天皇制国家的扶植发展起来的,可称之为老财阀。二十年代又兴起了一批以重工业、化学工业以及电力工业为基础的新兴财阀(鲇川、野口、森、中野等),其产业多与军需工业有关,故较早地与军部勾结,依靠军部求得发展。如在军部支持下,野口财阀在朝鲜兴南等地修建大型电力、化学联合企业,获取巨利(在朝鲜生产氮,利润率为31%—33%,在日本只有11%—13%)。[2] 鲇川(日产)则向中国东北发展。

与新兴财阀不同,老财阀与元老、重臣、政党关系密切,较为稳健与保守,原因是他们主要投资于商业、银行和轻工业,而不愿冒风险投资于与军需有关的重化学工业。加上他们资本雄厚,经济危机后,凭借政党内阁的产业合理化政策,兼并中小企业,推行卡特尔化,结果在近50个产业部门建立了卡特尔。卡特尔的数字也从1929年的12个,增加到1932年的83个[3],其经济实力更加强大。此外,老财阀因在经济上依赖于英、美,对外主张"协调外交",对内实行健全财政方针,以防止过分的通货膨胀,同时也反对法西斯主义的过激行动,因此招致军部(特别是皇道派)的强烈不满。他们提出"打倒财阀"、"不让财阀进入满洲"等口号,笼络人心,利用中间阶层对财阀的不满情绪,以种种恐怖行动威胁财阀,迫使其改变政策,全面支持军部。

老财阀与军部根本利益一致,只是对于侵略时机的判断和对经济军事化的危险负担有所顾虑才不敢贸然追随军部。但是,随着侵略战争的扩大,

---

[1] 江口圭一:《日本法西斯主义形成的前提》,第50页。
[2] 后藤靖等:《日本资本主义发达史》,有斐阁,1980年版,第178页。
[3] 辑西光速等:《日本资本主义的没落》(2),东京大学出版会,1977年版,第471页。

尤其是新兴财阀投资军需工业，获取巨额利润的刺激，加上社会上"反财阀"情绪的增长，老财阀改变了政策，开始"转向"，大量地向重化学工业投资，至1937年三井、三菱财阀的资本构成中，重化学工业资本的比重已分别达到48.7％和45.8％。[1] 走上军需膨胀道路的老财阀愈加认识到"军部应当掌握政权，现在的政治家已经失去了存在的理由"[2]（钟渊纺织公司经理津田语），因为"唯有依靠背后的军事压力，产业和贸易才能对外起作用"[3]（藏相马场锳一语）。于是，从1932年起逐渐抛弃政党，减少供给政党活动资金。1936年完全停止对政党的捐款，转而与军部进一步结合。另一方面，随着战争的扩大，军费开支急骤膨胀（1931年军费开支占财政支出的38.1％，1933年为43.6％，1937年为75.2％）[4]，军需生产迅速增长（1932至1935年的四年间直接军费46亿日元，其中30亿用于武器制造和其他重工业）。[5] 这种情况使军部（主要是统制派）越来越认识到，离开老财阀的支持，要确立战时经济体制，进行更大规模的侵略战争是不可能的。于是，军部上层的统制派也进一步加强了与老财阀的联系与妥协。

1937年2月，在军部推荐下，兴业银行总裁结城丰太郎出任林内阁藏相，他在"以加强国防为首要任务"的借口下，大幅度增加军费和扩充军需生产。同时，结城又按老财阀的意志邀请三井的池田成彬任日本银行总裁，并把财阀的其他代理人拉入日本银行担任理事和监事，这样，老财阀通过军部将自己的代表派往国家经济部门，掌管经济，逐步将日本国民经济纳入了统制经济的轨道，实现了"军部、实业界相结合的财政"，即所谓的"军财抱合"。

1937年7月全面侵华战争爆发后，老财阀进一步向军需工业投资，日本重化学工业迅速增长，1929年重化学工业的比重仅占24.6％，到1939年已占53.8％，超过了轻工业[6]，日本产业结构发生根本变化，军需工业已占

---

[1] 森川英正：《日本财阀史》，教育社，1982年版，第217页。
[2] 转引自野坂参三：《野坂参三选集·战时篇》，人民出版社，1963年版，第18页。
[3] 日本历史学会：《太平洋战争史》第2卷，金锋等译，商务印书馆，1961年版，第32页。
[4] 中村政则：《战争和国家垄断资本主义》，载《体系·日本现代史》第4卷，日本评论社，1979年，第24页。
[5] 永原庆二：《日本经济史》，有斐阁，1979年版，第297页。
[6] 中村政则编：《战争和国家垄断资本主义》，第24页。

压倒优势。老财阀在战争中也获得越来越多的军需利润,如1931年至1936年五年间老财阀产业利润率激增了2—4倍。① 与此同时,与老财阀关系逐步密切的军部也在战争中直接或间接地分享财阀的利润。如军部同三井物产、三菱商事勾结,在中国进行鸦片走私,从中牟利。② 此外,许多军人还直接参与财阀企业的经营,战时有13名陆军退役将军在三井系统的公司担任理事,类似情况,在三菱有11人,住友有8人。③ 这样,在侵略战争的推动下,军部和财阀的合流最终实现。

三

日本法西斯政权是通过统治阶级内部各集团,特别是军部的统制派与皇道派之间的激烈斗争而形成的。

面临空前严重的政治、经济危机,日本统治阶级认为只有通过对内加强专制统治,对外扩大侵略才能摆脱危机,求得日本帝国主义的发展。但是,由于统治阶级内部各个集团所处的地位及利害关系的不同,在法西斯化进程中,各自的主张与做法有着明显的不同。

元老、重臣、财阀(主要是老财阀)和资产阶级政党出于日本资本主义在资金、贸易、技术等方面对英、美的依赖性,对外主张与英美"协调",避免与英美列强的冲突。对内则力图维持现存的政治体制(政党政治或网罗政党、军部、官僚的"中间内阁")。他们属于稳健派。

军部和民间法西斯主义团体是急进派。他们认为采用武装政变,进行"国家改造",打破政党政治,确立军部独裁,是使日本摆脱危机,走向世界的最好途径。为此即使与英美发生冲突也在所不惜。表现出对外的强硬性与对内的急进性。

急进派与稳健派因主张不同,各不相让,展开了激烈的斗争,但随着日本对外侵略战争的扩大和军部政治发言权的增强,两派内部的各种势力的

---

① 日本历史学会:《太平洋战争史》第1卷,第158页。
② 张效林译:《远东国际军事法庭判决书》,五十年代出版社,1953年版,第348—349页。
③ 转引自野坂参三:《野坂参三选集·战时篇》,第18页。

组合及各自的政策也随之变化。这一点在军部法西斯势力中表现尤为明显。军部中的上层(统制派)在推进军部主导的战时体制中，深感必须进一步加强与财阀的结合，故其急进色彩逐步减弱，稳健的、合法的倾向逐渐加强，同军部中坚持急进方式的皇道派的矛盾与斗争日益激化。这样，在日本法西斯政权建立过程中，稳健派与急进派，军部中的统制派与皇道派的斗争相互交错，使统治阶级内部的斗争更加激烈和错综复杂。由于日本的法西斯化以军部为主力，故统制派与皇道派的斗争对法西斯化的进程也就具有决定性的影响。

皇道派主要由下级军官(尉级)组成，其精神领袖是荒木贞夫、真崎甚三郎等。因荒木有意利用天皇，频繁地使用皇道、皇威等词，连军队亦称"皇军"，故被称为皇道派。统制派由军中央部的幕僚军官(校级)组成，领导人为永田铁山、东条英机等。因为此派主张军队的一切行动应由军中央部统制，故称为统制派。皇道派与统制派在建立军部法西斯政权上，目标完全一致，但因两者的经历及其在军部中地位不同，所以在实现军部独裁的方法与手段上有较大的差异。

皇道派尉级军官多出身于农村中小地主、富农和城市中小工商业者。他们在军队中地位较低微，又受裁军及减薪的影响，生活极不安定。而且平时常与士兵接触，通过来自农村的士兵，深知经济危机中，农村贫困，民不聊生，并对由此而产生的后果，特别是对军队士气的影响，颇感忧虑与不安。"正当出征士兵处于生命攸关之际，其家属却因饥饿而啼哭，这种后顾之忧实为可怕"，"此情况如置之不顾，军队将处于危险的境地"[1]("五一五"事件参加者、陆军士官候补生后藤映范的陈述词)。对于造成这种情况的原因，他们认为是元老、重臣、官僚、政党、财阀等"所谓特权阶级违反国体本义，蔑视天皇尊严，相互勾结，肆意谋取私欲，致使国政紊乱，国威失坠"。因此，"为恢复一君万民的皇国的本来面目，必须迅速打倒此等特权阶级，实行急进的国家革新"[2]。为此，皇道派"以国体信念为基础"，力图摆脱军中央部

---

[1] 木下半治：《国家主义运动史》(1)，第172—173页。
[2] 我妻荣：《日本政治审判史录》，第一法规社，1970年版，第205页。

的束缚,实行横的结合,"上下一贯,左右一体"、"组成昭和维新的陆军全军一体化"、"运用武力消灭反对国体的叛逆行为"①,建立军部法西斯独裁。

总之,皇道派在实现法西斯化的方法上,具有急进性和破坏性。他们偏重于精神主义,奉行"讨奸主义",行动的目的在于摧毁天皇与国民之间的"奸臣"——元老、重臣、政党,认为只要铲除了这些势力,将现存体制破坏之后,军部上层就会自然而然地完成建设法西斯政权的任务,实现"昭和维新"。所以,皇道派提出的施政纲领除了大谈应以"振兴皇国的观念和充实基于此的国力"外,有关政变后的具体政策十分空洞,缺乏周密的考虑。

统制派的校级军官多毕业于陆军大学,有的还留学欧洲。第一次世界大战后,他们致力于"改造国家"的方式,尤其是总体战体制的研究。该派的核心人物永田铁山等人认为"近代战争已不是陆海军的专有品,而是国家和国民之间的战争",即国家之间包括工业生产能力、军事技术和国民总动员的总体战。因此,为了最有效地发挥和运用国家所有的力量,平时就应该制定国家总动员计划,建立高度国防国家,使政治、经济、文化、国民生活等都服从于战争。② 故统制派在实现军部法西斯独裁的方法上具有谋略性和建设性。即不仅考虑如何"改造"现存统治体制,确立军部独裁,还较周密地考虑军部主导下的战时国家总动员体制的确立与巩固。正因为如此,虽然最初统制派也一度主张以武装政变"改造国家",但"九一八"事变后,随着军部力量的增强,很快就改变看法,也就是说,"统制派看到了这样一点,即陆军大臣的政治发言权扩大了,即使不停止宪法,也可以改造国家,所以就改变了战术"③(统制派成员池田纯久语)放弃了急进的武装政变的方式,而改为合法的稳健的"改造国家"的方式,即利用急进的法西斯主义策动的恐怖行为和武装政变,不失时机地由军中央部"担负收拾局面的重任",实行戒严,依靠天皇敕令,组成军部控制的内阁,实行全面统制经济政策,建立总体战体制,而在此过程中"军部本身决不采取非合法的直接行动"④。基于上述

---

① 社会问题资料研究会编:《右翼思想犯罪事件的综合研究》,第284页。
② 安部博纯:《日本法西斯主义研究序说》,未来社,1976年版,第180页。
③ 今井清一:《军部独裁和总体战体制》,载《战后日本史·V》,青木书店,1966年版,第218页。
④ 秦郁彦:《军部法西斯主义运动史》,河出书房新社,1972年版,第312—321页。

主张,统制派在坚持军部强硬路线的同时,又在扩张军备,建立战时经济体制等方面,与负责制定和管理统制经济政策的法西斯主义官僚以及经济实力雄厚,并逐步走上军需膨胀道路的老财阀进行妥协与合作,力图使他们成为军部法西斯专政的支持者与后盾。

正因为统制派与皇道派有着如上的特点,所以两派始终处于一种既相互倾轧,又相互利用的微妙的关系之中,在促进日本法西斯化上起着不同的作用。

统制派与皇道派的斗争虽然是军部内部的斗争,但其影响并不仅仅限于军部,它反映了日本统治阶级内部在实现法西斯化上急进的非合法的与稳健的合法的两种方式的斗争。最后,统制派因担心皇道派的破坏行动影响日本军队的纪律,危及军队的威信,才断然镇压了皇道派,以合法手段,自上而下地建立了军部法西斯政权。可是,在日本法西斯化过程中,应该看到军部皇道派与民间法西斯主义的作用,如果没有他们自下而上地推动与配合,日本的法西斯化也难于实现。由此,是否可以说,日本法西斯政权是以自上而下为主,采取了自下而上与自上而下相互结合的方式建立的。

军部法西斯专政实质上就是日本垄断资本的公开的暴力的独裁。然而,众所周知,战前的日本资本主义结构中封建残余极其浓厚,近代天皇制机构的重要组成部分——军部拥有极大的相对独立性。所以,走上法西斯主义道路的军部尽管极力维护日本垄断资本的利益,但它不单纯是日本垄断资本的代理人,军部本身(即天皇制机构本身)仍保持着一定的相对独立性。日本垄断资本与军部结盟,参与政治,并给予政局以重大影响,但它的意志往往是通过天皇制机构的主要支柱——军部表达出来的。所以才把这种法西斯政权称之为军部法西斯专政或天皇制法西斯专政。

(作者李玉,北京大学历史系,原文刊于《世界历史》1984年第6期)

日本军部、内阁与"九一八"事变

郎维成

1931年"九一八"事变是当年日本帝国主义发动的侵略中国的重大国际事件,从此,日本帝国主义开始了长达十四年之久的侵华战争。"九一八"事变是怎样发生的？在这一事件中,日本统治集团内部,如内阁、军部都扮演了什么样的角色？在国内外史学界存在着不同认识。

"九一八"事变是一场阴谋策划的不宣而战的侵略战争,有不少见不得人的诡计,为了"不留下使人认为是我方(按:日本)干涉内政的任何文字,尽可能以口头方式进行"[1]。由于日本在投降前夕,为了销毁罪证有计划地烧掉了大量机密档案[2],再加上战后一些与该事件有着直接或间接关系的人物,出于某种目的交出了不少个人保存的文献、日记和写了大量的回忆、传记等,给搞清这个问题增加了相当大的困难。但是,只要结合明治维新以来日本侵华的历史去认识,并对日本战后出版的有关方面的著述进行去伪存真的鉴别,是能够得出明确结论的。

---

[1] 日本外务省:《日本外交文书·满洲事变》,第1卷第1册,奥村印刷株式会社,1977年版,第519页。
[2] 清水秀子在《关于日本外交文书〈满洲事变〉》一文中指出,有关满洲事变的外务省文献,约有一半被烧掉了。载日本杂志《军事史学》(1982年),第18卷第2号。

一

　　日本帝国主义妄图吞并中国东北由来已久,这是日本大陆政策继吞并朝鲜之后又一个重大步骤。

　　早在第一次山县有朋内阁时就正式拟定了向外扩张的大陆政策。日本政府正是根据他提出的"主权线"和"利益线"的侵略逻辑,"充实兵备",于1894年发动了中日甲午战争,强迫清政府签订了丧权辱国的《马关条约》,妄图从台湾、东北南北两个方面将其侵略魔爪伸入中国。

　　以1900年八国联军侵华事件为契机,日本确定了"南守北进"的侵华路线,要同西方列强共同瓜分中国,在中国建立势力范围。这样,南下的俄国和北上的日本于1904年发生了争夺东北的侵华战争。日本侥幸取胜,夺取了辽东半岛和中东路南段等"权益",南满成了日本的势力范围。

　　辛亥革命时,第二次西园寺内阁制定了伺机独占中国的新侵华政策。关于东北问题,决定"专待对我国家有利之时机到来",就一举从"根本上解决满洲问题"①。作为日本政府,这是第一次正式表示伺机占领中国东北。山县则急于出兵,1912年1月初提出了《乘中国骚乱出兵满洲》意见书,接着日本军人和大陆浪人就搞了"满蒙独立运动",在此前后,日本政府还同俄国签订了四次瓜分东北、内蒙的密约。

　　第一次世界大战被日本统治集团看成是发展日本"国运"的一大"天佑"。大隈内阁以"参战"为名,侵略山东,提出了"日本外交史上野心最大的对华二十一条要求"②。其核心内容之一的第二号,就是要永远占领"满蒙"。关东都督中村觉据此在五六月间接连向日本内阁提出了《满蒙开发意见书》《关于满洲驻扎陆军的意见书》《关于奉天省将军及巡按使任命的意见书》;日本驻华公使也于1916年10月照会中国,要求中国承认日本在"满蒙"任何地方"有派驻警察之必要"③;与此同时,又搞起了以日本内阁为后

---

① 邹念之:《日本外交文书选译——关于辛亥革命》,中国社会科学出版社,1980年版,第110页。
② 日本外务省百年史编纂委员会:《外务省百年》上,原书房,1969年版,第788页。
③ 威罗贝:《外人在华特权和利益》,王绍坊译,生活·读书·新知三联书店,1957年版,第362页。

台,由军部直接掌握,目的在于从中国分离东北的第二次"满蒙独立运动",妄图将东北变成第二个朝鲜。

西原借款是寺内内阁为了把段祺瑞政权"改良"为在日本"指导"下的维护日本在华"优越地位"的亲日政权,甘冒蚀本的风险,借贷给段祺瑞的最大一笔款项。其实,这里还有一个不可告人的目的,就是借此推行日本、朝鲜、"满洲"的一体化。至于诱使段祺瑞签订的"共同防敌协定",其直接目的则是以出兵西伯利亚为名,将参与共同行动的中国军队置于日本司令官的指挥之下,占领北满。

在第一次世界大战期间已跻于世界"五强三大"①之列的不可一世的日本,因战后立刻陷入内外交困的危机深渊之中,不得不收缩其向外扩张的势头。在华盛顿会议上,关于海军力量对比问题,向英美做了些让步,山东问题也表现出某些松动,但唯独"满蒙"的"权益"死守不放,不容讨论。所谓"满蒙是日本生命线"的侵略思想就是从此以后逐渐形成的,日本吞并东北的意识更加牢固了。

臭名昭著的东方会议所制定的《对华政策纲领》,竟说什么"满蒙"在"国防上以及对国民生存上具有重大利害关系",为"维护我之既得权益乃至于悬案的解决"、"断然采取自卫措施"②。田中内阁决定了武力侵占"满蒙"的方针。正因此,日本三次出兵山东,关东军也本着东方会议宗旨,制定了解除奉军武装、占领东北的计划,并作了部署。张作霖因此成为日本妄图吞并"满蒙"的牺牲品。但关东军所期待的混乱局面并没有出现,田中也感到国内舆论和国际疏通准备得还不够充分,便令军部停止执行武装占领东北的计划。日本想通过炸死张作霖制造混乱进而军事占领东北的阴谋虽未得逞,但并没死心,从中总结了教训,准备再干。实际上是为发动"九一八"事变做了一次预演。

上述内容说明,"满洲问题之根本解决",是"帝国政府必须经常策划,不遗余力的"③,但"九一八"事变前,虽有多起策划,均未得逞。二十年代末 30

---

① "五强"指美、英、法、德、日五个帝国主义国家。"三大"指美、英、日三大海军国家。
② 日本外务省:《日本外交年表及主要文书》下,原书房,1966 年版,《文书》类第 101—102 页。
③ 邹念之:《日本外交文书选译——关于辛亥革命》,第 109 页。

年代初,日本认为国际形势有利于其对外扩张,本着"一旦遇到可乘之机自应加以利用"的精神,采取了"果断手段"①发动了"九一八"事变。

二

"九一八"事变的阴谋,首先是由军部策划的。远的暂且不论,仅从大正昭和交替时期的军阀头子宇垣一成说起。宇垣从大正十三年任清浦内阁陆相以来,除田中内阁外,连任四届内阁陆相,长达五年之久,是陆军由老军阀到新军阀转变过程中承上启下的关键人物,对昭和新军阀的形成有深刻影响。昭和初年,他就表示"要有大的策划",以实现他"多年的抱负"②。他还在《支那现局对策》中具体写道:"帝国必须以不成文的国策为基准"、"倾注全力"、"独断迈往",以"使帝国在中国的权益得到比今天更大的发展"、"不管发生什么情况,在满蒙的特殊地位绝不允许有丝毫的损害"、"必要的话,当机立断"③。显然,他的"最终希望",就是侵略中国,向外扩张。④

众所周知,田中内阁是最富于侵华的内阁之一。但宇垣尤感不足,批评田中内阁的"满蒙政策"、"给人以胆小怕事之感"、"没有触及问题的要害"⑤。所以当森恪(外务次官)从中国东北回到日本顺路访问他时,批评森恪说:"对满蒙的工作,同出兵山东一样,都是一些如同笨拙的外科医生似的琐碎动作",并催促说:"要想确立帝国在满蒙、沿海的地位,就得显示出不惜以实力来维持东三省安全的坚强决心。"⑥十天后,他又在日记中写道:"喂!向北满跃进!前进!"⑦

宇垣把自己要吞并中国东北的野心和盘托出的,应该说是他在1928年9月写成的《关于对华问题管见纲要》(以下简称《纲要》)。他主张日本对"满蒙政策的基点"有四:"一、合并到帝国领土之内;二、使其独立,成为帝国

---

① 邹念之:《日本外交文书选译——关于辛亥革命》,第109页。
② 宇垣一成:《宇垣一成日记》I,篠竹书房,1968年版,第559页。
③ 同上,第562页。
④ 同上,第558—559页。
⑤ 同上,第590页。
⑥ 同上,第597页。
⑦ 同上,第601页。

的保护国；三、进一步图经济之发展和权益之伸张；四、维护现有权益。""究竟以哪个基点发展之",要视"立足点的坚实情况"和"施展外交手段取得英美各国的谅解程度"而定,并认为只要做到了这些,"对付中国,达到预定目的,就像一举手一投足那样容易"①。

军部根据宇垣的《纲要》,从 1930 年下半年开始酝酿,至翌年 4 月,拟成了《昭和六年度情势判断》(以下简称《判断》)。这个《判断》与以往的不同,是以"满蒙"问题为中心内容。它要求军部下决心"解决满蒙问题",并规定了解决"满蒙"的三个步骤：第一步,建立在中国中央政府下的亲日政权；第二步,成立脱离中国的"独立国"；第三步,由日本领有,成为日本国土的一部份。② 宇垣还在 1931 年 4 月初召开的师团长会议上强调"日本不是一个完整的经济单位,非解决满蒙问题不可。"③负责拟定《判断》的参谋本部情报部长建川美次更露骨地说："帝国的国策就是不失时机地获得国外领土或扩大势力范围","适合这个目的的地方,从各个角度来看,就是(与日本)接壤的满洲及东部内蒙古……"④不难看出,日本军部已经把武力占领中国东北看成是贯彻"帝国国策"的必然步骤了。

"九一八"事变时,宇垣虽然已经不任陆相,但当时军部的负责人,从陆相南次郎、参谋总长金谷范三到次官杉山元、次长二宫治重,以及军务局长小矶国昭、军务课长永田铁山等,都是由于宇垣的推荐或提拔才得以担任这些被视为军部内部最有影响的职务的。关东军司令官本庄繁、奉天特务机关长土肥原贤二也是由于宇垣的事先安排,才赴任其职的。军部完全被宇垣军阀系统控制了。所以当南次郎于 1931 年 4 月中旬一上任就称赞《判断》："很好,我完全同意。"⑤并决定成立以建川为首的由永田铁山等五课长参加的申议"满蒙"问题的秘密机构,制定了《解决满蒙问题方策大纲》(以下

---

① 宇垣一成:《宇垣一成日记》I,第 691 页。
② 参阅小林龙夫等:《现代史资料(7)满洲事变》之十四《昭和六年四月制定的参谋本部情势》和日本国际政治学会·太平洋战争原因研究部:《走向太平洋战争的道路》第 2 卷《满洲事变》之第 1 编第 1 章第 3 项。
③ 日本国际政治学会·太平洋战争原因研究部:《走向太平洋战争的道路》第 1 卷,《满洲事变前夜》,朝日新闻社,1963 年版,第 388 页。
④⑤ 藤村道生:《研究现代史之课题》,日本《世界》杂志,岩波书店,1983 年 1 月。

简称《大纲》）。① 主要内容是：第一，一年之后对中国采取军事行动，即发动侵华战争；第二，对内制造侵华舆论，争取国内的理解；第三，对外离间中国与各国的关系，争取西方各国对日本的谅解、同情；第四，制定侵略中国的作战计划。军部定下了侵华的时间表。

此后，军部为煽起国内的侵华舆论，开展了多方面的活动。7月初，小磯在杉山的指示下，向内阁成员介绍了"满洲情况"②，16日又出席了陆军与新闻界人士的聚会，叫嚷"建立伪满洲国的必然性"③。8月初，陆相南次郎在军司令官、师团长会议上发表"训示"，说什么"满蒙地方，无论从国防上、政治上、经济上来看都与帝国的生存、发展有着极其密切的联系"，鉴于当前"满蒙"、"事态的严重化"，要求军人"恪尽职守"，做好完成军人"本分"的"精神准备"④。这实际上是对陆军高级干部的一次侵华战争的动员。

应该特别指出的是，军部在大力制造侵华舆论的过程中，别有用心地利用了"中村事件"。在中日双方就这一间谍案件进行交涉过程中，南京政府和东北当局在日方的压力下，准备接受日方的无理要求，了结此案。军部担心此案了结将失掉发动侵华战争的一个重要借口，便抢先让报界公布了"中村事件"。8月17日《东京朝日新闻》晚报，以头版头条，用蛊惑人心的醒目标题，对"中村事件"作了歪曲报道，以此为契机，在全日本煽起了仇华侵华的沙文主义狂潮。8月24日，小磯向外务省递送了一份关于"中村事件"若得不到解决就占领北满的意见书，这是军部向外务省提出的对中国发动武装侵略的正式文件。9月7日这一天，外务省亚洲局同陆军省军务局磋商决定"采取一切报复手段"⑤；参谋本部和陆军省就"中村事件"正式决定采取强硬态度，小磯还向贵族院一个团体表示，在"中村事件"交涉中，一定要"贯彻大陆政策的坚定信念"⑥；十六师团第三联队的飞机，在福井、金泽、富山、松本等地上空，散发十万张绘有日本在"满洲"所攫取的特殊权益图解的

---

① 小林龙夫：《现代史资料（7）满洲事变》，篠竹书房，1964年版，第164页。
② 原田熊雄：《西园寺公与政局》第2卷，岩波书店，1950年版，第4页。
③ 胜田龙夫：《重臣们的昭和史》上，文艺春秋，1981年版，第115页。
④ 小林龙夫：《现代史资料（7）满洲事变》，第150页。
⑤ 日本国际政治学会·太平洋战争原因研究部：《走向太平洋战争的道路》，第414页。
⑥ 《东京朝日新闻》，1931年9月8日。

传单。11 日,军部首脑就实力报复的具体做法研讨了两小时之久。同一天,三省二部(外务省、陆军省、海军省、参谋本部、军令部)的有关课长集会,一致认为应"利用中村事件解决铁路等所有(满蒙)悬案"①。

日本朝野两大政党,在利用"中村事件"煽动侵华的歇斯底里的叫嚣中也不甘示弱。在野党与军部串通一气,该党的负责人森恪在一次集会上挑拨说:"满蒙实际上已处于交战前夕的可怕的对立状态中","只有发动国力",才能"解决问题"②。执政党民政党在万宝山事件时就扬言"为保卫我国生存,将不惜任何代价愤然崛起"③。9 月 7 日又成立了所谓确保"满蒙"权益的"对华特别委员会",该会还表示"满蒙"权益一旦遭到"侵害","决然行使自卫权"④。14 日至 16 日间,贵族院各派围绕着"中村事件"也开展了各种活动。研究会的政务审查部集会听取土肥原关于"中村事件"等"满蒙"问题的说明。公正会也召开全体会议商议"满蒙"问题的对策。

一向以支持"协调外交"闻名,并敢于直言批评军部的《东京朝日新闻》,在"中村事件"之后,也改变了腔调。该报的 9 月 7 日社论,竟不分青红皂白,"衷心希望"日本当局"以果断态度追究中国方面的暴虐罪行"。

9 月 18 日以前,以武力解决"满蒙"的主张在日本军界、政界、舆论界中已占支配地位。军部因此认为,军部武力解决"满蒙"的立场已得到了国内的"理解",原定一年为期的发动侵华战争的时间可以提前。于是,制定了准备向内阁提出的《中村事件今后处理案》和《中村事件得不到解决情况下的报复手段》两个文件。前者内容是:"中国第二次调查员⑤回奉之后,奉天总领事立即追问调查结果,不论调查结果如何,限期(一周)答复我方要求,倘若拒绝就终止交涉,自由行动,进行报复。"⑥这实际上是对中国的最后通牒。后者内容是:"一、关东军占领洮南、郑家屯及通辽,在通辽截断打通线与四部线的联系;二、截断京奉线与满铁交叉点;三、占领奉天兵工厂。"⑦这是作战方案。"九一八"事变开始时的关东军的军事活动路线,大体上符合

---

①②④ 日本国际政治学会·太平洋战争原因研究部:《走向太平洋战争的道路》,第 414 页。
③《东京朝日新闻》,1931 年 9 月 20 日。
⑤ 东北当局在日方压迫下,对"中村事件"进行了第二次调查。
⑥⑦ 藤村道生:《两个占领和昭和史》,日本《世界》杂志,岩波书店,1981 年 8 月。

这个方案。

但是,日本军部自己也知道,对中国发动侵略战争出师无名,只能用阴谋手段,颠倒黑白,混淆视听,不宣而战。因此,改变了先让内阁做出开战决定,然后由军部发动的打算,而决定采取先由军部发动,然后由政府承认的方式,没有将这两份文件交内阁讨论。为贯彻军部的这个意图,派建川美次赴关东军所在地,实际上建川以中央代表的身份,在现场批准了关东军的发动"九一八"事变的具体阴谋计划。

关东军在贯彻日本"国策"、侵略中国方面扮演着急先锋的角色。7月就完成了发动战争准备,建川抵达奉天的前夕,制造柳条湖事件的具体部署也已完毕,只待军部批准了。建川完全了解关东军的情况,为掩人耳目,他没有直抵奉天,而是在中途本溪湖下车,与特意前来的关东军高级参谋板垣征四郎会晤。建川随身带着一封南次郎给本庄繁的信,叫关东军"慎重地干"[①]。建川就是本着这种精神,以不留下任何罪证的方式,批准了关东军按着军部意图炮制的阴谋计划。就这样,建川抵奉的当天晚上,关东军按原来的部署发动了"九一八"事变。

三

"九一八"事变时,第二次若槻内阁当政,币原喜重郎任外相。币原从1924年至1931年底,除田中内阁外,连续在五届内阁中任外相,他的外交政策被称为"协调外交"。所谓"协调外交",是日本"帝国烦闷"时期的产物。

币原开始任外相的时候,中国正处在大革命时期。币原鉴于中华民族的民族觉悟是"无法扼制的,外部压力只会促其更加觉醒"的形势[②],制定了与日本传统的以武力征服为主要手段的外交路线有所不同的所谓"不干涉"政策和"经济外交"。

"不干涉"是不存在的,但也确实改变了干涉的方式,采取从内部寻找、扶植代理人的办法来代替过去惯用的从外部进行武装干涉。正像币原的得

[①] 藤村道生:《两个占领和昭和史》。
[②] 币原和平财团:《币原喜重郎》,大日本法令印刷株式会社,1955年版,第278页。

力助手亚洲局长谷正之所供认的那样,"鼓励中国的稳健份子",来"缓和收回国权运动迅猛发展"的势头,以"抵制该国的破坏份子(革命势力)的活动。"①具体说来,就是扶植蒋介石国民党,分化革命阵营,反对共产党领导的革命势力。

币原所关注的不只是在中国某个地区建立势力范围,而是在全中国确立日本的优势,将整个中国变成日本的殖民地。他在美国的一家杂志上发表文章写道,"中国的人口和资源,对别的国家来说,只有增加贸易的意义,但对日本来说是生死所系的存亡问题"②,就反映了币原的这个思想,这也是币原外交的最大课题。在限制日本独霸中国为宗旨的华盛顿体制下,如何实现这个目标?币原对他的下属说:"今后对中国的基本方针,就是逆用九国条约。"③也就是说,通过逆用九国条约,推行经济外交,凭借地理上的优越条件,发展日本的优势,从而排挤西方列强在华势力,恢复第一次世界大战时日本独占中国的局面。

币原并不从根本上反对军事扩张,其实他的外交政策正是在继承了军事扩张的基础上建立起来的,而且又是以军事压迫为杠杆加以贯彻的。币原认为"中国应该把辽东半岛永久割让给日本"④,肯定了日本强迫中国签订的《马关条约》。他还赞赏日本的十年"卧薪尝胆的悲壮决心",终于在日俄战争和第一次世界大战中对俄、德进行了"报复",从而确立了"帝国今日的重要国际地位"⑤。他顽固坚持"二十一条要求"的"有效性"⑥,在东北问题上,币原同军部的看法同出一辙,并无原则上的悖谬。他故意歪曲历史地说,中国东北是"俄国领土","是日本把俄国赶出了(东北)",惋惜日本没有乘战胜俄国之机,直接将东北加以吞并,失掉了一次很好的机会。还说日俄战后,东北出现的"惊人发展"和"繁荣景象",都是日本"投资"和"创办企业

---

① 鹿岛和平研究所:《日本外交史》第18卷《满洲事变》,鹿岛研究会出版会,1973年版,第17—18页。
② 同上,第11—12页。
③ 同上,第13页。
④⑤ 币原和平财团:《币原喜重郎》,第274页。
⑥ 同上,第222页。

所带来的结果"①。言外之意,日本吞并东北是理所当然的。

可是,在当时的形势下,币原认为,吞并东北的时机还不成熟,扶植亲日政权比直接武装占领对日本更为有利。他担心武力征服将引起中国的反抗,同苏联的冲突,西方国家的干涉,不但难以达到预期目的,并且在关内的"权益"也有丧失的危险,若槻内阁赖以组阁的两大支柱之一"协调外交"也将碰壁,无法推行。所以,当币原得知军部阴谋在东北采取军事行动的消息后,在阁议上表示异议,并力求将军部的侵略计划纳入币原外交轨道。

军部,特别是关东军,并不像币原那样担心,相反地认为当时资本主义世界正处于经济危机之中,苏联为加强实力忙于经济建设,中国也因新军阀混战而四分五裂,恰是日本大动干戈的绝好时机,所以仍按既定计划着着进行。

内阁对此并没有采取得力措施加以阻止。这倒不是像某些学者所认为的那样,"内阁没有抑制陆军的能力。"②其实当时内阁同以往内阁一样,仍有办法控制军部。③ 之所以不加以制止,从根本上讲,军部的阴谋符合日本的"国策",币原外交与军部的扩张政策也有一致之处;从现实来讲,日本国内正处在政治危机之中,趁此机会将国内注意力引向国外,未必是下策。与其加以阻止,不如在外交上给予配合,在国际上创造一个有利日本的环境,以争取实现日本多年来梦寐以求的侵略目标。像币原这样老练的政治家,是深悟将国内危机转向国外之奥妙的。他在日本第五十七次(1930 年 1 月)议会上发表的外交演说中说:"不论哪个国家,当面临危难之时,当权者总是把民众的注意力从内政引向外交,对外采取冒险政策。"④他为了稳定国内政局,甘愿修正自己的外交政策去适应军部的冒险。正像他自己回忆"九一八"事变是怎样发生的时候所供认的:"如果政府拒绝支给军部冒险活

---

① 见币原和平财团:《币原喜重郎》,第 457—462 页,1931 年 7 月,币原同广东政府陈友仁谈话。
② 日本国际政治学会・太平洋战争原因研究部:《走向太平洋战争的道路》第 2 卷《满洲事变》,第 34 页。
③ 币原在《外交五十年》一书中承认,如果日本政府拒绝拨给军费,战争是难以发动起来的。参阅该书第 166 页。
④ 鹿岛和平研究所:《日本外交史》第 18 卷《满洲事变》,第 10 页。

动经费,当然不会发生战争。但根据当时的形势,这将意味着加快动乱的爆发。"①在币原看来,将国内动乱引向国外,一箭双雕,既挽救了国内政治危机,又贯彻了既定"国策"。乍看起来,这似乎违背了"协调外交"原意,其实不然。"协调外交"本身就是为推行日本大陆政策在特定条件下产生的权宜之计,"协调"对日本有利当然协调之,不利时就不必协调了。正因如此,内阁断定,中日战争是不可避免的。币原也决心做好应变准备,"不管出现什么样的场合,在外交上都要作到让全世界理解日本的立场"②,主动与军部协同动作。这从日军占领南满、北满、辽西的三个阶段中看得很清楚。

"九一八"事变发生后,内阁最担心的是国际干涉。因此,在国际上创造出一个承认日本在东北所造成的既成事实的局面,就成了外务方面的当务之急。日本政府发表的所谓"不扩大方针"声明,目的就在这里。其实,"不扩大方针"币原"考虑到国际关系"③,在 19 日的阁议上就提出来了,但是没有立刻公开发表,而是拖延了七天,占领南满之后于 24 日发表。显而易见,日本之用心在于肯定扩大战争基础上,回答 23 日国联对中日两国发出的紧急通告④,麻痹国联。这个把外务和军部的意见归纳在一起的,由军部起草,以政府名义发表的声明,可算是国际关系史上贼喊捉贼的杰作。日本政府明明知道,"九一八"事变是由军部一手策划挑起的,但声明却说"中国军队"、"破坏南满铁路"、"袭击我守备队",日军被迫"自卫",日本内阁十分清楚,策划"九一八"事变的目的就是要一举占领中国东北,声明却说"没有任何领土要求",日本内阁刚刚批准驻朝日军越境侵入中国东北,扩大战争,声明却说采取了"不扩大方针",并诡辩说占领吉林是"解除威胁",驻朝日军越境是符合国际协定的"合法"措施。显然,日本内阁妄图通过声明,既要肯定这场侵华战争,又想骗取西方大国的谅解。

与日本政府声明的同时,币原又分别照会国联和美国,表示日本"恪守

---

① 胜田龙夫:《重臣们的昭和史》,第 136 页。
② 重光葵:《重光葵著作集①昭和的动乱》,原书房,1978 年版,第 25 页。
③ 币原喜重郎:《外交五十年》,原书房,1974 年版,第 170 页。
④ 国联这个紧急通告,不分是非地要求中日双方"交换意见,探讨立刻撤退各自军队的办法","不要采取恶化现状或有碍和平解决的措施"。貌似中立,实际是偏袒日本。

不扩大方针"①,"遵守国际法和国际协定","尽快地","圆满地解决日中纷争"②,在币原外交的积极活动下,美国相信日本的"诚意",并认为日本政府能够控制局面。③ 国联也于9月30日通过决议,承认日本政府声明中的"没有任何领土目的"的说法,支持日本提出的撤兵先决条件,即"确保日本臣民的生命、财产安全",并要求中国当局承担起这项"责任"。④ 西方大国没有把"九一八"事变看成是国际重大事件,听任日本肆意侵略,形成了有利于日本侵略的国际环境。

其次,关东军占领吉林之后,集中兵力于长春,采取进犯北满的态势。外务省并不反对占领北满,但担心用军事手段强行北进,可能引起苏联干涉,甚而导致日苏冲突。币原外交的得力助手、日本驻华公使重光葵就曾顾虑重重地致电内阁,"万一我军开入北满,不难预料,将引起与俄国的冲突,事态可能恶化"⑤。那么,采取什么办法,既可占领北满又不至于引起苏联干涉呢?币原认为最好的办法就是扶植傀儡取代原来的地方政权,"不使用武力且能占领北满"⑥。所以币原放弃了事变初期对成立伪政权的消极态度,密电训令日本驻东北的外交机构,要与关东军密切合作,"参与"建立伪政权的工作,并为此提供300万日元的收买傀儡的活动经费。⑦ 10月15日,汉奸张海鹏在关东军指使下,从洮南向北进犯,同时关东军又用收买的办法,软化黑龙江省抗日将领马占山,妄图实现"和平接管政权"。⑧ 可是,张海鹏并不顶用,马占山也不肯就范。于是,关东军决心不惜与苏联一战,也要亲自动手占领北满。在军部的批准下,11月4日,关东军以马占山破坏嫩江江桥和保护日方修桥人员为名,向北出动,与马占山部交战于大兴附近,18日占领昂昂溪,19日进入黑龙江省省会齐齐哈尔。

这时,外务省立即主动地配合关东军的军事行动,照会苏联,提出"决不帮助(马占山)枪械及他种军用材料"等要求,并以此为条件,日方保证"避免

---

① 青木得三:《太平洋战争前史》第1卷,学术文献普及会,1956年版,第164页,日本政府对国联紧急通告的答复。
② 9月27日币原对美国24日照会的答复。出处见前引书。
③ 参阅秦郁彦:《太平洋国际关系史》,福林出版株式会社,1972年版,第199页。
④ 青木得三:《太平洋战争前史》,第165页,9月30日国联决议。
⑤—⑧ 重光葵:《重光葵著作集①昭和的动乱》,第26页。

使苏联利益遭受损失"。对此,苏联政府声明,"对日本政府力求不使中东路遭受损失""深为满意",并表示"严守中立"①。日军占领齐齐哈尔的第二天,外务省又通过日本驻苏大使广田拜访苏联外交委员,再次表示"尊重"苏联"利益"②。22日,币原还通过驻美大使出渊向美国解释,要求美国信赖日本"诚意","充分谅解"日本立场,而美国则表示"放心"③。正是由于苏联的"严守不干涉政策"④和美国对日本"相当善意的谅解"⑤,才保障了日军对北满的占领。

再看一看币原是怎样配合日军侵占辽西的。关东军占领了齐齐哈尔市之后,下一步就是进犯张学良政权临时所在地锦州,为此将其主力调往辽西,又从朝鲜调来一个师团司令部和一个旅团。对此,国民党当局进一步妥协退让,提出了中国军队撤入关内的锦州中立区方案。日本是想要吞并整个东北,当然不肯接受让中立国介入的中立区方案,中国人民对国民党的投降行为也义愤填膺,坚决反对,中立区方案因此破产。

12月28日,关东军向锦州发动进攻,张学良也曾下令准备抵抗。果真如此的话,在锦州的战斗,将是自"九一八"事变以来最激烈的一场大会战。但实际上,张学良出人意料地丢弃了锦州,把部队撤入关内。翌年的1月3日,日军未经战斗就侵占了锦州。张学良为什么不战而撤?主要原因之一,就是币原以军事压力为后盾,通过外交途径,强迫张学良让出锦州。

早在10月8日关东军飞机轰炸锦州时,就引起了西方国家的警觉。美国得知日军南下辽西,逼进关内,感到震惊,于23日训令美驻日大使向日本政府提出警告,表示不能置之不理。⑥ 国联也因此于24日召开了紧急理事会。日本处境"艰难",有"急转直下之虞"⑦。币原为了扭转国际关系逆转

---

① 日本政府对苏联政府声明和苏联政府答复日本政府声明,载《革命之献》(罗家伦主编第35辑),兴台印刷厂,1965年版,总第7844—7846页。
② 日本外务省:《日本外交文书·满洲事变》,第1卷第3册,第619页。
③ 同上,第104页。
④ 见《革命文献》,总第7847页。
⑤ 日本外务省:《日本外交文书·满洲事变》,第1卷第3册,第108页。
⑥ 国际政治学会·太平洋战争原因研究部:《走向太平洋战争的道路》,第92页。
⑦ 日本外务省:《日本外交文书·满洲事变》,第1卷第3册,第565页。

的形势,一方面欺骗国联说"日本进攻锦州的说法毫无根据"①,不给西方介入提供任何借口;另一方面,于12月初,训令日本驻北平参事矢野,会见张学良,用威逼利诱卑劣手段,迫使张学良"自动"撤入关内,以达到日本占领锦州的目的。张学良在日本压迫下,想抵抗,南京不给援助,要撤兵,南京又不答应,进退维谷,犹像不定。这时日本又诱使汤尔和多次向张传达币原催促张撤兵的信息,并恫吓说:"如不撤兵,战祸将殃及京津地区。"②张的华北地盘也将难保。张权衡了对自己的利弊,又经过一段时间的徘徊,不得不决定从12月29日主动撤离锦州,一直到翌年1月2日,才从锦州撤完部队。③日本占领锦州,与其说是关东军的军事行动的结果,莫如说是币原施展外交手段的结果。

"九一八"事变期间,币原外交与军部之间既有对立又有统一,而以统一为主,二者互为里表,相辅相成,结果迅速地占领了中国东北。币原的"和平外交"同样是帝国主义侵略外交,若槻内阁也不是军部发动"九一八"事变的障碍。

四

"九一八"事变是日本帝国主义有计划发动的一场新的侵华战争,是日本大陆政策和"南守北进"侵华路线的必然产物。日本历届内阁为此煞费苦心,从未懈弛;军部也以侵华为己任,曾多次阴谋策划。"九一八"事变是日本天皇制国家意志的体现,不是几个关东军参谋头脑中的产物,当然也不是几个少壮派军人背离上司意图擅自"独走"的结果。这一点,在"九一八"事变已过去半个世纪的今天,仍有强调的必要。

以军部为首的军国主义者在"九一八"事变中起了重要作用。战前,日本是一个军国主义国家,军部在国家生活中居于特殊地位。这是因为,一、

---

① 日本外务省:《日本外交文书·满洲事变》,第1卷第3册,第565、646—647、654页。
② 日本外务省:《日本外交文书·满洲事变》,第1卷第2册,第223页。
③ 关于币原压迫张学良撤兵一事,参阅币原同矢野的来往电报,载日本外务省:《日本外交文书·满洲事变》,第1卷第2册,第205—277页。

明治宪法规定，天皇总揽国家一切大权，是至高无上的统治者，行政由内阁"辅弼"，立法由议会"协赞"，可是军队则由天皇直接统帅。军部以皇军自居，动辄以"干犯统帅权"、"帷幕上奏"、军部现役军官制等特权要挟内阁。战前内阁因军方不与合作而倒台流产的，就有四次，而内阁对军方内部事务却无权干预，军部在内阁中居于"治外法权地位"。二、中日甲午战争和日俄战争以后，军部在日本国家生活中的影响越来越大，军阀头目还常常进入政界，成为党魁，亲自组阁。军阀直接参政，制定国家大政方针。三、日本统治集团鼓励日本军人，在推行大陆政策上要敢于"独断迈往"，因此军部不断地指使下属在中国制造事端，以致发生了炸死张作霖事件、策划"九一八"阴谋，所以不难理解，"九一八"事变为什么是由军部一手策划的了。

日本政府在贯彻大陆政策、吞并"满蒙"方面也是举足轻重的，更不能说日本政府反对军部发动战争。其实，阴谋策动固然是军部，但方针决策还是出自内阁。军阀内阁在这方面的作用如上所述，此不赘言，就是官僚、政党内阁的作用也不能低估。决定伺机一举从根本上解决"满蒙"的，是西园寺官僚内阁；乘大战之机提出灭亡中国的二十一条要求，妄图永远占领"满蒙"的，是大隈政党内阁；在华盛顿会议上坚持二十一条要求的"有效性"，死守"满蒙权益"的，是"平民首相"原敬内阁和无党派币原喜重郎外相，从这里也可以看出，在"九一八"事变上军部与内阁是一致的。

当然，也不应否认内阁与军部在决定侵华的时机、采取的方式和施行的步骤等方面有所不同，但是不管军部怎样"独断迈往"和内阁对军部如何不满，在侵华问题上始终都是以不妨碍贯彻日本的基本国策为前提的。所以二者的对立最终还是统一起来。"九一八"事变前，往往统一于内阁方面，但以"九一八"事变为转机，此后则往往统一于军部方面。

（作者郎维成，东北师范大学外国研究所，原文刊于《世界历史》1985年第2期）

略论美国对"九一八"事变的态度

易显石

1931年日本帝国主义制造的"九一八"事变,以及随后发动的侵略中国东北的战争,使中国陷入空前的民族危机之中。这次事变不仅极大地震动了全中国人民,而且也在世界上引起了强烈的反响。世界各国人民同声谴责日本帝国主义的侵华罪行;各国政府也做出了相应的反应。当时已成为世界大国的美国对此持什么态度呢?近二三十年来,我国历史学界不少人将美国视为日本帝国主义发动侵华战争的帮凶,而且认为是头号帮凶。回顾一下这个时期的历史,我们发现上述结论并不完全符合历史事实。本文丝毫无意否认美帝国主义在中国近、现代史上所犯的一些侵华罪行(如参加八国联军侵华和支持蒋介石政府反共反人民等),只是试图从实际出发,对美国政府在"九一八"事变中所持的态度,做出实事求是的评价,以便恢复历史的本来面目。

一、矛盾重重势难合伙

为了弄清美国对待"九一八"事变的真实态度,首先有必要探讨一下"九一八"事变前的美日关系,特别是它们之间围绕中国问题的关系。

为了争夺势力范围,美日两国在太平洋上的角逐,从20世纪初即已开始。当时,美国的势力范围已扩展至夏威夷与菲律宾;日本帝国主义早侵占了我国领土台湾。日俄战争后,沙俄帝国主义的势力被逐出中国东北地区的南部,日本帝国主义又乘机向这个地区扩张势力,而美国也想染指东北,提出过锦瑷铁路和"诺克斯计划",试图取得东北的铁路建筑权和贸易特权。此后,日本又乘德国在第一次世界大战中战败之机,夺取了德国在我国山东省的"权益"。至此,日本帝国主义的势力深深地侵入到了我国东北和山东内地。在这以后,日本在我国的经济势力也迅速增长。据统计,1930年日本对华贸易总额为六亿零一百九十三万海关两,占中国对外贸易总额的27.3%;对华投资为二十七亿日元,占日本对外投资总额的96%。① 特别是在中国的东北地区,日本势力更是居于绝对的优势地位。1930年日本对东北地区贸易总额为二亿七千九百七十四万一千海关两,占东北对外贸易总额的40.1%;1928年对东北的投资额为十五亿一千零七十五万四千日元,占东北地区外资总额的73.2%。

日本帝国主义这种不断扩张其在华势力、妄图独霸中国、特别是变中国东北地区为其殖民地的做法,同标榜"门户开放"、"机会均等"的美国的利益是不相容的。美国是一个后起的帝国主义国家,所获得的势力范围和殖民地比较少,但经济发展很快,实力雄厚。经济的迅速发展,迫切要求有一个广阔的商品市场。这就是美国在华关系中实施"门户开放"政策的根本前提。这一点从美国对华经济关系中可以看得很清楚。据统计,1930年美国对华贸易总额为三亿六千四百二十八万六千海关两,占中国对外贸易总额的16.5%。② 美国的对华投资,所占比例远远低于其对华贸易所占的比例,这表明美国最重视的是商品市场。而且就连美国的对华投资部门,主要也都集中在商业、金融业方面。例如,1927年美国对东北地区的投资为二千六百四十万日元,其中商业、金融业为一千九百二十万日元。这样的经济利害关系,决定着美国的政治立场和态度。日本帝国主义企图打破现状、独占中国、变中国东北为其殖民地的做法,势必严重损害美国的在华利益。

帝国主义国家之间的尖锐利害矛盾,迟早将导致战争。日本的军国主义者们早就预见到了这一点,而且已在认真地进行战争准备了。1930年5

---

①②《国闻周报》第8卷第50期《最近列强与中国之经济关系》。

月,"九一八"事变的实际策划者石原莞尔,在他为陆军大学学生编写的一份讲话材料中明确指出:"日美战争必将到来之命运,是二十世纪最大、最重要的事件,将成为世界历史的转折点。拯救没有和平之中国,是日本的使命,同时也是拯救日本自己的唯一途径。因此迫切需要排除美国之干扰。"① 1931年3月,"九一八"事变的主要策划者、关东军高级参谋板垣征四郎,在他写的一本小册子中说:"我认为,如果出现太平洋波涛险恶的时刻,那必定是由中国问题引起的;如果有干涉我帝国对满蒙问题政策的国家,那必定是美国。"② 1931年4月,石原莞尔又代表日本关东军制订了一个《解决满蒙问题作战计划大纲》,或称《对美战争计划大纲》。这个大纲明确规定要将我国之东北和美国的势力范围区菲律宾、关岛、夏威夷,化为日本之领土,并以美国为敌国。③ 这样两个矛盾重重、尖锐对立的国家,是很难想象它们之间能够联合发动侵华战争的。

二、从观望到对抗

美国政府对待"九一八"事变的态度,有一个变化过程;在前后两个阶段里,其态度是不尽相同的。

从事变爆发到同年11月中下旬为第一阶段。在这个时期里,美国基本上是采取消极观望、无所作为的态度;虽然在10月8日日本飞机轰炸锦州后,其对日政策渐趋强硬,但并没有采取什么积极行动。

"九一八"事变的发生,对美国的震动颇大,因此美国迅速同国际联盟取得了联系,以图采取比较一致的行动。9月20日,美国国务院远东局局长霍恩贝克奉国务卿史汀生之命,召见了日本驻美大使出渊胜次,对事变的发生表示"惊讶"。9月24日,美国政府以内容相同的照会一份,致中、日两国政府,对事变表示"遗憾"、"忧虑"。希望中日两国政府命令军队,避免再有战争,各自调处其武装军队,令附合国际公法与国际协定,并避免足以妨碍

---

① 角田顺编:《石原莞尔资料》,原书房,1971年版,第48页。
② 小林龙夫、岛田俊彦、稻叶正夫编:《现代史资料》7,三铃书房,1965年版,第142页。
③ 角田顺编:《石原莞尔资料》,第70页。

用和平方法,达到解决歧见之举动。① 在这里没有区分侵略者与被侵略者。只是笼统地希望以和平原则、按国际条约解决争端。这表明当时美国政府的态度是暧昧的,是消极的。

10月8日,日本侵略军进一步扩大军事行动,开始轰炸锦州,激起世界各国的公愤。10月9日,美国内阁会议第一次讨论"九一八"事变问题。国务卿史汀生在会上指出:日本的行动表明,它已把各项国际条约"视如一张废纸"。会议同意向国际联盟理事会派出代表,参加讨论"九一八"事变问题。并于10月10日召见日本驻美大使出渊,就日本飞机轰炸锦州事,向日本提出警告。但也只是空喊一阵,缺乏实际行动。美国政府采取这种消极态度的原因是多方面的:

第一,严重经济危机的影响。"九一八"事变爆发时,美国正处于世界资本主义经济危机的高潮之中。为了应付经济危机引起的经济混乱、阶级斗争激化等问题,政府头目忙得不可开交,疲于奔命,没有更多的精力顾及外交事务。史汀生在他后来写的回忆录中谈到了当时的情况:"假如有什么人从可以避免世界干涉的观点出发,而策划了'九一八'事变的话,那么可以说这确实是选了一个最好的机会。"②

第二,恐战病的影响。美国政府看到了日美之间的尖锐矛盾,并预料到未来的日美战争难以避免,但十分害怕当时发生日美战争。1931年10月间,史汀生向美国总统胡佛提出了两条行动路线:其一是对日本实施某种形式的集体经济制裁;其二是运用外交和世界舆论的力量支持中国。当时胡佛的态度是,对第二个方案表示完全同意,对第一个方案则表示十分担心。他认为"经济制裁如运用于大国,则意味着战争"。他在后来写的回忆录中谈到这件事时说:"我们不可进行战争,并且不可实施任何形式的经济制裁或军事制裁,因为那将是导致战争之道。"③美国之所以害怕当时发生战争,主要是认为军事上的准备不充分。当时胡佛曾令其军事顾问就对日作战问题进行研究,结论是,准备工作还需要4—6年才能完成;而且在战争期间,

---

① 《国闻周报》第8卷第39期第7页。
② 转引自江口圭一等:《太平洋战争史》1,青木书店,1974年版,第290页。
③ 高木八尺:《日美关系之研究》上,东京大学出版会,1968年版,第61页。

可能还得被迫从菲律宾等地撤退,这是美国不愿意发生的事情。

第三,反苏主义的影响。美国同日本之间虽然存在着尖锐的利害矛盾,但作为一个帝国主义国家,在反对社会主义苏联这一点上,则是共同的。这是美国政府在事变发生后的初期持观望、消极态度的原因之一。日本帝国主义发动"九一八"事变后,美国政府确实希望日本北上进攻苏联,以便坐收渔人之利。1931年10月中旬,美国总统胡佛在内阁会议上散发了一份备忘录,其内容是:"假如日本人明确地这样声明,即'我们(日本人)已不能遵守各项条约,因为在中国,这些条约所期待的秩序没有恢复,这是必须注意的。中国的国土大半已经布尔什维克化,并与俄国合作……满洲陷于难以容忍的无政府状态。……北面与布尔什维克的俄国为邻,如果侧面再有一个布尔什维克化的中国,那就将危及我们的生存。为了恢复中国的秩序,九国条约签字国是否协助我们,让我们为了自己的生存而去恢复秩序吧!'美国不参与这项活动,但也提不出更多的异议。"[①]这份备忘录充分地反映出了美国政府反苏主义的心理状态,但它没有成为美国政府的实际行动。因此,不应当简单地把这看成是美国政府协助日本帝国主义侵略中国、即作为日本侵华帮凶的罪证。

第四,错误认识的影响。"九一八"事变爆发后的初期,美国政府的一些头目错误地认为,"九一八"事变只是日本关东军的少数法西斯军人搞的,似乎同日本政府无关,因此对日本政府存在着幻想。史汀生在他9月23日的日记中说:"我的课题是要日本知道,我们在监视着他们;同时又要协助站在正确立场的币原[②],使之不陷入国家主义煽动者的圈套。"他还说:"我们相信,让日本外务省与币原自由地收拾时局是明智的。"[③]

由于上述几个方面原因的存在,使美国政府初期对"九一八"事变持消极观望态度,因此可以说,在事变后的前一个时期里,美国没有起什么积极作用。

11月中下旬以后,随着日本发动的侵华战争的不断扩大,美国的在华

[①] 岛田俊彦等:《走向太平洋战争之路》2,朝日新闻社,1969年版,第356页。
[②] 币原:即币原喜重郎,当时的日本外相。
[③] 岛田俊彦等:《走向太平洋战争之路》2,第346页。

利益也受到越来越严重的侵害。即：在政治上，日本武装进攻中国，是对明确规定保障中国领土完整的九国条约（华盛顿条约）和非战公约（凯洛格公约）的侵犯，也是对上述两项条约的主要签字国美国的挑战。是否维护这两项条约的基本原则，直接涉及美国的国际信义和威望；为了美国本身的利益，至少也需要从道义上维护这两项条约的基本原则。在"九一八"事变后的前一个时期里，由于前面已经叙述过的几个方面的原因，美国政府采取消极应付、委曲求全的态度；而到这时，美国政府已经发现，过去认为日本能够很快撤退侵略军和进行反苏的设想，是很不现实的，幻想完全破灭了，已没有继续忍让下去的余地。在经济上，东北地区是美国对华贸易的重要商品市场，1929年的美国对东北贸易总额，为三千五百八十一万四千海关两，占美国对华贸易总额的10.3%。特别是东北地区作为一个潜力很大的商品市场，美国对它抱着很大的希望。但是日本侵占东北后，这里就将成为它的独占市场，再也不会容许别国的经济势力存在。对美国说来，当然就意味着它在东北地区的经济利益，将损失无遗。作为世界大国和海军强国之一的美国，当然不会甘心接受这种近似屈辱的局面。这样，就促使美国逐渐改变其对待"九一八"事变的消极观望态度，而采取一种比较积极的、同日本侵略者相对抗的政策。

美国政府这种政策上的转变，从日军轰炸锦州起，即已逐步开始。当史汀生接到日军轰炸锦州的报告时，他表示："尽管出渊答应撤军，但日军不仅没有缩小军事行动，反而扩大了军事行动。"因此，"我们可能将不得不对日本采取断然的积极立场"[①]。美国的这种态度虽然没有立即化为实际行动，但毕竟比前一阶段要积极一些了。

11月19日，史汀生召见日本驻美大使出渊，指出日本的行为是"对非战公约和九国条约的侵犯"，对日本的侵略行为进行了比较明确的谴责。出渊在会见史汀生后，心情沮丧地告诉日本《大阪每日新闻》特派员说："现已全无乐观之余地"。同时，美国过去对日本政府的错误认识，这时也开始有所改变。史汀生在同一天里曾经这样说："我们以往与之交涉的日本政府已

---

① 绪方贞子：《满洲事变及其政策的形成过程》，原书房，1966年版，第142页。

不掌握统治权,时局完全掌握在疯狗手中。"①对日本政府所抱的幻想开始破灭。接着于11月22日,史汀生再次召见日本大使,对日本扩大侵华战争的行动提出警告,并指出:"派遣国联调查团而不规定停止战斗是没有道理的。……对锦州的进攻,没有辩解的余地,是侵略行为。这种进攻如果进行下去,那么为和解而做的努力是无益的。"②美国政府一面警告日本,一面谋求具体的对策。史汀生曾在11月27日,提出一个对日本实行经济制裁的方案,但因美国政府内部意见不一致,而未能实施。

12月8日,美国政府通知日本:美国对东北局势极为关切,将认为日军占领锦州为极不幸事件,并指出九国条约规定保障中国领土之完整,非战公约则规定不许以战争为达到国家政策之目的,因此要求日本政府尊重对上述两项国际条约所承担之义务。接着又于24日照会日本政府,警告日本不要与锦州方面的中国正规军发生冲突。③ 由于美国政府的严厉警告,以及中国人民的英勇反抗斗争,迫使日本侵略军曾经一度停止对锦州的进攻,使锦州地区的沦陷时间推迟了一个月。

日本侵略者根本不顾世界舆论的反对,于1932年1月2日占领了锦州。至此,日本为侵占中国东北而发动的军事进攻已基本结束。对于这样的局势,美国当然是不愿意接受的。1月7日,美国照会日本政府(并以内容相同的照会致中国),宣布对东北地区改变了的现状不予承认。这就是有名的"不承认主义",或称"史汀生主义"。照会中指出:

……鉴于目前的局势及在此局势下美国本身的权利与责任,美国政府认为它有义务照会日本帝国政府及中华民国政府,美国政府不能认许任何事实上的情势的合法性,也不拟承认中日政府或其代理人间所缔订的有损于美国或其在华国民的条约权利——包括关于中华民国的条约权利——包括关于中华民国的主权、独立或领土及行政完整,或关于通称为门户开放政策的对华国际政策在内——的任何条约或协

---

① 高木八尺:《日美关系之研究》上,第61页。
② 岛田俊彦等:《走向太平洋战争之路》2,第361页。
③ 《国闻周报》第9卷第1期,第11页。

定；也不拟承认用违反 1928 年 8 月 27 日中日美均为缔约国的巴黎公约之条款与义务的方法而获致的任何局势、条约或协定。①

从这份照会的内容来看，美国政府采取这种行动的出发点，主要是为了维护其在华利益；它重申维护中国的主权、独立或领土及行政完整等原则，明确宣布不承认日本武力侵华所造成的现状，也是从它自身的利益出发的。但这样一个由世界大国美国提出来的外交声明，对不断扩大侵华战争的日本帝国主义来说，至少是等于向它大喝了一声，起到了警告作用。这不是反映了美日矛盾趋于缓和，而是反映了它们的矛盾有所发展；不是有利于日本的对华侵略，而是不利于日本的侵略。美国的照会当然有利己的动机，但把它说成是个骗局，我们认为是不公平的。

从上述历史事实中可以看出，在"九一八"事变中，美国政府的态度在几个月内是有所变化的。美国的种种表现，尽管对中国谈不上什么积极的支持，对日本却也不是什么帮凶，这看来是很清楚的。

在这里，我们想引用一段一个狂热的日本军国主义分子关于美国的评语，这对我们正确地评价美国在"九一八"事变中的表现，也许不无助益。

日本海军少将匝瑳胤次在 1932 年出版的一本书中，是这样评价美国政府对待"九一八"事变的态度的："美国立于国际联盟之范围外，始终保持不即不离之态度，有时唆使国联，有时单独行动，对日本提出严重抗议，漠视事变真相，将一切罪恶，加于日本人身上，诚令人百思而不得其解也。尤以对于满蒙民族自主的建设新政权，乃对日通牒，引用九国公约，拒绝承认，留作他日交涉之口实，其横暴骄恣，远在国际联盟之上。"②

这样一个人的评语，当然不能作为我们评价美国对"九一八"事变所持态度的标准，但是至少可以从这里看出，在日本军国主义者的眼中，"九一八"事变中的美国形象，也是很"坏"的。他们不仅没有承认美国是其侵略中国的同盟者，而且对美国抱着相当敌视的态度。这就从反面告诉我们，所谓"美国是日本帝国主义侵华帮凶"的说法，是很难理解的。

---

① 世界知识出版社编：《中美关系资料汇编》第一辑，世界知识出版社,1957 年版，第 476 页。
② 匝瑳胤次：《日本军人眼中之日美危机》，杨敬慈译，大公报社,1932 年 11 月版，第 424 页。

三、对几个问题的看法

下述几个问题，涉及如何评价美国对"九一八"事变的态度，在这里准备谈谈我们的看法。

关于美国是否从经济上支持日本发动"九一八"事变的问题。有的人认为，美国是日本最大的物资供应者，如果没有美国这种经济上的支持，日本帝国主义是难以发动侵华战争的。因此认为美国是日本帝国主义的头号帮凶。我们不完全同意这种观点。诚然，美国同日本之间的经济往来是频繁的，经济关系比较密切。在整个二十年代里，日美之间的相互贸易额，均占日本对外贸易总额的三分之一以上。不过这是在长时期中形成的传统贸易。例如 1920 年的日美贸易总额为十四亿三千八百万日元，其中由美国输入日本的贸易额为八亿七千三百万日元；1929 年的日美贸易总额为十五亿六千八百万日元，其中由美国输入日本的贸易额为六亿五千四百万日元；1931 年的日美贸易总额为七亿六千七百万日元，其中由美国输入日本的贸易额为三亿四千二百万日元。从这些统计数字中可以看出，就像前面提到的那样，日美之间密切的经济关系是长期形成的，而不是在"九一八"事变前后突然建立起来的。相反，如果从贸易额看，1931 年还比前几年差不多减少了一半（当然，这主要是由于世界资本主义经济危机造成的）。因此，我们认为这个时期美国同日本的经济关系，是正常的相互贸易关系，不能看作是从经济上支持日本侵华的特殊关系。至于从美国输入日本的物资，是否在客观上起到了这种作用，这倒是可能的。不过这是另外一个问题，资本家是追求利润的，在美日两国还没有直接交战的情况下，要求资本家自动放弃传统的、有利可图的日美贸易，显然是不现实的。在这里，我们只能从道义上谴责资本家唯利是图的本质，而不应得出支持日本侵华的政治结论。

关于如何看待美国报刊舆论的问题。有的学者往往引用当时美国某些报刊支持日本的言论，作为美国政府支持日本侵华的根据，然后做出美国是帮凶的结论。我们不同意这种看法。的确，"九一八"事变爆发后，美国的一些资产阶级报刊，曾经发表过一些支持日本侵华的评论，如《纽约日日新闻》

在9月25日的评论中说:"日本自俄国继承满洲,努力开发,至于今日,其功绩之伟大,为世人所公认。"①11月14日的《纽约论坛报》则说:"日人军事行动为对于中国废除不平等条约政策所不能免之反响。"②应当怎样看待这些评论呢？大家都知道,美国是一个标榜言论自由的资本主义国家,在不危害垄断资产阶级根本利益的前提下,无论个人和报刊,均可自由发表言论,包括发表与政府意见不同的言论。因此,不能笼统地认为所有的报刊舆论都能代表政府的观点。从"九一八"事变爆发后美国报刊舆论的情况看,既有支持日本的,也有同情中国、谴责日本的,而且大多数都属于后者。如9月21日的《纽约世界电闻》指出:"日本乘各国政治经济俱感困难、手足无措之时,占领满洲,不但蹂躏开洛(即凯洛格)非战条约,连把保证中国安全的华盛顿九国公约亦视同废纸。"《纽约晚报》在9月22日的评论中说:"日本人依然不脱中世纪的东洋人。……由中国夺取沈阳,他们的凶残,没有国际信义,全然不脱支配旧日本的野蛮酋长的特性。"《国民周刊》在10月7日说:"……日本在南满已夺取了一切利权,即使日本方面所说的事实正确,然他突然以武力攻击许多南满的城市,总是无可宽恕的。这种武力的侵略,实违反开洛非战公约。"③我们认为,上述的报刊舆论,无论是支持日本的,还是反对日本的,都不能完全代表美国政府的观点。因此,以这些舆论,特别是以一个方面的舆论作为评价美国政府态度的根据,显然是不合适的。

最后谈谈关于美国政府是否反对对日本实行经济制裁的问题。情况是这样的:1931年11月16日,当国际联盟理事会在巴黎再次开会时,国民党政府代表施肇基向国际联盟提出,要求按照"盟约"第十五条的规定,对日本实行经济制裁。国联方面则要求以观察员身份出席会议的美国代表,对此表示态度。美国政府代表当即表示:美国如果要对别国实行经济制裁,必须经美国国会批准,当时国会正在休会,美国政府无权决定；但是国际联盟如果有意对日本实行经济制裁,美国当然不加反对。④ 从这里可以看出,美国只是表示自己无法决定参加此项活动,并没有反对国际联盟各成员国对日

---

①②③《东方杂志》第29卷第1号,第18页。
④ 史汀生:《远东之危机》中文摘译本,文化建设月刊社,1936年版,第34页。

本实行经济制裁。因此,当国际上传说美国反对对日本实行经济制裁时,美国政府立即公开声明否认此事。1931年11月17日,美国国务卿史汀生发表声明,否认所传"美政府私告日大使,如国联决定对日经济绝交,或召回驻日大使,美国不愿与闻"之说,但表示美国政府将自行考虑将来的惩戒问题。①

当时美国之所以没有明确答应对日本实行经济制裁,除了怕因此立即导致日美战外,还有两个原因:其一,担心在国内遭到反对和攻击。长期以来,美国国内比较普遍地存在一种反对对别国实行经济制裁的情绪。1920年国际联盟成立时,美国虽然是主要发起国,但因盟约中有对其他国家实行军事和经济制裁的规定,在国内遭到攻击和反对,终于没有加入国际联盟。其二,当时在美国政府内部存在不同意见。以国务卿史汀生为代表的一派主张对日本实行经济制裁,以总统胡佛为代表的一派则持相反意见。如前面所引材料提到的那样,1931年10月上旬,史汀生就提出了对日本实行经济制裁的行动路线方案,11月27日又一次提出了这个意见,但都没有被胡佛接受。胡佛在他后来写的回忆录中追述了这件事说:"是由美国单独进行制裁,还是同国际联盟的主要国家一起进行制裁?史汀生主张,即便是美国一国,也打算进行制裁。可是我认为,单独进行制裁将导致战争。因此,如果选定这条路线的话,就必须做好进行战争的思想准备。"②但由于美国统治集团当时缺乏不惜一战的勇气,当然也就不可能对日本实行经济制裁。不过胡佛也只是在内部表示不同意由美国出头露面,对日本实行经济制裁,并没有公开反对其他的国家这样做。再退一步说,即使美国真的反对对日本实行经济制裁,恐怕也难以仅仅根据这一件事,就得出美国是日本帝国主义侵华帮凶的结论。

(作者易显石,辽宁大学日本研究所,原文刊于《近代史研究》1980年第3期)

---

① 《国闻周报》第8卷第47期。
② 岛田俊彦等:《走向太平洋战争之路》2,第354页。

"九一八"事变后日本的对华外交及战略意图
——兼论南京国民政府的对策

熊沛彪

"九一八"事变后,日本政府和军部制定了"实现日本指导下的日满华三国提携互助",即在东亚确立以日本为霸主的国际秩序的战略目标[①],日本外交的任务因此已不仅是维护和扩大在华权益及控制局部地区,其主旨已转为拉拢和压迫中国服从日本的"指导"。围绕这一主旨,日本外务省和军部展开了新一轮对华外交。本文拟运用原始档案史料,就"九一八"事变后日本的对华战略问题,结合国民政府的对外政策,探讨这一时期日本的对华外交及其战略意图。

一、日本外务省与军部的策略性分歧

1933年5月《塘沽协定》订立后,为策划、制定确立东亚国际新秩序的战略目标,日本外务省与军部就实现该战略目标的方式发生了策略性分歧。

军部鉴于以往经验,着重于从局部着手,强调先制华北,以便逐一推进。海军方面即主张:"(一)对华北(指冀察)政权,要相当积极地援助之,以使其迅速安定华北方面的事,履行停战协定,根绝抗日排货及其他反日运动,消除党部势力,并使华北风潮转向亲日;(二)对山东山西方面的实权者也要以

[①] 见拙文《日本东亚政战略的变迁》,《早稻田大学法研论集》总第75集,早稻田大学印行,1995年8月。

此方针加以指导,使其与华北合作,逐步在事实上脱离中央政权的政令,并恢复与华北和日满两国的依存关系;(三)要使以上形势向华中华南扩展。"①陆军方面亦提出,"要适应中国的分立倾向,培养亲日分子,并促使其组织化"②。就此,关东军明确地解释说:"华北分离的实质,就在于使国民党政权沦为长江一带的地方政权或陷入趋于崩溃的命运,以利于促进日满对全中国的提携。"③这表明,日本军部企图在侵占东北后,再制华北,以利于逐步迫使中国屈从日本,实现对华总战略。

日本外务省则主张华北自治应缓慢进行,强调对华政策主要须从全盘着手,全面推进,认为只有首先使南京国民政府服从日本,才能确立由日本"指导"的东亚国际新秩序,因此着重于以国民政府为对象交涉对华"全盘问题",并提出以"经济提携"为突破口,逐步推进,以利于最终实现"日本指导下"的"日满华全面提携",即实现变中国为其附属国的目标。1934年2月26日,其亚洲局提出《关于日中经济提携方案》,强调:"目前推动政治工作相当困难,与此相反,经济问题,就其性质而言,比较容易协商,而且利害一致之事项必将有提携之机会。以此类问题为中心实行日中合作,不会招致外国干预,也不会因政府的态度而引起反政府政客的攻击。如此逐步增加日中合作事业,使日中经济关系彼我错综结合,难以相互分离,日中关系当然会随之出现新事态,所谓日中提携将必然地、也是自然地形成。"④该文件中所谓"经济提携"的具体内容是:(一)援助华北、华中地区的棉花栽培业,"为军队及三菱会社等提供便宜";(二)日清汽船与招商局之间实行提携或签订合同,以使日中间贸易畅达;(三)援助中国的纺织业,使其"成为日本纺织业的附庸",从而"抑制中国纺织业技术之进步,加强日本纺织业在华地位";(四)在金融业领域中,使"邦人银行(在上海等地)居于父银行之地位",以影响指导中国银行,并通过合作,加强对华"共同事业的投资"⑤。该文件

---

① 1933年9月25日《海军对华时局处理方针》,岛田俊彦等编:《现代史资料8·日中战争1》,美铃书房,1976年版,第9页。
② 1933年9月22日《帝国国策》,岛田俊彦等编:《现代史资料8·日中战争1》,第12页。
③ 日本外务省编:《日本外交年表及主要文书1840—1945》下,原书房,1972年版,第321页。
④⑤《关于日中经济提携方案》,日本外务省档案:《松本忠雄文书》,A1109,日本外交史料馆藏。

经广田外相阅后,即定为这一时期日本外务省对华"经济提携"的基本方针。这个文件使我们看到,日本对华"经济提携"的实质是要先从经济上逐步使中国变为其附庸,以此为基础,再进一步实现对华"全面提携",即实现对中国的控制,确立日本"指导下"的东亚国际秩序。

日本军部与外务省的上述策略表明,两者在对华扩张的方式及偏重点方面存在某些分歧,前者强调主要以武力为手段,先从局部着手,逐步控制华北,以后再进一步迫使中国屈从日本;后者则主张主要采用外交手段,从对华全盘着手,拉拢和压迫中国国民政府由亲英美转向亲日,并接受日本的"指导",一举将中国变为日本的附属国。当时,关东军正忙于经营"伪满洲国"及与北平政务整理委员会交涉《塘沽协定》的落实,尚无暇动手;外务省也未认可军部将扩张重点置于华北的要求,推出了对华"经济提携"的外交方针,日本政府亦尚未表示支持军部的上述主张,军部只得暂取静观态度,以等待有利时机。

日本外务省经过一阵策划,于1934年二三月间接连由派驻南京的总领事须磨弥吉郎与南京国民政府接触,要求在经济方面两国实施"提携"。南京国民政府此时正忙于与欧美的经济合作计划,对日本深含战略意义的"经济提携"要求十分警惕,事实上没有给予任何实质性的回复。日本外务省见英美等正以援华为手段,极力扩大在华权益,以此维护和加强在远东的主导地位,而中国方面则回避与日本交涉,因此感到必须向各国表明决意"指导"实现东亚新秩序的态度。3月中旬,外相广田弘毅接连电训指示驻美、英大使、驻华公使和驻华各地领事:"日本的权威和实力是维持东亚和平的唯一基础,因此,有关中国的国际问题,当然要以日本为主",要使各国认识到,"将日本排除在外的(对华)国际合作,将是徒劳","唯一的方法是以日本的权威和实力为背景,方可在华实行有效的国际合作"[①]。4月17日,外务省情报部长天羽英二将以上电训内容公开发表,英美等国对此反应强烈,国民政府亦发表两次声明,谴责日本企图独霸中国的野心,宣布"不承认日本在

[①] 广田外相发给驻美、英、中等国大使、公使、领事的训电,日本外务省档案,缩微胶卷,WT79, IMT593,第21页。

远东之任何特殊地位"①,对日本"经济提携"的要求则采取了迂回侧击的策略,避开其含有战略意义的要求。日本的对华外交因此陷于停滞状态。

在这种情况下,日本军部认为"经济提携"的方式难以奏效,强烈主张推行武力外交。1934年7月15日,关东军参谋喜多诚一大佐向天羽英二提出一份意见书,内称:当今世界,集团经济抬头,独裁流行,"日本不应独自超然于此种大势范围之圈外","无论其喜好与否,都要使支那与日本共同归于一个集团经济范围之内","两国提携一旦实现,全部问题将最终获得解决","但中国及中国人拒绝接受日本的主张",对此"不能听之任之","日本是东亚的指导者,这是不可否认之事实……所谓指导,从字义上看,是指示和引导之意";但以往"无论如何指导中国,均无济于事。文墨口舌之空举到底不能奏效","东洋人之东洋的主张,高唱几万回也终归是空念佛"。因此,他主张,"除有效之那个(武力——作者注)之外,别无他途"②。与此同时,日本驻华各地武官分别于11月12日和16日在青岛、上海召开秘密会议,提出不能再静观,"要实施打倒国民政府,扩大亲日区域的国策",具体办法是尽快推进华北独立运动。③ 日本外务省很快获悉这一会议的内容,随即向参谋本部提出异议,称"军部无视外交机构,自行下手之类需深加考虑。"④

鉴于在侵华手段和方式方面存在意见分歧,日本陆、海、外三省会合紧急协商,于12月7日制定了《关于对华政策之文件》。该文件首先提出:"帝国方针是要使中国追随以帝国为中心的日满华三国提携互助,以此确保东亚和平","然而,鉴于中国的现状,迅速实现此目的至为困难",因此,"首先要在中国建立强固的经济上的地位,这不但是我国对华政策的根本内容,另一方面,又是我方势力得以控制中国,并使中国不得不谋求向我方靠近的有力手段";"我方希望南京政权的政令不能达及于华北地区,但要在此际造成这种形势,我方如无行使巨大实力之决意,则实属困难。目前,要逐步在华

---

① 古屋奎二:《蒋总统秘录》第9册,台湾"中央日报社"译印,1985年版,第171页。
② 《喜多诚一大佐致天羽英二情报部长书》,日本外务省档案,缩微胶卷,S680,第440—450页。
③ 《日驻华公使馆若杉一等书记官致广田外相电》,第430号,12月13日到。日本外务省档案:《松本忠雄文书》,A1109,日本外交史料馆藏。
④ 《日驻华公使馆若杉一等书记官致广田外相电》第430号,12月13日到。

北造成南京政府之政令与华北地方的现实事态相乖离之形势,以此为目标,逐渐实现"。何为"相乖离之形势"?该文件说得很清楚,即"使华北政权成为有力之政权,并(对我方)表示诚意,我方亦以好意临之,以致力于解决悬案及维持、伸张我方权益。至少要在事实上查禁党部的活动,且使华北政权下的官职换上便于实施我方政策之人物,……造成无论何人成为华北政权之首脑,皆不能无视日满华在华北的特殊关系之状况"①。这个文件表明,日本外务省与军方经过内部协调,双方就侵华方式和近期目标做了妥协和分工。军方赞同以"经济提携"为近期对华外交总目标;外务省则承认军方在华北推行武力外交,只是要求逐步推进,以免影响对国民政府的交涉。至此,对华方针具体化,外务省和军部分头行动,以各自的方式推行对华外交。

二、日本的"二重外交"与国民政府的对策

面对日本不断提出深含战略意义的"经济提携"要求,南京国民政府十分警戒,自1934年以来一直回避与日本就此作正式交涉。制定改革币制的方针后,国民政府决定极力争取英美的援助,同时为对应日本"经济提携"的要求,也在争取日本提供贷款。1935年1月31日,孔祥熙与须磨总领事在南京会谈。孔指出:"中国目前的问题是货币问题。为克服此种困难,须得到外国资本的援助,现正与英美协商。此时,日本若在列国中率先提供巨款,将促进两国关系之好转。"②孔在日本反复提议"日中经济提携"时,避重就轻,提出借款,以整顿货币,统一全国金融。这一方面在外交上回应了日本"经济提携"的要求,同时又避开了日本的实质性要求,以防止日本资本对中国经济领域直接渗透,攫取支配地位;另一方面又可在即将推行的"币制改革"中减少来自日本的阻力。2月26日,财政部总务司长许建屏往访须磨总领事时,提出由日本提供2—3亿元长期低息贷款。3月6日,孔祥熙向须磨透露,美英两国正在考虑向中国贷款,以帮助中国整顿币制,发展生产。

---

① 岛田俊彦等编:《现代史资料8·日中战争1》,第22—24页。
② 《最近中国关系诸问题摘要》下卷,1935年12月日本外务省东亚局制定,日本外务省档案,缩微胶卷,RSP66,第194页。

4月17日,孔进一步要求须磨回答"日本政府是否有贷款之意"①。面对国民政府的借款攻势,日本政府感到,这与之业已确定的"经济提携"的方针南辕北辙,而且中国若是实现币制统一,则将有碍于日本的既定战略。于是须磨对孔祥熙说:"先决问题是从大局角度使日中两国关系的亲善具体化,至于借款之类,属商业范畴,必须尽量就其基础加以研究。"②这实际上是拒绝了孔的要求。

国民政府见日本回避商议为币制改革提供贷款,于是转变策略,转而从工业贷款方面回应日本的"经济提携"要求。6月25日,孔祥熙对须磨说:"鄙人已提出三次借款要求,未见何等回复,为有一个两国经济合作的端绪,希望日方向中国纺织业提供3 000—5 000万元贷款。"③孔不厌其烦地向日本提出借款要求,用意在于若得到借款,则可自主地缓解财政困难,发展生产;若遭拒绝,则进一步广泛寻求美英援助,使日本难以依据"天羽声明",借口受到排斥而蛮加干涉。这有利于在外交上争取主动。7月19日,孔访须磨,要求给予回复。须磨非正面地回答说:"最近,我国国内对中国提高关税多表反对。有鉴于此,在考虑日中纺织合作方案时,中国方面应首先采取缔结互惠税率协定之类的办法,从大局出发,调整两国贸易关系。"④国民政府这一时期忙于"安内",对外政策的一个主旨是暂不使中日关系进一步恶化,因此,委婉地提出愿意派遣经济视察团访日。10月9日至20日,以盐业银行总经理吴鼎昌为团长的一行34人赴日视察,"除形式上成立了日华贸易协会之外,无何等具体结果"⑤。日本外务省的"经济提携"外交事实上处于停滞状态。

另一方面,驻华日军得知陆、海、外三省已制定了以上对华北的新方针后,即蓄意制造借口,蛮横推行武力外交。1935年1月至6月,日军先后制造河北事件及张北、察东事件,随即向冀察当局提出一系列无理要求。日本

---

① 《最近中国关系诸问题摘要》下卷,第194—195页。
② 同上,第196页。
③ 同上,第197页。
④ 同上,第196—197页。
⑤ 同上,第204页。

陆军中央立即予以支持,指示驻华日军与冀察当局就地交涉,驻华各地武官予以协助。① 为胁迫中国方面屈从日军的要求,关东军调兵遣将,摆出动武的架势,日本在华北的驻屯军则出动装甲车、飞机、小炮和机关枪队示威。中国方面被迫与日军签订了"何梅协定"和"秦土协定"。这两个协定规定:国民党党部、"排日机构"撤出冀察;中央军撤出冀察,29 军撤出昌平、延庆、大村堡至长城一线以东及从独石口至张家口一线以北地区;允许日军在察哈尔设置飞机场和无线电通讯设施;察哈尔省聘请日本人为军事或政治顾问;不阻止日本在内蒙对德王工作等等。② 这些规定严重地损害了中国在冀察地区的主权,使冀察部分地区在政治上、军事上均失去控制,这有利于日军进而加以控制。

日本以"经济提携"为近期目的的"协和外交"和首先以冀察为对象的武力外交交替推行,两者均是围绕其东亚战略展开的。中国的领土、主权面临严重威胁。对此,国民政府采取了什么战略对策?"天羽声明"发表的同月,蒋介石对庐山军官训练团发表讲话时认为,中日问题"是整个东亚的问题,也就是所谓太平洋的问题。日本人所争的是整个太平洋的霸权,这就不是日本和中国两个国家的问题,而是日本和世界的问题"。日本"极力威胁、侵略我们中国,但他军事上的真正目标,不是在我们中国。为什么呢?因为以他现在的武力,要想侵占全中国,早已不成问题,但是他虽把全中国占领了,如果太平洋问题没有解决,全中国是占领不了的,所以他早已认定,非要把与太平洋有关系的几个强有力的国家统统征服之后,才能达到独吞中国,独霸东亚的目的。所以他现在陆军的目标是苏联,海军的目标是英美"③。根据日本的东亚战略来看,蒋的这种判断大致是正确的,其中流露出来的对大国的依赖思想是弱国通常都具有的。蒋对日本继续以武力侵华也有所估计。他指出:日本为准备将来发动对苏战争,"一定要先占领我们内蒙和华北各地,然后他在战争中,才可居于稳固而有利的地位",因此,"日本随时会

---

① 岛田俊彦等编:《现代史资料 8·日中战争 1》,第 65—67 页。
② 日本外务省编:《日本外交年表及主要文书1840—1945》下,第 294—295 页。
③ 秦孝仪主编:《中华民国重要史料初编——对日抗战时期》绪编(三),中国国民党中央委员会党史委员会编印,1981 年版,第 107—109 页。

来进占我们河北、绥远、察哈尔及至山东、山西这些地方"①。基于以上认识,蒋决定对内着手建设国防,对外联合苏联,加强与英美的经济合作。

早在1934年7月,蒋介石派清华大学教授蒋廷黻访苏"测探中苏两国合作的可能性"②。日军大力推行"武力外交",不断蚕食中国的领土主权时,国民政府更是谋求联苏抗日。1935年7月初,中方明确向苏方提出过可否缔结互助协定,即秘密军事协定的问题。③ 在对欧美国家方面,国民政府主要是致力于寻求经济援助,如签订商业、铁路等各种贷款协定,争取英美对"币制改革"的支持,从德国购买武器等。这些活动的主要目的是:1.加强统一体制,增强国力,促进国防建设。2.向英美等国提供一定权益,以利用美英来牵制日本独霸中国的侵略政策。这些活动是蒋及国民政府准备抗日的对外战略措施,其中不乏一些不切实际的空想,但其战略意义不宜低估。在对日战略方面,蒋及国民政府采取了拖延时日,等待国际形势变化,寻找有利时机的方针。蒋指出:"中国在他正面,美国在他后面,苏俄在他侧面,我们哪一个都知道,军事并不是专打正面,仅仅打正面不够,非将后面侧面一齐准备妥当,备置完全,徒打正面是不能作战的。"蒋还说,中国的军事、经济、教育、政治这些与日本作战的条件还远未成熟,也不能立即与日本开战。④ 蒋认为,中国的最好机会是日本与苏或美英矛盾激化至开战之时。⑤ 基于这种认识,南京国民政府的对日政策就只能是"一面交涉,一面抵抗",以拖延时日,等待国内外有利时机的到来。

因此,日本的"协和外交"得到蒋及国民政府的一些响应。1935年1月,蒋介石约见日驻华公使馆武官铃木美通时说,"无论如何,中日两国有提携之必要,愿中日两国以互相之精神努力进行"⑥。2月27日,蒋、汪联名向全国发布严禁排日令。张北、察东事件及河北事件时,蒋及国民政府不仅不反对与日军妥协,而且在同年5月又同意将中日双方公使馆升为大使馆,互

---

① 秦孝仪主编:《中华民国重要史料初编——对日抗战时期》绪编(三),第128—129页。
② 蒋廷黻:《蒋廷黻回忆录》,台北传记文学出版社,1979年版,第153页。
③ 参见王真:《抗战初期中苏在苏联参战问题上的分歧》,《历史研究》1994年第6期。
④ 秦孝仪主编:《中华民国重要史料初编——对日抗战时期》绪编(三),第109—112页。
⑤ 同上,第108页。
⑥《外交周报》第3卷第6期,第9页。

派大使。然而,日本并没有因国民政府的这种响应而满意。日军方认为,蒋介石所希望完成的任务有二项:"统一中国和对日报复",而现在中国的状态是"一方面有共军;另一方面军阀中使南京政府不快者为数不少,因此暂不愿恶化日中关系,以在此期间实现国内的统一。南京政府停止排日、排日货以及排日教育不过是表面上的",实际上则"在借款问题、航线开设问题上明显接近英美",在解决悬案的问题上,南京政府也表里不一。① 日军方认为"蒋介石的新政策是欺骗政策"②,必须促其反省。日外务省则在策划"广田三原则",计划向中国进一步提出侵略要求。

日本"武力外交"与"协和外交"齐头并进,在策略上获得一次又一次的进展,但在战略步骤方面,两者又出现了某种矛盾。"武力"外交的主旨是先制冀察,后收华北五省分治之果,以利于进一步侵华及尽快完成对苏战备。"协和外交"的主旨则是企图诱使中国改变亲美英政策,转向亲日,从而一举解决两国间的"全盘问题",实现"日本指导下的日满华三国提携"。后者要求前者为后盾,作辅助,但前者的不断推进,引起中国的高度警戒,不利于后者的实施。因此外务省感到必须牵制军方的行动,以免危害其对华外交。

"何梅协定"成立第三天,日驻华大使馆一等书记官电报外务省:这次军方的行动"是以树立华北五省自治政权为目标,此为第一阶段之工作","我国政府正在以蒋介石及汪兆铭派首脑作为对象致力于日中提携",军方的行动"与我对华政策正相反",若听之任之,"终将难以预期实施满意之政策"③。在此前一天,国民政府发布《敦睦邦交令》,日本外务省乘机通过驻华大使有吉明于6月28日发表声明,言称"事态好转","为期待日中两国国交之圆满,不能仅着眼于地方,要在全中国肃清排日风潮"④。这一方面表明,日本外务省欲通过外交手段来逐步实现政策目标,同时也表明其不赞同军方在华北这一局部地区的过分行动,不承认军方的武力外交能实现对华

---

① 日本国际政治学会编:《走向太平洋战争的道路》第3卷《日中战争》上,朝日新闻社,1962年版,第72—73页。
② 日本防卫厅战史室编:《战史丛书大本营陆军部》1,朝云新闻社,1976年版,第362页。
③ 木户日记研究会编:《木户幸一关系文书》,东京大学出版会,1966年版,第251—252页。
④ 岛田俊彦等编:《现代史资料8·日中战争1》,第71页。

外交的全盘目标,并谋求夺回外交主导权。是时,日本陆军中央也有人出于战略考虑,"希望就华北事件与外务省协调"①。如参谋本部指示关东军,"依据《梅津—何应钦协定》,已确定了日本与中国在华北相互间的势力范围及缓冲地带,……关东军不要再向南推进"②。然而,驻华日军在陆军中央的强硬派支持下,仍在寻找机会,以进一步推动华北分治。7月12日,大藏大臣藤井真信往访元老西园寺公望时表示,"以往,对华关系大体由外务省负责,军部为后盾,此为原则。……近来,军部非常强硬,外务大臣简直处于被牵着走的状态",外务省的对华外交正在展开之时,"军方又来插手,由驻华军队制造什么事端,简直不像话"③。这就一语中的,说明日本的"武力外交"至少已取得与"协和外交"平行或以上的地位,出现了军部与外务省竞相推进对华外交的局面,这在英国首席经济顾问李滋·罗斯访华前后表现得十分突出。

三、币制改革与华北自治

英国为维护在华权益和地位,策划实施援华措施。1935年9月21日,英国首席经济顾问李滋·罗斯抵上海。与国民政府协商后,英国宣布贷款给中国1 000万英镑,以支持中国实行"币制改革"。11月3日,国民政府正式宣布实行"币制改革"。这一改革意味着国民政府将加强对华北的权威和统一管理,英美也将加强在华势力,而日本的东亚政策则将遭到牵制和削弱。因此,日本军部和政府均表示反对并极力破坏。

李滋·罗斯抵中国之前,曾于9月6日至19日访问日本,就英国援华问题征求日本的意见。日本外务省为与李滋·罗斯交涉提出三点原则性意见:1. 日本是东亚唯一的"安定力量",对华援助"要以此事实为基础。即以日本为中心履行此责任"。日本尊重英国在东亚的正当权益,"但要以上述原则为第一前提,并使之彻底"。2. "英方若表示不能容许日本拥有超过英

---

① 天羽英二:《天羽英二日记·资料集》第3卷,天羽英二资料刊行会,1990年版,第56页。
② 日本近代史料研究会编:《片仓衷氏谈话速记录》上,日本近代史料研究会,1983年版,第378页。
③ 原田熊雄述:《西园寺公与政局》第4卷,岩波书店,1951年版,第290页。

国的优越地位时,我方要依据第 1 项的宗旨,彻底不能容忍英方的此种态度"。若英方承认第 1 项的宗旨,我方则对英方维持其权益之愿望,"在日英协调时给予好意之考虑"。为防止各国对日本施以新的束缚,日本反对就远东、太平洋问题召开国际会议。3."中国几乎所有的经济问题都与政治问题有密切关系……因此,必须彻底从政治立场加以考虑"①。这就确定了要使英国服从日本战略的方针。

而英国方面自日本于 1935 年 1 月起不断在中国华北挑起事端以来,不时指责日本无视华盛顿会议所定有关条约,指出日本的东亚政策"是以在亚洲大陆称霸为目标",损害了英美等在远东的地位和利益。② 因此,英国朝野出现了与美联合对日的呼声。在对华政策上,英国认为,"日本正在强行要求中国只与自己合作,此举将极大地损害英美的利益。关系各国若不公开支持中国,远东的民主主义及世界通商原则将不可避免地后退"③。基于这种认识,英国决定积极援助国民政府的"币制改革"。9 月 9 日,广田外相与李滋·罗斯会谈,李提出由英国出面促使国民政府承认"伪满洲国",以换取日本支持英国对华贷款改革币制。对此,广田说:"贷款,结果将由南京政府浪费。"④言外之意是反对英国实施这种贷款。次日,李与重光葵外务次官会谈时再次追问日方意见。重光回答说:"俟阁下在中国调查结束并制订方案后,再作充分研究。"⑤在李滋·罗斯访日的 10 天时间里,日本俨然是一副"东亚指导者"的姿态,而李却并未按日本的希望承认其在东亚享有"指导者"或"中心"的地位,也未乞求日本保护英国在华利益,因此日本一时无隙可乘,只得对李的提议暂时不置可否。

日本军方正在等待进一步推动华北自治的机会,获悉英国的援华计划后更是急不可耐。1935 年 9 月 24 日,日本新任中国驻屯军司令官多田骏少将就华北问题在记者招待会上发表讲话,即"多田声明"⑥,其内容有:

---

① 《最近中国关系诸问题摘要》下卷,第 259—261 页。
② 日本外务省档案,缩微胶卷,R·SP66,《日英外交关系杂纂》,1927 年 3 月—1937 年 11 月,第 113—116 页。
③ 《日英外交关系杂纂》,1927 年 3 月—1937 年 11 月,第 113—116 页。
④⑤《最近中国关系诸问题摘要》下卷,第 263—266 页。
⑥ 秦郁彦:《日中战争史》,河出书房新社,1961 年版,第 56—57 页。

（一）日满华共存的基础——华北的所谓明朗化，要依靠华北民众的力量，逐步实现，为将阻碍其实现的国民党及蒋政权势力逐出华北，行使威力亦为不得已。

（二）基于这一根本主张，我军对华北的态度是：1. 将反满抗日分子彻底驱逐出华北；2. 华北经济圈独立；3. 华北五省军事协作，防止赤化。

（三）为此，必须改立华北政治机构；当前，要对组成华北五省联合自治体加以指导。

这是日本第一次公开提出要在政治、经济、军事上全面实现华北分治。在此之前的七八月间，日本陆、海、外三省连续召开会议，制订新的对华政策。8月中旬，三省提出的对华北政策为："使中国停止反满政策，同时，至少在与满接境地域之华北及察哈尔地方使之事实上与伪满洲国之间实行经济的及文化的融通提携。……外蒙等方面的赤化势力威胁为日满华三国共同的威胁，鉴此，至少要在察哈尔及其他与外蒙接壤方面实行日华间基于排除此威胁之合作"①。这就规定控制华北分两方面进行，一是以经济、文化"提携"的手段实现范围广泛的势力圈；一是以"合作"的手段对特定地域实行全面控制。该文件强调此为对华北至少要实现的目标，换言之，最终目标是要全面控制华北。多田获悉政府对华北的新政策，即以声明的形式表明此任务由"武力外交"担负。

10月中旬，沈阳特务机关长土肥原带着"建立满洲所希望的亲日亲满政权"②的任务来到天津，策动华北自治。11月上旬，土肥原在北平向宋哲元提出"华北高度自治方案"，内容如下：1. 成立"华北共同防赤委员会"；2. 领域为华北五省二市；3. 首领宋哲元，总顾问土肥原；4. 由最高委员会主持军事；5. 财政截用中央在各该省市的关税、盐税和统税；6. 开发华北矿业、棉业，使之与日满结成一体；7. 另定五省通用货币，与日元发生联系；8. 扑灭三民主义与共产主义，代以东洋主义。9. 保留南京政府的宗主权；

---

① 岛田俊彦等编：《现代史资料 8·日中战争 1》，第 107 页。
② 土肥原贤二刊行会编：《土肥原秘录》，天津市政协编译组译，中华书局，1980 年版，第 39 页。

10. 亲日反共。① 土肥原限宋于11月中旬内接受,并宣布自治。与此同时,关东军增派第一混成旅团赶至山海关附近集中,命令旅顺口、青岛的海军巡洋舰、驱逐舰驶入天津大沽口,向宋哲元施加压力。

日本政府则看到,"协和外交"推行两年,虽得到国民政府的响应,但并无实质性进展,国民政府与英美的关系却大有不断密切的动向,这是日本的东亚战略所难以容忍的,于是认为,必须将其纳入"确立日满华三国之间根本关系的轨道"②。10月4日,日本外、陆、海三相决定了《关于对华政策外陆海三相间之谅解》,主要内容有三条:"(一)中国彻底取缔排日言论,并放弃依赖欧美之政策,同时采取对日亲善政策,并确实实行该政策,就具体问题与帝国提携;(二)最终要使中国正式承认伪满洲国,但当前要使其事实上默认伪满洲国的独立,放弃反满政策,并至少在与满洲接壤之华北方面与伪满洲国之间进行经济的及文化的融通提携;(三)鉴于外蒙等方面的赤化势力威胁为日满华三国共同的威胁,为排除此威胁,要使中国方面在与外蒙接壤地区协力于我方所希望的诸设施。"③这就是"广田三原则",其核心内容是要求中国由亲英美转向亲日,成为日本的附庸,并以共同防共的名义,驱使中国为其霸业服务。在此,"协和外交"的主旨由"经济提携"转为"全面提携"。10月7日,广田约见中国驻日大使蒋作宾,提出以上三原则。蒋介石获悉"广田三原则"的内容后立即表示:"形式似较减轻,而其内容则为'退出国联、承认伪满与联盟对俄'之变相,亦即实施此内容之第一步也。故其意义深重,不得不郑重考虑。"④基于这种认识,国民政府虽不拒绝与日本交涉,但也不接受其要求。

驻华日军的华北分治与政府的"广田三原则"在内容上并无冲突,在实现方式上却存在差异。前者要求迅速实现对华局部目标,后者则计划逐步实现包括华北自治在内的对华全盘目标。日本政府及一些军政要员看到,局部目标推进过快反而将影响全盘目标的实现,因此反对驻华日军的过激

---

① 中国社会科学研究院近代史研究所中华民国史组编:《中华民国史资料丛稿·大事记》第21辑,中华书局,1981年版,第169页。
②③ 日本外务省编:《日本外交年表及主要文书1840—1945》下,第303页。
④ 古屋奎二:《蒋总统秘录》第10册,第55页。

行动。林铣十郎陆相于11月10日指示驻华日军:"华北自治对国际国内影响重大,要依据政府、舆论一致统制国策来加以指导,切忌采取促进发出自治宣言等急躁措施,慎重处理事态。同时,关于自治的程度……不要抱过大希望,期逐步完成自治,努力防止事态扩大。"①陆军大将宇垣一成眼见东亚战略将受到不利影响,指责驻华日军为"只见华北不看世界者"②。他甚至提出:"此际有必要收拾在华北无统制,只凭爱国感情盲动之辈。"③冈田首相获悉关东军司令官南次郎向广田外相提出分离华北诸省的强硬意见后,感到震惊。④ 西园寺元老对回东京汇报工作的若杉驻华参事官说:"日本的军人只知扬威,挑起各种事端,华北事件即是其一,令人头痛。总是这样下去,如何收拾!?"⑤荒木、真崎两陆军大将认为北进战略已受到不利影响,对驻华日军在华北的做法,报以极度冷笑。⑥ 日本政府出于战略的全盘考虑,不愿看到"武力外交"过分到阻碍其主导的"广田三原则"的推行。11月18日,日本政府召开外、陆、海三相会议,决定对华北要取"轻度自治"的内容,"以渐进方式工作"⑦。

日军大肆推动华北自治,对蒋政权的基础造成严重威胁,英美在华北的利权也面临丧失的威胁。因此,国民党内英美派要求抵制日本侵略的呼声逐步高涨,蒋介石也采取了较以往为强硬的立场。11月19日,蒋在国民党五全大会上提出外交方针,"以不侵犯主权为限度,谋各友邦之政治协调;以互惠平等为原则,谋各友邦之经济合作;否则即当听命党国,下最后之决心",强调"和平有和平之限度,牺牲有牺牲之决心"⑧。基于这一方针,蒋一面电令宋哲元等地方将领不要与日军交涉,一面调集部分军队开往京沪、陇海等线。11月20日,蒋会见日驻华大使有吉明时,明确表示:"中国对反国

---

① 日本外务省编:《日本外交年表及主要文书1840—1945》下,第314页。
② 宇垣一成:《宇垣一成日记2》,1935年12月1日条,美铃书房,1970年版,第1035页。
③ 宇垣一成:《宇垣一成日记2》,1935年12月6日条,第1036页。
④ 天羽英二:《天羽英二日记·资料集》第3卷,第97页。
⑤ 原田熊雄述:《西园寺公与政局》第4卷,第377页。
⑥ 同上,第385页。
⑦ 秦郁彦:《日中战争史》,第64页。
⑧ 中国国民党中央委员会党史委员会编印:《革命文献》第76辑(上),1979年版,第250—251页。

家主权完整,阻碍行政统一等自治制度,无论如何不能容许。"①宋哲元也不甘心作日本的傀儡,极力回避与日军交涉。

日军见"高度自治"计划没有得到政府及陆军中央的充分支持,蒋及国民政府也采取了比以往强硬的态度,不能不"认识到失败",于是转而"促使中国实施适当的自治"②。结果先在冀东扶植汉奸殷汝耕成立傀儡政权"冀东防共自治委员会",接着又迫使国民政府同意成立了"冀察政务整理委员会"这个半自治政权。

四、华北自治的战略意图

日本军方为什么如此急欲向华北扩张,企图控制华北地区?在研究中不难发现,控制华北是日本东亚战略所要求实现的一个重要目标。

日本东亚战略的一个重要内容是要建立一个在对苏、美、英战争中取胜的总体战体制,而保证在战时能"自给自足"的经济圈又是总体战体制确立的关键。日本侵占东北后,即着手实施战略开发,同时又认为,"伪满洲国"的资源还不足以满足未来大战的需要,因此,计划进一步向华北扩张,"助长帝国发展对华经济,使战时我国国际资源易于补充,同时扶植和增强帝国在华北的经济势力并促成日、满、华北经济圈"③。日本政府推出"广田三原则",要求华北与日"满"实行经济提携,其语言十分隐讳。但不久,日本政府在《第二次处理华北要纲》中做了明白的说明:华北经济开发的目的,主要在于"国防上必需的军需资源(如铁、煤、盐等)的开发,以及与此有关的交通、电力等的设备方面"④。何梅、秦土二协定订立后,日本中国驻屯军、关东军等于1935年7月连续制订、通过几个"华北开发方案"和决定;8月,日本政府批准成立兴中公司,均决定大规模开发华北资源。正当此时,李滋·罗斯来华与国民政府协商币制改革问题。日本认为,币制改革将实现中国经济

---

① 日本外务省编:《日本外交年表及主要文书1840—1945》下,第310页。
② 原田熊雄述:《西园寺公与政局》第4卷,第385页。
③ 中国驻屯军司令部:《华北重要资源调查之方针及要领》,1934年10月,近代日本研究会编:《东亚与日本》,山川出版社,1980年版,第161—162页。
④ 日本外务省编:《日本外交年表及主要文书1840—1945》下,第348页。

的统一,国民政府从而会加强对华北的控制,英美的在华地位也会得到加强,对日本的东亚战略不利。据中国驻日大使馆报告,日本"朝野上下之间,莫不出以猜疑忿嫉之态度,或以为与英国有借款之密约,或以为对彼为不利之准备"①。因此,日本外务省立即作出反应,表示"始终持反对的态度"②。应该说,华北自治是日本总体战体制所要求的,而币制改革则对日本的这一企图明显不利,因此,日本军方决定加速推动华北自治。

日本东亚战略的另一个重要内容是要求设法使中国由亲英美转向亲日。只有这样,日本才能利用中国的人力、物力及国土,在有利时机逐一在东亚及西南太平洋地区击败苏、英、美等劲敌,称霸东亚。日本政府综合外务省和军部的意见认为,使中国转向亲日可从两方面进行,一是中央政府直接转向亲日,一是地方政权先转向亲日,然后再影响全中国转而一致亲日。日本政府制订《第二次处理华北要纲》更是明确鼓吹:华北自治是"实现日满华三国提携互助的基础"③。这就是说,实现华北自治,不但可控制华北,更重要的是可进一步促使其他地区逐步转向亲日,最后,国民政府不能不依附日本。不过,日本政府不赞成日军强行以武力手段实行自治,以避免过分刺激美英并将国民政府完全逼上对立面,而主张扶植地方实力人物"自行"实施自治。1936年1月,日本政府制定第一次《处理华北要纲》,并于13日由陆相指示中国驻屯军司令官:"处理华北的主要任务是以华北民众为中心,援助其完成自治。"④

控制华北还是日本北进的需要。日本认为苏联是其称霸东亚的"严重威胁",因而十分重视对苏战备。日本估计,对苏开战时,苏、中两国可能联合作战,前后夹击"伪满洲国"⑤。这样,日军将腹背受敌,极为不利。因此,日本陆军早在1933年10月制订《帝国国策》时便强调,"对第三国开战时,至少要在开战初期的一定期间,使(中国)保持中立……在华北方面设定一

---

① 《国民政府行政院档案(2)》,3173,彭明等编:《中国现代史资料选辑》第4册,中国人民大学出版社,1989年版,第181—182页。
② 日本外务省编:《日本外交年表及主要文书1840—1945》下,第3—8页。
③ 同上,第37页。
④ 同上,第322页。
⑤ 日本防卫厅战史室编:《战史丛书大本营陆军部》1,第373—374页。

缓冲地域"①。这样,既可不使后方受敌,又可获得军需补给,还可获得可用于军事迂回的广阔战略地域。1935年、1936年,"满苏国境"纷争规模较以往扩大,且"累次引起武力冲突"②。日本陆军在制订1933年对苏作战计划时,感到对西正面和北正面不安,设想在大兴安岭以西吸引苏军主力,并予以击溃。③ 察、绥对此计划的军事战略意义就不言而喻。"广田三原则"中就提出,至少察哈尔等与外蒙接壤地区要与日本合作。日军策动华北高度自治没有达到目的,但仍强调要继续推进华北五省的自治。1936年3月17日,日本陆军省军务课与外务省东亚局第一课上村伸一课长协商对华政策时,军务课方面主张,"预定于1941年完成对苏战备,因此,外交上的准备要在这6年之内完成";具体内容是要设法"完成华北五省自治",以保证在对苏开战时后方的安全。④ 同时,驻华日军也未停止在局部地区的动作。1936年5月12日,日方扶植德王组成"蒙古军政府",其目的就含有逐步奠定有利的对苏战略态势的企图。

日本"武力外交"所发动的华北自治运动给国民政府以极大冲击,中国当局对日态度由此逐步转向强硬。"广田三原则"从而无隙可乘,也归于失败。1935年11月20日,蒋介石在与有吉明会谈时即表示:"如华北发生事故,三原则中一二两项,自无由商谈及实行。"⑤12月20日,外交部长张群与有吉明会谈时,进一步提出:"日方在华北一切行动务须停止,否则,不良影响之所及,一切问题将无从解决。"⑥到1936年3月,张群明确向日方提出,交涉要从东北问题谈起,至少"先行设法消灭妨碍冀察内蒙行政完整之状态"⑦。这就实际上否定了"广田三原则"。

---

① 岛田俊彦等编:《现代史资料8·日中战争1》,第12页。
② 日本防卫厅战史室编:《战史丛书 大本营陆军部》1,第357页。
③ 同上,第355页。
④ 《关于对华政策与军方有关系官员会谈之文件(一)》,日本外务省档案,缩微胶卷,R·P64,第1729—1731页。
⑤ 外交问题研究会编:《中日外交史料丛编》(五),(台北)外交问题研究会,1964年版,第474页。
⑥ 《民国档案》1988年第2期,第20页。
⑦ 秦孝仪主编:《中华民国重要史料初编——对日抗战时期》绪编(三),第669页。

五、"协和外交"的顶点

华北自治失败，"广田三原则"为中国所拒绝，使日本的东亚战略处于停滞状态，加上对苏战略处于不利地位，日本谋划转换方式，尽快解决"中日悬案"，以一举奠定称霸东亚的基础。所谓"中日悬案"，分为两个方面：一是两国间"全盘问题"，另一是"华北问题"。谋求解决"中日悬案"是日本东亚战略的主要内容之一，也是其北进及南进的前提和条件。

首先在"华北问题"上，日本看到，军方在华北强行推进武力外交，已引起中国人民的反日爱国浪潮，国民政府的对日态度转向强硬，英美等国也表示不满，因此一面由陆军中央指示在华日军缓进，一面由政府决定《处理华北要纲》，规定了要在华北实现的目标及为实现此目标应遵循的原则，同时在具体推进的方式上，决定由外务省负责策划。1936年1月8日，广田外相主持外务省对华政策会议，与会者认为，对华外交的重点要置于解决"全盘问题"。关于华北问题，"要给予其忠告，并逐步进行内面工作"①。次日，该省东亚局即依据会议精神制定了《对华外交试案》，提出"我方在华北的工作要参酌世界形势及华中华南的动向等，分轻重缓急，逐步推进。与此并行，与南京方面交涉（全盘问题）反而对我有利"②。这就是说，为迫使国民政府接受日本"指导下的全盘提携"，日外务省感到必须利用军方在华北有控制的行动，以向国民政府施加压力。这是日本外务省对华北政策的一个方面。

日外务省对华北政策的另一个方面是企图以貌似温和的方法促使华北自治。1936年5月，日驻南京总领事须磨弥吉郎提议，处理华北事项，要选择中国易于接受的方式，形式上不提自治，而取"特别政治会议"，使华北五省"成为胜于自治的特殊行政地区"③。这一建议立即为外务省采纳。6月，日外务省东亚局制定了《关于设置五省特政会之日华合意案》，规定：第一

---

① 《对华方针协议事项》，日本外务省档案，缩微胶卷，R·P61，《帝国对华外交政策关系一件》第2卷，第449—454页。
② 《对华外交试案》，《帝国对华外交政策关系一件》第2卷，第472—473页。
③ 须磨弥吉郎：《五省特政会由来记》，《帝国对华外交政策关系一件》第2卷，第515—516页。

条,"在天津设置华北五省特别政治会议";第二条,"为排除共产主义,五省特政会与日本方面共同防御一切共产主义的行为。关于共同军事行动,要统一指挥、协同圆满,为此,日华军务当局相互间要就必要的事项另定协定";第三条,"关于币制、税、路政等金融、财政、产业、交通等一切,要赋与特别权限,设立特别设施";第四条,"为日(满)华提携,要就必须的诸般措施,特别是经济上、文化上的融通进行联络"①。同时,东亚局还制定了一个《关于设置五省特政会之日华合意附属备忘录》,共有两条:1."日本方面与五省特政会就共产主义运动相互交换一切情报,并就防共行动及防共所需兵器及军需品等保持联络";2."对与共产主义运动相关联之第三国的一切行动,日华两国共同加以排除、予以防卫"②。这两个文件的主旨是从政治、军事、经济及文化上控制华北五省,而且还含有诱使中国与日本合作共同对苏,即为日本的北进战略服务的企图。外务省在解释备忘录时即指出:"此类似于攻守同盟"③。在制定这两个文件之前,外务省就须磨的建议及具体方案征求陆海军中央的意见,得到广泛认可。

这时,军部正在增兵华北,外务省担心以上方案会由于当地日军不断推行武力外交而无法实现,因此提出"无论如何,有必要先作为军部的事务方案加以实施"④。为将以上方案作为陆军省方案最终确定下来,外务省训令驻华外交人员与各地武官协议,谋求由武官正式向陆军省提出。驻华各武官对方案的内容表示无异议,但对以此形式能否推行,即国民政府及华北地方政权是否接受、关东军和中国驻屯军是否会受此约束表示怀疑。因此,喜多诚一武官等表示:"在责任上,现在难以确言赞成与否。"⑤由于无一武官愿意提出此案,在程序上难以形成陆军省方案,加上日本增兵华北后,日本中国驻屯军接连挑起两次丰台事件,迫使中国军队撤出丰台,日军的"武力外交"着着奏效,外务省方案所规定的交涉方式事实上难以被驻华日军接

---

① 须磨弥吉郎:《五省特政会由来记》,《帝国对华外交政策关系一件》第2卷,第543—545页。
② 同上,第546页。
③ 同上,第525—526页。
④ 同上,第534页。
⑤《帝国对华外交政策关系一件》第2卷,第541页。

受,因此,外务省只得等待时机,以寻求另外的方式。8月11日,日本政府制定《第二次处理华北要纲》,决定华北自治的步骤为:先使冀察二省自治,但自治政府的范围最终为华北五省。"在该地域,建设巩固的防共亲日满地带,并取得国防资源及扩充交通设施。以此,一备苏联入侵,一为实现日满华三国提携互助奠定基础"①。在冀察二省,日军控制地区累有增加,日本政府认为这较其他三省易于实现亲日的自治。而日军的"武力外交"主要指向冀察二省,这又表明,日本政府已决定实现这一目标的任务主要由军方担负。同时,日本在"广田三原则"交涉毫无进展的情况下,转换外交手法,试图一举解决中日间"全盘性的根本问题"。这是日本谋求解决"中日悬案"计划中更为重要的一个方面。

对日本的"广田三原则"要求,国民政府当然不予接受。在日军推动华北自治的高潮期间,驻日本代理大使受国民政府之命,于1935年11月至12月间数次向日外务省官员表示:"为打开中日关系,希望着手交涉。为此,提议在南京举行相当规模的中日会议。"②日外务省揣摩国民政府此举的用意时认为:1.以全盘交涉为借口,阻止我对华北之要求,并抑制我方在华北推进分治工作;2.利用召开大规模交涉会议,迁延广田三原则问题;3.或会在交涉中在某种程度上同意实行广田三原则,以此为代价,要求我方在废除不平等条约、华北问题上让步,并使会议废除或改订华北停战协定③,因此提出,"对此要予以警戒"④。另一方面,日本这一时期因广田三原则难以推行,正焦虑于如何拉拢、压迫国民政府与之"全面提携",而国民政府的提议则在客观上为其提供了一个新的机会。因此,由外务次官重光葵于1936年1月初出面会见中国代理大使,表示"原则上同意由帝国驻华大使与南京政府外交部长之间依据一般的外交手段进行交涉"⑤。这即是张群——川樾会谈(交涉)的起始。在此,日本为避免造成不利的国际影响,回避了国民政

---

① 日本外务省编:《日本外交年表及主要文书1840—1945》下,第347—348页。
② 《帝国对华外交政策关系一件》第2卷,第458—459页。
③ 同上,第468—469页。
④ 同上,第470页。
⑤ 同上,第461—462页。

府举行中日间大型交涉会议的要求。不久日本发生"二二六"事件,内阁改组,有田八郎刚被任命为驻华大使,接着即被召回东京就任外相,加上新内阁忙于策划其对内外政策等,推迟了中日间正式交涉的时间。至 8 月 11 日,即制定《第二次处理华北要纲》的同时,又制定了《对中国实施的策略》,决定了中日间就解决"全盘性根本问题"展开交涉时的对华要求事项①,即:(一)签订防共军事协定;(二)签订日中军事同盟;(三)促进日中悬案的解决:1.聘用日本人为最高政治顾问;2.聘用日本人为军事顾问;3.开始建立日中航空联系;(四)促进日中经济合作。这个文件明确规定要通过缔结外交协定及盟约等,使中国迅速成为日本的附属国,以一举实现其东亚战略中最重要的目标。

日本政府在同一天抛出《第二次处理华北要纲》和《对中国实施的策略》,表明其对华最低目标是指向华北,尤其首先是指向冀察二省;最高目标则指向整个中国,图谋逐步加以控制。这两个文件将"广田三原则"全面具体化,表现了日本面对国际孤立,战略处境每况愈下,急欲解决对华"悬案",并在东亚确立"新秩序",以利于未来争霸战的意图。

蒋介石及国民政府估计,日本在"广田三原则"遭拒绝后,不会放弃其无理要求。因此,蒋于 7 月 13 日在国民党五届二中全会上确定了对日交涉的原则:"对于外交所抱的最低限度就是保持领土主权的完整,任何国家要来侵害我们的领土主权,我们绝对不能容忍。我们绝对不订立任何侵害我们领土主权的协定,并绝对不容忍任何侵害我们领土主权的事实",否则,"就是我们最后牺牲的时候。"②

此后,在张群——川樾会谈中,日方寻找多种借口,着重提出了解决两国间"全盘问题"的上述要求。中方对其无理要求耐心周旋,既不接受其侵略要求,也不与之决裂。及至 11 月,绥远事件发生后,中方趁势中断了交涉。对此,须磨驻南京总领事于 11 月 18 日会见高宗武时威胁说:"绥远的实状与此次交涉之牵联关系绝对不能成立,若中国方面以此为借口使交涉

---

① 岛田俊彦等编:《现代史资料 8·日中战争 1》,第 367 页。
② 张其钧主编:《先总统蒋公全集》第 1 卷,台湾中国文化大学出版部,1984 年版,第 1052 页。

决裂,有引起日中全面冲突之惧。虑及此点,应迅速重开交涉。"①国民政府则针锋相对,于 12 月 7 日由外交部公布了中日交涉的经过,并声明:"中日两国必须以平等互惠与互相尊重领土主权完整之原则为基础,始可为真正之调整。"②至此,"协和外交"企图诱使、胁迫中国全面服从其东亚战略的活动归于失败。日本陆相寺内寿一闻交涉失败,于 12 月 8 日接受记者采访时公开威胁说,中国的态度"将招致重大后果"③。不几日,西安事变发生,日本决定暂取静观态度,中日关系出现了暂时的宁静。

综观日本的"协和外交"和"武力外交",应该说,前者旨在拉拢、压迫国民政府由亲英美转向亲日,以逐步实现变中国为日本附属国的战略目标;后者则旨在首先针对华北实施局部扩张,实现这一目标后再伺机实施对华全盘目标。两者都是围绕其在东亚实现所谓国际新秩序的战略目标展开的,但其展开的方式有所不同。两者相互配合,但又不时发生矛盾。后者的强行推进,不断打乱前者的部署,造成外交的混乱。这是这一时期日本对华外交无法打开僵局的自身原因。同时,日本的"协和外交"和"武力外交"给中国以巨大威胁,也给英美等国在远东的地位和权益以严重威胁。因此,它必然要遭到中国的抵制和英美的牵制,其失败也就是注定的了。

(作者熊沛彪,南开大学日本研究中心,原文刊于《历史研究》1998 年第 4 期)

---

① 日本外务省档案,缩微胶卷,R·P60,《日中外交关系杂纂》,1936 年 10 月—1936 年 12 月,第 87—88 页。
② 秦孝仪主编:《中华民国重要史料初编——对日抗战时期》绪编(三),第 689—690 页。
③《广田内阁重要政治问题日志》,日本外务省档案,缩微胶卷,美军没收资料,MJ38,Feet59,第 119 页。

中国战场与日本的北进、南进政策

胡德坤

在第二次世界大战期间,日本帝国主义的北进、南进政策,是它对外侵略扩张的重要国策。所谓北进,是指日本通过中国向苏联远东地区扩张;所谓南进,是指日本通过中国向南洋一带扩张。不论是北进还是南进,都必须先占领中国。正如毛泽东同志所指出的,"日本地主资产阶级的野心是很大的,为了南攻南洋群岛,北攻西伯利亚起见,采取中间突破的方针,先打中国"①。因而,中国战场的发展如何,对日本北进、南进政策的制定和实施起着举足轻重的作用。

一

从1931年的"九一八"事变,到1939年欧洲战争爆发前,是日本北进政策的形成和尝试时期。

日本发动"九一八"事变,侵占了我国东北后,毗邻东北的苏联敏锐地感到了日本的威胁,从1932年起,采取种种措施,加强远东防御。1931年,苏联远东军拥有6个师,关东军和朝鲜驻屯军拥有3个师团;1932年,苏军增加到8个师,日军增加到6个师团;到1936年,苏军增加到16个师,日军却

---

① 毛泽东:《毛泽东选集》合订本,人民出版社,1968年版,第476页。

减少到5个师团;苏军处于优势。① 1932年8月,日本参谋本部制定了1933年度的对苏作战计划,准备以东北为基地,用战时总兵力30个师团中的25个师团对苏作战,先以一部分兵力攻击苏联沿海地区,再用主力在大兴安岭一带与苏军决战,然后进击贝加尔地区,夺取整个远东。以后,日本陆军每年都制定了进攻苏联远东地区的作战计划,企图将苏联远东与中国东北、内蒙连成一片,作为称霸亚洲乃至全世界的基地。

但是,日本为什么没有能够立即发动侵苏战争呢?除苏联做好了反侵略战争的准备之外,另一个主要的原因是受到了中国抗日斗争的牵制。

日军占领我国东北后,立即遭到东北人民的武装反抗,特别是中国共产党领导的东北抗日联军,运用灵活机动的游击战术,四处出击,使日军疲于奔命。日本陆军省调查班在《满洲事变爆发三周争》中写道:"皇军东奔西走,真是席不暇暖。"②当时,日军有人估计,在对付抗日武装、维持治安方面,"如果按兵力和时间计算,(同占领东北时相比)确实要付出十倍的努力,还不能充分达到目的"③。为了"扫荡"抗日武装,关东军不得不投入了仅有的3个师团的主力,并耗费了大量资财。据统计,1932年以后,伪满洲国用于围剿抗日武装的费用占军政部总开支的30%—40%以上。④ 伪满洲国军政部最高顾问佐佐木到一无可奈何地承认:"根据我的观察,对于能不能预计在短期内把伪满洲国治安恢复到平静时期这一问题,很遗憾,我只能回答一个否字。"⑤日军某将军也哀叹:"满洲并非日满提携之国,而是日满斗争之国。"⑥ 东北人民的武装反抗,迫使关东军不得不把"治安肃正"作为对苏作战的前提条件,致使日军无力发动侵苏战争。

1936年5月,由关东军参谋田中隆吉参与起草的本年度关东军谋略计划提出,扶植内蒙亲日势力,树立以德王为中心的内蒙独立政府,使其与"伪满洲国"合作,进而向西扩展势力,通过绥远、宁夏、青海、新疆,同东进的德

---

① 角田顺:《现代史资料10·日中战争1》,水篙书房,《资料解说》,1973年日文版,第16—17页。
②⑥ 江口圭一:《日中战争的全面化》,岩波讲座《日本历史20·近代7》,岩波书店,1981年日文版,第129页。
③⑤ 藤原彰:《日中战争》,岩波讲座《世界历史28·现代5》,岩波书店,1971年日文版,第280页。
④ 日本历史学研究会:《太平洋战争史2·日中战争1》,青木书店,1972年日文版,第90页。

国在中亚相遇,开辟一条包围苏联侧翼的防共走廊。① 为了实现这一计划,同年11月,田中亲自率领伪蒙军进犯绥远,遭到傅作义将军率领的绥远军的英勇反击,伪蒙军死伤惨重。绥远反击战的胜利,粉碎了关东军的西进计划。

1936年8月7日,广田弘毅内阁五相会议制定了《国策基情》,正式把北进政策列为日本国策。《国策基情》虽然也同时提出了南进政策,但其重点仍在北进,在同日四相会议决定的《帝国外交方针》中明确指出,苏联远东兵力的增强,是日本"推行东亚政策的严重障碍",为此,"目前把外交重点置于粉碎苏联侵犯东亚的企图,特别要消除军备上的威胁"②。

1937年,日军挑起了"七七事变",发动了全面侵华战争,其目的固然也包含有南进的意图,但主要还是为了巩固和扩大北进的战争基地。当时,任中国驻屯军参谋长的桥本群后来回忆说,东北和华北是一个整体,要想解决东北的"治安肃正"问题,不占领华北是不可能的。③ 关东军参谋长东条英机也极力主张在攻苏之前,先给中国一击,以消除北进的后顾之忧。④

"七七事变"爆发后,日本内阁和统帅部一片混乱,扩大派和不扩大派争吵不休,两派争论的焦点,集中在对中国抗战力量的估价上。扩大派轻视中国的抵抗力,乐观地估计只以三或四个师团的兵力进行打击,中国就会在短期内屈服。陆相杉山元在给天皇的上奏中狂妄地宣称,"中国事变用一个月就解决了"⑤。参谋本部的一个成员扬言,由于日本动员的声势,满载兵员的列车一通过山海关,中国就会投降。另一个成员也趾高气扬地断言,充其量不过是进行一次保定会战,就万事大吉了。⑥ 以参谋本部作战部长石原莞尔为代表的不扩大派却不那么乐观。他们认为,在没有动员15个师团的兵力、准备55亿战费的情况下,出兵便是失策。⑦ 他们担心,把数个师送到

---

① 藤原彰:《日中战争》,第275页。
② 日本外务省:《日本外交年表及主要文书》下,《文书》,原书房,1978年日文版,第345页。
③ 江口圭一:《日中战争的全面化》,第130页。
④ 朝日新闻法廷记者团:《东京审判(下)》,东京审判刊行会,1977年日文版,第612页。
⑤ 秦郁彦:前引书第246页。
⑥ 堀场一雄:《中国事变战争指导史》,时事通讯社,1962年日文版,第85页。
⑦ 秦郁彦:《日中战争的军事展开(1937—1941)》,日本国际政治学会太平洋战争原因研究部:《走向太平洋战争之路4·日中战争下》,朝日新闻社,1963年日文版,第9页。

华北,兵力被拖住,出兵西伯利亚便成了空话。① 近卫文麿内阁同意扩大派的意见,迅速决定增兵,扩大侵华战争。

　　日本法西斯过高地估计了自己的力量,过低地估计了中国人民的抗战力量。战争初期,日军虽占有装备和战力上的优势,但在中国军队的英勇抗击下,也受到重创。在华北,共产党领导的八路军 115 师,在平型关全歼日军第 5 师团一部三千余人,打破了日军不可战胜的神话。在上海,中国军民浴血奋战,历时近 3 个月,打死打伤日军四万余人。中国的抗战,打破了日军速战速决的美梦,使日军不得不渐次增加兵力。1937 年末,在中国本部的日军达 16 个师团,相当于陆军总兵力的三分之二。这时,日军虽然占领了我国的一些"点"(城镇)和"线"(交通线),与辽阔的中国领土相比,不过是浩瀚大海上飘浮的几叶孤舟。日本想使中国屈服的主要目标,并没有实现。这时,在北方,苏联远东军已增加到 20 个师,而关东军和朝鲜军却只有 7 个师团,本来用于对苏作战的兵力,却投入了中国战场。这种情况使日军统帅部焦虑不安,内部发生了争吵。以参谋次长多田骏为代表的参谋本部担心,对华战争会变成长期战争,而无力发动对苏战争,因而主张停止军事进攻,用政治诱降攻势来结束对华战争,转入对苏战争体制。以陆相杉山元为代表的陆军省则主张继续扩大战争,用军事进攻打垮国民党政府。杉山认为,多田等人的主张,"过于注意苏联,消极地看待中国,违反了应把战力指向重点的原则"②。杉山的意思很清楚,只有征服了中国,才能谈得上北进。近卫支持后一种意见。内阁决定不同国民党政府谈判,继续扩大侵华战争。1938 年 3 月,日军在台儿庄战役中吃了败仗,统帅部恼羞成怒,决定在四五月份组织大规模的徐州会战,企图歼灭中国军队主力,将华北、华中占领区连成一片。但中国军队化整为零,撤离战场,日军企图没有得逞。

　　此时,由于英法绥靖政策的纵容,德国法西斯并吞了奥地利,矛头指向捷克斯洛伐克,大有东进之势。德国的侵略,吸引了苏联的注意力,为日本北进提供了有利时机。日本立即遥相呼应,5 月,近卫内阁改组,把扩大派

---

① 秦郁彦:《日中战争的军事展开(1937—1941)》,第 12 页。
② 同上,第 43 页。

的头目杉山赶出了内阁,企图缓和中日矛盾,配合德国的东进,准备北进。接替杉山任陆相的板垣征四郎明确指出:"作为陆相,我的根本态度是,鉴于中日事变已使日本陷于全面战争的泥潭,而日本北方的苏联已完成了几个五年计划,国力有了飞跃的增长,在远东的军备大大充实,威胁着日军的背后,因此,我认为日本应当排除同中国之间的一切纠纷,从大处着眼,重建两国的邦交。"①

近卫内阁改组后不久,7月,朝鲜驻屯军在苏联边境挑起了张鼓峰事件,企图用"武力侦察"来试探苏军虚实。参谋本部认为,在进攻武汉之前给苏联一击是可许的,于是朝鲜驻屯军用一个多师的兵力进攻苏军,结果以惨败而告终。这是日本北进的第一次尝试。这次事件使日本感到,不迅速解决中日战争,就无法充实军备,同苏联相对抗。于是,从8月到10月,日军动用了10个师的兵力攻占了武汉和广州。从表面上看,日军取得了赫赫成果,但从实质上看,日军的战略进攻已成强弩之末。从此以后,日军在中国战场再也不能进行以歼灭中国军队的有生力量、占地城市为主的战略进攻,转入战略相持阶段。日本帝国主义改变战略,对国民党采取以政治诱降为主、军事进攻为辅的方针,而将作战重心指向我敌后解放区。1938年11月18日,陆军省和参谋本部在《(昭和)13年(1938年)秋季以后指导战争的一般方针》中指出,"期望早日达到解决(中日战争)的希望是不大的",现在"必须防止日中再战","进一步做好确保占领地区的治安",充实军备,"准备下次对苏中两国作战。"②这就充分证明,由于中国人民的英勇抗战,日军速决战彻底破产了。

1939年3月,德国法西斯吞并了捷克斯洛伐克,欧洲战争继续向着东方发展,苏联面临着德国侵略的威胁。这时,日本虽然急欲转换到对苏战争体制上来,但由于近百万大军被牵制在中国战场,国内仅剩下一个师团,因而无力实现这种转变。在参谋本部制定的1938—1939年度对苏《八号作战计划》中,就已感到力不从心,丧失了对苏作战的信心。③从5月到8月的诺

---

① 日本历史学研究会:《太平洋战争史》第二卷,金锋等译,商务印书馆,1961年版,第112页。
② 白井胜美、稻叶正夫:《现代史资料9·日中战争2》,水笃书房,1978年日文版,第549页。
③ 角田顺:《现代史资料10·日中战争1》,《资料解说》,第30页。

门坎事件中,参谋本部已经不希望扩大事态。在《大陆命令第 343 号》中指出:"大本营的意图是,在处理中国事变期间,以帝国军队的一部在满洲戒备苏联,维持北方的平静。"①但关东军独断专行,坚持同苏军作战,终以兵力悬殊而遭惨败。在这次冲突中,关东军共投入 58 925 人,损失达 18 925 人,其中第 23 师团几乎全军覆没,这是日本北进的第二次尝试,从此以后,日本的北进政策就逐渐降到了次要地位。可见,正是由于中国人民的全面抗战牵制了日本陆军主力,才阻止了日本的北进,使社会主义苏联避免了日本法西斯祸水的冲击。

二

从 1939 年欧洲战争全面爆发,到 1941 年苏德战争爆发前,是日本南进政策的形成时期。当时日本深陷于中日战争的泥潭而不能自拔,所以迟迟不能转入南进。

日本北进、南进政策的演变是复杂的,是互相交织、互相渗透的,很难截然划分。可以这样说,在北进时期,包含着南进的因素,在南进时期也存在着北进的考虑。大体上说,"九一八"事变后,日本的北进也可以看作是南进的准备,因为北进的主要目标是苏联远东地区,占领远东,是想建立一个包括中国在内的南进基地。可见,从总体来看,在日本国策中,南进是主要的、北进是次要的,北进是从属于南进、并为南进服务,但这并不否认在某一时期仍有主次之分。严格说来,从欧洲战争爆发后,南进政策才开始逐渐发展成为日本的主要国策。

德国吞并捷克后,于 1939 年 8 月,与苏联签订了互不侵犯条约,9 月,进攻波兰,欧洲全面战争爆发了。希特勒玩弄的声东击西花招,不仅迷惑了英法,连它的盟国日本也被弄得晕头转向。在此之前,日本一直断定德国是会东进的。所以日本国策的重点放在北进。虽有一部分人意在南进,却也不敢贸然放弃北进政策。欧战爆发后,欧美大国的注意力一齐集中于西方,为

---

① 角田顺:《现代史资料 10·日中战争 1》,《资料解说》,第 141 页。

了避免两线作战,英法美等国继续对日实行绥靖政策,这是日本南进的好时机,但由于日军难以从中国战场脱身,所以不敢轻举妄动,平沼内阁声称形势复杂离奇而下台,新上台的阿部内阁也不敢铤而走险,声明不参加欧战,致力于解决中国事变。

但是,法西斯的祸水总是要泛滥的,而首当其冲的自然是堤防最易崩溃的地区。早在1938年5月,毛泽东同志就正确预见到:"日本打了中国之后,如果中国的抗战还没有给日本以致命的打击,日本还有足够力量的话,它一定还要打南洋或西伯利亚,甚或两处都打。欧洲战争一起来,它就会干这一手。""当然存在这种可能:由于苏联的强大,由于日本在中国战争中的大大削弱,它不得不停止进攻西伯利亚的计划,而对之采取根本的守势。"①当德国向英法开刀之时,英法忙于招架德国的进攻,亚洲的南洋地区便成了英法防务薄弱的一环,于是日本的国策重心便开始移向南进了。

1939年12月,日本《对外政策的方针纲要》中提出,要停止北进,准备南进。对苏联,缔结互不侵犯条约,确保日苏两国"平静无事";对中国,以政治诱降为主、军事进攻为辅,加紧扶植傀儡政权,实现"日满华"经济圈,为南进准备战略物资对美英,使之支持日本解决中日战争,以"便于实现南洋的对策","努力使我方有可能向南洋方面发展。"②《纲要》明确地提出了南进政策,但它是以解决中日战争为前提的,也就是说,是想甩掉中日战争包袱,然后南进。

12月20日,在陆相、参谋总长上奏的充实军备四年计划中,准备将中国派遣军的百万大军逐渐减少到50万,将驻军地区压缩到上海、华北、内蒙一带,以便从中日战争的泥潭中拔出脚来。③ 1940年1月4日,陆军省军务局长武藤章在新年祝词中说:"无论如何,今年要解决中国事变。"④但中国人民的长期抗战,打破了日本一厢情愿的计划。1939年冬,中国军队发动

---

① 毛泽东:《毛泽东选集》一卷本,人民出版社,1970年版,第477页。
② 日本外务省:《日本外交年表并主要文书》下,第421—423页。
③ 秦郁彦:《日中战争的军事展开(1937—1941)》,第64页。
④ 白井胜美:《日中战争的政治展开(1937—1941)》,日本国际政治学会太平洋战争原因研究部:《走向太平洋战争之路4·日中战争下》,第228页。

了大规模的冬季攻势。10月,中国军队30个师在南宁附近包围了来犯的日军第五师团,双方展开了激战,日军死伤惨重,旅长中村少将被击毙,日军不得不火速调动第21军主力增援,才使第五师团免遭覆没。11月30日,中国军队以71个师的兵力,在武汉周围对日军第11军发动了猛烈攻势,打死打伤日军近万人。在这两次作战中,中国军队士气旺盛,攻势凌厉,使日军感到中国军队仍有实力。在这种情况下,日军统帅部不仅不能实现从中国战场减少兵力的计划,相反,为了阻止中国军队的反攻,1940年4月,又从国内增派二个师的兵力参加宜昌作战。在宜昌战役中,中国军队虽然失利,但战斗力却有显著提高,战术机动灵活,给日军以重创。

1940年五六月份,德国法西斯以迅雷不及掩耳之势席卷了西北欧,击败了英法军队,迫使法国投降。德国的胜利,大大刺激了日本扩大侵略的胃口。它看到南洋一带已成为英法无力防御的"真空地带",认为是千载一遇的南进良机,叫嚷"不要误了公共汽车",要加快南进的步伐,跟上德国的侵略速度,乘英法之危,在南洋趁火打劫。7月22日,大本营、政府联席会议决定的《适应世界形势的时局处理要纲》中,提出在形势有利的情况下,在迅速促进中国事变解决的同时,捕捉良机,随时准备武力南进。[①] 7月26日,内阁会议决定的《基本国策要纲》进一步提出,日本当前的目标是,"建设以皇国为中心,以日满华为基干的大东亚新秩序"[②]。"大东亚新秩序"即"大东亚共荣圈",它包括南洋一带的广大区域,表明日本已经正式把南进提到了国策的高度。这两个《要纲》已改变将解决中国问题作为南进的前提条件的看法,提出在中日战争不能结束的情况下,只要形势有利,也要南进,但在解决中国问题与南进二者之间,前者还是第一位的。同年9月,日军侵占了法属印度支那北部,终于迈出了南进的第一步。这是南进的初次尝试,它的主要目的在于切断经过越南的援华道路,以孤立中国,促进中国问题的解决。

为了摆脱中国战场上的拖累,集中力量南进,日本加紧了对国民党政府

[①②] 稻叶正夫、小林龙夫、岛田俊彦、角田顺:《走向太平洋战争之路·别卷资料编》,朝日新闻社,1936年日文版,第322—323页。

的军事威胁。从 6 月开始,日军以宜昌为基地,空袭国民党政府的临时首都重庆。这是抗战以来,国民党政府感到最危急的时期,也是最动摇的时期,而日蒋勾结的"桐工作"亦达到了高潮。① 这时,中共领导下的八路军从 8 月到 10 月,展开了著名的百团大战。据日本华北方面军作战记录记载,"昭和十五(1940)年 8 月 20 日夜,(八路军)一齐对我交通线及生产地域(主要是矿山)实施突然袭击,特别是山西省,其势更为激烈,在袭击石太线和北部同蒲线警备队的同时,又爆破和破坏了铁道、桥梁及通讯设施,井轻煤矿等设施也被彻底毁坏。这次奇袭是在我军完全没有能预料到的地方进行的,所以损失极大,而且恢复需要很多时间和巨额经费。"② 在这次具有重要意义的战役中,八路军集中了 100 多个团、40 万兵力,经过 3 个多月的激战,毙、伤、俘日伪军 4 万多人。这是日军自侵华战争以来,损失最为惨重的战役之一。百团大战牵制了日军的大量兵力,减轻了对国民党战场的压力,阻止了国民党内的投降暗流。到 9 月,日蒋秘密勾结的"桐工作"也就停止了,从而使日本的对蒋诱降活动遭到了挫折,打破了日本企图先解决中国问题再南进的计划。

百团大战打痛了日本法西斯,使近卫内阁深深感到,要在短时间内从中国战场本身来解决中国问题是没有希望了,而把希望寄托在南进上。在田中新一所著的《突入大战的真相》一书中,引用了参谋总长杉山如下的话:"近卫也好,松冈也好,对中国事变都灰心了,对现在的方策失望了。他们说,中国事变照现在这样下去,已经没有希望解决了,应插足南方……③ 1940 年 11 月 13 日,御前会议决定的《日华基本条约案及中国事变处理纲要》中提出,"到昭和十五年末,同重庆政权间的和平不能成立的话,不管形势如何……强行转移到长期战的战略,彻底谋求重庆政权的屈服。""从困境

---

① 1939 年 12 月,日本驻香港武官铃木中尔,通过香港大学教授张治平,会见了在港的宋子文的弟弟宋子良,双方开始了接触。不久,日方派出今井武夫为正式代表与宋子良会谈,一直持续到 1940 年 9 月才告结束。这是日蒋之间的一次重要的勾结活动,日本特务机关把它称为"桐工作"。
② 日本防卫厅防卫研究所战史室:《战史丛书 18·华北的治安战 1》,朝云新闻社,1968 年日文版,第 338 页。
③ 藤原彰:《太平洋战争》,岩波讲座《日本历史 21·现代 4》,岩波书店,1963 年日文版,第 163 页。

来看,想孤立地解决中国事变几乎没有希望了,中国事变的解决,只有作为欧亚国际大变化的一环,才有解决的希望。"①这就是说,由于中国坚持长期抗战,日本深感难以做到先解决中国问题再南进,于是,不得不决定先南进,利用南进的胜利来解决中国问题。换言之,就是准备背上中国战场的沉重包袱南进了。

为了准备南进,日本采取了一系列的外交措施。1940年9月,日本与德意结成了军事同盟,明确地把东亚、包括南洋地区划为日本的势力范围,把美英作为主要敌人,其目的是利用三国同盟对美英施加压力,使其放弃援华政策。1941年4月,日本与苏联缔结了中立条约,一方面是希望解除南进的后顾之忧,另一方面也想削弱苏联的对华援助和支持。1941年1月,日本与美国重开谈判,企图利用日美谈判来达到孤立中国的目的。这些外交措施的一个共同点是:争取解决中国问题的有利形势,甩掉南进包袱。可见,中国的抗战是日本南进的第一个障碍。

综上所述,欧战爆发后,特别是法国投降、德军逼近英伦三岛之时,是日本南进的最好时机,但由于中国战场拖住了日本的后腿,使它迟迟不能转入南进,从而大大推迟了南进的时间,在英国最危急的时刻,给予了巨大支援,为美英加强欧洲和太平洋地区的防务,争取了宝贵的时间,有力地支援了欧美和世界各国人民的反法西斯战争。

三

从1941年苏德战争爆发到太平洋战争期间,是日本南进政策的最终确立和实施时期。中国战场自始至终抗击着日本陆军主力,牵制了日本的南进,支援了太平洋战场和其他战场。

苏德战争的爆发,给正在致力于南进的日本带来了巨大的冲击。是南进还是北进?内阁和大本营意见分歧。外相松冈洋右是坚定的北进论者。他主张先北后南,配合德国从东方夹击苏联,夺取远东地区,陆相东条英机

---

① 藤原彰:《太平洋战争》,第163页。

主张先南后北，或是南主北从，待苏联出现败势之后，只需举手之劳，便可轻取西伯利亚；参谋本部认为，苏德战争的爆发，确实是日本北进的绝好机会，但是，陆军的大部分兵力正在对华作战，余力很小，应先解决中国问题，海军则主张不介入苏德战争，全力南进。

在 7 月 2 日的御前会议上，否定了松冈等人的主张，通过了《适应世界形势的帝国国策纲要》。《纲要》决定，"不管世界形势如何演变，帝国均将以建设'大东亚共荣圈'……为方针"，"向处理中国事变为目标前进，并为确立自存自卫的基础，跨出南进的步伐"。为此，"不辞对英美一战"。在北方，"如果苏德战争进展对帝国有利时，则行使武力解决北方问题。"[1]《纲要》的实质是南进，或者说是先南后北。它标志着南进政策的最终确立。7 月 18 日，主张先北后南的松冈被赶出内阁。接着，日本集中了 70 余万兵力，在东北进行"关东军特别大演习"。这次演习虽然也包含有伺机攻苏的意图，但它在太平洋战争爆发前夕举行，实际上是掩护南进的烟幕。在 7 月 2 日的御前会议上，参谋总长杉山就指出过，苏联远东军只有 4 个师调往西部，同日军相比，仍占绝对优势。[2] 8 月 9 日，大本营陆军部在《帝国陆军作战纲要》中指出，"不管德苏战争如何演变，在昭和十六（1941）年度放弃解决北方的企图，专心集中于注意南方"[3]。这就明确告诉我们，日本的这次演习并不是真正要北进，不过是虚晃一枪而已。7 月 28 日，日军在法属印度支那南部登陆，占领了整个印度支那。如果说，占领印度支那北部主要是为了解决中国问题，那么，占领印支南部则主要是为了夺取南进的军事基地。当美国破译了日本密码，获悉日本将占领印支南部的计划后，立即采取了报复措施，7 月 26 日，冻结了日本在美资产，8 月 1 日，进而对日实行石油禁运。这是阻止日本南进的最后一招，但为时已晚，日本利用美国的绥靖，已贮存了足够用两年的石油，因而敢于同美国背水一战，在这个意义上来说，占领印支南部就意味着南进了，正如海军军令部总长永野修身所说，从那时起就是

---

[1] 实松让：《现代史资料 35·太平洋战争 2》，水篙书房，1978 年日文版，第 121 页。
[2] 稻叶正夫、小林龙夫、岛田俊彦、角田顺：《走向太平洋战争之路·别卷资料编》，第 466 页。
[3] 服部卓四郎：《大东亚战争全史》第一卷，鳟书房，1953 年日文版，第 162 页。

日美战争了。① 9月6日,御前会议在《帝国国策施行要点》中进一步决定,"帝国为了完成自存自卫,在不辞对美(英荷)作战的决心下,拟以10月下旬为目标,完成战争准备"。同美国谈判"到10月上旬尚未达到我方要求的情况下,立即下决心对美(英荷)开战"②。至此,日本已如离弦之箭,沿着近卫内阁铺设的南进轨道疾驰,日美开战已迫在眉睫。

在这关键时刻,首相近卫文麿却提出了辞职。近卫是发动中日战争和太平洋战争的决策者,在对美开战前夕为什么又踌躇不前了呢?用他自己的话来说,是"对战争没有信心"③。近卫从对世界局势的分析中,感到日本非南进不可,但中国问题却一直是他心中的隐忧。他说:"现在中国事变还没有得到解决,如果再进入前途未有预料的大战争中,作为中国事变爆发以来痛感责任重大的我,无论如何难以忍受。""现在由于4年以上的中国事变,国力消耗,民心也稍有松弛样子。在这个时候,我深信,应该以卧薪尝胆的思想准备,保持没有受到损伤的海军力量,无论如何,先把中国事变加以解决,再慢慢地设法增加国力。"④由此可见,近卫辞职的主要原因是出于对中国战场的担心,因而丧失了南进的信心。由于近卫的辞职,日本不得不推迟既定的南进时间。

10月17日,东条英机组阁。东条是日本法西斯军人中最骄横的悍将,一向以办事果断而著称,人称"剃头刀"。东条一上台,就加快了南进的步伐。11月5日,御前会议通过的《帝国国策实施纲要》决定,"为打开目前危局……建设大东亚新秩序,现在决心对美英荷开战","发动武装进攻的日期定于12月初,陆海军应完成作战准备"⑤。至此,日本终于走完了通向太平洋战争之路的最后一步。12月8日,日本海军偷袭美军太平洋舰队基础——珍珠港。太平洋战争爆发了。

---

① 秦郁彦:《进占法属印支和日军的南进政策(1940—1941)》,日本政治学会太平洋战争原因研究部《走向太平洋战争之路6·进占南方》,朝日新闻社,1963年日文版,第271页。
② 日本外务省:《日本外交年表及主要文书》下,第544页。
③ 日本历史学研究会:《太平洋战争史4·太平洋战争1》,青木书店,1972年日文版,第117页。
④ 复旦大学历史系日本史组:《日本帝国主义对外侵略资料选编(1931—1945)》,上海人民出版社,1975年版,第357页。
⑤ 实松让:《现代史资料35·太平洋战争2》,第123页。

太平洋战争爆发以后,中国仍然是东方反法西斯的重要战场。在开战时,日本陆军的兵力分配是:本土 4 个师团,南方 10 个师,东北、朝鲜 14 个师团,中国本部 21 个师团、20 个旅团和一个骑兵兵团。陆军主力仍在中国作战。到战争结束时,中国派遣军还拥有 105 万精锐部队。

太平洋战争期间,由于中国战场的牵制,日军始终不敢全力前进。1942 年春,大本营想利用南方作战的胜利来解决中国问题。2 月,大本营便设想在中国采取攻势。3 月 19 日,参谋总长杉山在《关于今后的作战指导》的上奏中提出,在形势许可的情况下,"利用大东亚战争的成果,断然向处理中国事变迈进,以图迅速解决之"[①]。但它仅仅是停止在纸面上的设想,同年 9 月 3 日,大本营指示中国派遣军准备五号作战(重庆作战),计划从南方抽出 6 万、从国内抽出 12 万、从东北、朝鲜抽出 18 万的庞大兵力,从西安、武汉两路进攻四川。对此,中国派遣军参谋长河边虎四郎在给司令官畑俊六的报告中指出,进行重庆作战,完全是"赌博行为",是"穷极之策"[②]。1942 年 9 月,正值太平洋战场鏖战方酣之时,日本还想从南方抽出兵力对付中国,日本深陷于中国战场的泥潭,由此可见一斑。

太平洋战争期间,中国人民的抗日战争有力地支援了苏联人民的反法西斯战争。1942 年德国要求日本进攻苏联远东地区,夹击苏联。但怎奈日本已力不从心。日本进攻苏联,主要是靠陆军,而陆军主力又不能从中国脱身,日本已是泥菩萨过江,自身难保,又怎能向德国伸出救援之手呢?日本甚至宁愿在德苏之间调停,也不愿出兵。[③] 在 1950 年代,苏联历史学家茹科夫曾这样写道:"使日本帝国主义不敢在第二次世界大战期间进攻远东的原因之一,是中国人民及其解放军——八路军、新四军以及人数众多的游击队的英勇斗争,他们在中国把日军的双手束缚住了。从而,中国人民给予苏联人民以很大帮助,使苏联人民易于在反对德国法西斯侵略者的正义的伟

[①] 日本防卫厅防卫研究所战史室:《战史丛书 50·华北的治安战 2》,朝云新闻社,1971 年日文版,第 110—111 页。
[②] 田井正成:《太平洋战争》,岩波讲座《日本历史 21·近代 8》,岩波书店,1981 年日文版,第 80 页。
[③] F. C. 琼斯、休·博顿、B. R. 皮尔恩:《1942—1946 年的远东(上)》,上海译文出版社,1979 年版,第 157—160 页。

大的卫国战争中进行巨大的斗争。"①

在太平洋战争中,中国战场给了美英等国的反法西斯战争以巨大支援。战争初期,日军曾席卷整个南洋地区,但由于陆军主力仍在中国作战,南方兵力单薄,无法跟上海军的进展速度。1942年春,日本海军在新加坡歼灭了英国远东舰队之后,乘胜西进,远击锡兰的英国东洋舰队,并把它赶到东非海面,大有夺取印度洋的制海权,在中东与德国会师之势。这一行动使英美感到惊慌失措,英国首相丘吉尔气急败坏地提醒美国总统罗斯福,日本对印度洋的控制,"将造成我们在中东整个局势的崩溃,这不仅是由于这样就阻止了我们去中东和印度的海上运输,并且还由于中断了来自阿巴丹的石油供应。没有石油,我们就不能维持我们在印度洋地区的无论是海上或陆上的地位。"如果日本切断了经红海到埃及的交通线,德日就有在中东会师的可能。② 但此时,日本陆军战线还仅仅停留在缅甸,致使海军无功而还,才使英美在北非、地中海战场的一次危机化为一场虚惊。同年春,大本营陆海军联席会议上,海军提议进攻澳大利亚,由于陆军无力组织一支规模宏大的十几个师团的远征军,便否定了海军的建议。

1943年,日军在太平洋战线节节败退,南方兵力吃紧,计划从中国抽出一部分兵力转用于南方,但由于1944年,日军在中国发动一号作战(打通大陆交通线作战),而未能完全实现。不仅如此,大本营还不得不在1945年初,将国内最后一个现役师投入中国战场。在一号作战中,日军虽然击败了国民党军队,但八路军、新四军在敌后发动了局部反攻,严重地威胁着日军后方,使日军进退两难。1945年,解放区军民开始了大反攻,日军不得不放弃广西、湖南、江西等地,退守华北、华中。中国战场的反攻,为最后打败日本帝国主义起了巨大的作用。

总之,在太平洋战争期间,中国战场对日本的南进仍然起着抑制作用,对太平洋战场、北非战场和欧洲战场,都给予了不同程度的支援。

中国人民伟大的抗日战争,从1931年起在长达十四年之久的时间里,

---

① 耶·马·茹科夫主编:《远东国际关系史(1840—1949)》,世界知识出版社,1958年版,第532页。
② F.C.琼斯、休·博顿、B.R.皮尔恩:《1942—1946年的远东(上)》,第150—151页。

同强大的日本法西斯展开针锋相对的斗争,像一根钢针,卡住了日本的咽喉,使它咽不进,吐不出;像一根铁索,捆住了日本的手脚,使它欲进不能,欲退不得。中国战场,是世界上最早开辟的反法西斯战场。中国战场的存在,阻止了日本的北进,延缓了它的南进。即使在日本南进之后,中国战场仍是打击日本陆军的主要战场和牵制日本南进的决定性的因素,有力地支援了世界各国人民的反法西斯战争,在第二次世界大战史上写下了光辉的篇章。

(作者胡德坤,武汉大学历史系,原文刊于《世界历史》1982年第6期)

中日战争时期的"东亚协同体论"

史桂芳

卢沟桥事变后,中国实行了全民族抗战,日本"速战速决"计划破产。昭和研究会作为首相近卫文麿的智囊,担心中日战争长期化,可能导致资源匮乏、人力有限的岛国日本处于不利境地,危及已有的"特殊权益",甚至给国家带来灭顶之灾。昭和研究会认为中国人的民族意识已非昔日比,单纯依靠武力无法达到目的。中日战争是总力战,经济、文化、教育等非军事因素的作用凸显,解决战争的关键是"把握"中国的民心。为此,昭和研究会提出了"东亚协同体论",企图以"民族协同"化解中国日益高涨的民族主义,将抗日救亡"引导"到对日"合作"、"协同"上来,用"和平"手段结束中日战争。

1938年11月30日,日本御前会议决定《调整日华新关系方针》,提出中日在"善邻友好、共同防共、经济提携"三原则下,共同"建设东亚新秩序"。昭和研究会认为日本对华政策调整意味着政府接受"东亚协同体论",进而全面阐述中日"协同"、"合作"的必要性,为"建设东新秩序"提供理论支持。近年来国内外学者比较关注日本亚洲主义的研究,对亚洲主义的产生、基本主张、亚洲主义与大陆政策等方面做了很多的探讨。[①] 然而,学界对"东亚

[①] 相关研究成果有史桂芳:《东亚联盟论研究》,首都师范大学出版社,2001年版(对中日战争时期的东亚联盟论产生的背景、主要内容及影响等做了系统的研究,指出东亚联盟论与日本战后军国主义暗流之间的关系);王屏:《近代日本的亚细亚主义》,商务印书馆,2004年版,对近代日本亚洲主义的产生、主要流派等做了比较详细的探讨,指出亚洲主义在理论、行动方面的作用;林庆元、杨齐福:《"大东亚共荣圈"源流》,社会科学文献出版社,2006年版, (转下页)

协同体论"的研究尚属薄弱,对日本知识分子与政府决策的关系,"东亚协同体论"对"建设东亚新秩序"政策的影响等,缺乏系统的梳理和探讨。本文在使用中、日文第一手资料的基础上,系统阐释昭和研究会提出"东亚协同体论"的原因,"东亚协同体论"的基本内容、目标,厘清"东亚协同体论"与卢沟桥事变、"建设东亚新秩序"等的关系,思考战后日本美化侵略战争的历史原因。拙文若能为深化中日关系史、抗日战争史的研究贡献万一,将为笔者之大幸。

一、昭和研究会与"东亚协同体论"的提出

昭和研究会成立于1933年12月,是日本知识分子自发组织的民间"国策"研究机构,"作为近卫文麿的智囊团"而广为人知。① 昭和研究会由后藤隆之助创立,后藤是近卫文麿好友、高中校友,曾为"大日本联合青年团"② 干事,与右翼团体玄洋社骨干杉山茂丸、志贺直方等交往甚密。1933年在志贺直方的建议和支持下,组建了后藤事务所,年末改称"昭和研究会"。后藤隆之助回忆:"我是在志贺的经济援助下离开青年馆,成立了研究所。"③

昭和研究会会员为大学教授、专家、媒体人和政府官员,可以说集合了日本经济、政治、外交、文化等领域的精英,一般称之为"知识分子团体"。1931年日本挑起"九一八"事变后,中国政府立即诉诸国联,以为国联"对日

(接上页)对近代日本扩张理论做了系统梳理,但没有涉及东亚协同体理论;史桂芳、王柯:《从昭和研究会看战争中的日本知识分子》,《抗日战争研究》,2008年第2期,从知识分子与战争的角度,探讨了协同主义思想;朱庭光主编:《法西斯体制研究》,上海人民出版社,1995年版,对亚洲主义相关思想、理论做了简要的介绍、分析。日本学者相关研究成果主要有荒川几男:《1930年代昭和思想史》,青木书店,1971年版;久野牧:《1930年代的思想家》,岩波书店,1975年版;酒井三郎:《昭和研究会》,讲谈社,1985年版;马场修一:《1930年代ある日本知識人の動向》,东京大学《社会科学纪要》19号,1969年;竹内好:《アジア主義——現代日本思想大系9》,筑摩书房,1961年版;等等。他们对亚洲主义思想的产生、演变有所涉猎,对日本知识分子与亚洲主义关系做了一些分析,但基本都没有对"东亚协同体论"与日本政府对外政策关系进行研究。

① 兵头彻、大久保达正、永田元也编:《昭和社会经济史料集成 第31卷 昭和研究会资料》第1卷,大东文化大学东洋研究所,2004年版,解题第1页。
② 大日本联合青年团为1924年田中义一创立的全国性青年组织,是支持田中义一的组织。
③ 神户大学图书馆藏、内政史研究会编:《后藤隆之助氏谈话速记录》内政史研究资料第66集,内政史研究会内部资料,1968年,第30页。

本破坏条约之暴行,必有适当之制裁"①,期待通过外交途径解决事变。1932年4月,国联派出李顿调查团。1933年2月24日,国联召开特别大会通过了《关于中日争议的报告书》,认为日本占领中国东北不符合国联精神,东北主权属于中国,否认伪"伪满洲国"的合法性,敦促日本撤兵。日本代表对报告书投了唯一的反对票,驻国联首席代表松冈洋右在国联大会上用英语发表了措辞强硬的演说,称"远东纠纷之根本原因,在于支那无法律之国情及不承认对邻国之义务,皆唯自己意志行动之不合理现状所致。至今为止,支那长期懈怠作为独立国之国际义务,致其最近邻之国家日本,蒙受了莫大损害"②,松冈洋右随即用日语说了声"再见",扬长而去。松冈洋右在国联的表现得到日本媒体的追捧,认为涨了日本的志气,日本国内处于极度的排外、扩张氛围中。3月27日,日本政府发表《退出国际联盟的通告文及诏书》:"帝国政府认为已经无与国联合作之余地,据国联规约第一条第三款,帝国宣告退出国际联盟。"③

日本极端民族主义高涨,引起了富于"理性"知识分子的担心,"为国家前途而忧虑的青年、有识之士汇集一堂,挺身而出组成团体,为研究国策出力"④,他们认为日本退出国联不是什么值得庆贺的事情,由此可能招致国际孤立,凭日本现有的国力,难与列强抗衡。知识分子不是国家命运的旁观者,在关键时刻应挺身而出有所担当,为国"分忧"。他们决定成立专门的国策研究机构,昭和研究会应运而生。《昭和研究会设立趣意》⑤开宗明义,"集合各方面的智慧与经验,实行各方面的总动员,充分融合政界、军界、实业界、学界、评论界等思想,综合社会各界的经验和智慧,以确立日本的政策"⑥。昭和研究会每年都会根据形势的变化,修订《昭和研究会设立趣意》,并制定具体的年度工作计划。昭和研究会成立时仅有会员15人,随着

---

① 《1931年9月22日蒋介石在南京市党部讲话》,罗家伦主编:《革命文献》第35辑,台北"中央文物供应社",1972年版,第1195—1196页。
② 日本外务省编:《日本外交年表及主要文书》下,原书房,1978年版,第264页。
③ 同上,第269页。
④ 昭和同人会编著、后藤隆之助监修:《昭和研究会》,经济往来社刊,1968年版,第1页。
⑤ "趣意"的中文意思为宗旨。
⑥ 昭和研究会编:《昭和研究会设立趣意並に事業要項》,见兵头彻、大久保达正、永田元也编:《昭和社会经济史料集成 第31卷 昭和研究会资料》第1卷,第48页。

会员人数的增加,1935年3月,设置常任委员15名,包括青木一男、高桥龟吉、腊山政道、风见章、后藤文夫等政界、经济界、新闻界的名人。设置专任委员20名,并成立教育、农村、政治、外交、经济、金融财政等专门委员会(小委员会)。专门委员会(小委员会)设委员长1人,干事2人,会员若干。1936年6月,成立"中国问题委员会"和"中国问题研究会"。由于会员数量不多,会员交叉担任专门委员会。研究会每周举行会议在讨论基础上撰写报告,报告有以昭和研究会事务局名义形成的,也有以分委员会名义形成的。研究会根据报告内容,决定公开或"保密",将可以公开的报告印刷成册发行,扩大研究会的社会影响。保密报告则直接"送给近卫公。会员还通过私人关系送给近卫公身边的人,送达总理官邸等处"①。卢沟桥事变后,昭和研究会又在内部设立一些联络感情的机构,如昭和亲睦会(1938年2月)、昭和同人会(1940年2月)、东亚俱乐部(1939年4月)以及培养人才的昭和塾(1938年2月)等。

昭和研究会声称政治上不持特定的立场,因而吸引了一批自由主义知识分子参加,如腊山政道、高桥龟吉、后藤文夫、山崎靖纯等。昭和研究会包含了左、中、右翼各派人物,三木清、尾崎秀实属于左翼,持中、右翼立场者居多。三木清是日本著名的哲学家,早年接触过马克思主义哲学,1928年与羽任五郎主办过研究马克思主义的刊物《在新兴科学的旗帜下》,在《思想》等杂志上发表过介绍、研究马克思主义的文章。卢沟桥事变后,三木清加入昭和研究会,从民间思想家变成近卫的智囊,他认为"既然谁都无法逃脱命运的安排,不如积极地挺身而出,参与解决现实问题"②,从承认现实、把侵略战争正当化的角度来协助日本政府。三木清参加昭和研究会虽然比较晚,但是,其理论贡献很大,他撰写的《协同主义的哲学基础》《协同主义的经济理论》《新日本的思想原理》是"东亚协同体论"研究中理论水平最高的成果,为"建设东亚新秩序"提供了思想基础。中日战争期间,日本"左翼"知识分子既不满意军部的一意孤行,又不愿意放弃在中国的"特殊利益",内心十

---

① 昭和同人会编著、后藤隆之助监修:《昭和研究会》,第15页。
② 三木清:《知識階級の参与》,《三木清文集》第15卷,岩波书店,1985年版,第241页。

分矛盾与纠结,其思想、行动发生了很大变化,开始"有意"与马克思主义保持距离,在极端民族主义膨胀的形势下,多站在了国家主义立场上,开始政治"转向"①,主动接近政府,"智力"协助、支持侵略战争。正如昭和研究会成员战后回忆中所言,研究会中"有人接近社会主义,有人与纳粹思想很近。在协同主义最大公约数下,组成了昭和研究会的人员"②。有日本学者认为他们是"思想上的左翼,行动上的右翼"。尾崎秀实"参加权力中枢,赞同东亚协同体论,进而参与佐尔格事件都是因中日战争所导致的"③。

昭和研究会一直与日本财界、官界联系密切,成员中不乏政府官员,贺屋兴宣是大藏省主计局长,"在三井、三菱、住友等财阀的支持下,昭和研究会成立了"④。昭和研究会作为近卫文麿的私人智囊团活动,为近卫执掌政府筹划对策,后藤隆之助预计:"近卫先生早晚会掌控政权。为那一天的到来,无论是国内政治还是对外政策,现在就需要做相应的准备"⑤。1939年1月,第一次近卫内阁解散后,后藤隆之助最先预见到近卫文麿可能再度出山,为近卫重掌大权多方活动。近卫文麿第二次出任首相后,后藤隆之助向近卫提出建立强有力政府、抑制军部势力等改革主张。近卫根据他的建议,组织大政翼赞会并亲任总裁,开展"一国一党"的新体制运动,效仿德国的集权主义。卢沟桥事变后,昭和研究会提出"支那事变爆发,我国面临着从未有过的国难,对政治、经济、文化等各方面的问题,需要制定紧急对策、探讨根本方针"⑥,应该以自己的知识和智慧,寻求解决战争之道,对国家有所贡献。

昭和研究会不仅主动做政府的"智囊"、"顾问",还进入权力中枢,不少会员位居高位,参与了日本内外政策的制定。第一届近卫内阁时期,昭和研

---

① "转向"是日本现代史上的一个特有名词,杨宁一在《日本法西斯夺取政权之路——对日本法西斯主义的研究与批判》中,指出转向用以概括20世纪30年代左翼和民主力量的一些代表人物放弃了自己原来的信仰,向法西斯投降,或者进而信奉法西斯主义的现象。笔者同意这种看法。
② 昭和同人会编著、后藤隆之助监修:《昭和研究会》,第305页。
③ 野村浩一:《尾崎秀实と中国》,《尾崎秀实著作集》第2卷,劲草书房,1977年版,第387页。
④ 昭和同人会编著、后藤隆之助监修:《昭和研究会》,第14—15页。
⑤ 马场修一:《1930年代日本知识分子的动向》,东京大学《社会科学纪要》19号,1969年,第101页。
⑥ 昭和研究会编:《昭和十四年度研究大纲》,兵头徹、大久保达正、永田元也编《昭和社会经济史料集成 第34卷 昭和研究会资料》第4卷,大东文化大学东洋研究所,2008年版,第17—18页。

究会会员也开始掌握政府要职,马场锳一任内务大臣,有马赖宁担任农林大臣,大谷尊由担任拓务大臣。常任委员贺屋兴宣先后担任过近卫文麿内阁和东条英机内阁的大藏大臣,被誉为"理财圣手"。他在任期间制定奖励储蓄、战时财政等政策,使日本避免了战时经济倒退与停滞,为日本对外侵略免去了财政之忧,从经济上支持战争。笠信太郎是近卫文麿的顾问,近卫早餐会①(水曜会)成员之一,长期担任朝日新闻社论主笔,对"东亚协同经济"颇有"贡献"。风间章是第一次近卫内阁的书记长官,第二次近卫内阁的司法大臣。有田八郎曾经担任广田内阁、平沼内阁、米内内阁的外务大臣。尾崎秀实则长期担任近卫的私人顾问。

卢沟桥事变后,昭和研究会的"中国问题委员会"和"中国问题研究会"通宵达旦地研讨中国局势和战争进展,提出建议报告。为了解事变后中国的情况,1937年10月,昭和研究会的后藤隆之助、酒井三郎等到中国东北、内蒙古、华北、华中等地进行实地考察。他们通过数月的走访、调查,认为日本在中国有"特殊权益","对日本国民来说,不应否认支那问题是今后数十年需要关心的问题"②。同时,提醒日本政府,民族主义在中国正发挥着前所未有的巨大作用,解决卢沟桥事变的出路就是要根本克服中国的民族主义,实现中日两国的"协同"、"合作"。于是,昭和研究会提出了"东亚协同体论",以此作为解决中日战争的方式。可以说"东亚协同体论是事变的直接产物,是直面事变造成的深刻、悲惨而困难局面所产生的"③。

"东亚协同体论"被称为"日本思想上的创造",昭和研究会与东亚联盟协会等亚洲主义团体不同,它没有自己的机关刊物,基本主张反映在昭和研究会的专题报告、政策方案,以及会员发表在《改造》《中央公论》《日本评论》等杂志的论文中。"东亚协同体论"的代表性著作为昭和研究会编写的《日本经济改组试案》《协同主义的经济伦理》《政治机构改革大纲》,三木清的《新日本的思想原理》《新日本的思想原理续篇》《协同主义之哲学基础》,尾崎秀实的《"东亚协同体"的理念及其客观基础》,山崎靖纯《作为长期建设目

---

① 昭和研究会核心成员参加的聚会,于1937年近卫出任日本首相后成立。
② 尾崎秀实:《现代支那论》,《尾崎秀实著作集》第2卷,劲草书房,1977年版,第195页。
③ 桥川文三:《近代日本政治思想史》第2卷,下册,有斐阁,1978年版,第358页。

标的东亚协同体论之根本理念》、高桥龟吉的《我的实践经济学》等，从思想、文化、经济、政治等角度阐述了"东亚协同体"理论。20世纪60年代，日本出版了昭和研究会会员撰写的回忆性著作，包括后藤隆之助监修的《昭和研究会》、酒井三郎著《昭和研究会——某些知识分子的轨迹》、内政史研究会编的《后藤隆之助氏谈话速记录》(印刷品)等。2004年起，大东文化大学东洋研究所整理出版了7卷本《昭和研究会资料》，收集了昭和研究会当年所有公开和保密的文件，为深入研究"东亚协同体论"提供了基本条件。

"东亚协同体论"内容庞杂，涵盖了政治、经济、文化、教育、国际关系等各方面，概而言之，就是建立以中日协同经济体制为核心、以文化提携为纽带、以地域合作为基本框架的"东亚协同体"，实现中日两国"民族协同"、"经济合作"，进而达到东亚各国的"共存共荣"，共同建设"东亚新秩序"的目的。它发展了近代以来以日本为盟主的亚洲主义，根本不顾及亚洲邻国的利益，一切以日本的需要为第一，是典型的侵略理论。

卢沟桥事变后，中国建立了以国共合作为基础的抗日民族统一战线，全民族抵抗侵略。昭和研究会多次研讨中日战争后的国内外形势，认为抗日民族统一战线中有不同阶级、阶层、团体和派别，始终存在"离心"与"向心"两种倾向，国共两党"同床异梦"，矛盾无法调和，摩擦不断，破裂不可避免，"从支那社会构成来看，统一战线中包含着勉强的、不合理的成分，存在着可能破裂的危险因素"[①]。日本要达到战争目的，就要利用抗日民族统一战线中的矛盾和分歧，扩大"离心"力，以"协同"主义来把握中国的"民心"，使中国从抗日救亡转向对日"合作"。昭和研究会自信以"东亚协同体论"可以瓦解中国全民族抗日，因为近代以来中国人虽已萌生民族意识，但是，毕竟其民族认同、民族主义形成时间不长，在一般百姓心中，国家、民族意识仍然比较淡薄，他们更重视个人利益。日本应乘机启发其"亲日"感情，"说到底，支那人是求利的，给其利益就能使他们走向亲日。救济支那民众的生活，就可以收揽人心，进而统治支那"[②]。昭和研究会会员不乏中国问题专家，以为

---

① 尾崎秀实：《民族運動の特質》，《尾崎秀实著作集》第2卷，第270页。
② 昭和研究会：《一体支那はどうなるのか》，兵头彻、大久保达正、永田元也编：《昭和研究会资料》第1卷，第58页。

打着"协同"、"合作"为旗号,兼之以小恩小惠,就能消除中国人的国家、民族意识,消除中国的民族主义。

中国有"兄弟阋于墙外御其侮"的传统,在国家民族生死存亡的危急关头,无论是政治上业已成熟的中国共产党,还是执掌国家大权的中国国民党,都以抗日救亡为第一要务,抗日民族统一战线中虽然有分歧、矛盾、摩擦,甚至后来还发生皖南事变那样的激烈军事冲突,但是,两党最终以民族大义为重,从政治上解决矛盾,避免摩擦升级,团结抗战。昭和研究会只看到中国不同阶级政治诉求、经济利益等方面的矛盾,低估了"天下兴亡匹夫有责"传统在中国的影响,表明其对中国历史文化、中国人民族意识虽有了解和重视,但是,其认识仍然多停留于表象,只见树木不见森林,"东亚协同体论",不可能成为解决战争的"良策"。

二、"东亚协同体论"与卢沟桥事变

"东亚协同体论"因中日战争而产生,只有得到日本政府认同或者借鉴方能显示出其"价值"。卢沟桥事变后,昭和研究会频频向近卫首相"建言",提出了一系列对策建议,重点阐述"东亚协同体"在解决事变中的作用,希望日本政府加以吸收、采纳。1937年7月15日,昭和研究会发表《北支事变对策(草案)》,提出在华北设立缓冲地带,不扩大战争等对策建议。由于事变后日本内阁迅速做出增兵华北的决定,中日战争扩大。昭和研究会思考如何早日结束战争之策,12月,发表《支那事变解决及战后北支经验的一般方针与对策(草案)》,提出中国应放弃一切抗日政策,在华北划定"非武装地带"等要求。卢沟桥事变后,昭和研究会提出了"东亚协同体论",以肯定日本在中国的"特殊利益"为前提,希望能够以"东亚协同体"消除中国的民族主义,达到日本的最终目标。昭和研究会主要从以下几个方面阐述"东亚协同体论"与卢沟桥事变的关系。

首先,从东西方文明对立角度阐述卢沟桥事变爆发的原因及意义,以亚洲解放者的姿态否认战争的侵略性质。昭和研究会提出"东亚协同体论"的目的,就是要赋予卢沟桥事变以"进步"意义,找出事变发生的"合理性"。昭和研究会认为,日本是亚洲的先进国家,一直为实现亚洲解放的理想而不懈奋斗,制定了"解放"亚洲各国的大陆政策,"使有色人种从白种人的压迫下解放出来","帝国的大陆政策不仅求日本的发展,而且要救济和解放东洋被压迫民族"①。然而,中国人不理解日本的真实目的和一片苦心,以为日本要灭亡中国,将民族主义的矛头指向日本。日本为帮助同文同种的中国,与列强冲突,引发了卢沟桥事变。"从半殖民地支那驱逐欧美帝国主义势力的层面上讲,具有进步意义,是民族解放战争和民族自卫战争"②。昭和研究会"独辟蹊径"地从东西方对立的角度,阐述事变在中日两国共同反对西方列强上的"进步"意义,认为"从日本的立场来说,对支那的战争真是圣战,不是旧观念与政策指导下的战争,包含新的、积极的内容"③,是建立东亚新关系的纽带,需要东亚各国协助,建立新的协同关系。昭和研究会认为中国人不对日本理解、感恩,"误会"了日本的好意,所以要阐述卢沟桥事变的进步意义,使中国改变抗日政策,与日本协同一致共同对抗西方列强,实现亚洲各民族的解放。

昭和研究会会员作为日本知识界的"精英",比武力侵略中国的军人、军阀"理性",为了表明中日命运息息相关,让中国人从对日抗战转向对日"合作",他们把日本打扮成与中国一样受到西方压迫的"弱者",引发中国人的"共鸣","暂不说遥远的过去,就是近一两个世纪,东洋遭受西洋各国的统治。东洋完全隶属于西洋的统治之下。日支关系的复杂性就是因为东洋隶属于西洋引起的。与这种隶属性相联系,日支事变就不仅是日支两国的问题。东亚协同体理论的提出,首先是从东洋隶属于西洋这种现实中产生的"④,所以,中日两国都有摆脱西方压迫的要求,卢沟桥事变顺应了世界潮流的发展,是东洋反抗西洋压迫的必然,是中日携手抵御西方列强的起点。昭和研究会对日本发动战争的性质、目的了然于胸,却要挖空心思地为侵略

---

① 多田骏:《对支基础的观念》,《东亚联盟》1940 年 2 月号,第 140 页。
② 昭和研究会:《支那事变に対処へ根本方策に就て》,兵头彻、大久保达正、永田元也编:《昭和社会经济史料集成 第 32 卷 昭和研究会资料》第 2 卷,第 486 页。
③ 昭和研究会:《新段阶の東亜政治》,《昭和研究会资料》第 4 卷,第 392 页。
④ 昭和同人会编著、后藤隆之助监修:《昭和研究会》,第 239 页。

"找理",表明了其作为近卫的"智囊",不惜指鹿为马、偷梁换柱的"本领"。

昭和研究会把卢沟桥事变与世界历史发展趋势联系在一起,认为卢沟桥事变不仅在东方各国反抗西方列强的进程中具有重要意义,也证明西方资本主义的没落、矛盾,世界历史将进入东方主导的新时代。在新东方主导历史潮流的新时代,中日两国不仅要反抗西方列强压迫,还要警惕苏联共产主义对东方的渗透,要在日本"领导"下实现亚洲的复兴,"此次事变绝非单纯的突发事件,是满洲事变以来东亚历史转换的继续,更是现实世界矛盾的集中体现。当今世界,无计划的资本主义体制走投无路,不适应生产力、军事力的众多小国分立,西洋列强统治下的世界出现矛盾,世界历史将进入大转换时代"①,"现在大陆政策包括两方面的内容:一是实现以日本为中心的亚洲民族解放,让亚洲各国完全脱离欧美的羁绊;二是防止苏联的国际共产主义势力"②。亚洲各国不仅要反抗欧美列强的压迫,还要防止苏联共产主义对东亚各国的侵蚀,实现亚洲的民族解放,从这个意义上可赋予卢沟桥事变以世界历史意义,"以事变为契机阐述日本精神的新发展"③,让无比优越的日本精神普照东亚乃至世界,进而形成了真正意义上的"东洋"。"东亚思想不是单纯的地域主义,即地域分离主义、地域闭锁主义乃至地域便利主义,或者是更简单的地理上的宿命论、风土主义等,那样就不会有世界史上统一的理念。特别注意不能将东亚仅仅限于地域主义,仅从地域考虑就难符思想之名。日本只有打出世界史发展统一的理念,才能使本次事变获世界史的意义"④。昭和研究会从反抗西方侵略角度论述卢沟桥事变的历史意义,包藏着更大的野心,要把日本的文化、思想推广到全世界。拥有先进文化、发达经济的日本"领导"东亚弱国一同反抗西方列强的侵略,在世界舞台上与西方列强分庭抗礼,道出了其真实目的。

其次,建立"东亚经济协同体",维护日本在中国的"特殊利益"。战争需

---

① 昭和研究会:《国民運動とは何か　東亜協同体建設への道》,《昭和研究会資料》第3卷,第279頁。
② 昭和研究会:《昭和研究会常任委員研究会記録》,《昭和研究会資料》第1卷,第46頁。
③ 三木清:《現代日本に於ける世界史の意義》,《三木清文集》第14卷,岩波书店,1985年版,第145頁。
④ 三木清:《東亜思想の根拠》,《三木清文集》第15卷,第309頁。

要经济的支持,战争的目的与经济掠夺分不开。昭和研究会在卢沟桥事变前就对中日两国的政治、经济、军事做过详细研究,深知如果战争陷于长期化态势,对日本非常不利,希望近卫首相能够遏制军部扩大战争的行动。而近卫内阁以为对中国"一击"可以结束战争,卢沟桥事变后,迅速做出了增兵华北的决定,并多次召集议员、财界、舆论界的会议,"本着朝野一致应对事变之目的,召集言论机关代表、贵众两院议员、财界代表齐聚首相官邸,言明政府的方针,要求与政府合作。又召集产业界、农会、产组、思想关系等各方面代表会议"①。昭和研究会对近卫政府扩大战争的决策颇感"失望",以为以日本的人力、物力难以支撑长期战争。但是,作为首相近卫文麿的"智囊"又不能直接指责政府,他们一方面为首相近卫开脱,另一方面希望以"东亚协同体论"尽快解决卢沟桥事变,"近卫公竭尽全力不使事变扩大。日支事变(指卢沟桥事变,引者注)是军队搞的,内阁努力坚持不扩大方针,但是,缺乏抑制军队行动的实力"②,是军部把政府拖入扩大战争的道路。现在需要创造新的理论来取代中国的民族主义,"东亚协同体论"就是一种新的理论,它博采世界诸理论之长,"从更高的角度超越了已经破产的近代主义,比自由主义、马克思主义、全体主义等体系更具有优越性。它立足于传统,又非简单复活封建的东西,亦非止于空疏自负的言辞。通过对东洋文化和西洋文化的新反省,站在现在的历史阶段,是应世界环境而生的思想创造"③。"东亚协同体论"综合了目前世界各种主义之优点,既可以克服自由资本主义的弊端,又能超越马克思主义,是防止东亚赤化,实现中日"共存共荣"的理论依据。

近代以来,日本不断通过对外侵略战争中获取的经济利益,积蓄下次扩张的实力,具有侵略掠夺的惯性。中日战争的规模巨大,日本实行了举国动员体制,除在国内实行"国防献金"、"战争储蓄"等方式外,对中国的经济掠

---

① 《関西財界も支持_昨夜首相官邸で会談》,《朝日新闻》,1937年7月13日,第2版。
② 《后藤隆之助氏谈话速记录》,内政史研究资料第69集,内政史研究会编(印刷品),1968年版,第120页。
③ 三木清:《续新日本の思想原理 協同主义の哲学的基础》,《三木清全集》第17卷,岩波书店,1968年版,第535页。

夺更加疯狂。昭和研究会深谙经济与战争的关系,战争是以经济实力做后盾的,现在东亚任何一个国家都没有与西方抗衡的实力,需要建立东亚经济协同体制。现在世界范围内出现了经济民族主义思潮,东亚各国应顺应潮流发展,建立区域经济协同体制,彻底打破西方列强对东亚的经济压迫和束缚,实际是以反对西方压榨为由,为日本在东亚的掠夺披上"合理"外衣。"东亚经济协同体"是"多个国家或者民族结合起来,统一综合运营的经济"①,现阶段主要是日本、"伪满洲国"和中国,这是东亚"经济协同体"的基础,通过"实行通货合作,日'满'华'三国'在人力、物力、资源、技术等方面分工协作,实现'三国'的共存共荣"②。卢沟桥事变为建立日、"满"、华经济协同体创造了条件。

　　实行"东亚经济协同"就需要在日本的"领导"下统一规划东亚各国的经济,实行有效的分工合作。昭和研究会制定了东亚各国经济协同的愿景,"建立中日经济上的相互依存,提高东亚区域经济圈的实力,使东亚区域经济得到有效的综合发展。日本致力于进一步发展东洋经济协同体中核的精密工业、机械工业、兵器工业,为满支提供优秀的技术及资金。强化满支与日本不可分关系,根据以对苏国防为中心的适地产业原则,积极建设重要产业,为日本及全支那提供原料资源。支那与日本互助提携,首先开发国防产业,复兴经济,为日满供给原料及劳动力"③。按照这种分工,中国只是日本工业原料和农产品供应地,不能发展现代工业,无法建立足以维护国家主权的国防力量,将永远置于日本控制之下,"在日、满、支区域经济圈内,确保粮食等农作物的自给化、增加出口农作物,为此,要进行农业开发、生产,综合统制配给,改善生产条件"④。这种"协同"、"合作"是以有利于日本掠夺为前提的,完全适应日本侵略战争的需要。

　　中日战争期间,日军把掠夺魔爪伸向一切占领地。昭和研究会提出了

---

① 昭和同人会编著、后藤隆之助监修:《昭和研究会》,第243页。
② 昭和研究会:《资金统制研究会要录》,《昭和研究会资料》第1卷,第490页。
③ 昭和研究会:《东亚经济协同特质及世界意义(未定稿)》,《昭和研究会资料》第4卷,第288页。
④ 昭和研究会:《长期建设下农业政策要纲试案》,《昭和社会经济史料集成 第36卷,昭和研究会资料》第6卷,大东文化大学东洋研究所,2009年版,第97页。

各种经济掠夺的方式,经济掠夺与武力占领相配合,要求中国实行与东亚经济协同体相适应的关税政策,不要用关税壁垒阻碍日本商品进入中国市场,"支那现有的进口税率需要按照日满支'区域经济'发展的需要进行合理改正。支那原则上不能实行保护关税政策"①。所谓关税适应东亚经济协同体发展的需要,实际就是适合日本对中国商品、资本输出及经济控制的需要。"首先要从国防和经济的角度,去思考日满支区域经济以及更广泛的东亚地域经济。从国防角度来说,最重要的是有长期构想,从大陆作战与大洋作战两个方面来考虑"②,为进一步扩大战争奠定经济上的基础。昭和研究会断言"东亚经济协同"范围将随着中日战争形势的发展而扩大,参与的国家将越来越多。

昭和研究会"控诉"自由资本主义经济完全以营利为目的,造成私欲膨胀,危害国家利益,使得经济相对落后的日本不得不起而维护自身利益,发动"自卫"战争。"1929 年以后的世界经济危机暴露了资本主义生产的弊端"③。"在经济危机面前,各国都实行以自己为中心的'利己'政策,世界经济的自由通商体制崩溃,世界一体的国际经济体制瓦解。1932 年 8 月英国的《英帝国特惠关税制度》更是给世界经济最致命一击。当时英国处于世界经济的领导地位,为了保护本国产业,对英帝国以外进口的商品实行限制,在英帝国内部实行自给自足有利措施(牺牲英帝国以外各国的利益)"④,英国的经济政策不仅导致自由通商体制崩溃,还迫使日本不得不走向对外扩张道路。昭和研究会认为,《英帝国特惠关税制度》对世界政治有巨大的影响。对英、美来说,区域经济的自给自足经济政策属于国内问题。但是,这种政策实行的前提是要有一定的领土规模。日本(德国、意大利)等国土狭小,要实行这种政策只能对外扩张领土,进而酿成重大的国际问题,极大地刺激了日本的民族主义,导致某些国家不得不进行战争冒险。领土面积比较小的德国、意大利和日本,为了形成自己的区域经济走向了扩张领土的战

---

① 昭和研究会:《日支贸易政策要纲案》,《昭和研究会资料》第 3 卷,第 367 页。
② 昭和研究会:《东亚ブロック经济研究会第十回会議记录》,《昭和研究会资料》第 3 卷,第 419 页。
③ 昭和研究会:《ブロック经济の生成とその意义》,《昭和研究会资料》第 3 卷,第 199 页。
④ 高桥龟吉:《私の实践经济学》,东洋经济新报社,1976 年版,第 257—258 页。

争道路,"日本进入满洲,形成了'日满区域经济圈',又在太平洋战争中,举起了'东亚共荣圈'(东亚区域圈)的旗帜,这是因为英国采取的'英帝国区域'政策所引起的"①。昭和研究会借批判自由资本主义追逐利益,损害东亚各国,为日本侵略扩张辩解称卢沟桥事变是西方列强封锁日本所致,是为了日本的生存。1941年日本发动太平洋战争后,更把日本发动战争视为"自存"、"自卫"、"迫不得已"的行动,国土狭小的日本很"无辜",对外扩张实属"无奈"之举。这种理论不仅是日本发动侵略的借口,也成为战后日本否认侵略战争的重要理由。

再次,日本有能力担当"东亚协同体"的领导,中国应承认这一事实,在日本的"领导"下,实现民族独立和解放。昭和研究会认为"东亚协同体"需要领导核心,担负领导责任的国家,必须有雄厚的政治、经济实力,目前东亚地区具有这样实力的国家就只有日本,"日本已经成为世界强国,当然也是亚洲的强国。日本与支那大陆的经济联系远远超过英美等国"②。中国整体国力衰弱,近代经济成分微小,没有建设近代国家的能力,热切期望日本的"帮助"与"领导",提高综合国力,"以日本为盟主,可以最大限度地发挥东亚的经济、政治力量,开发满、支经济,提升满、支国民在世界政治经济中的地位"③。昭和研究会认为,中国近代以来提出了废除不平等条约的要求,也为此进行了不懈的努力,但目标一直没有实现。究其原因,就是因为中国经济命脉被西方列强所控制,中国人能力低,如果中国接受日本的"领导",就可以驱逐英美帝国主义的势力,废除不平等条约,实现民族解放。这里,昭和研究会贬低中国人自主建设国家的能力,抹杀中国社会经济发展的成就,为日本取西洋列强而代之制造依据。

"东亚协同体"贯穿中日两国政治、经济、国防、文化等各个领域,相互之间关系密切。为让中国甘心接受日本的"领导",昭和研究会强调"诸民族、诸领域间是互惠关系,不是隶属关系。由于协同体成员的政治经济发展水

---

① 高桥龟吉:《私の実践経済学》,第258—259页。
② 尾崎秀实:《最近の段階における日支関係》,《尾崎秀实著作集》第1卷,劲草书房,1977年版,第66页。
③ 昭和研究会:《ブロック経済の生成と其の意義》,《昭和研究会资料》第3卷,第205页。

平不同，自然需要有国家担负"领导"责任。能够承担领导责任的国家要在政治方面，阻止其他强大国家的侵略，防止在未发达国家建立殖民关系，以一定的政治经济意识形态（如共产主义的阶级斗争、世界革命）扰乱协同体"①。昭和研究会在"互惠"的名义下，要求东亚各国在经济上满足日本的国防需要，接受日本的领导和经济计划，与西方列强的"支配"、"隶属"并没有本质区别，不过是换了个名词而已。

"东亚协同体论"继承了近代以来日本亚洲主义以"连带"、"携手"扩张日本利益之衣钵，始终强调"东亚协同体"必须有中国人的协助、参与和支持，要"使支那民众了解日本始终在忠实地恪守东亚民族自主与协同的原则，以解决卢沟桥事变"②，就是东亚各国从欧美列强压迫下解放出来。平野义太郎还提出超民族的大地域主义概念，要超越国家界限，把国防、财政、外交等放在东亚大地域单位内考量，同时保证地域内各民族内政、经济、文化、传统等最高限度的自主独立，超民族的协同体，它"与帝国主义不同，帝国主义引起母国与殖民地国家的对立，而大地域主义则以国防、财政、外交为大地域单位，最大程度的保留地域内各民族内政、经济、文化、传统的自主独立，是新的政治原理"③，能够实现东亚各民族的团结，满足亚洲各国民族主义的要求。大地域主义自诩超越了西方帝国主义，在东亚地域内统一规划国防、财政、外交，其实就是东亚各国把自己的主权交给日本，是亚洲门罗主义的翻版。

最后，重视文化协同在战争中的作用，弘扬东方文化，为野蛮的侵略战争打上"文化"的标签，达到"不战而屈人之兵"的目的。昭和研究会深谙"文化"等软实力在战争中的作用，昭和研究会中有不少"中国通"，对中日文化、历史有一定的了解和研究，他们有到中国游历、考察的经历，认识到中日战争并非只是两国军力的较量，文化、民心等非军事因素将对战争走向起重要作用，希望日本政府重视文化的作用，通过建设中日共同文化，培养中国人

---

① 昭和同人会编著、后藤隆之助监修：《昭和研究会》，第 244 页。
② 昭和研究会：《常任委员研究会記録》，《昭和研究会資料》第 1 卷，第 62 页。
③ 橘樸、細川嘉六、平野义太郎、尾崎秀実等：《東洋社会の構成と日支の将来（検討会）》，《尾崎秀実著作集》第 5 卷，劲草书房，1977 年版，第 306 页。

的亲日感情,赢得中国的"民心",维护日本的"特殊权益"。昭和研究会认为"和平"、"文化"与战争不是截然对立的,是同一事物的两个方面,加强中日文化沟通,可以创造符合协同主义的新文化。当然,日本文化在东亚处于领先地位,与世界各国文化相比,有优越性,日本文化具有包容性、进取性、智慧性等特点,"日本文化是以世界无与伦比的一君万民国体为基础的,是协同主义的根本所在。日本文化具有特殊的包容性、进取性和智慧性"①。这就决定了建设东亚新文化中,首先要弘扬日本精神和文化,卢沟桥事变为向中国大陆传播日本文化提供了绝佳机会,"要把日本精神扩大到东洋连带可能的范围内,东洋连带与东洋和平,都是世界文化交流中实现世界康宁必不可少的"②。从建立东亚协同体,弘扬新的东方文化的角度去理解卢沟桥事变,不仅可以认识卢沟桥事变对于东亚解放的意义,还可以加强中日间政治、经济、文化联系,实现东亚的长久和平。

人类文明进程中始终伴随着战争,战争有正义和非正义之分,侵略战争是非正义的、野蛮的,危害人类的和平与进步。昭和研究会很清楚日本发动战争的性质,却硬要为野蛮的侵略战争贴上"文化"、"文明"的标签,"中日战争时期,知识分子普遍重视文化阐释,其实当时"'文化'这个词反映了日本国内的倾向(中略),提出部分与全体、个人与国家统一起来的全体主义。通过文化,更容易与德国、意大利合作。因而,1930年代日本人频繁使用文化这个词汇"③。昭和研究会认为"协同主义"是亚洲新的文化思想,"亚洲各国民理解协同主义,就能团结一致","超越资本主义、共产主义、全体主义的新思想是协同主义"④,战争中精锐武器、先进科技固然重要,但是,要让中国人从心底里敬佩日本、服从日本"领导",就需要重视文化的作用,文化才是根本的、最终起作用的因素。"文化是根植于我们身体中的文化力,事变(战争)时间越长越显示出其力量"⑤,文化沟通可以促进中日两国的真正亲

---

① 《新日本的思想原理》,《昭和研究会》附录资料,第328页。
② 昭和研究会:《昭和塾趣意书》,《昭和社会经济史料集成 第35卷,昭和研究会资料》第5卷,大东文化大学东洋研究所,2009年版,第148页。
③ 入江昭:《日中关系この百年》,兴梠一郎译,岩波书店,1995年版,第101—102页。
④ 昭和同人会编著、后藤隆之助监修:《昭和研究会》,第303页。
⑤ 三木清:《政治と文化》,《三木清全集》第14卷,第177页。

善，比政治、军事、经济更重要。"文化秩序与政治秩序的最终目标是一致的，文化与政治具有共同的基础，这个共同的基础就是民众"①。最早提出"东亚协同体论"一词的杉原正己认为，"与西洋对立的文化意识，应创造新的世界观，致力于亚洲新文化意识。这个世界观拒绝资本主义和共产主义，取而代之的原则是使亚洲觉醒、统一"②，文化能对人的思维方式、行动产生重要影响，决定人的行动。昭和研究会成员基本是知识分子，比一般武夫更了解文化的重要性与作用，着重阐述"文化协同"的意义。

昭和研究会认为，日本文化的优势明显，"日本文化中同时存在着最古老和最新鲜的元素，它既积极吸收西洋文化，又最大限度地保留着东洋文化，日本文化是东洋文化的代表，东洋文化所有重要的因素都在日本得以保留，并发挥着作用"③，而中国虽为亚洲文明的发源地，但是其文化进步缓慢，保守的尚古主义致其不愿意接受先进文化，日本文化比中国文化更具有"智慧性"，"现在日本文化优越于支那文化"④，中日之间的战争正在一步步从武力争夺演变为长期的文化斗争。文化是没有硝烟的战争，日本要在文化斗争中取胜，一方面要挖掘日本优秀的文化，在东亚传播、发扬光大，另一方面则须使中国人认识到中日文化提携的意义，"东亚协同体论提倡日支文化提携，相互尊重民族的差异、社会发展的现实、文化传统的差异，才可能实现文化提携"⑤。说穿了，所谓文化提携就是把日本的文化观念、神国思想强加于中国，泯灭中国人的民族意识。昭和研究会提出文化协同是"东亚协同体"建设的有机促成部分，"东亚协同体不仅包括区域经济，还应在政治、经济、文化、国防等诸方面形成日、'满'、支紧密结合，协同体才名实相符"⑥，文化相对于军事、经济等方面而言，具有渐进、隐性等特点，文化协同是长期的任务。

中国的民族主义与"文化协同"水火不容，要推行"文化协同"需要重视

---

① 三木清：《新世界観の要求》，《三木清全集》第14卷，第77页。
② 入江昭：《日中关系この百年》，兴梠一郎译，第100页。
③ 三木清：《満州の印象》，《三木清全集》第14卷，第337页。
④ 三木清：《政治と文化》，《三木清全集》第14卷，第177页。
⑤ 尾崎秀实：《東洋社会構成と日支の将来》，《尾崎秀实著作集》第5卷，第306页。
⑥ 《新日本的思想原理》，《昭和研究会》附录资料，第319页。

学校教育和社会教育,通过教育方针、政策、教学内容、生活习惯等方面,培养中国人的"亲日"感情,增加对日本文化的认同感,昭和研究会提出"扫除排日侮日感情,首先要安定支那民心。实行亲日教育。改订教科书,普及日语研究;改良对支文化设施,增设类似同文书院等学校,改进教学内容,协助电台、报纸、杂志、电影、演剧、音乐等改进基本设施和栏目内容"①。所谓"文化协同","毋庸讳言,客观上起了为日本帝国主义侵略辩护的作用"②。

三、"东亚协同体论"与"建设东亚新秩序"

随着中日战争进入相持阶段,日本对华政策做了调整。1938年11月3日,日本政府发表"虽国民政府,亦不拒绝"的第二次近卫声明,提出"帝国所期待者就是建设确保东亚永久和平的新秩序——如果国民政府抛弃以前的政策,变换人事、组织,取得新生的成果,参与建设新秩序,我方也并不拒绝"③,调整对华政策,打出与中国共同"建设东亚新秩序"的旗号,企图以此来分化国民政府,引诱抗日营垒中不坚定分子对日"合作",结束战争。

1938年11月30日,日本御前会议决定《调整日华新关系方针》,提出"在互惠的前提下,实行日、满、华的善邻友好、共同防共、经济提携"等三原则,在此原则下,"建设东亚新秩序"④。12月22日,日本首相近卫文麿发表第三次对华声明,强调"日满华三国应在建设东亚新秩序的共同目标下联合起来,共同实现善邻友好、共同防共、经济提携"的三原则。⑤ 近卫文麿在广播讲话中专门对"东亚新秩序"做出解释,声称日本"不是要征服中国,而是与中国携手,促进中国的新生,共同分担建设'新东亚'伟业,确立东亚新的和平体制,建设以道义为基础的东亚各国的自主联合"⑥。"建设东亚新秩序"政策表明,日本对华政策从注重军事进攻发展为加强"政治诱降",从"破

---

① 昭和研究会:《东亚に文化に於ける文化的協同の着手》,《昭和研究会资料》第4卷,第300—301页。
② 铃木正、李彩华:《アジアと日本》,农文协,2007年版,第29页。
③《国民政府ト雖ども拒否せざる旨の政府声明》,《日本外交年表及主要文书》下,第401页。
④《日華新関係調整方案》,《日本外交年表及主要文书》下,第405页。
⑤《近衛声明》,《日本外交年表及主要文书》下,第407页。
⑥《日中国交調整の根幹》,《朝日新闻》,1938年12月23日,第2版。

除"一战以后形成的凡尔赛—华盛顿体系,发展到"创立"以自身为核心的新国际秩序阶段。为了"建设东亚新秩序",日本政府于1938年12月16日成立"兴亚院",首相近卫文麿担任总裁,外相、藏相、陆相、海相兼任副总裁,决定对华方针。"东亚新秩序政策"提出后,日本知识分子纷纷从不同角度阐述这一政策,智力支持战争。认为"从政策层面到日常生活都要紧跟形势,适应这个变化,不言而喻,其中最有代表性的思潮是'东亚协同体论'"①。

昭和研究会认为,"建设东亚新秩序"政策的提出,表明日本政府吸纳了"东亚协同体论"的主张,因为"建设东亚新秩序"政策以"友好"、"提携"为基础的,与"东亚协同体论"的观点基本一致,对于消除民族主义在中国的影响,把中国的抗日引向"协同"有重要意义,体现了作为近卫智囊的价值,"东亚协同体论"也开始在日本社会受到更多的关注。昭和研究会详尽阐释"东亚协同体论"与"建设东亚新秩序"的关联,以及"建设东亚新秩序"的必要性和历史意义,希望以此诱使中国政府改变抗日政策,参加"建设东亚新秩序",使日本尽快从长期战争的泥沼中拔出脚来,为完全称霸东亚、继续扩张积蓄力量。昭和研究会关于"建设东亚新秩序"的对策建议集中在以下几个方面。

首先,"建设东亚新秩序"政策表明日本与中国"合作"的诚意,定会得到中国的理解和协助,东亚有望实现长期"和平"。日本提出"建设东亚新秩序"政策后,昭和研究会很受鼓舞,认为这可以让中国真正理解日本"帮助"中国的"真心",改变抗日政策转而与日本携手合作,共同承担"建设东亚新秩序"的责任,昭和研究会"觉得(近卫声明)就像在迷途中看到了明灯"②,要让中国理解"建设东亚新秩序"政策的目的,消除对日本的"误解",从而理解日本为东亚安定和解放的苦衷。"日本首先打出东亚新体制,具有不可磨灭的世界历史意义。这是要冲破建立在殖民地统治基础上文明末路的具体方案"③。中国人认识到"建设东亚新秩序"是实现民族独立、解放的唯一途

---

① 池田浩实编:《大東亜共栄圏の文化建設》,人文书院,2007年版,第298页。
② 酒井三郎:《昭和研究会——ある知識人集団の軌跡》,中央公論社,1992年版,第163页。
③ 昭和研究会:《東亜経済ブロックの特質とその世界史の意義》,《昭和研究会资料》第4卷,第286页。

径，就会与日本携手合作，抛弃以往的对日抗战政策，东亚和平指日可待。

昭和研究会提醒政府在东亚建立新秩序，会触及一战后的凡尔赛——华盛顿体系，引发西方列强的不满和抵制。日本除武力推进新秩序外，还要善于运用外交手段，减少来自列强的阻力，使列强认可亚洲的事情应由亚洲人来处理，承认日本作为亚洲强国在东亚的"领导"地位，承认"东亚新秩序中帝国理所当然地居于主导地位，避免受到欧美各国的掣肘，使它们承认帝国的指导地位"①。当然，如果西方列强以维护现有国际条约和秩序为借口，否认日本的"领导"地位和特殊利益，也不能阻止"建设东亚新秩序"的脚步，"一切阻碍东亚新秩序建立的，例如东亚旧秩序基础的九国公约都是无效的"②。由于"建设东亚新秩序"违背了华盛顿会议制定的"门户开放、利益均沾"原则，要打破现有的国际体系，引起欧美列强的不满和反对。1938年12月31日，美国政府发表措辞强硬的照会，指出日本"无视既存的门户开放政策，很难承认其所谓的新秩序"③。英国、法国也在1939年1月初，分别向日本递交照会，不承认所谓的"东亚新秩序"。

日本"建设东亚新秩序"政策提出后，国民政府外交部立即公开予以驳斥，认为日本破坏中国领土主权的目标没有改变，中国将继续抗战直至最后的胜利。12月26日，蒋介石在国民党中央党部发表演说，指出近卫声明"是敌人整个的吞灭中国，独霸东亚，进而企图征服世界的一切妄想阴谋的总自白，也是敌人整个亡我国家，灭我民族的一切计划内容的总暴露"④，所谓"建设东亚新秩序"是"推翻东亚的国际秩序，造成奴隶的中国以遂其独霸太平洋、宰割世界的总名称"⑤，揭露"东亚新秩序"是欺人之谈，"善邻友好"是牺牲中国自由独立的神圣权力，中国抗战不是与日本的争霸，而是民族解放战争。昭告国人，日军速战速决的方针已经破产，中国抗战进入转守为

---

① 昭和研究会：《支那事変の現段階に於ける帝国の外交方策》，《昭和研究会资料》第3卷，第266页。
② 昭和研究会：《東亜新秩序の指導原理と具体的方策》，《昭和研究会资料》第5卷，第174页。
③ 《驻支米大使の報告、米の対支政策を左右》，《朝日新聞》，1939年1月19日，第3版。
④ 蒋介石：《揭发敌国阴谋与阐明抗战国策》，张其昀主编：《先总统蒋公思想言论总集卷十五》，中国文化大学出版部，1984年版，第670—671页。
⑤ 同上，第672页。

攻、转败为胜时期,必将赢得最后的胜利。

昭和研究会认为蒋介石坚持抗日政策,日本无法与之"合作"。日本一方面应继续对蒋介石政权施加压力,加强军事打击和经济封锁,直至其彻底崩溃,"击溃中国抗日政权,促进支那民众从抗日的妄想中觉醒,消除欧美苏联等对中国的策动,只有遵循日本提出的东亚新秩序原则"①。从目前形势看,蒋介石不会轻易放弃联共合作抗日政策,"东亚新秩序建设,不言而喻只能与防共亲日立场的新支那协同。到内地的蒋政权在事变后两年中,通过国共合作,已经根本变质,蒋政权不可能与共产党分离,因此,根本不可能建立以蒋政权为防共核心的东亚新秩序。必须清醒地认识到,以蒋政权为对象调整日支关系,直接交涉或者通过第三国交涉,均无可能"②。另一方面,日本要加强对国民政府的分化工作,策动亲日分子分化出来,在中国"建立亲日的新中央政权,必须认识到汪精卫的重要地位。建立新的中央政权,是帝国新秩序建设不可或缺的抉择"③,这个新的亲日政权应该包括临时、维新、蒙疆等各个政府,统一中国境内的所有防共亲日要素,汪精卫是不二人选。汪精卫一直对中国抗战前途抱着悲观的态度,认为中国抗战的结果就是牺牲、亡国,不如与日本实现和平。汪精卫在日本诱降政策下,脱离抗日阵营,1940年3月,在日本支持下,建立了伪国民政府。

汪精卫伪政府建立后,遭到中国各党派、阶层的反对,世界主要国家也都不予承认,陷于十分孤立的境地,甚至政令不出南京城门。昭和研究会却大肆渲染汪精卫与日"合作"的意义,认为这表明"建设东亚新秩序"理想已经在中国得到部分实现,"建设东亚新秩序"顺应了亚洲各国摆脱西方列强压迫的要求,符合亚洲历史发展的趋势。当然,理想与现实总是不一致的,现在"以重庆为核心的国民仍然在激烈地抵抗,表明理想与现实之间的矛盾"④,要让重庆政府意识到"东亚新秩序是东亚各国相互密切联系的纽带,而且这种结合不仅仅是一般意义的联系,是来自内部的最紧密的关系;东亚

---

① 昭和研究会:《東亜協同体の建設》,《昭和研究会资料》第3卷,第288页。
② 昭和研究会:《東亜新秩序建设的外交方策(秘)》,《昭和研究会资料》第4卷,第291—292页。
③ 同上,第292页。
④ 昭和研究会:《新政治体制研究资料(第一号)》,《昭和研究会资料》第6卷,第209页。

新秩序非排他的,是世界新秩序的一环。东亚各国保持其独立性,清算一国榨取他国的帝国主义殖民地"①。重庆政府若有此觉悟,就会转变政策,由对日抗战转为对日"合作"。

为使重庆政府改弦更张,日本必须加大对其政治、经济、军事的打击力度。日军多次对国民政府战时首都重庆进行大规模的轰炸。1940年5月初的轰炸,"空袭重庆,扬子江北岸的中心城区弹如雨下,燃起了熊熊大火。中国方面受到巨大损失,大公报社起火被毁"②,日军还频繁向长江南北中国军队控制的战略要地发动大规模攻势。昭和研究会认为,日本采取"封锁中国沿海、占领重要港口,向重要据点进攻。占领援蒋通道、向支援蒋介石的国家施加压力等等,这些都不是为了消灭支那,而是为了日本和支那的生存"③,为了使中国从欧美的压迫下获得解放,如果中国人能够认识到日本最终是为了中国的自主、独立,现在采取的武力手段是迫不得已的。中国放弃对日抗战,中日就能实现"和平","建设东亚新秩序"建设才有希望。

日本还加强了与致力于打破凡尔赛—华盛顿体系的德国、意大利的合作。1940年7月2日,日本陆、海、外三省提出了加强日德意提携案,"当前形势下为加强包括南洋在内的东亚新秩序建设,帝国须迅速与欧洲正在为新秩序建设而战的德意建立紧密协作关系,以达到帝国之目的,并增强欧战之后帝国应对世界形势中的国际地位"④,呼应希特勒的欧洲新秩序。昭和研究会认为,日本充分认识到自己在世界新秩序中承担的责任,率先提出了"建设东亚新秩序"的目标并全力实施之。"东亚新秩序"不是孤立的,是世界新秩序的重要一环,与希特勒的欧洲新秩序密切相关,"建设东亚新秩序与建设欧洲新秩序如车之两轮,东洋政治局势已经与欧美政局紧密联系在一起。日本应在世界政治发展中找准自己的位置。为达到目的首先要解决支那事变"⑤。中日两个东亚大国相互理解与提携,发挥在建设东亚新秩序

---

① 尾崎秀实:《支那事変と東亜に於ける新秩序の要望》,《尾崎秀实著作集》第3卷,第152页。
② 《第三国の援蒋行為帝国厳重監視》,《朝日新闻》,1940年5月4日,第3版。
③ 昭和研究会:《新内閣と事変処理》,《昭和研究会资料》第6卷,第211页。
④ 《陸海外三省事務当局協議会に提出の日獨伊提携強化案》,《日本外交年表及主要文书》下,第434页。
⑤ 尾崎秀实:《東亜共栄圏の基礎に横たわる重要問題》,《尾崎秀实著作集》第3卷,第221页。

和世界新秩序的核心作用,不仅可以实现东亚的民族协同,而且可以建立世界新秩序,从西方列强的压迫下彻底解放出来。"东亚协同体论"与"建设东亚新秩序"建设呼应,要建立日本领导的世界新秩序。

其次,强调"东亚协同体"在"建设东亚新秩序"中的作用,"东亚协同体"要在政治、经济、国防等各个方面适合日本的需要,接受日本的领导。昭和研究会认为"建设东亚新秩序"是日本"新的使命,为了确立东亚永远和平的基础。要深入研究东亚新秩序下的政治、经济、文化","探究建设东亚新秩序目标的诸问题,提出具体方案"①。

随着战争的扩大,日本国小、资源匮乏的弱点日益暴露。早在1938年7月,日本内阁就确定了下一年度财政计划的基本方针,"要做好长期战争的准备,强化战时经济体制,按照计划供应物资的精神编制预算,节约重要物资和海外物资"②,在物资调整局下设立对煤炭统制协议会,统一管理煤炭的生产、供给。战争长期化也给日本民众生活带来了影响。百姓日常生活必需品,如白糖、火柴、肥皂、布料等稀缺,这些物品全部凭票证供应。1938年7月2日,商工省发布《国策训令》,规定"棉织品、皮革制品实行限量销售,每人只能购买一件,囤积居奇为不爱国行为"③。长期战争形势下,日本工业原料奇缺,粮食成了大问题,昭和研究会提出为解决粮食不足问题,日本"应向特定的社会阶层;例如:工人、下层职员、下层官吏、中小商人等购买廉价混合米面。强制各种大食堂使用混合米面,并增加代用食品"④。长期战争的困顿,使日本民众对战争态度发生了变化,占领南京时的举国战争狂热随即消失。

昭和研究会急日本政府之所急,着力研究经济协同问题,要从中国获取更多的资源,扩大生产计划及日本商品在中国的销路,"为了扩大生产力,急需要发挥北支(原文如此)物资的作用",要继续调查中国华北地区"煤炭、铁、黏土页岩、煤液化、电力、盐、棉花等各类物资状况,制定具有方案"⑤,分

---

① 昭和研究会:《昭和十四年度研究方针》,《昭和研究会资料》第4卷,第18页。
② 《物資需給を精査、極力節約に努む》,《朝日新聞》,1938年7月8日,第2版。
③ 《国策べからず、訓令二弾》,《朝日新聞》,1938年7月3日,第11版。
④ 昭和研究会:《東亜経済研究会覚書》,《昭和研究会资料》第5卷,第54页。
⑤ 昭和研究会:《東亜ブロック経済研究会第十三回要録 北支開発問題に関する》,《昭和研究会资料》,第4卷,第3页。

阶段地推进经济协同。首先是日本、伪满洲国、中国华北、蒙疆地区建立密切的经济联系，其次是中国的中部和南部地区，最后推进到南洋地区。

昭和研究会认为，"经济协同"固然是为了获得更多的资源，但是，也有重要的政治和国防上的意义。从政治上看，需要东亚地区需形成同质的政治合力，加强日、"满"、华的政治联系，要继续研究中国的政治状况，扶植亲日政权。从国防上看，东亚经济协同体首先考虑日本作为领导中枢对国防资源的要求，"以日本的国防要求为基础，以充实国防资源为目标"，这个经济协同的范围"以日满为基础加上北支组成一个经济单位，北支以外地区从属之，其次是亚洲大陆的一部分直到新喀里多尼亚的广义上的南洋都包含在这个经济圈内，进而强化与澳大利亚、新西兰、印度、暹罗的关系，直到太平洋彼岸的美洲大陆各国"[①]。

昭和研究会一直认为日本是东亚的先进国，在"东亚协同体"中处于"领导"地位，理所当然地是"建设东亚新秩序"的"领导"，中国在日本的"领导"下，才能实现民族独立，"东亚新秩序建设唯一的实力者又负有道义责任、处于新秩序建设领导地位的日本，要注意打开围绕支那事变的国际关系是今后确立日本世界政策的问题"，"现阶段日本的世界政策目标是，废除使东亚特别支那陷于半殖民地状态的列国在支政治权益（租借地、租界、治外法权等），废除就东亚和平体制的九国公约，代之以新东亚和平机构取得国际承认"[②]。这就是为日本以"建设东亚新秩序"为名，打破现有国际秩序。

再次，阐释文化协同在"建设东亚新秩序"中的作用。"东亚协同体论"一直重视文化的作用，在日本政府提出"建设东亚新秩序"政策后，昭和研究会加强了对文化作用的阐释，认为日本更加重视东亚"道义"的文化建设，东亚文化强调"道义"，融合了中日两个民族的理想，即中日两国要在政治、经济、文化等方面携手，复兴东亚的精神文明，"东亚新秩序的目标就是沿着解放与共同两个方向重新建设国家与社会。两者的关系解放是手段，共同是

[①] 昭和研究会：《東亜経済ブロックの特質とその世界史的意義》，《昭和研究会資料》第4卷，第282页。
[②] 昭和研究会：《東亜新秩序の政治的構成》，《昭和研究会資料》第4卷，第280—281页。

目标。共同是东亚社会及民族生活的传统原理"①,这是东洋文化的精髓。确立东亚新秩序需要复兴东亚文化,使中国人认识到在废除西方帝国主义压迫中的意义,"在东亚创建新秩序必然需要在广泛的领域内实行文化协同。现在文化协同远远落后于政治、经济方面,文化协同也更加艰难"②。现在世界正处于新的转折阶段,是捣毁旧秩序、建立新秩序的时期。东西方都出现了要求打破旧秩序的呼声,在西方是德、意,在东方是日本。在破旧立新的历史时期,文化协同作用不可替代,"东亚新秩序的文化协同,就是振兴以日本文化为经,以王道文化为纬的新东方文化。从日本的角度看,东亚新秩序建设,实际就是首先在东亚大陆弘扬我国的理想精神"③,显然,思想文化协同就是适合日本彻底征服中国的需要。

为给"文化协同"找到历史根据,昭和研究会将其与孙中山思想联系起来,认为"考虑以民族问题为基础的大亚洲主义(参照孙中山 1924 年 11 月在神户关于大亚洲主义的演讲),这样就可以认识创建东亚新秩序的意义"④,要赋予大亚洲主义以新的意义,促进中日之间的相互理解,携手创造适合新秩序建设的东亚新文化。以孙中山的大亚洲主义演讲,附会日本侵略理论,是中日战争时期日本文人的惯用手段。笔者已经做过分析,在此不再赘述。⑤

昭和研究会认为"文化协同",不仅需要理论阐述,还应从学校、社会教育等各个方面加以实施。他们提出在伪政权控制区,实行亲日教育,修改"排日"教科书,普及日语。他们建议在东京成立文化工作中央部,统揽参加建设"建设东亚新秩序"的三个民族(即日、"满"、华——引者注)。伪满洲国、汪精卫政权的政治机构都要把文化作为工作的内容,对文化工作进行指导,增加中国人对日本的感情,消除"西洋势力进行的宣传、教化机构,即报纸、电台、宗教、学术、社交团体对吾人的不利影响"⑥,提出了为加强文化协

---

① 昭和研究会:《東亜新秩序の指導原理と具体的方策》,《昭和研究会资料》第 5 卷,第 181 页。
② 昭和研究会:《東亜に於ける文化の協同への着手》,《昭和研究会资料》第 4 卷,第 298 页。
③ 昭和研究会:《東亜新秩序の指導原理と具体的方策》,《昭和研究会资料》第 5 卷,第 158 页。
④ 昭和研究会:《東亜に於ける文化の協同への着手》,《昭和研究会资料》第 4 卷,第 299 页。
⑤ 可参考史桂芳:《"同文同种"的骗局》,社科文献出版社,2002 年版。
⑥ 昭和研究会:《東亜新秩序の指導原理と具体的方策》,《昭和研究会资料》第 5 卷,第 188 页。

同的影响力,制作宣传"建设东亚新秩序"、"解放、共同"目标的标语。文化对安定民心具有重要作用,文化工作应与治安恢复、经济振兴相结合,促进新秩序的建设。

昭和研究会认为,"在目前阐述东亚新秩序内容的语言中,'东亚协同体'之理念最能体现其理想主义方面的特征,与倡导东亚新秩序的近卫思想最为接近"①,表达了亚洲各民族摆脱西方殖民的理想,"东亚新秩序"表达了日本帮助邻国的善良愿望,是卢沟桥事变以来日本重新认识中国政治、经济、文化等的结果,建立"东亚新秩序"是日本对大陆的新理解,必定得到中国人的理解与支持。

四、提出新体制构想,强化对"共荣圈"的统治

1940年8月,第二次近卫内阁制定了《基本国策要纲》,将"建设东亚新秩序"发展为"建设大东亚新秩序",准备与欧美争夺对太平洋广大地区的支配权。"大东亚新秩序"的范围为"以日满支为基础,包括太平洋上的德国曾经委托统治的各岛、法属印度及太平洋岛屿、泰国、英属马来、荷属东印度、缅甸、澳大利亚、新西兰以及印度等"②,即"日满华及东经90度至180度之间、南纬10度以北的南北各地区"③,在这些地区建立"大东亚共荣圈"。昭和研究会紧密配合日本政府的对外政策,阐述日本向南方进军、扩大"东亚新秩序"范围的合理性和历史必然性,认为随着形势的发展,"东亚"已不是狭义上的概念,不仅包括亚洲地区,还应包含着南洋广大地区,因为日本的"防卫"需要延伸到更广阔的地区,且南洋的广大地区与日本有着深厚渊源,"历史上的西南亚地区特别是南洋与锁国前的日本有相当密切的关系。但是,在德川三百年的冬眠时间里,欧美势力占领了这些地区"④。建立"大东亚共荣圈"不仅要在东洋驱逐英美资本主义势力,而且

---

① 尾崎秀实:《東亜新秩序の現在と将来》,《尾崎秀实著作集》第2卷,第350—351页。
② 《日獨伊軸強化に関する件》,《日本外交年表及主要文書》下,第450页。
③ 杉山元:《杉山ノート》下,原书房,1989年版,第88页。
④ 尾崎秀实:《南方問題と支那問題》,《尾崎秀实著作集》第3卷,第196页。

要建设东亚新秩序、打破欧美压迫东亚民族的旧秩序,彻底解放中国与"南方"各国、各民族,"东亚新秩序"发展到"大东亚共荣圈"是世界历史的必然,"支那问题与南方问题的基本意义是民族问题。这些地区一直在西方殖民统治下呻吟,各民族的自我解放是东亚新秩序不可或缺的因素。通过支那民族的解放和自立,日支两个民族实行正确的协同,是确立东亚共荣圈的基础"[1]。在"大东亚共荣圈"内,各民族紧密团结,不仅日本能够获得经济、国防所必需的资源,而且整个东亚共荣圈内的社会经济也能够得到发展。

昭和研究会"清醒"地认识到解决中日战争对于日本"南进"、"建设大东亚共荣圈"的重要性,通过研究解决中日战争的方案来为"南进"提供实践经验,把中日"协同"扩大到更广泛的地区,昭和研究会中的中国问题委员会和经济专业委员会在解决中日战争与日本"南进"方面做了大量研究,提出了新的对策建议,"支那问题与南方问题不是选择哪一个的问题,是日本以国家命运相赌的问题,与建设东亚新秩序是同一个问题"[2],要以同一个指导精神、同一个方式去解决中国问题和南方问题。创造世界新秩序有利于早日结束中日战争,而结束中日战争可以为"南进"提供更多的经验。因此,"东亚共荣圈并非日本一时的权宜之计,是为了日本国家民族的长远发展,也是为了东亚各国的自立和繁荣"[3]。

日本建设"大东亚共荣圈"主要是为了掠夺资源,从经济上满足日本的战争需要,却声称日本与东亚各国利益相关,都要反对西方列强的压迫,企图获取东亚更广泛的支持。"东亚共荣圈各民族的利益是一致的,尊重东亚诸民族的自主,携手建设共荣圈内各方面的紧密联系"[4]。昭和研究会认为,现在东亚很多国家受到西方的压迫和欺骗,采取依靠欧美的外交政策,日本有责任"唤醒"这些受压迫的邻国,实现东亚的"解放",确立东亚和平与稳定,"毋庸置疑,八纮一宇、世界一家的理想靠我国来强力推进,东亚建设

---

[1] 尾崎秀实:《東亜共栄圏の基礎に横たわる重要問題》,《尾崎秀实著作集》第 3 卷,第 223 页。
[2] 尾崎秀实:《南方問題と支那問題》,《尾崎秀实著作集》第 3 卷,第 201 页。
[3][4] 尾崎秀实:《东亚共荣圈の新课题》,《尾崎秀实著作集》第 5 卷,第 186 页。

是我国的历史责任,是百年大计"①。一方面,阐述日本与东亚、太平洋地区有历史联系,寻找"南进"的依据;另一方面,提醒日本政府在"南进"时不要忘记解决中日战争,以解除"后顾之忧"。

昭和研究会强调建设东亚新秩序既包括对外政策,也包括国内政治改革。在"建设大东亚新秩序"阶段,需要日本国内建设强有力的政治体制,国内政治改革与军事上的"南进",是建设"大东亚共荣圈"的两个条件。日本需要将一亿人拧成一股绳,强化政府的权力,掣肘军部,统合国民力量,以造成"建设大东亚新秩序"的雄厚基础,"在中日战争期间曾出现多次解决事变的机会,但是,这些计划都被军部破坏了"②。为了抑制军部的权力,昭和研究会提出建立直属天皇的"国防御前会议",对现有政党进行重组和改造,效仿德国在日本建立"一国一党"的集权体制,以加强政府的权力等政策建议。现在日本政党"浮在国民各阶层的上面,不能提出打开非常局面的政策,他们只代表部分人的利益,为此相互竞争,分散了国民的力量。因此,必须建立集合全体力量、代表全体意志的政治力量"③,实现举国一致。昭和研究会的这一建议正中首相近卫文麿强化权力的下怀。在近卫文麿的支持下,日本成立了新体制准备委员会,后藤隆之助担任新体制准备委员会的常任委员。1940年10月12日,以首相近卫文麿为总裁的大政翼赞会正式成立,近卫新体制运动正式启动。近卫提出,"大政翼赞会的宣言、纲领一言以蔽之,就是'实践大政翼赞之道'。翼赞运动非部分团体参加的,而是全体国民的运动,国民要时刻怀着对上御一人(指天皇,引者注)的奉公赤诚,这就是实践大政翼赞臣民之道,也是本会成立的唯一宗旨"④,以集中全体国民的力量,为建设"大东亚共荣圈"而努力。大政翼赞会在东京设立本部,各道府县、郡市、町村成立支部。大政翼赞会一直到1945年6月13日才解散。日本首相近卫文麿、东条英机、小矶国昭、铃木贯太郎等先后任大政翼赞会总裁。

---

① 中野登美雄:《新政治体制と行政の指导》,《昭和研究会资料》第6卷,第212页。
② 昭和同人会编著、后藤隆之助监修:《昭和研究会》,第118页。
③ 同上,第204页。
④《翼赞会の発足をめぐって》,《朝日新闻》,1940年10月14日,第1版。

为了全力投入近卫新体制运动,昭和研究会于 11 月 19 日宣布自动解散,其骨干纷纷转到大政翼赞会各部、局任职。后藤隆之助担任大政翼赞会的组织局局长,常任委员后藤文夫担任大政翼赞会中央协力会议长,东条内阁时期担任大政翼赞会副总裁。原昭和研究会会员以"大政翼赞"的形式继续做政府的"智囊"。在近卫新体制下,日本国内禁止一切政治结社,民政党、政友会等既存政党,为了在新体制中占据有利地位,纷纷自动解散,与大政翼赞会合流。1942 年 4 月 30 日,在日本第 21 次众议院议员选举中,又组成翼赞政治体制协议会,协议会推荐的候选人有 81.8% 顺利当选为议员。

大政翼赞会成立后,日本国内的各行各业、社会团体都被纳入"大政翼赞之道",1942 年 5—6 月,在大政翼赞会旗下,成立了"日本文学报国会"、"大日本产业报国会"、"农业报国会"、"商业报国会"、"日本海运报国会"、"大日本妇人会"、"大日本青少年团"等外围组织。12 月 23 日,又成立了"大日本言论报国会",表示在政府领导下,"举国一致"完成建设"大东亚共荣圈"的使命。国民被编入町内会、部落会、邻组等组织,相互监视,其基本的政治权利和言论自由等受到限制,事实上造成了"一国一党"的新体制。近卫新体制运动使日本陷入空前的疯狂状态,一切不满战争的言论、团体都遭到排斥和镇压,"左翼"人士和政党纷纷"转向",坚持反战的日本共产党被迫转入地下。然而,举国一致的新体制也未能改变日本失败的命运。

余论

日本战败投降后,国际社会对日本战争罪行进行了审判,昭和研究会骨干成员或受到解除公职处分、或被远东国际法庭定为犯罪嫌疑人,被起诉、判刑。研究会发起者后藤隆之助被解除公职。处分撤销后,他又发起组织了昭和同人会,负责编辑、出版近卫文麿传记。常务委员贺屋兴宣在远东军事法庭中被定为甲级战犯,处以无期徒刑,十年后获释。1958 年,贺屋兴宣当选日本众议院议员,是岸信介首相的经济顾问,后担任池田勇人内阁法务大臣，出任自民党政调会长等重要职务，属于自由民主党的右翼。1962年，贺屋兴宣担任日本遗族会会长，与板垣征四郎之子正联合起来，多方为"表彰英灵事业"奔走，以实现日本政府阁僚参拜靖国神社合法化，达到以国家名义保护靖国神社的目的。他是日本少有的战前、战后担任内阁大臣的官员，一直坚持反共立场，阻止中日邦交正常化。常任委员后藤文夫战后作为甲级战犯嫌疑犯被拘押在巢鸭监狱，后免于起诉，1953年当选为参议院议员。常任委员高桥龟吉被解除公职，1956—1973年任拓殖大学教授，通商产业省顾问。常任委员腊山正道一度被解除公职，后担任御茶水女子大学校长，专门研究民主社会主义。昭和研究会委员、近卫秘书风间章也一度被解除公职，1952年当选为众议院议员，担任日本社会党顾问。1958年7月，与中岛健藏等联名发表"反省侵略中国的声明"，主张与中国建立友好关系。战后特殊的国际环境下，被判刑的甲级战犯及甲级战犯嫌疑犯旋即出狱，有的被重新启用，甚至重新担任政府要职。昭和研究会会员重新活跃在日本政治、教育、经济等领域。

中日战争时期，以昭和研究会为代表的日本知识分子一改往日的矜持与孤傲，主动替政府"分忧"，为国家担当，"为了向东亚新秩序建设的进步方向发展，学者也抛弃过去的静观态度，在各自专业领域积极建言，协助新秩序"[①]。昭和研究会的成员无论其政治倾向是左、是中，还是右，都认为卢沟桥事变发生有内在的"合理"性，要维护日本在中国的"特殊利益"，与穷兵黩武的军部不同，提出以"东亚协同体论"化解中国的民族主义，达到军事进攻难以达到的目的。日本战败后，昭和研究会会员对战争有过一定程度的思考，遗憾近卫首相没有抑制住军部的一意孤行，做出扩大战争的决策，最终导致日本走向失败，认为这"既是近卫的悲剧，也是昭和研究会的悲剧"[②]。从总体上说，战后只有少数昭和研究会会员明确表示反省侵略战争，多数人回避战争性质，没有反思以"东亚协同体论"、"智力"协助战争的错误。战后有原昭和研究会会员，在没有深刻反省协助侵略战争责任的情况下，重新担

[①] 昭和同人会编著、后藤隆之助监修：《昭和研究会》，第239页。
[②] 同上，第285页。

任政府要职,对日本的历史认识和政治走向产生了消极影响,也阻碍了中日关系向前发展。

任何时代、任何国家,知识分子都属于社会精英阶层,他们与普通人一样有自己祖国,有关心家国命运的情怀,这本无可厚非。但是,以昭和研究会为代表的日本知识分子,明知日本发动战争的性质和目的,却打着东西方文化对立、东亚命运相关的旗号,为侵略战争打上"文明"、"解放"、"协同"的标签,从思想文化上协助此战争,其恶劣影响绝不亚于明火执仗的军事侵略和经济掠夺。通过对昭和研究会及其"东亚协同体论"的分析,可以看到,在日本"举国一致"的战争体制下,富于"理性"思维的知识分子,难以"独善其身",他们中的一些人也曾经批评过政府的对外侵略政策,对军部一味扩大战争表示过担忧和不满。但是,随着全面侵华战争的爆发,他们站在了政府一方,主张以"合理"、"合法"的形式维护以武力取得的侵略权益,为日本对外侵略提供理论注脚。昭和研究会站在极端民族主义立场上,提出了"东亚协同体论",与政府沆瀣一气,成为侵略战争的推手。

战后由于国际形势急剧变化,美国对日占领政策经历了从"改革"到"复兴"的演变,日本战争罪行并没有受到彻底清算,尤其是没有批判和肃清"智力"协助战争各种侵略理论,这也是日本错误史观存续至今的重要原因。对中日战争时期日本国内各种侵略理论进行研究,可以更清楚地了解、认识中日战争时期的复杂形势,了解知识分子与战争的关系,深化抗日战争史的研究。

(作者史桂芳,首都师范大学历史学院,原文刊于《历史研究》2015年第5期)

日军第十六师团南京中山门外屠杀真相

高兴祖

1987年7月6日,原日军第十六师团二十联队士兵东史郎(时年75岁)、增田六助(78岁)和上羽武一郎(71岁),由于心灵上的内疚,在京都会见记者,把自己1937年在南京战场上写的手记、日记公诸于世,表示"决不许再发生那种悲伤的战争"[①]。与此同时,二十联队其他一些下级官兵的阵中日志,也陆续公开发表,引起了日本国内外的注意。这些记录是战后日军遣返回国时,在广岛检查随身携带物品时漏检的(如东史郎阵中资料),或检查后发还本人的(增田六助笔记本),还有的是夹在公共行李中带入日本的(第三机关枪中队北山与日记),或作为将校所携资料带回国内的(二十联队一大队第三中队长坂清阵中日志)等等。这些资料,如实地记述了南京大屠杀的真实情况,使人们进一步了解了日军南京暴行的真相。1987年11月,东史郎以《一个应征士兵的体验——南京大屠杀》作为书名,把自己的日记由青木书店公开出版。同时,下里正树收录了原二十联队士兵日记、手记中的有关部分,由青木书店出版了《被隐瞒的联队史——二十联队下级士兵目睹的南京事件真相》,在日本国内外产生了很大的影响。

然而,这种正确行动却遭到了日本某些人的忌恨,他们煽动原十六师团的桥本等人,攻击东史郎等损害了日军的名誉,并于1993年4月诉诸法庭。

---

① 《朝日新闻》1987年7月7日,标题是:《今值卢沟桥事件五十周年,三名原日本兵将作战日记公诸于世。重要的证词相继作出,说我看到了"南京大屠杀"》。

其后台板仓由明还为此撰文《向南京屠杀的虚伪挑战——桥本诉讼经纬及其意义》，说"起诉的目的不仅仅是回复桥本个人的名誉"，而是"证明步兵二十联队的残暴行为纯属子虚乌有，要恢复其名誉，进而证明所谓的'南京大屠杀'是虚构的"[1]。1994年3月30日，更公然召开"纠正南京事件虚构之会"，表明他们绝不仅仅是针对东史郎等人，而是企图借此把南京大屠杀的血的事实从历史上抹掉。

为了揭露日本"虚构派"分子的阴谋，以便使一些不明真相的人不至于受他们的欺骗，笔者在此以二十联队为主线，概述原日军十六师团在紫金山附近地区的屠杀暴行，以及事后中国慈善团体崇善堂在这一带掩埋尸体的记录。

在日军侵占南京时，十六师团进攻的地区是汤山、紫金山、中山门、太平门和下关地区。该师团的编制由步兵第十九和三十旅团、骑兵二十联队、野战重炮二十二联队、工兵十六联队和辎重兵十六联队。三十旅团下属三十三和三十八两个联队（相当于团），十九旅团下属二十和第九两个联队。二十联队下分三个大队（营），一个大队约1 000人（包括机关枪队和炮兵），一个联队则超过3 500人。1937年12月7日至8日，十六师团占领汤水镇以后，分兵两路，一路由三十旅团长佐佐木到一少将率领三十三、三十八两个联队，从尧化门、紫金山东北迂回南京城北部，一路由十九旅团二十和第九联队攻击紫金山南部。

12月9日到10日，十六师团在空军的掩护下，集中兵力在紫金山一带发动进攻，其前锋二十联队到达苍波门。与此同时，第九师团一部分攻击光华门，一部分攻击孝陵卫南侧，并向东掩护十六师团，力图切断中国军队的退路。

到12日，佐佐木支队越过尧化门西进，其三十三联队进至紫金山第一峰东侧山坳；在南线，第九联队进至中山陵。二十联队则接近中山门，并夜袭占领四方城。到当晚10时，中国军队终于停止了射击。

12月13日凌晨三点，二十联队侦察兵进入中山门，发现中国军队已经

---

[1]《月曜评论》，1993年5月17日。

退走。同时,由于日军各部队争先恐后地争夺进入南京的头功,致使先头部队和后方部队脱节,后方野战重炮二十二联队及集成骑兵队遭到从城内突围出来的中国军队的袭击,向师团发出紧急求援的信号。为此,十六师团在后方留下了相当数量的掩护兵力。

13日中午,中国军队经仙鹤门进入紫金山东侧林区,十六师团出动预备中队进行扫荡。同时,日先头部队二十联队第四中队于1时40分进入城内扫荡。就在这一天,师团长中岛今朝吾写下了如下内容的阵中日记:

> 败逃之敌大部分出现在十六师团作战区内的森林与村庄地带,还有从镇江要塞逃来的敌人,俘虏到处皆是,无论如何都难以处理。若采取大体上不保留俘虏之方针,就须将他们统统予以处置。然一千、五千或一万名俘虏集聚一处,连解除武装也很难办到。好在他们全无战意,络绎不绝的尾随而至,因此是安全的。但是,他们一旦骚扰起来,将难以对付。故而用卡车增派部队,以承担对俘虏的监视与疏导。13日傍晚,需大规模动用卡车。然而,刚刚取胜,行动非常迟缓。因事先完全未料及须采取这种措施,参谋部手忙脚乱。到后来才得知,仅佐佐木部队即处理掉俘虏约一万五千名,守卫太平门的一中队长处理了约一千三百名。约七八千名俘虏集结在仙鹤门附近,投降者还在陆续增加。解决这七八千名俘虏需要相当大的壕沟,但怎么也找不到。遂提出意见,预定把俘虏按一百二百人分开之后,诱到适当地方处理。①

特别值得注意的是,当时的日军司令部用中文广泛地散发了"优待俘虏"的凭证,上面写着:"优待凭证(绝不杀投诚者),原华军士兵,无意抗战,树起白旗,或高举两手,携带本凭证,前来投诚归顺日军者,日军对此,必予以充分给与,且代谋适当职务,以示优待。聪明士兵,盍与来乎!日本军司令部印。"②但实际上,却是"采取大体上不保留俘虏之方针……将他们统统予以处置"。这一方针,显然不是中岛师团长个人的独断专行,而是上海派遣军情报主任参谋兼华中方面军参谋的长勇中佐,对担任朝鲜罗南山炮二

---

① 《南京攻略战(中岛第十六师团长日记)》,《历史与人物》增刊,中央公论社,1984年版。
② 东史郎所藏,参见《一个应征士兵的体验·南京大屠杀》扉页照片,青木书店,1987年版。

十五联队长的田中隆吉大佐说:在攻打南京时,他曾用军司令官的名义,向所属各部发出全部杀掉俘虏的命令。①

这一命令,在南京战场上得到了彻底的贯彻执行。如十六师团三十三联队在《南京附近战斗详报》中,列有12月10日到14日的《缴获表》,记有"俘虏将校十四名,准士官下士官三千零八十二名……俘虏被处决"。又在《敌人遗弃尸体(约数)》中,记有"12月10日,二百二十具;11日三百七十具;12日,七百四十具;13日,五千五百具。以上四天合计共六千八百三十具"。在《备考》栏中,说"12月13日处决,包括败兵残卒"②。不用说,这些俘虏有相当一部分是在紫金山地区被屠杀的。

又如十六师团三十八联队《12月14日南京城内战斗详报第十二号》,记有14日上午4时50分,旅团命令,"在南京北部城内外进行彻底扫荡",并命令:"各部队在得到师团指示以前,不准接受俘虏。"在其附表中,记有:"俘虏将校七十名,下士官兵七千一百三十名。"备考项下,说明"在十中队奉命守备的尧化门有俘虏七千二百名,14日上午8时30分,数千名敌人举着白旗前来,下午1时解除武装,押送南京"③。

日本防卫研修所战史部利用"押送南京"四字大做文章,说东史郎日记中所说的七千名俘虏(见下文),"是14日攻城重炮二大队和步兵三十八联队十中队在仙鹤门北侧解除武装的,并将其护送至北麒麟门附近。入城式后这批俘虏被护送至南京监狱收容"④。这里,值得注意的是屠杀俘虏是派遣军司令部的命令,必须执行。所以,三十旅团在14日命令"彻底扫荡"时,又再次强调"各部队在得到师团指示以前,不准接受俘虏"。三十八联队副

---

① 田中隆吉:《受制裁的历史败战秘话》,新风社,1984年版,第44—45页。
② 转引自藤原彰:《南京大屠杀》,岩波书店,1985年版,第34页。
③ 转引自藤原彰:《南京大屠杀》,第34页。据三十八联队机枪小队长福井正胜说:"据俘虏说,进入仙鹤门镇附近的敌人,是防卫南京的一五九师未基干的部队,约2万人。他们是12日傍晚从玄武门逃出,经玄武湖南岸,通过尧化门南侧进入仙鹤门镇的。"(《证言·南京战史》)。一五九师与一六○同属第六十六军。在南京守军的撤退中,只有六十六军和三十八军是突围出去的。据中国第二历史档案馆所藏《陆军第六十六军战斗详报》和《陆军第一六○师战斗详报》:13日拂晓突围部队在仙鹤门"与敌遭遇,发生激战,我军奋勇冲锋,将敌击退"。其后又于空山、狮子山一带,"与步炮空联合约四五千之敌遭遇,发生激战,屡围屡攻,再三肉搏,牺牲壮烈"。
④ 参见下里正树:《被隐瞒的联队史——二十联队下级士兵目睹的南京事件的真相》,青木书店,1987年版,第141—142页。

官儿玉义雄在对往事的追述中说得更详细,他说:"联队第一线接近到离南京城一二公里处,师团副官用电话传达师团命令,不准接受支那兵的投降,处理掉,……命令不得不接受,下达到了各个大队"①。《证言·南京战史(5)》还收录了独立攻城的重炮二大队一中队观测班长泽田正久的证言,他说:"12日,中队主力在仙鹤门北约2公里之墓地进入阵地,布置炮位,看到佐佐木支队在前面的马路上向西挺进。我作为观测队长,在墓地西北约一公里之扬山设立了观测所。扬山高约五十米……(14日)上午8时许……敌大部队从西面陆续向扬山上爬上来……我们利用墓地与部分接近之敌对峙。不久,友军增援部队到达。敌人力尽,中午举着白旗前来投降。……很多敌兵胸前缝着'首都防卫决死队'的布片。俘虏数目约一万(由于是战场上,不能正确地计数,但记得大约有八千以上),我们马上报告军司令部,回答是'立即枪毙',当我们表示拒绝时,就命令说:'那么带到中山门来',我们说'这也不可能',这时对方才说'增援步兵四个中队,一起到中山门来'。于是,我也同行到了中山门附近。"②这反映了仙鹤门附近日军兵力太少,难以处理数目很大的俘虏群,不得不增派兵力带到中山门来,而屠杀俘虏的方针并未改变。因而这7 200名俘虏不管带到何处,其命运是可想而知的。日本著名学者洞富雄教授指出,"结局也是死于非命"③。关于当时紫金山周围地区屠杀的情况,率领该联队的三十旅团长佐佐木到一在作战记录中写得很清楚:"12月14日,城内外的扫荡,全由两个联队(三十三和三十八联队)的部下掌握。潜伏在各处的残兵败卒都被拉了出来,但他们的武器都已丢弃或隐藏起来。五百、一千,大批俘虏接连而来。他们比较大模大样,毫不胆怯。但看起来个个都疲惫不堪。恐怕是没有一点可以吃的东西了……虽说是残兵败卒,但他们有的潜伏在村庄和山区,继续进行狙击。因此,进行抵抗的人和不愿顺从的人,当即被无情地杀戮。整天可以听到各地传来的枪声。死尸填满了太平门外很宽的护城河。"④而在这些杀戮中,也包括南

---

① 洞富雄:《南京大屠杀的证明》,朝日新闻社,1987年版,第307页。
② 《偕行》,1984年8月号。
③ 洞富雄:《南京大屠杀的证明》,第300页。
④ 佐佐木到一:《进攻南京纪实》,参见《一个军人的自传》,1968年增补新版,第235—335页。

京普通的老百姓。如南京市民毛汉卿在仙鹤门经营字号为毛森的煤炭窑货店,"14日下午3时左右,被日兵杀死后,推落塘中,地点离仙鹤门八九里之山岙横山嘴(因避日敌之凶,故避该山岙)。在斯时中,被日兵所杀死者有严姓等六人,均被日兵杀死后推落塘中。……煤炭窑货店亦被日敌焚烧殆尽"①。在汤水镇、蒋王庙、岔路口、仙鹤门、沧波门等地,都有许多老百姓被屠杀,详细情况可参见南京市档案馆档案和南京市中级人民法院档案。②

此外,防卫研修所还混淆视听,把这7 200名俘虏说成是东史郎日记中所说的7 000名俘虏,企图增强日本虚构派攻击东史郎日记的可信性。那么,东史郎日记是怎样写的呢?他写道:"昨日举行了入城式……当我们为在广场集合、换岗和分配宿舍而花费时间的时候,突然接到命令,要我们收容俘虏。据说俘虏约有两万人。于是,我们轻装进行了强行军……当走了二三十里路程的时候,我们看到了无数或明或暗的吸烟的火光,约七千名俘虏解除了武装,坐在田地上……夜越深,越感到冷飕飕的,到下麒麟村,把他们全部赶进一个大屋中。他们以为这就是屠场,走进去时十分犹豫。但没有办法,只好一个跟着一个进去。(我们)有的战友进去抢他们的毛毯和被子,抢不到就与固执的俘虏争夺。收容俘虏完毕之后,我们在烧得只剩下水泥柱和地板的民家宿营。翌日清晨,我们奉命去警备郡马(马群——下同)镇,我们开赴郡马镇,担负起警备任务。这时听说各中队都分来了二三百名俘虏,然后将他们杀害。"③

东史郎日记未明确说明前去收容俘虏的日期,只说是入城式的第二天。二十联队参加的入城式有两次,一次是12月15日十六师团单独举行的入城式,一次是17日全部日军的入城式。所以入城式的第二天应是12月16日。另外,东史郎在12月18日曾给家乡的友人写了一封长信,这封信也保存了下来。信中说"前天去监视七千俘虏"④。18日的前天,也是16日。而

---

① 中国第二历史档案馆档案。
② 南京市档案馆档案,第3—1—953号;南京市中级人民法院档案,第13—14号,1—3—5号,1—1—14号,1—5—14号。
③ 东史郎:《一个应征士兵的体验·南京大屠杀》,第100—106页。
④ 下里正树:《被隐瞒的联队史——二十联队下级士兵目睹的南京事件的真相》,第119页。

三十八联队《战斗详报》中所说的俘虏7 200人，是在12月14日上午。两者日期明显不同。

其次是部队完全不同。一个是十九旅团二十联队一大队第三中队奉命前去收容7 000俘虏；另一个是三十旅团三十八联队第十中队俘虏了7 200人。三十八联队是决不会把本联队的"战果"交给另一个旅团的中队去收容的。

其三是地点不同。东史郎在日记中说他们互相配合行动的是二个中队。他说："我们二个中队，他们七千人虽说赤手空拳，但若拼命反抗，二个中队的兵力将全被歼灭"①。那么，是什么中队与东所属的第三中队配合呢？日军作战常常是以大队为单位行动。因此，可以认为是二十联队第一大队中的二个中队。一个大队有四个中队，经常的情况是第一二中队互相配合，第三四中队互相配合。因而与东史郎所属第三中队配合行动的很可能是第四中队。而根据第四中队"战斗详报"，情况也确实是如此。该中队15日下午1时奉命从城内原中国海军部出发至紫金山东侧地区扫荡，经中山门于下午6时到达马群。又于第二天上午7时半出发，11时到达硝石村。② 该"战斗详报"中有第四中队在硝石村附近警戒草图。将这一草图与南京附近地图对照，从道路走向与四周山势来看，硝石系销石之误。而就在这一天，第三中队奉命从"广场"③出发前往收容俘虏，并把七千名俘虏带到下麒麟村。下麒麟村至销石约6公里，近在咫尺。第二天12月17日清晨，第三中队到马群警戒，而中午12时半，第四中队到白水桥警戒。这时7 000名俘虏被按二三百人分开给二十联队各中队，然后将他们杀害。白水桥在马群和麒麟门之间，与马群相距仅二公里，可见三四中队配合之密切。而据三十八联队"战斗详报"，其十中队俘虏7 200人是在尧化门附近，防卫研修所战史部则说是在"仙鹤门北侧"。这两个地比较靠近，但与马群，麒麟门和销石不是同一地点。

---

① 东史郎：《一个应征士兵的体验·南京大屠杀》，第104页。
② 下里正树：《被隐瞒的联队史——二十联队下级士兵目睹的南京事件真相》，第134—140页。
③ 据日本学者研究，第三中队集合和分配宿舍的"广场"，是十六师团司令部所在地原国民政府前广场。

十六师团在占领南京的最初几天中,大规模扫荡有二次,一次是12月14日,一次是12月16至17日。据上述分析,可以确定:三十八联队俘虏7 200人,是在14日第一次大扫荡之时,地点在仙鹤门、尧化门铁道附近;而二十联队俘虏屠杀的7 000人,则是15日举行入城式后,在16日进行的第二次大扫荡之时,地点在马群、麒麟门与销石之间。把俘虏按二三百人分开给各中队屠杀,则是执行了中岛师团长提出的方法和指示。而这一天,三十三与三十八联队在紫金山其他地区扫荡,据三十旅团长佐佐木到一的作战记录,其情况是:16日,"奉命扫荡紫金山一带地区,虽说收获不大,但两个联队把几百名残兵败卒拉出去处置了"①。经过这两次大屠杀,中山门外遍地皆是尸体。东史郎在给家乡友人的信中写道,"屠杀举着白旗前来投降的俘虏,虽然很不人道,但是上级命令,没有办法,只好执行"。而且7 000名俘虏中还包括十二三岁的少年,显然是普通老百姓。② 日本学者糟川良谷认为,东史郎日记最初听说俘虏有2万人,而他们到达时,收容的是7 000人,其余13 000人,有可能已分配给其他中队收容了。③至于整个屠杀的情况,佐佐木到一在作战记录中说,"17日,不言而喻,江南的田地与河滨染上了七万人的鲜血"④。

在中山门外进行屠杀的还有十六师团二十联队第三大队和第三机关枪中队。因为,师团长中岛今朝吾鉴于"败逃之敌大部分出现在十六师团作战区的森林与村庄地带",12月14日,就命令二十联队第三大队在紫金山一带扫荡,其路线是:马群—仙鹤门—岔路口。

十六师团二十联队有三个大队,每个大队下属四个中队。第三大队下属的中队为第九至第十二中队。十六师团占领汤水镇后,以一、二大队为先头部队进攻中山门,南京陷落后,这两个大队进入城内进行屠杀,而第三大队仍在紫金山东南方进攻中国军残余部队。在第三大队中,第十二中队为预备中队,是扫荡中国军残部的尖兵中队,与第三机关枪中队配合进行屠杀。第三机枪中队有4个小队8个分队,8挺重机枪(轻机枪是步兵中队常

---

①④ 佐佐木到一:《进攻南京纪实》,第235—335页。
②③ 糟川良谷:《关于十六师团二十联队的屠杀》(打印稿)。

备武器,各中队有1个轻机枪班),160人。一个机枪分队有队长1人,枪手4人,弹药手4人,马夫2人,驮马2匹。第三大队4个步兵中队各配备1个机枪小队。

据二十联队第三机枪中队 M.N 伍长阵中日记,14日,机枪中队一个小队用汽车运送重机枪两挺至马群方面,协助第十二中队屠杀俘虏。当他们到达时,该步兵中队已解除了310名中国兵的武装并加以屠杀。① 而据十二中队 A.J 少尉日志,机枪小队到达时,他们已将投降者20余人"处以死刑",他自己还将"一个家伙一刀两断"②。两部日记叙述同一事件,但屠杀人数稍有不同。第三机枪中队 M.N 伍长日记还说:"下午2点,第三大队出动至山岳地带扫荡,发现五六百名敌人。(我们)按师团命令行动。沿铁路线向长江方向走了二里左右。海军部队(海军第十一战队,13日下午2时在下关中山码头登陆)看护兵也乘几辆卡车赶来。在狱路口(岔路口之误——作者注)这边约一里半的地方,遇到步兵第九中队一个分队押着约一千八百名中国兵。敌人没有吃的东西,步履蹒跚,一副可怜相。"③ 还有机枪中队弹药手小队长北山与日志,他说:14日下午,第三机枪中队全体出动扫荡,在紫金山东侧,中国残兵败卒很多。各步兵中队将各处的残兵败卒解除武装。集中起来,绑成一串,共约80人,全部屠杀。其中有很多是据守中山陵的"学生义勇军",在其贴身穿的汗衫上印着"抗日救国联合会"的红字④。

以上数字各不相同,反映了第三大队各个部队屠杀的人数不同。但按照"不保留俘虏的方针"进行屠杀,是确凿无疑的。至于整个大队屠杀的人数,A.J 少尉日志说:"举起白旗的逐渐增加,陆续投降,其数有二千至一万人。"这些人都被屠杀了,地点在岔路口附近。⑤ 此外,据二十联队一大队四中队士兵增田六助日记,12月14日,一大队二中队在城内原中国海军部屠

---

① 二十联队第三机枪中队 M.N 伍长阵中日志,转引自《关于十六师团二十联队的屠杀》(打印稿)。
② 第三机枪中队 M.N 伍长阵中日志。《被隐瞒的联队史——二十联队下级士兵目睹的南京事件真相》,第92—93页。
③ 第三机枪中队 M.N 伍长阵中日志。
④ 第三机枪中队弹药小队长长北山与日志,转引自《关于十六师团二十联队的屠杀》(打印稿)。
⑤ 下里正树:《被隐瞒的联队史——二十联队下级士兵目睹的南京事件的真相》,第96页。

杀中国军人数百名；四中队则"进入外国租界（实为当时留在南京的欧美人士组织的安全区），去搜捕那些混在难民里的残兵败将。其中隐藏着许多货真价实的败兵，可疑者自不待言，就是那些身体强健的男子汉多半也都以俘虏论处。在向大队请示处置意见之后，由于通往玄武湖的城门关闭，我们就在城门附近一齐开枪扫射这些败兵，用土将他们掩埋起来。被枪杀的人约达五百名。据说，无论哪个中队都干了这种事情"①。他在接受记者采访时还说，"真正的中国军人不超过十分之一，绝大多数都是来自上海、常州等地的难民，还有一些当地的南京人"②。

总之，根据现在已经公开的材料，十六师团二十联队罪行累累，日本虚构派们要推翻其在南京大屠杀中的残暴行为是不可能的。但是，二十联队一大队三、四中队和第三大队的暴行虽然已开始为人们所了解，而其他中队，特别是第二大队（第五至第八中队）的暴行还不很清楚。据日本学者推测，他们进入城内屠杀的可能性很大。③ 12月15日十六师团在原中国司法院难民收容所搜捕平民1 000余人，被解除武装的军警40余人，总计2 000余人，全部押至汉中门外，用机枪扫射，复用木柴、汽油焚烧。12月16日，又将原华侨招待所难民5 000余人押至下关中山码头，用步枪、机枪射死，尔后又把尸体推入江中，毁尸灭迹等。④

此外，在紫金山地区，还有十六师团直属卫生队在中国炮兵学校四里左右的农村中，拉出100名村民，驱使他们搬运伤亡日军，尔后将他们全部枪杀。卫生队士兵上羽武一郎在日记中写道："12月9日，炮兵学校，一进大理石做成的校门，我真为学校之大感到惊讶！我们搜索败兵，开进林区，一个一个搜寻，一共抓出一百人。我们向这些败兵齐射，顿时出现了一片血海。有的人还挖出败兵的肝，拎在手里。"⑤

又据1937年11月30日至12月13日《东京日日新闻》随军记者分四

---

① 1987年7月22日《参考消息》。
② 本多胜一：《亲自参与"南京大屠杀"的一名士兵的自白》，《朝日新闻》，1986年12月8日。
③ 《关于十六师团二十联队的屠杀》（打印稿）。
④ 中国第二历史档案馆档案。
⑤ 下里正树：《被隐瞒的联队史——二十二联队下级士兵目睹的南京事件真相》，第78—88页。

次报道:十六师团十九旅团第九联队片桐(护郎)部队少尉向井敏明和野田毅进行杀人比赛,在向南京的进攻途中,一路杀来。12月10日中午,两人在紫金山下相见,"彼此手中都拿着砍缺了口的军刀。野田问道:'我杀了一百零五名,你的成绩呢?'向井答:'我杀了一百零六名。'于是两人同作狂笑。可是,确定不了是谁先达到一百之数。因此,他们俩决定这次是不分胜负,重新再赌谁先杀满一百五十名中国人。12月11日起,竞赛又在进行"①。像这样的年轻军官,是最狂暴的人物。他们亲自示范,进行杀人比赛,命令部下屠杀,成了"凶恶的化身"②。

又据1939年《支那事变纪念写真帖·伊东部队》,第一〇一师团(部队长伊东政喜中将)在侵占上海以后,于12月8日转向杭州进攻。但其大岛部队却与十六师团等一起,从苏州、江阴、常州向南京追杀。在其为炫耀武功所拍摄的照片中,有在南京城外俘虏中国军队15 000人和在仙鹤门镇屠杀4 000名俘虏的照片,成了其南京暴行的铁证。③

在日军屠杀以后,中国慈善团体崇善堂在中山门外掩埋尸体。当时,他们所看到的情况是:"乡区的尸体,是数百数十的躺在沟渠、池塘、田埂下及草堆中间。那情景之惨,是没法说的。"④由于尸体太多,加上天气转暖,开始腐烂,掩埋大多草率,在就近战壕、沟渠、洼坑填埋。据该慈善团体收尸记录,崇善堂自1938年4月9日至5月1日在中山门外收尸33 828具,就近掩埋在各荒地、菜园。这以后,过了八个月,附近村民又向伪南京市政府报告,中山门外尚有许多遗尸。伪南京市政公署督办高冠吾令市卫生局组织掩埋队,前往收埋。结果,又在陵园、灵谷寺、马群、马鞍、茆山等地,收集残骨3 000余具,埋葬在灵谷寺东面空地,并立"无主孤魂"墓碑一座。⑤于此,可以看到日军在中山门外屠杀中国军民之残酷状况。

日军原十六师团在中山门外残酷屠杀中国军民仅仅是日本侵略军制造的南京大屠杀的一个缩影。日本军国主义犯下的南京大屠杀的暴行,早已

---

① 1937年12月13日《东京日日新闻》。
② 鹈野晋太郎:《〈南京大屠杀〉读后》,《亚洲》,1971年9月号。
③ 《支那事变纪念写真帖——伊东部队》,军御用达、三益社发行,1939年(昭和十四年)版。
④⑤ 中国第二历史档案馆档案。

永远地刻在了历史的耻辱柱上。任何人企图否定和抹杀这一暴行的行为,注定都是徒劳的。前事不忘,后事之师。我们决不能让半个多世纪前的历史悲剧重演,同时也要警惕日本"虚构派"分子的卑劣行径。

(作者高兴祖,南京大学历史系,原文刊于《历史研究》1995年第4期)

抗战时期台湾拓殖株式会社对广东、海南的经济侵掠

王 键

随着日本对外侵略战争的延伸,台湾逐渐成为日本向中国东南沿海地区进行经济侵掠的重要基地。1936年6月2日,日本政府颁布《台拓设立法案》(法律第43号),正式设立台湾拓殖株式会社。7月29日,日本政府公布了《台湾拓殖株式会社施行令》(敕令第228号),其第5条规定了台拓的主要经营内容。[①] 随后,台拓积极配合侵华日军,对中国东南沿海地区实施了一系列经济侵掠。其中,日本在广东沦陷区的经济侵掠主要集中在广州和海南岛两个地区,其重点又放在对广州的近代企业和海南岛的资源的掠夺上。在这一过程中,台拓充当了日本军国主义经济帮凶的重要角色。本文拟主要利用近年来开放的《台湾拓殖株式会社文书》等原始资料,并借鉴两岸最新的研究成果,对台拓的设立过程、历史背景进行考察,并主要以台拓

[①]《台湾拓殖株式会社施行令》第5条:(1)拓殖之必要的农业、林业、水产业及水利业;(2)拓殖之必要的土地(含有关土地之权利)征购、经营及处分;(3)从事委托形式之土地的经营与管理;(4)拓殖之必要的资金供给;(5)对于农业者、渔业者以及移民,供给其拓殖之必需物品、收购、加工或销售其生产品;(6)拓殖之必要的资金提供;(7)以上各项事业之附属事业;(8)以上各项事业之外、拓殖之必要的事业。《台湾拓殖株式会社要项》,台湾文献馆藏,台湾拓殖株式会社文书(下引《台湾拓殖株式会社文书》,不一一注明藏所)第26号。

对广东、海南①两地实施的经济侵掠为例,进行全面的史实考察与实证分析,揭示其殖民侵略的性质。

有关台拓对中国大陆经济侵掠的研究,最早见于日、台两地学界的探索,大量档案史料也多典藏于两地。②迄今,日本学界对于台拓的研究并不多见③,曾任职台拓的三日月直之根据其亲身经历撰写的《台湾拓殖会社とその时代》(东京苇书房,1993年版)对台拓在华经济侵掠活动则有比较集中的考察,具有一定的代表性,亦为近年来学界引用较多的台拓研究专著,但由于其立场偏颇,书中谬误颇多。日本爱知学院教授水野明根据大量堪称"孤本"的原始资料④撰写的《日本军队对海南岛的侵占与暴政》(王翔译,南海出版公司,2005年版)一书,是一部全面揭露日军侵占并掠夺海南岛史实的专著,对台拓在海南的活动也做了重点关注与考察。台湾学者朱德兰、钟淑敏等对台拓的对华经济侵掠做了深入研讨⑤,但多局限于其企业经营活动、经营范围

---

① 当时海南隶属于广东省。1949年1月21日,国民政府设立海南特别行政区,同时成立海南省建省筹备委员会,但因国民党败退台湾,海南未能建省。直到1988年,海南才正式建省,其领域包括海南本岛、东沙群岛、西沙群岛、中沙群岛、南沙群岛等群岛及其附属岛屿和海域。本文将广东与海南分别论述,仅为便于描述台拓对两地的经济侵掠史实。
② 如在日本外交史料馆、日本防卫厅防卫研究所及"台湾中研院"、台湾文献馆等处,典藏有《台湾拓殖株式会社文书》《台湾拓殖株式会社营业报告书》《台湾拓殖株式会社规定辑览》及《台湾拓殖株式会社社报》等大量原始档案。
③ 涉及台拓对华经济侵掠的著述主要有:浅田乔二:《日本帝国主义占领下的中国——中国占领地经济研究》,乐游书房,1981年版,复旦大学出版社1997年出版中文版,书名为《1937—1945日本在中国沦陷区的经济掠夺》;日本东亚研究所编:《中国占领地经济资料》,东亚研究所,1944年版,原书房1984年再版等。
④ 主要有当时日本海军特务部编纂印制的内部绝密文件《海南岛三省联席会议事项抄录》(1942年11月);伪琼崖临时政府秘书处编印的《琼崖临时政府施政概略》(1942年7月10日),以及日本东洋文化协会刊发的《画报跃进之日本·海南岛攻略号》(1939年4月1日)等。
⑤ 朱德兰:《日据广州时期(1938—1945)的广州社会与台拓国策公司的自来水事业》,唐力行主编:《家庭、小区、大众心态变迁国际学术研讨会论文集》,黄山书社,1999年版;朱德兰:《从台拓档案看日据广东时期的中日合办事业》,叶显恩编:《中国传统社会经济与现代化》,广东人民出版社,2001年版;钟淑敏:《台湾拓殖株式会社在海南岛事业之研究》,《台湾史研究》第12卷第1期,2005年6月;朱德兰:《台湾拓殖株式会社在广东的经济活动——以农产事业为例(1939—1943)》,"国史馆"编:《台湾与中国大陆关系史讨论会论文集》,"国史馆"2001年版;钟淑敏:《台湾总督府与南进——以台拓在海南岛为中心》,台湾文献编:《台湾拓殖株式会社档案论文集》,台湾文献馆,2008年版;朱德兰:《战时台湾拓殖株式会社广东支店的钨矿收购活动(1939—1943)》,《台湾拓殖株式会社档案论文集》。

等,视野较为狭窄。大陆学界近年来开始关注这一课题①,但从总体来看,限于原始史料的严重匮乏,大陆学界对台拓的专题研究尚处于起步阶段。

一、台拓对广东省的经济侵掠

1937年日本发动"七七"事变,相继占领北京、天津,开始了大规模侵华战争。11月12日占领上海,12月13日占领南京。广州作为南中国的门户、华南的经济枢纽和军事重镇,在中国大陆战场上的战略位置至关重要,特别是在华北和东南沿海北段被日军占领后,广州成为当时中国输入抗战物资的唯一一条重要"脐带"②。日本军部亦认为,"在日军占据华北、华中要域及切断海上交通之后,(广州)成为利用广九、粤汉两铁路的香港—广州—内陆区间的一大援蒋路线。其补给量占总量的80%。"因而,"攻略广州的必要性比以前就更为紧迫"③。为此,1938年10月,日军登陆大亚湾,21日攻陷广州,并逐步侵占广东省全境。

日军占领广州、武汉等地之后,抗日战争开始转入相持阶段,"日本的国力穷困急剧表面化了"④。日本妄图以速战速决灭亡中国的战略彻底失败。资源匮乏的日本为准备长期战争,把战争初期大肆破坏中国经济以摧毁中国抗战经济基础的政策,改为对沦陷区进行经济侵掠的"以战养战"政策,企

---

① 迄今,大陆涉及台拓对华经济侵掠的相关论文有:许明光:《抗战时期日本侵略者对海南岛的经济掠夺的一些情况》,《历史教学》1962年第11期;黄菊艳:《日本侵略者对广东的经济掠夺与经济统制》,《广东社会科学》1996年第4期;房东昌:《关于日本侵掠海南岛的考察》,《中国边疆史地研究》1998年第3期;惰丽娟、张兴吉:《台湾总督府在日本侵占海南岛时期"海南岛开发"中的作用》,《中国边疆史地研究》2002年第4期;王裕秋、张兴吉:《日本侵占海南时期的经济"开发"政策及活动》,《海南大学学报》2000年第1期;张兴吉:《论海南沦陷时期的日本占领政策》,《日本学论坛》2002年第2期;邢寒冬、张兴吉:《论抗日战争时期日本人在海南岛政策的确立》,《中山大学学报》2005年第2期,等。这些论文虽对台拓有所涉及,但对台拓的考察与描述极为简略,观点多有雷同。另外,笔者的《日据时期台湾总督府经济政策研究(1895—1945)》,社科文献出版社,2009年版,亦简要考察了包括台拓在内的日本"国策会社"对中国的经济侵掠活动。
② 黄菊艳:《抗战时期广东经济损失研究》,广东人民出版社,2005年版,第89页。
③ 日本防卫厅防卫研究所战史室编:《日本海军在中国作战》,天津市政协编译委员会译,中华书局,1991年版,第309页。
④ 日本防卫厅防卫研究所战史室编:《中国事变陆军作战史》,第3卷第1分册,齐福霖、田琪之译,中华书局,1983年版,第95页。

图通过掠夺沦陷区的资源满足其侵略战争的需要。广东省沦陷之时，日本侵华战略正处于调整阶段。

日军侵粤主要是为了切断国际社会对中国的补给线和"确立华南沿海岛屿的特殊地位"，但由于兵力不足，日军占领区主要限于广州及其附近地区、潮汕地区和海南岛。对于广东经济掠夺的重点在于对广州、汕头等沿海地区近代工业的掠夺和物资的严格统制，以及对海南岛资源的"开发"。在此一过程中，台拓充当了极为重要的"角色"。

广东省沦陷以前，经济发展较为稳定，初步形成了以省营工业为主体的近代工业体系。日军的狂轰滥炸对当地的各项基础设施破坏甚大，工业设施多被炸毁，损失至巨。侵占广东全境后，日军将自来水、电气、水泥及化肥等军需资源收归"军方管理"，先后采用委托经营、合办、租赁、收买等掠夺方式，强占这些工厂的机器物资，对民营企业则通过强占、入股的方式进行掠夺。① 日军攻占广州后，在广州市设立"现地三省联席会议"（日本陆军省、海军省和外务省），作为统治广东的最高机构，并制定广东占领区经济"复兴"的5条要点：1.电力事业的恢复；2.交通机关的恢复；3.各种工厂的恢复运营；4.特殊金属及其他土产品资源的开发；5.宣抚用品配给组合的组织及对输入广东占领区的日货的统制。②

是年11月，侵华日军要求台湾总督府下属之台拓迅即派出人员赴粤，为日军提供"一切必要之协助"。首先，为保障侵粤日军的用水用电，须紧急抢修毁损的市区自来水管线及供电设施等。依照台湾总督府的旨意，台拓即刻在广州开设广东事务所，并以接受日军"委托"的形式，派遣各种专业人员前赴广东。此后台拓在汕头、海南岛、香港等占领区，都依照这种方式展开其经济活动。台拓及其子公司——福大公司③垄断和控制了广东沦陷区的公用事业、交通及其他重要工矿企业。

---

① 参见黄菊艳：《抗战时期广东经济损失研究》第2章，广东人民出版社，2005年版。
② 平野健：《广东の现状》，广东日本商工会议所，1943年印行，第257—258页。
③ 为加强台拓的对华侵掠能力，1937年7月30日，台湾总督府增设台拓子公司——福大公司，专门从事华南地区的经济侵掠活动。《福大公司改组关系书类（1937年）》《《台湾拓殖株式会社文书》第2476号》，第6页。福大公司作为台拓的重要一员，积极参与了台拓对中国大陆的经济侵掠。

有关台拓广东事务所从事经济侵掠的统计资料不是很齐全,但在台拓1939—1943 年的华南事业项目中,其对广东、海南岛及香港的投资金额比率,占其历年事业总额的11.5％、7.68％、8.4％、6.8％。① 由此可知,在台拓整个对华经济侵掠活动中,台拓广东事务所占比例并不大,而华南事业中又以海南岛所占的比率较高。但台拓在我国广东从事的一系列经济侵掠活动,仍是其配合日军实施经济作战,掠夺我国经济资源的重要一环。下面分别予以考察。

(一) 台拓垄断经营广州、汕头自来水厂

日军占据广州后,为了保证日军饮用水的需求,台拓即刻派遣有关技术人员赴穗,对交战时损毁的自来水厂及供水管线进行修复。1939 年 4 月 10 日,修复工程全面开工。台拓分别在西村的增步、东山自来水厂修建沉淀池,改善并统一供水器材、设备,增设自来水管线,延长配水管线等。由于台拓自日本引进较为齐全的器材设备,又拥有充足的技术人员,修复工程进展顺利,很快恢复了市内自来水的运营,用水户数亦逐渐增加。据统计,广州自来水厂供水户数,1940 年为 8 948 户,给水量为 1 928 487 立方公尺;至 1944 年 3 月,供水户数增至 83 975 户,给水量多达为 24 959 287 立方公尺。② 因之,台拓经营自来水厂获利颇丰。

为全面吞并中国,日本采取"以华制华"的侵华战略,开始在占领区大量扶植汉奸政权为其效命。1940 年 3 月 30 日,汪精卫伪政府在南京成立;1940 年 5 月 10 日,伪广东省政府与伪广州市政府成立。按照日本的统一部署,为使汪政权成为日本掠夺中国经济资源与财富的驯服工具,对于华南沦陷区(主要是广东)这块汪的"禁脔",在政治上给予更多形式上的独立自主权③,即改变

---

① 台湾拓殖株式会社编印:《第一次—第七次营业报告书》,台湾文献馆藏。
② 《广东水道经营关系书缀(1935—1941 年)》,《台湾拓殖株式会社文书》第2515号;《广东支店の件》,《台湾拓殖株式会社文书》第2577号。
③ 1936 年 6 月 6 日,日本政府通过《树立新中央政府的方针》,确定"长江下游地区在经济上,作为日华紧密结合地带,华南除特定岛屿设立特殊地位外,内政问题以交给中国方面为原则,尽量避免干涉"。参见黄美真、张云编:《汪伪政权资料选编:汪精卫国民政府成立》,上海人民出版社,1984年版,第 86 页;秦孝仪主编:《中华民国重要史料初编——对日抗战时期》第 6 编"傀儡组织"(3),中国国民党党史会,1981 年版,第 2 页。

此前由日本方面对沦陷区各项经济事业进行直接垄断和控制的做法,而在不影响其经济掠夺的前提下,以日中经济提携的名义,将夺占的部分公私营企业交还伪政权,并更多地利用伪政权出面进行各项经济掠夺。①

本来,侵粤日军是委托台拓"永久性"经营广州市自来水厂的,但鉴于当时的特殊状况,日军被迫下令台拓将其对自来水厂的经营权"表面上"归还伪广东省政府。1940年10月5日,日方还举行了所谓的交还仪式。但这种交还并非实质性的归还,而是偷梁换柱的把戏。② 在侵粤日军与台拓的共同策划下,台拓将当初抢修自来水设施及对广州自来水厂的投资等费用,当作对伪广东省政府的借款,迫使后者转让经营权,并以委托的方式由台拓继续经营。③ 1940年12月9日,完全按照日方的要求,伪广东省政府同台拓签订《有关广州市自来水厂借款契约书》,内容如下:

有关广州市自来水厂借款契约书

甲方:广东省政府代理主席陈耀祖、广州市长彭东原

乙方:台拓社长加藤恭平

乙方将广州市自来水厂交还给甲方,乙方自经营本事业起到交还前的投资金额及其附带费用作为甲方借款,双方订约如下:

第一条 借款金额为日币一百十四万二千六百六十三元九十二钱。

本借款为昭和十五(1940)年九月三十日以现在金额作为交还工厂前的金额,但自同年十月一日起到十五日止的金额增减要另外协商

---

① 黄菊艳:《抗战时期广东经济损失研究》,第129页。这亦是日本认为广东(海南岛除外)国防资源少,日军占领区域狭少,经济上的重要性不突出,因此,可以给予中国方面更多的经济"自主权"。参见杉田才一:《新生の广东经济》,同盟通信社,1942年版,第23页。

② 10月,日军向伪政权归还了顺德糖厂、东莞糖厂、肥料厂等9家省市营工厂,但尚具有生产能力的水泥厂、饮料厂、电力厂和自来水厂则"因军事上的关系,及原料燃料的便利起见",仍委托日资企业经营。实际归还的5家,工厂机器设备多被破坏,或被日军拆走,难以复工。参见《广东省政概况》,第37、48页。(伪)国民政府行政院宣传部印:《东亚新闻记者大会实录》,1941年版,第114页。另外,日方还归还了77家小型民营企业,但规模较大的协同和机器等仍为日资企业控制。参见陈真、姚洛编:《中国近代工业史资料》第2辑,生活·读书·新知三联书店,1961年版,第450页;(伪)广州市社会局编印:《新广州概况》,1941年版,第7页。

③《广东水道经营关系书缀(1935—1941年)》,《台湾拓殖株式会社文书》第2515号。

处理。

第二条　本借款之偿还期限自契约缔结日始约为五年。

第三条　每个营业期末甲方要偿还不得少于第一条金额的十分之一。

第四条　本借款利息年利七分。

第五条　甲方以附录目录所载所有工厂财产作为向乙方偿还本利的担保。

第六条　甲方在偿债期限前,可和在广东的日本官厅协商后提前偿还,但不得以第三国资金来偿还。

第七条　本契约分别以日文、中文各制三份,签名者各保留一份,有关本契约之条项如产生解释疑问时,根据日文解释之。

　　　　　大日本帝国　　昭和十五(1940)年十二月九日
　　　　　中华民国　　　二十九(1940)年十二月九日

　　　　　　　　　台拓社长　　加藤恭平
　　　　　　　　　广东省政府代理主席兼
　　　　　　　　　广东省政府建设厅长陈耀祖
　　　　　　　　　广州市长彭东原①

　　伪广东省政府同台拓签约同日,还签订了一份《有关委托经营广州市自来水厂契约书》,委托台拓经营自来水事业。契约书规定,如台拓认为有必要时,可经与伪广东省政府协商后,代垫自来水厂之设备、材料与周转资金,代垫款按年息7％计算,每半年一个营业期结束后结算,每一个营业期收支相减后之盈余再由台拓与广东方面均分。②台拓依仗侵华日军的武力,垄断了对广州自来水厂的经营权,其收益极为可观。据资料显示,台拓经营自来水厂的收益为:1941年202 747元;1942年238 520元;1943年322 978元。③另外,台拓每年还有来自伪广东省政府的约30万元借款利息收益。这笔巨额收益,成为台拓进一步扩张其在华经济势力的重要资本积累。

---

①②③《广东支店の件(1940—1941年)》,《台湾拓殖株式会社文書》第2577号。

台湾学者朱德兰指出:"本来,如果没有日军南侵广东,广州自来水厂就不会被炸毁,当然也不会发生委托台拓经营自来水事业之事。如今,日军为图扩张帝国版图之私,毁损了中方的自来水厂,又为了占领需要用水,而将修复好的水厂费用强制由中方负担,且指示由台拓独占经营,这种不合法理之行径可说是日本殖民主义的一贯表现。"①

汕头市位于广东省东部、韩江三角洲南端,历来是粤东、赣南、闽西南一带的交通枢纽、进出口岸和商品集散地,素有"华南之要冲、粤东之门户"之称。1860年《中英天津条约》签订后,汕头成为通商口岸。1938年广州沦陷后,中国只剩下汕头一个口岸可运输军需用品。1939年6月6日,侵华日军为加强对中国华南沿岸的封锁,断绝中国与外界的联系,开始向汕头发动进攻。6月21日,汕头沦陷。日军占据汕头后,强行接管自来水厂(当时的汕头市内自来水用户约有1 000余户),并于10月1日交由台拓负责经营。当时的汕头自来水厂设备陈旧,供水设施不配套,且因管道腐蚀,漏水极为严重,几乎为供水总量的64%。② 1942年8月,台拓与伪汕头市政府签订《移交汕头市自来水管理处暨借款条约》,其中规定,台托将已投资的299 521.18元当作汕头当局的借款,规定自订立之日起,以7%的年息,于5年内将本利偿还台拓,台拓即将自来水厂的所有权与经营权归还给汕头当局。③

台拓之所以放弃对汕头自来水厂的垄断经营,主要是因为汕头自来水厂的设施陈旧老化,改造费用极大,用水户数很少,回收改造成本需三年时间,获取利润的空间不大。此外,从安全的角度考虑,因汕头并非日军重点驻守的城市,索性交由汕头当局经营更为合算。④ 在伪汕头市政府经营自来水厂期间,由于盗水严重,入不敷出,经营日渐恶化,每月约亏损军票⑤

---

① 朱德兰:《台湾拓殖株式会社在广东的经济扩张活动(1938—1945)》,"台湾资本主义发展"学术研讨会论文,2001年12月,第16页。
② 《香港汕头情报(1941—1942年)》,《台湾拓殖株式会社文书》第2674号。
③ 《广东支店关系(1942年)》,《台湾拓殖株式会社文书》第1330号之一。
④ 《香港汕头情报(1942年)》,《台湾拓殖株式会社文书》第1330号之一。
⑤ 为无偿掠夺中国资源,日军在沦陷区发行"军用手票"(简称"军票"),同时禁止中国法币的流通使用。"军票"的币值与日元等值,但只能在中国沦陷区流通。抗战胜利后,"军票"成为废纸。

10 000余元,为减少亏损,伪政府只有增收水费,而增收水费则导致自来水厂经营日趋恶化。① 尽管如此,台拓每年坐收汕头当局偿付的10万余元本金和利息,取得了巨额财富。②

(二) 台拓对其他行业的垄断经营

1940年,台拓广东事务所升格为广东支店,其经营范围亦有所扩大。1940年度台拓广东支店组织结构(一处两课三所)如下:自来水处(庶务系、经理系、调度系、营业系、水厂系、给水系、改良系、试验系);总务课(庶务系、经理系、调度系、企划系、农产系);矿业课(矿山系、营业系);河南造船铁工所(庶务系、造船系、铁工系);汕头事务所;香港事务所。③

由上可知,经营广州、汕头两市自来水厂一直是台拓广东事务所的重点所在,经营自来水厂的稳定收入,成为台拓投资其他产业的资金来源。除广州、汕头两家自来水厂以外,台拓还在日军的支持下控制了广州永业砖窑等一批民营企业。广东民营企业最大的机械铁工厂——协同和机器厂④被日本海军第二工作队接管,随后拨给台拓子公司——福大公司经营(更名为"福大公司协同和机器厂"),并将厂里2/3机器设备拆卸运走,利用余下的1/3机器设备进行生产,主要用作修理日本海军舰艇和生产少量柴油机。日本投降时,原有的车床、刨床等机器设备大部分被拆迁运走。⑤ 广东境内的公路运输也为福大公司垄断。1940年4月,日军将广州市内进口、销售和修理收音机及零件的专利权授予福大公司等5家日资企业。⑥ 福大公司

---

① (伪)汕头市政府编印:《该府拟收回自来水厂问题有关文书资料——经营概况报告》,1944年6月10日,未编页,汕头市档案馆藏,12/2/71。
② 伪汕头市政府先后向台拓借款共计军票449 521.18元。(伪)汕头市政府编印:《该府有关自来水厂经费问题》,1944年,未编页,汕头市档案馆藏,12/2/72。
③ 《广东支店の件(1940—1941年)》,《台湾拓殖株式会社文书》第2577号。
④ 建于1911年的"协同和"机器厂(现广州柴油机器厂前身)是中国柴油机制造业历史最悠久的企业。创办初期主要从事机器修配业务和生产小型碾米机等。1931年在香港九龙创办协同和机器厂分厂。1935年,广州与香港两厂工人总数达700多人,全年生产柴油机40多台,达3 000多匹马力,是华南地区机器行业中规模最大的民营企业。
⑤ 《广东省工业矿情况统计材料》,广东省档案馆藏,6/2/753;《关于接收原日伪省营各工厂问题的文书材料清册》,广东省档案馆藏,6/2/547。
⑥ 《粤海关各项事件传闻录》(英文),广东省档案馆藏,94/1/1591。

还与其他日资企业共同组成广东内河运营组合,控制了广东境内的内河航运事业。①

另外,台拓接受日军指令,于1937年7月在汕头进行填海作业。至1941年3月12日,填海工程结束,填海面积达8 881.76坪,总工程费用约为22万日元。② 台拓还与三井、三菱、昭和通商等日本财阀商社共同垄断了广东境内的五金交易活动。③ 台拓还开采煤矿④,积极收购日本军工业急需的钨矿石。广东有多处钨矿,仅大庾、新化两处的钨矿藏量就占全中国的60%⑤,故成为台拓侵掠的重点目标。由于钨矿并不在日军绝对控制的区域内,台拓便以多种手段进行收购,如雇佣台湾籍民与汉奸进行收购⑥,以广告形式进行收购⑦等。在此仅举一例:台拓广东支店经过曲折反复,于1940年2月17日购进钨矿石710吨,总价额226.5万港币。⑧

为保障侵粤日军之军粮,1939年,日军指使台拓与广东伪政权合办专为日军提供粮草的兴粤公司,主要经营东莞明伦堂公产及中山大学农场官产。1939年兴粤公司一共为日军征收稻谷354万斤,交纳马粮干草347 500斤、稻糠76 120斤、甘薯20 680斤。1940年兴粤公司交给日军的稻谷粮约计900万斤。⑨ 同时台拓还在广州三元里设立试验农场,试种由台湾引进的蓬莱米品种等农作物。⑩

---

① 平野健:《广东の现状》,第306—310页。
②《第七回定时株主总会书类(1943年)》,《台湾拓殖株式会社文书》第1484号。
③《广东事业全般(1939年)》,《台湾拓殖株式会社文书》第441号。
④《帝国议会说明资料业务概况(1939年)》,《台湾拓殖株式会社文书》第248号。
⑤《香港汕头情报(1941—1942年)》,《台湾拓殖株式会社文书》第2674号。
⑥《广东支店关系(1942年)》,《台湾拓殖株式会社文书》第1330号之二;《广东支店关系(1942年)》,《台湾拓殖株式会社文书》第1330号之三。
⑦《广东支店关系(1942年)》,《台湾拓殖株式会社文书》第1330号之三。
⑧《广东支店关系(1942年)》,《台湾拓殖株式会社文书》第1330号之三;《决裁书》,《台湾拓殖株式会社文书》第2513号。
⑨ 朱德兰:《日据时期台拓企业与兴粤公司在广东地区的经济活动》,"中国传统社会经济与现代化国际学术研讨会"论文,海口,1999年。
⑩《第七回定时株主总会书类(1943年)》,《台湾拓殖株式会社文书》第1484号。

二、台湾拓殖株式会社对海南岛的经济侵掠

日军攻占广州后,经由香港的外国援华抗日通道转为滇越和滇缅交通线。日本军部认为,若日军在"海南岛建立航空作战基地,那就能够延长切断缅甸通道航空作战的纵深。同时,为取得海上封锁作战基地和获得海南岛的地下资源"①,必须侵占海南岛。② 1939年1月13日,日本御前会议做出了军事侵占海南岛的最终决定。2月10日,日本开始实施海南岛登陆作战,在短时间里,日军占领了海南岛各地的重要港湾和城镇。③ 1939年7月17日,伪琼崖临时政府成立,并按照日方的要求,"赋予日本军队以全岛经济开发权"④。

日军攻占海南岛以后,也在海口市组成"现地三省联席会议",作为日本处理海南岛全部政务的最高机关⑤,日本海军特务部则是具体执行机构。在日本海军攻占海南岛之后,台湾总督小林跻造随即表示:"只要皇军需要,台湾将利用地理上的优势等条件,对皇军在海南岛的活动给予大力支援。"⑥日本海军企图将海南岛建设成为日本向中国大陆与南洋扩展的另一个兵站基地和后勤供应地,海军控制下的台湾总督府自然成为其"海南岛开发"的最佳伙伴。例如,海军特务部一半以上的官员是从台湾总督府抽调的各级官员。⑦

日本所谓的"海南岛开发",是以无偿攫取资源为特征的掠夺性"开发"。1939年4月,"现地三省联席会议"制订出《海南岛政务处理暂行纲领》,要求"活用台湾统治的经验,大体以十年的时间,收取与现在台湾同等程度的统治成绩",这实质上是将海南岛作为日本"南方海外殖民地之一环",置于

---

① 广东省党史研究会编:《琼崖抗日斗争史料选编》,广东人民出版社,1986年版,第325页。
② 目前,日本学界多强调日军侵占海南岛是以对中国大陆的军事封锁和夺取经济资源为目的。但有大陆学者认为日本侵占海南岛有着明确的领土野心。张兴吉:《论海南岛沦陷时期的日本占领政策》,《日本学论坛》2002年第2期,第36页。
③ 越智春海:《华南战纪》,日本图书出版社,1988年版,第99—102页。
④ 日本海军海南特务部政务局第一调查室编印:《海南岛政治经济调查报告》,广东省档案馆藏,91/2/22。
⑤ 日本海军海南岛特务部编:《海南岛三省联席会议决议事项抄录》,"琼崖临时政府"秘书处印:《琼崖临时政府施政概略》,1941年7月17日。
⑥ 南支调查会编:《海南读本》,日本丸善社,1939年版,第162—163页。
⑦ 河野司编著:《海南岛石碌铁山开发志》,石碌铁山开发志刊行会,1974年印行,第461页。

与台湾同样的日本殖民地的地位。①

3月1日,台拓海口事务所成立,按照日本海军及台湾总督府的命令,台拓即刻由台湾派遣大批人员急赴海南岛,负责为日军修建兵营住房。台拓还接受海军特务部的具体指令,派遣调查员协助日军实施各种必要的调查,并向岛内的电话通信事业提供器材、设施和技术人员等。② 1939年3月,"现地三省联席会议"指定台拓等31家日资企业进入海南岛经营农林业。③ 同年4月,"现地三省联席会议"下令设立由台拓领衔的海南农政委员会。④ 7月6日,该委员会在东京举行第一次会议,讨论海南岛农林开发大纲。9月又在海口举行第二次会议,讨论掠夺海南岛资源的具体事项,会议主题有:1.农业计划及实施计划;2.各公司之分担;3.各公司多角经营中副业的种类;4.各公司试种地的分配;5.农业、林业及畜产等的地域分配;6.各公司事业适合地点的分配;7.确立指导海南岛民方法;8.土壤调查;9.农业移民;10.土地问题;11.种苗准备;12.肥料;13.气象;14.资本;15.灌溉(农林、土木);16.研究机构等项目。经过讨论,会议认定海南岛应尽可能生产日本所缺乏的热带资源,大力种植橡胶、埃及棉花、麻类、可可椰子、单宁原料、杂纤维等,同时规定各日资企业不得采取共同经营、共同出资的方式。各日资企业以接受"现地三省联席会议"指令的方式进行,该指令内容包括:1.种苗;2.土地问题;3.启动开垦的日期;4.指定作物种类;5.义务性蔬菜栽培;6.义务性米作的奖励;7.自卫;8.肥料;9.灌溉;10.气象观测;11.劳动力问题。⑤

在日军侵占海南岛一周年的1940年2月,日本占领当局举行了第三次农政会议,并在台拓的主导下制订出具体的经济侵掠方案。是年4月,"海南岛农林业联合会"在东京成立,作为日资企业开发海南农林业的协调组织,台拓理事高山三平就任议长,充分显示出台拓的"领导地位"。⑥

---

① 角田顺解说:《现代史资料10——附"南进论"》,みすず书房,1984年版,第464页。
② 钟淑敏:《台湾拓殖株式会社在海南事业之研究》,《台湾史研究》第12卷第1期,2005年6月。
③ 台湾总督府外事课编印:《海南岛农林业的现状概要》,《海南岛农林业开发参考资料》第1号,台湾文献馆藏。
④ 寺林清一郎:《海南岛の农场》,《台湾时报》第262卷,1941年10月,第111—113页。
⑤ 《海军南方军政关系·海南岛关系·海南岛农林开发关系·第一回及第二回农政会议事录(1939年)》,日本外交史料馆藏。
⑥ 《海南岛关系文书(1940年·下)》,《台湾拓殖株式会社文书》第752号。

日本海军攻占海南岛后不久,台拓即派遣农林技术人员进入海南岛进行各项调查,同时在北部秀英、琼山设立苗圃,南部三亚开设蔬菜园,开始试种蔬菜。① 1939年9月,台拓获得陵水农场、马岭农场等经营基地,并依照"现地三省联席会议"的指令,主要种植棉花、橡胶、麻、林业及单宁原料。② 但随后为了确保粮食供应,台拓遂调整其种植重点,首先是稻米,其次是麻、棉、橡胶、奎宁,第三则是奉行"适地适作"的原则,根据需要,适时种植甘蔗、甘薯、绿肥作物及蔬菜等。③ 参照表1可知,台拓几乎参与了海南岛农林业开发中的所有项目。

表1 台拓经营海南农林业之概况

事业名称	总面积(町)*	设立时间	主要栽培作物
秀英农 秀英农园	15	1939年4月29日	特种作物、绿肥、有用树种
琼山第一农园	4	1939年6月1日	绿肥、蔬菜、柑橘
琼山第二农园	6	1940年5月30日	蔬菜
陵水农场	64 000	1940年2月26日	水稻、甘蔗、琼麻、蔬菜、小麦、烟草
陵水农场南桥分场	1 500	1940年5月5日	橡胶、油桐、水稻
三亚农场	1 000	1941年4月9日	水稻、绿肥、蔬菜
三亚农场马岭分场	20 000	1940年3月15日	水稻、绿肥、蔬菜
三亚蔬菜园	5	1939年9月1日	蔬菜
合计	86 530		

资料来源:《海南岛牧畜事业计划书(1942年)》,《台湾拓殖株式会社文书》第1423号。
＊1町约为15亩。

随着台拓在海南的农林事业的扩大,1940年7月1日,台拓海口事务所升格为支店,下辖秀英第一苗圃(1939年4月29日)、琼山第二苗圃(1939年6月1日)、三亚事务所(1939年8月)、琼山第三苗圃(1940年5月30日)、三亚蔬菜园(1939年9月1日)、陵水事务所(1940年2月26日)、马岭

---

① 寺林清一郎:《海南岛の农场》,《台湾时报》第262卷,1941年10月,第111—113页。
②《南支南洋补助事业计划书(1941年)》,《台湾拓殖株式会社文书》第1055号。
③《海南岛三个年计划书参考资料缀(1941年)》,《台湾拓殖株式会社文书》第918号。

事务所(1940年3月15日)、南桥农场(1940年5月5日)、藤桥事务所(1940年9月)及三亚农场(1941年4月9日)等。1941年10月,台拓对其海南农林机构进行了调整。台拓海口支店(农务系)下辖秀英农园(原秀英第一苗圃)、琼山第一农园(原琼山第二苗圃)、琼山第二农园(原琼山第三苗圃)。台拓三亚事务所(农务系)下辖陵水农场(原陵水事务所)、南桥分场(原南桥农场)、三亚农场(原三亚农林事务所)、马岭分场(原马岭事务所)。①

1942年1月26日,台拓再次进行内部调整,规定海口支店负责海南岛北部的业务及全岛的汽车运输业务;三亚事务所负责南部事务。二者以嘉积溪与昌化大江为界,其北为北部,其南为南部。后由于日军在海南岛南部扩建三亚军港、榆林商港及黄流机场等设施,其重要性日渐提升,又于是年7月27日将三亚事务所升格为榆林支店,与海口支店并列。榆林支店下辖陵水农场、三亚农场、藤桥牧场及榆林工务所。②

由于进入海南岛的日本移民日增,粮食问题日益突出,应日本海军要求,1941年台湾总督府急调2 000石(日本石,一石约合234.65公斤)台湾稻米输至海南。③ 为满足侵琼日军及日本侨民的需求,日本海军要求台拓实施粮食增产作业。在台湾总督府的支持下,台拓引进了大量新的农业品种,如稻米的"蓬莱米"台中65号、台湾原产水稻品种"白米粉"等,在其所经营的海南岛各农场试种。据《台北帝国大学第一回海南岛学术调查报告》记载,台拓在其陵水农场和马岭农场共试种了58个水稻品种。按照"现地三省联席会议"的要求,台拓和南洋兴发、南洋橡胶共同担负着所谓"应急蓬莱米"的生产任务,其中台拓(三亚)承担15 000石、南洋兴发(崖县)承担8 000石、南洋橡胶(万宁)承担20 000石。为了确保台拓粮食增产目标的实现,台湾总督府不仅在水利设施的建设上给予支持,而且从台湾派遣"台湾农业义

---

① 台湾拓殖株式会社调查课编:《事业要览(1940年度)》,第8—9页。
② 《台湾拓殖株式会社社报》第108号,1942年7月31日,第3—6页。1943年1月15日,台拓再次调整其榆林支店下辖机构:陵水农场、三亚农场、藤桥牧场、榆林工务所及三亚开拓民事业所。《台湾拓殖株式会社社报》第119号,1943年1月15日,第1—2页。
③ 台湾总督府编印:《台湾总督府事务成绩提要(昭和15年度)》,1943年版,第809页。

勇团员"到海南岛给予技术指导,并在物资供给极为困难的情况下,向台拓提供化肥。① 当时日军还制订出应急计划,如果其他日资企业出现不能经营的特殊情况,则由台拓接替其完成既定之任务。1943 年第一季种植面积为 8 670 町步,第二季种植面积为 7 600 町步;计划生产其他本地优质米 104 749 石,约合 24 579.35 吨,加上"应急蓬莱米",共计 34 669.3 吨。②

再以精米加工业为例,当时台拓等的精米日加工能力为 15.24 吨(约合年产 5 562.5 吨),而 1945 年日本海军约有 49 400 人,日本移民 5 800 人,合计约 55 200 人。③ 若以每人每年 120 公斤大米计算,一年需要 6 624 吨。由此可知,台拓等经营的精米业仅能满足日军军粮的最低要求。在日军的支持下,台拓控制的土地面积不断扩充,其在陵水、崖县、万宁等地的农场土地面积约为 5 680 公顷,占日本在海南岛农业会社所占土地总面积 16 623 公顷的 34.16%。④ 在日本各会社农产品研究分工的 6 个方面(棉花及其他纤维、椰子及其他油脂、糖业、橡胶草药香料)中,台拓占有三项(棉花、糖业、橡胶)。另外,台拓陵水农场试种甘蔗、甘薯、小麦以及鱼藤、琼麻、蔗苗、马铃薯、芋头等种苗。马岭农场试验种水稻、甘薯、棉花、蓖麻、蔬菜等经济作物。⑤

为保障日本海军及日本移民的蔬菜供应,台拓开设三亚蔬菜园从事蔬菜种植。⑥ 由于需求量激增而供应不及,台拓采取"奖励栽培"的方式,即"奖励"当地农民种植蔬菜,然后收购并提供给日军。⑦ 至 1942 年度,台拓各农场的经营实况是,陵水农场主要种植水稻、甘蔗、甘薯、黄麻及蔬菜等,同时经营制糖业、精米业,并开垦荒地,栽种琼麻及蓄积绿肥。南桥分场种植水稻及橡胶经济树木。三亚农场种植水稻、蔬菜、甘薯、黄麻、小麦等,并从事

---

① 台湾总督府外事部编印:《台北帝国大学第一回海南岛学术调查报告》,1942 年 8 月,第 452 页。
② 台湾总督府外事部编印:《台北帝国大学第二回海南岛学术调查报告》,1944 年 3 月,第 73—74 页。
③ 日本防卫厅防卫研究所战史室编:《昭和十七、八(1942、1943)年的中国派遣军》上册,贾玉芹等译,中华书局,1984 年版,第 93 页。
④ 隋丽娟、张兴吉:《台湾总督府在日本侵占海南岛时期"海南岛开发"的作用》,《中国边疆史地研究》,2002 年第 4 期。
⑤⑥ 寺林清一郎:《海南岛の农场》,《台湾时报》第 262 卷,1941 年 10 月号,第 111—113 页。
⑦ 台湾总督府外事部编印:《台北帝国大学第二回海南岛学术调查报告》,1944 年 3 月,第 74 页。

精米业。马岭分场主要种植水稻、蔬菜、甘薯、鱼藤等。秀英农园种植树苗并从事养猪业,琼山农园种植蔬菜等。①

在垄断海南岛制糖业的六家日资会社中,就有台拓为首的五家在台日资企业(盐水港制糖、明治制糖、大日本制糖、南国产业),另一个为来自日本内地的南洋兴发。根据台北帝国大学《海南岛糖业调查报告》记载,1940—1941年榨季预计产糖总计17 000担(一担按120斤计算,约合1 020吨)②,共计年产砂糖约10 779吨。③ 1939年10月,在"现地三省联席会议"的许可下,台拓设立海口制冰工厂,最初日产冰约5吨,由于需求量很大,到1944年度,日产冰增至10吨。④ 由于开采田独、石碌铁矿及建设港口,对枕木及建材用木料的需求激增,日军要求台拓尽速砍伐林木。⑤ 1943年6月,台拓派出林业调查队赴陵水吊锣山进行调查,发现有大片原始森林,具有很高的开采价值。林区面积约1 200公顷,1/3是针叶树,其余有各种松树、樫树等有用树种。为集中掠夺之,1944年起台拓与岛田合资、三井农林、王子制纸等10家日资企业在尖峰岭、吊锣山、马鞍岭等原始森林茂盛的地区开始砍伐林木,同时还在榆林、九所、海口、那大等地创办木材加工厂。⑥

为支持台拓对海南岛农林业的开发掠夺,台湾总督府在1940年度向台拓拨付10万日元开发补助金。1942年台拓出现资金困难,10月29日台拓社长加藤恭平向台湾总督长谷清请求支持。1943年3月31日,长谷清总督发布第355号府令,拨付台拓海南农林事业补助金15万日元。⑦ 如此,在台湾总督府与日本海军的支持下,海南岛农林业等尽由台拓等日资企业所控制,参考表2。

---

① 《海南岛牧畜事业计划书(1942年)》,《台湾拓殖株式会社文书》第1423号。
② 台湾总督府外事部编印:《台北帝国大学第二回海南岛学术调查报告》,第76页。
③ 日本大藏省管理局编:《日本人の海外活动に關する历史的调查》第29卷"海南岛篇",ゆまに书房,2000年版,第91—101页。
④ 台湾拓殖株式会社调查课编印:《事业要览(1944年度)》,第28页。
⑤ 《海军南方军政关系·海南岛关系·海南岛农林开发关系·第五回海南岛开发协议会报告书(1943年)》,日本外交史料馆藏。
⑥ 台湾拓殖株式会社调查课编印:《事业要览(1944年度)》,第28页。由于台拓等日本企业的疯狂采伐,海南岛的森林资源遭到巨大破坏。参见陈光良:《海南经济史研究》,中山大学出版社,2004版,第204—205页。
⑦ 《海南岛牧畜事业计划书(1942年)》,《台湾拓殖株式会社文书》第1423号。

表 2　台拓等在琼日资企业的经营范围

经营范围	公司名称	主要开发区域
棉花及其他纤维	台湾拓殖株式会社 南洋兴发株式会社 三井农林株式会社 南国产业株式会社 南国产业株式会社 南洋起业株式会社	陵水、三亚 崖县 藤桥 九所 福山 北黎
椰子及其他油脂	日本油脂株式会社	清澜、藤桥、三亚等
糖业	台湾拓殖株式会社 日糖兴业株式会社 明治制糖株式会社 盐水港制糖株式会社 南洋兴发株式会社 南国产业株式会社	陵水 儋县、那大 定安、感恩 白莲、嘉积 崖县 九所
橡胶	南洋橡胶株式会社 台湾拓殖株式会社 日糖兴业株式会社	万宁 南桥 那大
药草、香料	武田制药株式会社 三井制药株式会社 盐野义株式会社 小川香料株式会社	南桥 东山 南桥
稻米、蔬菜	全部农业开发公司	

资料来源：日本大藏省管理局编：《日本人の海外活动に関する历史的调查》第 29 卷"海南岛篇"，第 87—88 页。

台拓还大力发展畜产业。1940 年设立台拓藤桥牧场，同时在新村、英圳坡社设分场，占地约 2 万公顷，制定了 2 万头畜牛的增殖计划。在三亚设立酪农所，1940 年 1 月从日本及台湾购入豪鲁斯坦因种、杂种奶牛 19 头，在海口市外君尧村开始发展奶酪事业。1941 年 6 月，台拓在三亚海军通讯基地附近设立养牛场，供应海军医院用牛奶等。台拓于 1940 年在海口、那大、陵水、临高、定安、嘉积等地设立屠宰场，主要为日军提供牛肉等。台拓与拓洋水产协作，在白马井、榆林增设冷冻厂，以做肉类保鲜之用。[①] 台拓还成

[①]《海南岛自动车运输事业概况（1943 年）》，《台湾拓殖株式会社文书》第 1096 号。

立鞋业协会,以生牛皮为重要原料,加工制作皮鞋、皮包等向香港和其他市场输出,同时制造骨粉、骨油等。①

1939年起,台拓开始向广东输出生猪,主要是供应日军军需用,平均每月800头。应日军之要求,1943年8月,台拓与南方畜产、水垣食品组建海南畜产株式会社,负责海南岛内畜产品及其副产品的生产及进出口。海南畜产的资本金为200万日元,社长为台拓理事宗村亮,台拓出资94万日元,由台拓对海南全岛畜产事业实施统一经营。② 台拓还将秀英农场改为种畜场,从事鸡、猪、牛等动物的繁殖试验。③ 1942年,台拓停止由台湾输入种牛,请求日本海军自香港输入种牛60头(计划增至300头);1943年,计有种猪2 400口(计划增至23 000口)。④ 同时作为防疫措施,还增设了冷藏兽疫血清的设备。⑤

台拓的功能是多元化的,具备"国策公司"特性的台拓,比其他日本企业更容易得到日本军方的信赖,并可优先在海南岛从事投资活动。如在侵琼日军的要求下,台拓首先在海南岛设立台拓海口建筑公司,承担日军兵营及岛内其他土木建筑工程。⑥ 台拓随后又成立榆林工务所,承担海南岛南部的建筑工程,海口建筑公司只承担北部的建筑工程。其时,台拓利用其"国策公司"之特殊背景,优先由日本海军获得建筑订单,再向其他日资公司如清水组、大仓土木株式会社、田村组合资会社、桂商会、寺田商会等建筑企业转包出去,并由此获取巨额利润。⑦ 虽然台拓垄断建筑业的做法遇到其他日资企业的抵制,但海军方面绝对支持台拓,如海军特务部三亚支部长甚至

---

① 《海南岛开发计划书(1941年)》,《台湾拓殖株式会社文书》第1104号。
② 台湾拓殖株式会社调查课编印:《事业要览(1944年度)》,第27、47页。
③ 《海南岛物动关系书类(1943年)·海南畜产株式会社物动关系计划书(1944年度)》,《台湾拓殖株式会社文书》第1526号。
④ 日本海军海南特务部政务局第一调查室:《海南岛政治经济调查报告》,广东省档案馆藏,91/2/22。
⑤ 《海南岛牧畜事业计划书(1942年)》,《台湾拓殖株式会社文书》第1423号。
⑥ 海南建筑公司承担了为侵占海南岛日军修建"慰安所"的任务;台湾拓殖会社及其子公司福大公司也更承担了为日军输送"慰安妇"的业务。参见三日月直之:《台湾拓殖会社とその时代》,苇书房,1993年版,第499页。
⑦ 《海南岛开发计划书(1941年)》,《台湾拓殖株式会社文书》第1104号。

要求桂商会及田村组不得独自承包,所有业务都必须由台拓出面承接。①为供应建筑业之建材需求,自1942年5月起,台拓还兼营花岗岩、沙砾、珊瑚礁等建材的开采。台拓还加强制砖与水泥瓦制造,1940年建成第一座砖窑。② 至1943年,台拓建有先羊田第一工厂、红坡土第二工厂及田独小桥第三工厂,月产砖头95万块。③

台拓进入海南岛后,"现地三省联席会议"议决将海南岛客运业的经营权"委托"给台拓。当初,海南岛只有海口至琼山之间及海口至秀英之间两条运营路线,在台拓的"锐意经营"下,至1942年2月,开通了环岛汽车路线,计有运输线路25条,通车里程达1 595公里。④ 1943年4月,日军将全岛卡车运输的经营权亦"委托"给台拓。⑤ 1945年海南光复时,运输线路计有27条,通车里程达1 767公里;有公共汽车250辆、卡车42辆及其他车27辆。⑥ 台拓还在海口、三亚榆林、那大、嘉积设立汽车修理工厂⑦,同时开设"自动车技术员讲习所",以海南当地青年为培训对象,其目的在于节省成本。⑧

台拓还投资海运业。1940年台拓与大日洋行合资设立开南航运株式会社(会社本部在台北),经营海南岛环岛航线。为统一台湾、海南岛与广东间的海运业,1942年2月,在日军的指令下,台拓、大日洋行与东亚海运合作,设立新的开南航运株式会社(会社本部改为海口)。会社资本金100万元,台拓投资45万元,台拓理事高山三平出任社长。⑨ 应日本海军的要求,台拓还参与了主要用于输送掠夺物资的榆林港的修建工程。⑩ 另外,在日

---

① 《榆林都市建设(1941年)》,《台湾拓殖株式会社文书》第1434号。
② 台湾拓殖株式会社调查课编印:《事业要览(1944年度)》,第28页。
③ 《海军南方军政关系·海南岛关系·海南岛农林开发关系·第五回海南岛开发协议会报告书(1943年)》,日本外交史料馆藏。
④ 《运输关系书类(1943年)》,《台湾拓殖株式会社文书》第795号。
⑤ 台湾拓殖株式会社调查课编印:《事业要览(1944年度)》,第28页。
⑥ 日本大藏省管理局编:《日本人の海外活动に关する历史の调查》第29卷"海南岛篇",第173—175页。
⑦ 《海南岛牧畜事业计划书(1942年)》,《台湾拓殖株式会社文书》1423号。
⑧ 《海南岛自动车运输事业概况(1941年)》,《台湾拓殖株式会社文书》第1096号。
⑨ 《海南岛》第2卷第5期,1942年5月,第46页。
⑩ 陈光良:《海南经济史研究》,第301—303页。

军的授权下,岛内所需物资的输入为台拓及其子公司福大公司的控制,岛内各种应急物资"如热带农业用种子、农工具,开发之物资动员资材(原文如此——引者)如制米机、赤糖制糖机等,日用生活物资如米、砂糖、青果、日用杂货等,多来自台湾",在海南岛"各地之杂货商、饮食店、旅馆、钟表店、照相馆、理发店、洗衣店等中小杂商业几乎全数来自台湾"①。这种输出反映了台湾本身经济发展的阶段,亦体现出日本拟利用"台湾殖民地经验"来改造海南岛的企图。

台拓还经营海南岛移民事业。为把海南岛变成第二个台湾,日本开始向海南岛移民(主要是日本人,其次是台湾籍民),1941年7月,第一批日本移民定居三亚妙三村。② 1942年起"现地三省联席会议"委托台拓具体实施移民业务。③ 按照1939年9月确定的移民规划,海南岛将于5年内移入20万日本人(每年4万),5年后再移入30万人。④ 移民所需的资金由日本政府(大藏省长期贷款和海军省补助金)提供,不足的部分则由台拓提供,并与移民订立契约,以5年为期,以其后10年间的年赋偿还。⑤ 日本当局对台拓移民业务的具体要求是:1.为开发资源,在农业、盐业、林业及畜牧业方面应该尽量由自内地温暖地方(冲绳、鹿儿岛、熊本、高知、和歌山县等)移入的移民与岛民共同开发,劳力不足时则以台湾人补充之;2.矿业方面可由内地移民与岛民共同开发,由于会产生极大的劳力不足问题,可由台湾及大陆的中国人补充之;3.渔业劳力不足由岛民补充之。⑥

为切实落实日本移民"定居海南"的目标,台拓成立海南岛开拓训练所,对日本移民进行所谓的开拓训练。⑦ 日本移民经过培训后,开始在岛内进行各种农业项目的经营、种植和生产。1942年度,台拓招募100户日本移民,在海南岛开拓训练所培训1年之后,定居岛内各处。⑧ 同年由日本海军

---

① 青木茂:《海南岛开发台湾》,《台湾经济年报》,1943年,第231页。
② 《台湾拓殖株式会社社报》第37号,1939年7月31日,第184页。
③ 《有关海南岛农业开拓民的经营委托(1942年)》,《台湾拓殖株式会社文书》第1426号。
④⑥ 《海军南方军政关系·海南岛关系·海南岛农林开发关系·第一回及第二回农政会议议事录(1939年)》,日本外交史料馆藏。
⑤ 台湾拓殖株式会社调查课编印:《事业要览(1944年度)》,第27页。
⑦ 永田稠:《南方拓殖第一报》,日本力行会,1943年版,第24、335—336页。
⑧ 《有关海南岛农业开拓民的经营委托(1942年度)》,《台湾拓殖株式会社文书》第1426号。

与拓殖务省(其后改为大东亚省支那事务局)牵头,由日本和歌山、冈山、鹿儿岛、山口、香川、大阪等地招募 96 户计 260 名日本移民定居崖县顶区附近,后增至 6 个新的移民村庄。① 由于进入海南岛的日本移民数量不断增加,台拓三亚农场被全部用来安置移民。至 1945 年 8 月日本投降时,在海南岛的日本移民约有 5 800 人。② 当时,由于向海南岛输送大量日本移民的目标无从实现,具有日本"国籍"的台湾籍民便成为日本移民的"替代物",台湾籍民的移民数量逐年增加。③

1944 年 4 月,为应付战争形势,台拓统合其在海南的各项事业,设立台拓海南产业株式会社,并邀请日本海军派遣现职军官出任社长。至 1945 年 8 月为止,台拓在海南岛经营各种事业的投资,共约 1 000 万日元。④ 根据井出季和太《南进台湾史考》的记载,台拓的经营范围极为广泛,包括农林开发事业、畜牧事业、汽车业、建筑业、制冰及海运业等。⑤ 在日军支持下,台拓"锐意于生产事业之开发,以供其军事侵略之需要,如铁矿之采取,年逾二百余万吨,农产品之加工制造,工业碾米、榨油、制糖尽量榨取"⑥。至 1945 年 8 月,台拓海南产业的组织结构为:台拓海口支店,下辖自动车部、建筑部;榆林支店,下辖榆林工务所、三亚农场、马岭分场、陵水农场、南桥分场、三十笠分场、新村分场、藤桥牧场、六乡开拓民事务所⑦,以及台拓海南畜产株式会社等。⑧ 台拓成为日本军国主义掠夺海南物产资源的重要殖民机构。

1945 年 8 月,日本宣布投降;10 月 25 日台湾光复。由于光复当初,百废待兴,人员不足,加之台拓财产极为庞大,无法逐一清理接收。是年 11 月 16 日,台湾省行政长官公署派监理人员进入台拓本社及各分社。至 1946 年 3 月,台湾省政府始得成立台拓接收委员会(7 月 9 日改称台拓接收委员会清理

---

① 《海军南方军政关系·海南岛关系·海南岛农林开发关系·第五回海南岛开发协议会报告书(1943 年)》,日本外交史料馆藏。
② 日本防卫厅防卫研究所战史室编:《昭和十七、八(1942、1943)年的中国派遣军》上册,第 93 页。
③ 水野明:《日本军队对海南岛的侵占与暴政》,第 178 页。
④ 三日月直之:《台湾拓殖株式会社とその时代》,第 472—474 页。
⑤ 井出季和太:《南进台湾史考》,诚美书阁,1943 年版,第 188、154 页。
⑥ 国民政府工商部广州辅导处编纂委员会印:《两广工商经济特辑》,1948 年版,第 56 页。
⑦ 三日月直之:《台湾拓殖株式会社とその时代》,第 463 页。
⑧ 台湾拓殖株式会社调查课编印:《事业要览(1944 年度)》,第 27、47 页。

处),正式着手接收台拓财产。至8月31日,台拓接收委员会清理处提出审查报告书,接收工作结束。[①] 至此,台拓完成了它极不光彩的"历史使命"。

日本军国主义的侵华战争,"实人类未有之浩劫,历史空前之惨剧"[②],乃中华民族在近代史上之最大灾难。抗战时期台拓协助日军对广东、海南两地的经济侵掠,彻底摧毁了两地战前的经济建设成果,严重破坏了两地战前形成的较为合理的经济结构和经济布局。战后两地满目疮痍,社会经济凋零衰败,农工商业呈全面倒退之势。如在抗战前广东工业的发展达到历史上的最高水平,以省营工业为主体的近代工业体系初具规模,广州成为中国沿海重要的工业城市之一。日军侵占时,"因搬迁不及,致遭摧残,损失惨重"[③]。日本的侵略摧毁了广东近代工业基础,中断了广东工业近代化的道路。海南的矿产资源被过度开采,损失惨重。广东和海南的农业也遭受巨大破坏,农田和水利设施被破坏,农村劳动力、耕畜和农具大量减少,造成了荒地面积扩大,耕地面积缩减,农作物产量下降,农村经济恶化。在这一过程中,作为经济帮凶的台拓的作用极为突出。台拓等的积极配合,日本帝国主义"得到相当丰厚的殖民性质的超额利润"[④],因之,台拓的"企业精神乃在为日本帝国主义扩张军事、经济版图而服务"[⑤]。笔者认为,台拓在中国大陆的活动是为侵华战争服务的,台湾个别学者认为其经济活动对海南岛近代开发有较大贡献的说法是难以成立的。

(作者王键,中国社会科学院近代史研究所,原文刊于《近代史研究》2011年第2期)

[①] 《台拓接收委员会清理处审查报告书(1946年)》,《台湾拓殖株式会社文书》第2404号。
[②] 广东省临时参议会编印:《广东省临时参议会第二届第三次大会汇编》,1945年版,第66页,广东省档案馆藏。
[③] 国民政府工商部广州辅导处编纂委员会编:《两广工商经济特辑》,第1页。
[④] 日本海军海南特务部政务局第一调查室:《海南岛政治经济调查报告》,广东省档案馆藏,91/2/22。
[⑤] 朱德兰:《台湾拓殖株式会社在广东的经济扩张活动(1938—1945)》,"台湾资本主义发展"学术研讨会论文,2001年12月,第32页。

侵华日军"慰安妇"制度略论

苏智良 陈丽菲

"慰安妇"是日本语特有的一个名词,据《广辞苑》解释:慰安妇"是随军到战地部队慰问过官兵的女人"①。但是,"慰问"的含义是什么,"随军"是自愿的还是被迫的?显然,该辞典的释义模糊了"慰安妇"一词的真正含义,它无法反映"慰安妇"受到的残酷无比的性虐待。

1996年受联合国委托进行"慰安妇"问题调查的斯里兰卡法学家拉迪克·克马拉斯瓦密(Radhika Coomaraswamy)指出:根据国际法,"慰安妇"是日本在战争时期犯下的有组织强奸及奴隶制的罪行。② 笔者完全赞成并认定,"慰安妇"是指因日本政府或军队之命令,被强迫为日本军人提供性服务、充当性奴隶的妇女;慰安妇制度是二战时期日本政府强迫各国妇女充当日军士兵的性奴隶,并有计划地为日军配备性奴隶的制度,是日本法西斯违反人道主义、违反两性伦理、违反战争常规的制度化了的、无可辩驳的政府犯罪行为。"慰安妇"的历史也是世界妇女史上空前的、最为惨痛的被奴役记录。

"慰安妇"问题的真相曾长期被遮掩,进入90年代后,才引起人们的严

---

① 新村出编:《広辞苑》,岩波书店,1978年第2版,第62页。1983年第3版更改为:"慰安战地官兵的女性"。
② Report of the Special Rapporteur on violence against women, its causes and consequences, Ms. Radhika Coomaraswamy, in accordance with Commission on Human Rights, Resolution 1996.

带,慰安所也集中到了这里。

战争结束后的1949年2月,冈村宁次在返回日本的轮船上接受记者采访时,承认说:"我是无耻至极的慰安妇制度的缺席的始作俑者。昭和七年上海事变时,发生了两三起官兵强奸驻地妇女的事件,作为派遣军副参谋长的我,在经过调查后,我只有仿效海军早已实行的征召妓女慰军的做法,向长崎县知事申请召来华进行性服务的慰安妇团。"[1]

冈村宁次所组织的"慰安妇团",比海军就地利用现有妓女进行性服务进了一步,是日军慰安妇制度发展的第二阶段。其特点一是将征召来的女性正式命名为"慰安妇",与妓女、"酌妇"等在名称上区别开来,表明了它的慰军性质。这个特别组织的"慰安妇团"到前线的唯一目的就是为日军提供性服务,这种慰安妇随军行动,其使用者只能是军队官兵,一般日本侨民不能使用。二是从已披露的各类文件、回忆录看,可以肯定,它是由日军上层和日本地方政府共同策划建立的,表明军队的性服务制度不但由军方而且由国家出面在更大的范围内推行。当然,这与后来日军大规模地推广慰安妇制度相比,还只是一个开端。

此后,日军在上海的海军性服务场所被改称为"慰安所"。[2]

(三) 慰安妇制度的正式确立

慰安妇制度形成的第三个阶段,即于妓女之外大量掳掠妇女充当从军"慰安妇",并在日军中有计划、按比例地配备"慰安妇",则始于1937年开始的日本全面侵华战争。战时日军在中国最早设立的慰安所是上海"杨家宅娱乐所"。

"八一三"淞沪战争爆发之后,日本华中方面军即开始考虑战争的长期化问题,为了预防军队因性病流行而丧失战斗力,司令官松井石根决定仿效冈村宁次,导入慰安妇制度,制定了从日本本土征召"慰安妇"并建立军队直辖管理慰安所的计划。于是,松井石根在占领上海后,命令方面军参谋长塚

---

[1] 稻叶正夫编:《冈村宁次大将资料·上卷·战场回想篇》,原书房,1970年版,第302页。
[2]《警察史·上海1》;藤永壮:《上海的日军慰安所与朝鲜人》。

田攻筹建慰安所。在沪军方立即分别致电日本关西各县知事,要求尽快募集"慰安妇"并运来上海。1938年1月2日,第一批"慰安妇"共104人乘"海运丸"到达上海吴淞码头。她们随即被送到其美路(今四平路)上的上海市沙泾小学。当天,日军军医麻生彻男接到司令部紧急命令:"为设立陆军娱乐所,即去其美路小学校,对集结在那里的百余名妇女进行身体检查。"①检查的结果是24名日本妇女多患过性病,她们中的绝大部分是妓女;而80名朝鲜妇女基本是处女,显然是被诱骗来的。②

1月13日,日本华中方面军东兵站司令部挂出了"杨家宅慰安所"的木牌③。"杨家宅慰安所"是由该兵站司令部管理的。日军将农民的老屋全部毁平,修建了12幢和式平房。每幢平房有10个房间。不管是日本还是朝鲜"慰安妇",都必须穿和服。为防止"慰安妇"逃跑,四周设置了铁丝网,并通上了电,每天早晚还要点名。

1月12日下午,东兵站司令部在慰安所的接待室贴出了规定,内容如下:1.本慰安所限陆军军人、军方聘用人员入场,入场者应持有慰安所出入许可证;2.入场者必须登记并支付费用,才能得到入场券及避孕套一只;3.入场券的价格,下士、士官、军聘人员为2日元,军官为5日元;4.入场券当日有效,在未使用前可退票,但如果已将票交给酌妇,则一律不可退票;5.购买入场券者进入指定的房间,时间为30分钟;6.入室的同时须将入场券交给酌妇;7.室内禁止饮酒;8.完毕之后即退出房间;9.违反规定及军风纪紊乱者须退场;10.不使用避孕套者禁止碰女人;11.入场时间,兵士为上午10时至下午5时,下士官及军方聘用人员为下午1时至下午9时。④

"杨家宅慰安所"在日军实施慰安妇制度的历史上具有重要地位,它不仅是战时日军正式设立的第一个慰安所,并且以欺诈手法招募良家妇女,开

---

① 麻生徹男:《上海より上海へ》,石风社,1993年版,第41页。
② 麻生徹男:《上海より上海へ》,第42页;千田夏光:《從軍慰安婦·慶子》,光文社,1981年版,第106页。
③ 根据战时日军记载,"杨家宅慰安所"位于上海东部的杨家宅。近年笔者多次到上海东部的军工路、杨树浦路和翔殷路一带访查,最后确认,"杨家宅慰安所"位于杨家宅北侧百余米外的东沈家宅。
④ 金一勉:《天皇の軍隊と朝鮮人慰安婦》,三一书房,1991年版,第47页。

了日军强征、掳掠良家妇女为性工具的先河,而这正是慰安妇制度最违反人性、受到谴责的基本点。同时,它的慰安所规则被延用于各地:其和式木屋结构,包括小型的"慰安妇"房间、小窗的样式,乃至门上插"慰安妇"名字的金属牌,后来在中国各地及东南亚随处可见,连各国"慰安妇"穿和服,以便让日军官兵接触时有亲近感的做法,也被各地慰安所广泛运用。

尽管日本华中方面派遣军建立了"杨家宅慰安所"[1],但对十多万日本陆军而言,一个慰安所、百名"慰安妇"仅仅是杯水车薪,难以满足需要。日军与战地日侨娟业老鸨很快达成设立慰安所的秘密协定:1. 开设慰安所必须征得军方的同意和批准;2. 为确保慰安妇的来源,征集范围扩大到日本殖民地朝鲜,由朝鲜总督负责征用未婚女子来华,并建立征用未婚女子的组织系统;3. 业者不得私自征集慰安妇,如需征集时,一定要确保其身体健康;4. 慰安所的管理由业娟者负责,卫生方面则由军方监督;5. 军方提供慰安所的房屋,慰安所须尽量设在军队驻地附近;6. 对于协助建立慰安所的人,军方将给予将校级的待遇;7. 一般而言不征用日本女子,但日本女子如本人愿意,亦可为慰安妇;8. 慰安妇与军人的比例以 1∶29 为最理想。[2] 至此,二战时期日军的慰安妇制度正式确立。

此后,慰安所在上海各处迅速出现。上海是日军实行慰安妇制度的发源地,也是慰安妇制度最完善的城市之一。日军直营的、日侨经营的各类慰安所充斥各处,据笔者的调查,战争期间,可以认定的日军在沪慰安所至少有 120 家。[3]

日军自侵入华北后,也随即开设了大量的慰安所。1938 年 6 月,华北方面军参谋长冈部直三郎向所属的几十万部队发出了设置慰安所的指示。[4] 到 1941 年 7 月,关东军司令官梅津美治郎、参谋长吉本贞一制订了征集 2 万名朝鲜"慰安妇"并运至满洲的计划。至于强征战地中国妇女的行为

---

[1] 东沈家宅的老人们回忆说:"这个慰安所一直开到战争结束时。后来好像不是军队开设了,改由日本侨民经营,好像是一对双胞胎兄弟。"日军战败时,慰安所房屋被日军全部烧毁。苏智良:《采访东沈家宅老人记录》(未刊稿)。
[2] 金一勉:《天皇の軍隊と朝鮮人慰安婦》,第 50 页。
[3] 详见苏智良:《慰安妇研究》,上海书店出版社,2000 年版。
[4]《关于军人、军队对当地住民行为的文件》,1938 年 6 月 27 日,日本防卫厅防卫研究所藏。

更为普遍。从此,几乎有日军驻扎的地方,就有慰安所,就可以看到"慰安妇"的身影。

1941年12月,随着太平洋战争的爆发,日军又把慰安所推广到东南亚。"在日军驻扎过的地方,到处都有过慰安所的开设。为数众多的资料证实,在菲律宾、新加坡、马来亚、印度尼西亚、太平洋诸岛等地都有过慰安所。"①

扼要而言,战时日军的"慰安妇"制度具有以下特点:第一,"慰安妇"的来源,除少量妓女外,主要是掠夺各国的良家妇女;第二,多数慰安所实行避孕措施,并在有条件的地方每周或两周为"慰安妇"体检一次,当然其目的并非是保护慰安妇,而是防止性病在日军中蔓延;第三,"慰安妇"被强制充当日军的性工具,以满足日军官兵的性欲,她们中的绝大部分人生活在饥寒交迫、超负荷劳作而得不到任何报酬的状态,尤其是朝鲜和中国妇女,受尽暴力虐待,不但完全失去了人身自由,而且随时可能被杀害。

二、日军在华慰安所的类型及其设立

慰安所是日军为了侵略战争的需要而建立的一种军事附属制度,因此,它自出笼后就带有鲜明的军事性质,这在前引上海"杨家宅娱乐所"的规定中可以得到清楚的证明。日军在中国的慰安所有各种名称,如:"皇军慰安所"(如南京)、"慰安寓"(如海南崖县的"中岛慰安寓")、"娱乐所"(如上海的"杨家宅娱乐所")、"慰安队"(河南)、"慰安团"(上海)、"行乐所"(如上海"横浜桥行乐所")、"慰安丽"(海南岛)、"行乐宫"、"快乐房"、"军中乐园"(如海南黄流机场慰安所)等,在中国北方,还有设在窑洞里的被称为"慰安窑"的慰安所,此外还有"爱国食堂"、"官抚班"、"特别看护室"等掩盖其丑恶性质的名称。

(一)日军慰安所的类型

就其所属关系、性质和经营方式而言,日军慰安所大致可分为4种

---

① Report of the Special Rapporteur on violence against women, its causes and consequences, Ms. Radhika Coomaraswamy, in accordance with Commission on Human Rights, Resolution 1996.

类型。

第一种是军队直接设立的固定的慰安所。如1938年初在上海设立的"杨家宅娱乐所"，就是日本华中方面派遣军东兵站司令部设立的。汉口日租界的滨江大道旁有海军直属的慰安所；广州、济南、桂林等地都有日军主营的慰安所。从现有资料看，军队设立的慰安所是最普遍的形式之一，其主管者从方面军、师团、旅团到联队、大队甚至警备队或小队。当军队转移时，他们便带着"慰安妇"共同行动。

第二种是形式为日侨民营的慰安所。这种由日本侨民在军方支持下开设的"军督民办"的慰安所，数量也不少。自"九一八"事变后，日本的一些妓院主带领妓女来到中国东北，在关东军周围设立大量的"料亭"（供将校使用）和"游廓"（供士兵使用），形成驻地的"花柳街"。随着战争的扩大，这种花柳街推广到中国和亚洲各地。这些慰安所老板往往通过贿赂军官而得到特权，牟取暴利。而军方也由于在战争中无法兼顾所有战地慰安所的建立，加之有向外界掩盖军方直接建立慰安系统的必要，故倡导日侨经营慰安所。如上海江湾的一些慰安所，以及武汉东山里、积庆里的12家慰安所、斗级营的20家慰安所等，都是日侨经营的。① 上海最大的海军慰安所"海乃家"便是由东部海军特别陆战队与日侨坂下熊藏于1939年签约，海军提供房屋、开办费以及所需物资而设立的，其所有权归海军，坂下只有经营权。②

第三种是由日军指定使用的民间妓院形态的慰安所。这类慰安所多是汉奸、朝奸受日军指令在当地建立的，除日军外，一般的日本人也可以利用。上海的"大一沙龙"（它是世界上最早的慰安所之一，其址今为东宝兴路125弄），即使在战争时期，也对日侨开放。北平宣武门内六部口的人民俱乐部、芜湖的凤宜楼慰安所等也是如此。③

第四种是军队或民间经营的流动式慰安所，有设在火车、卡车和轮船上

---

① 韩国挺身队对策协议会、挺身队研究会：《被抓往中国的朝鲜人慰安妇》，三一书房，1996年版，第177页。
② 参见华公平：《従军慰安所"海乃家"の传言》，日本机关纸出版中心1992年版；朱未央：《铁蹄下故都妇女的哀啼》，载《日寇燃犀录》，汉口独立出版社，1938年版。
③ 汪业亚：《凤宜楼"慰安所"始末》，《芜湖文史资料》第3辑。

等多种。日军第 11 兵站司令部在 1938 年春组织一批"慰安妇"从上海乘火车前往杭州,这列火车便成了沿途士兵的流动慰安所。慰安所的管理者通常用卡车将慰安妇运至部队驻扎地,然后用木桩和毛毯围起来,或者用木板临时搭成棚子,作临时慰安所。有的慰安所兼有固定与流动两种性能。如海口市、三亚市的日军慰安所,除了接待当地日军外,还要每月分批到较远的兵营、据点巡回"慰安"。那大市慰安所则按照日军命令,将"慰安妇"组成几个分队,随时到周围的日军据点去。①

(二) 中国的日军慰安所

日军慰安所主要分布在中国的大陆、台湾、香港和菲律宾、马来西亚、印度尼西亚、新加坡、泰国、缅甸、新不列颠岛、新几内亚、库页岛以及日本本土(如冲绳、北海道)等地。中国是日军慰安所最多的地方,从黑龙江的中苏边境到海南岛,只要是日军占领区,几乎无处不有。例如据日军第 110 师团 163 连的老兵回忆,当他们进占贵州省的独山时,就有"慰安妇"跟随,她们都穿着军装,一直与士兵在一起。当时一个大队有 1 000 人,配备"慰安妇"10 人,一个"慰安妇"每夜要接待 10 个到 20 个士兵。慰安所多设在中国人的房子里。因为是在前线,士兵们不付任何报酬。② 日军在华慰安所达数千个,如果加上拥有一两个"慰安妇"的日军据点,将达到数万个。限于篇幅,本文仅以南京和天津为例,试说明中国日军慰安所的设立及其中国"慰安妇"的悲惨处境。

1937 年 11 月底,日军侵入南京后,即开始设立慰安所。日军在南京的慰安所系统是通过三条途径建立的。

第一是日军自己设立和管理的慰安所,这种慰安所又有两类:一类是日本军方自上而下有计划设立的,以日本和朝鲜慰安妇为主;另一类是日军前

---

① 吴连生口述、林良材整理:《楚馆悲歌 红颜血泪——那大市侵琼日军慰安所亲睹记》,转引自符和积主编:《铁蹄下的腥风血雨——日军侵琼暴行实录》(以下简称《实录》),海南出版社,1995 年版。
② 《性と侵略——軍隊 84 力慰安所 元日本兵の証言》,东京社会评论社,1993 年版,第 164—167 页。

线部队设置的,以中国慰安妇为主。日军进城不久,华中方面军便开始为其所属部队配备慰安所。如第16师团的福知山第20联队、第15师团步兵联队等都设有慰安所。为尽快设立慰安所,日军官兵大肆抢掠南京妇女。金陵大学教授贝德士后来证实说:"日军入城后曾连日在市内各街巷及安全地带巡行搜索妇女,其中且有将校参加。"①李克伦在《沦陷后之南京》中写道:"花姑娘,成群结队的'花姑娘'被捉到,有的送往上海'皇军娱乐部'(即慰安所——作者注),有的专供敌人长官泄兽欲。"②一个被日军拉去充当伙夫的难民脱险后曾回忆他所见到的同胞被迫充当日军性奴隶的情景:被俘的第二天早晨,我给日本兵送洗脸水,"看见两个女同胞掩在一条毯子下,躺在那里……后来我见得太多了,才知道这些可怜的女孩子们,就是在大白天也不能穿衣服!……又有一天,一批女人被赶了进去……黄昏时分,我见两个裸体女尸被拖了出去,不分白天和晚上,总是听到哀号和嬉笑"③。这种状况并非个别现象,第114师团的一等兵田所耕三回忆:"女人是最大的受害者。不管是老的还是年轻的全都遭殃。从下关把女人装上煤车,送到村庄,然后分给士兵。一个女人供15—20人玩弄。士兵们拿着有中队长印章的纸,脱下兜裆布,等着轮到自己。"④还有不少女子被日军欺骗而沦为"慰安妇"。⑤老兵东口义一证言,占领南京时,他们小队谎称让妇女洗衣服而诱骗10名妇女,将其投入地下室,设立临时慰安所,60名士兵每天对她们进行轮奸,直到军队离开时,才把她们抛弃⑥。1937年12月30日,6名妇女被以帮助军官洗衣为名从铜银巷带到城西,结果落入火坑,白天洗衣,晚上充当"慰安妇",一夜被蹂躏10—20次。年轻美貌的则达40次。⑦有些日军将妇女驱赶到寺庙里设立慰安所,进行蹂躏。曾担任日军第116师团工兵曹长的老兵回忆,1938—1939年,该师团驻扎在南京时有很多慰安所,其中最多的是

---

① 《南京安全区档案》,中央档案馆等合编:《南京大屠杀》,中华书局,1995年版,第113页。
② 汉口《大公报》,1938年7月13日。
③ 《一笔血债:京敌兽行目击记》,汉口《大公报》,1938年2月7日。
④ 田所耕三:《我目睹了那次"南京悲剧"》,载《風》,1971年11月号。
⑤ 中国第二历史档案馆、南京市档案馆合编:《侵华日军南京大屠杀档案》,江苏古籍出版社,1987年版,第278页。
⑥ 中央档案馆等合编:《南京大屠杀》,第888页。
⑦ 转引自孙宅巍主编:《南京大屠杀》,北京出版社,1997年版,第307页。

中国"慰安妇"。①

第二种慰安所是日侨娼业主开设的。有史料表明,在日军进入南京时,有日侨携带日本"慰安妇"同行。士兵冈本健三回忆:"日本的慰安妇在日本军占领南京的同时也来到了。有的慰安妇比部队到达得早。在南京时,我们的部队进城那天,商店已经营业了。九州一带的女人很多。待军队逐渐安顿下来以后,似乎大阪的、东京的女子也来了。"②第116师团的岚部队里也有日侨设立的慰安所,"慰安妇"约有15人。③ 日军占领南京后不久,日侨即设立故乡慰安所和浪速楼慰安所,1942年5月,这两个慰安所又被日本南方派遣军司令部派往缅甸。

第三种慰安所是由日军命令汉奸组织设立的。这种慰安所里基本上都是中国妇女。自1937年12月下旬起,日军指使汉奸实行"良民登记",并乘机掳掠妇女。④ 日本上海派遣军参谋、特务机关长大西命令汉奸王承典、孙叔荣等建立"皇军慰安所"。王、孙两人即向大西推荐"社会闻人"乔鸿年具体筹办。在日军的驱使下,乔等甘为日军走卒,3日之内即掳掠了300名妇女,然后从中挑选出100多名交大西验收。日军命大西为主任,乔鸿年任副主任,于22日分别在傅厚岗、铁管巷开设慰安所。傅厚岗慰安所专门接待日军将校军官,大西从被掠女子中挑出30多名年轻美貌的,分住在1、2、3楼,每天下午1时到5时接客。该慰安所的中国女子、女佣及职工等最多时达200多人。铁管巷慰安所专对下级军官及士兵开放。1938年2月,乔鸿年勾结唐力霖,在铁管巷四达里设立"上军南部慰安所",在山西路口设立"上军北部慰安所"。4月初,在南京日军特务机关的指使下,乔鸿年又在夫子庙贡院街同春旅社原址和市府路永安里筹备设立"人民慰安所"两处。⑤ 在夫子庙秦淮河畔,汉奸勒令妓业主在一个破旧的饭店里开设慰安所,门口挂有"日华亲善馆"的牌子,里面只有女人和啤酒。⑥ 关于日军在南京设立

---

① 《性と侵略——軍隊84カ慰安所　元日本兵の証言》,第137页。
② 转引自洞富雄:《南京大屠杀》,毛良鸿、朱阿根译,上海译文出版社,1987年版,第94页。
③ 《性と侵略——軍隊84カ慰安所　元日本兵の証言》,第134页。
④ 蒋公谷:《陷京三月记》,载《南京文献》第26号,1939年2月。
⑤ 孙宅巍主编:《南京大屠杀》,第311页。
⑥ 小俣行男:《日军随军记者见闻录》,周晓萌译,世界知识出版社,1985年版,第52页。

慰安所一事,美国耶鲁大学图书馆所藏贝德士教授的文献中,有一幅1938年的广告写道:"支那美人,兵站指定慰安所,第四日支亲善馆:在秦淮河附近,沿河向前行六百米。"贝德士附记道:"这个特殊的两幅大牌示悬挂在中山北路,距新街口圆环不远:正竖立在一个大的女子学校对面,而宪兵司令部也在附近。"[1]经日本铭心会调查,在惠民桥升安里曾设有日军慰安所(其址今为下关区职工业余学校),时间约从1938年开始。[2] 此后日军的慰安所日益增多。1938年7月汉口出版的《宇宙风》杂志第71期指出:"在(南京)城中设立17个慰安所,到外面强迫美貌女同胞作日人的牺牲品。在这些慰安所中,不知道有几万女同胞被蹂躏牺牲了。"

目前可以查实的南京日军慰安所的名称或地点有"皇军慰安所"、"日华亲善馆"、"日支亲善馆"(夫子庙,有4处)、故乡楼慰安所、浪速慰安所、大华楼慰安所(白下路213号)、共乐馆慰安所(桃源鸿3号)、东云慰安所(利济巷普爱新村)、浪花慰安所(中山东路)、菊花馆慰安所(湖南北路楼子巷)、青南楼慰安所(太平路白菜园)、满月慰安所(相府营)、鼓楼饭店中部慰安所(鼓楼饭店)、人民慰安所两处(贡院街海同春旅馆和市府路永安里)、惠民桥升安里慰安所、傅厚岗慰安所、"上军南部慰安所"(铁管巷四达里)、"上军北部慰安所"(铁管巷山西路口)、龙潭慰安所、四条巷慰安所、下关慰安营。在科巷、水巷洋屋内及珠江饭店等处均设有慰安所。[3] 还有桃花宫、绮红阁、浪花楼、共乐馆、蕊香院、春楼阁、秦淮别墅等25家汉奸或中国妓业主经营的向日军开放的妓院,总计50多个,涉及的日军部队番号有第16、15、114、116师团等。也许这只是南京慰安所的冰山之一角。

如果说日军在南京主要是靠抢掠中国妇女建立慰安所的话,那么,天津的慰安所则主要是通过征集妓女设置的。天津是日军在华北的重要基地,第一个慰安所"军人俱乐部"设在槐荫里1号,它最初征集的是妓女,后因来源太少而掳掠中国良家女子充当,也有一些是朝鲜女子和日本妓女。天津日军防卫司令部为了满足前线部队的要求,积极征用"慰安妇",手段之一就

---

[1]《日军陷京后强征"慰安妇"——耶鲁大学史料证实》,《日本侵华研究》第25辑,第95页。
[2] 松冈环:《南京"慰安所"调查》,《铭心会访华论文集》,1995年。
[3] 中央档案馆等合编:《南京大屠杀》,第717页。

是强迫中国妓女充当"慰安妇"。1942年5月，日军天津防卫司令部命令伪天津特别市政府警察局，征用妓女前往河南"协助""大东亚圣战"。警察局于30日指示天津市妓业联合会（即乐户联合会），迅速招募150名妓女去前线"慰劳"日军。自31日至6月3日，共招集229名妓女去警察医院接受梅检，结果大部分妓女有病或装病逃亡，最后有86名妓女被日军和伪警押往河南。这些妓女平均年龄为23.1岁。尽管日军声称1个月就可以返回天津，但妓女们仍设法逃跑，至6月24日，又有43名妓女逃跑。①

1944年5月，日军天津防卫司令部强令天津乐户联合会征集150名体格健壮、年轻美貌的妓女前往河南开封一带"慰劳"日军。一时人心惶惶，全市妓女以罢业相抗争。日军派伪警察到妓女家中强行抓捕了80名中国妓女，押送到河南前线去"慰问"日军，直到两个月后才放回。这些妓女由于受创过深，从此不再涉足娼业。②

是年7月，日军又命令天津"选送慰安妇"。31日，伪天津市警察局保安科第五股股长报告说："29日例假之便，在乐户总会召集总分会长某某某等16人，商研劝集办法，并将军方待遇一一说明。当以本市妓女全数为2763人，以每一百人饬选一人，共计25人。续又于30日上午时，偕同乐户代表某某某，应防卫司令部高森副官召赴听训。略谓：此次选派妓女赴鲁慰军，系为协力大东亚圣战成功，不能拘于某一地区，希望速办等语。乐户分会方面预拟每一妓女之家族特别津贴仍照前例，每月给予5万元，3个月共计15万元。"③这25名妓女在8月1日体检后被立即送到山东省昌县的日军第1437部队，"慰安"的时间是8月1日到10月底，共计3个月。

1945年5月，伪天津市警察局向伪市长报告为日军选派妓女情形：4月11日，日军天津防卫司令部命令伪政府"选派妓女100名，交由军医验选20名，集合第二区槐荫里一号军人俱乐部，担任慰劳工作"，实际就是充当慰安

---

① 林伯耀：《关于日军在占领区强迫中国女性做"性奴隶"的一个事例的剖析》，载苏智良、荣维木、陈丽菲主编：《罪孽滔天——二战时期的日军慰安妇制度》，学林出版社，1999年版。
② 这80名被征妇女的名单见《日军强征慰安妇史料一件》，《北京档案史料》，1995年第2期。
③ 转引自林伯耀：《关于日军在占领区强迫中国女性做"性奴隶"的一个事例的剖析》，载苏智良、荣维木、陈丽菲主编：《罪孽滔天——二战时期的日军慰安妇制度》，学林出版社，1999年版。

妇。经过体检后日方的德本文官和伪警察将 20 名妇女押至天津第二区槐荫里 1 号军人俱乐部,开始她们的"慰安妇"生涯。据日方说,每月的 8 日和 20 日是这些"慰安妇"的"公休日",其待遇是每人"每月由军部发给白面 2 袋;有家族者,每日另给小米 4 斤。"由于"慰安妇"的抗议,后来又增加了一些津贴,但增加的份额是由天津妓女均摊的,在呈文的后面还附有选派慰安妓女名簿和各乐户分会应摊款项数目表。

日军天津防卫司令部也设有慰安所。1944 年 7 月 3 日,伪天津市警察局特务科核发的情报记载:驻天津日军防卫司令部慰安所,"迩来办理征集妓女献纳于盟邦驻津军队,每批二三十名,以三星期为期。于征集之际,流弊百出。""近更变本加厉,在南市一带有良家妇女被迫征发情事。致社会舆论哗然,一般良民忐忑不安。"①

综上所述,天津地区的慰安所是由日军天津防卫司令部设立并管理的,慰安所中的"慰安妇"则是该司令部命令汉奸政权直接负责征集并押送的。这些充当"慰安妇"的妓女尽管只是被日军短期内征用去前线"慰问"日军官兵,但毫无疑问,她们同样被迫充当了日军的性奴隶。

三、关于"慰安妇"的几点辨析

日本在侵略亚洲期间建立了大量的慰安所,这些慰安所仅仅靠军队按部就班是不可能迅速设立的,一旦日军中"强奸"的观念置换为"性服务"之后,军队中集团性的强奸不但合法,而且受到军方的保护,所有掠夺来的性奴隶也一概被日军称之为"随军慰安妇"。就"慰安妇"的国籍而言,除了日本以外,主要是朝鲜、中国,也有一些东南亚各地的女性,如新加坡、菲律宾、越南、泰国、缅甸、马来西亚、印度尼西亚、太平洋一些岛屿的土著居民、华人、欧亚混血儿等,还有少量俄罗斯妇女。

(一) 日军强迫中国妇女充当"慰安妇"的几种方式

进入中国战场后,日军高层提出"抢粮于敌"的口号,日军需要的各种物

---

① 转引自李秦:《新发现的日军强征中国妇女充当军妓史料析》,载《近代史资料》第 85 辑。

资及补给品均抢自中国,其中当然也包括被日本军国主义分子视为具有"特殊营养的战略物资"的"慰安妇"。中国"慰安妇"的来源主要有以下几种途径：

第一是抢夺。日军在战场或者在占领城乡时,公开用暴力掠夺中国妇女充当"慰安妇",也有在占领一地后秘密抢夺当地女子的。这种抢夺对于日军来说十分便利:既不需要付任何金钱,也省去了许多麻烦的手续。日军侵入上海掠捕中国妇女后,即当众"剥掉衣裳,在肩上刺了号码。一面让我们的女同胞羞耻,不能逃跑,一面又充他们的兽欲。"[1]日军占领芜湖后,公开抢夺中国妇女充当"慰安妇",甚至到尼姑庵中抢夺年轻的尼姑,后又在对周边地区扫荡时强抢民女投入慰安所。[2] 这种猎奴般的行为,遍及日军在中国的众多占领区。

第二以俘虏充当"慰安妇"。在战争初期,日军将在战场上捕获的女战俘及在扫荡中抓到的青年妇女充当"慰安妇"。在中国战场,日军很少设立女战俘收容所,女俘虏除部分人审讯后即被杀死外,其余的大部分被押解到华北、华中的偏僻、荒凉地区和前线充当慰安妇,以防止逃跑或与八路军等中国部队取得联系。如中共琼崖纵队第四支队第一大队的炊事员周某某,因下村筹粮被日军俘虏后投入慰安所。[3] 当这些女俘虏已不能再做性奴隶时,通常被日军新兵拖到空地上,做刺杀练习胆量的活人靶子。据曾在日军第14师团当兵的田口新吉回忆,在中国北方,大量抗日部队的女战俘被强迫充当"慰安妇",直到死亡。[4]

第三是欺诈与诱骗。日军及日侨等经常在占领一地之初,以招工、做饭、洗衣等名义诱骗中国妇女充当"慰安妇"。日军占领嘉兴、杭州、吴兴及浙西等地后,即以设立工厂招募女工为名,诱骗大批女青年到上海,然后强迫她们充当"慰安妇"。[5]

---

[1] 宋美龄:《抗战建国与妇女问题》,"《中央日报》",1939年1月15日。
[2] 汪业亚:《凤宜楼"慰安所"始末》,《芜湖文史资料》第3辑,第120页。
[3] 符和积主编:《实录》续,第278页。
[4] 日朝协会琦玉县联合会编:《随军慰安妇——日本旧军人的证言》,管宁译,引自何吉《日军强逼中国妇女为"慰安妇"资料摘编》,《抗日战争研究》,1993年第3期。
[5] 翁北溟:《血债》,《胜利》第7号,1938年12月24日。

第四是依靠汉奸组织,强迫良家妇女或强征妓女充当"慰安妇"。除上述的天津地区外,南京陷落时,日军曾指使傀儡组织利用发放良民证之际,扣押数千名妇女,到东北等地充当"慰安妇"。在上海、南京、武汉、广州等大城市,都有不少妓女被强征为"慰安妇"。据记载,日军侵入芜湖后,经常派人到妓院,强行索要名妓轮流去日军慰安所当值。①

在相当长的一个时期里,中国"慰安妇"是失去自由的完全意义上的性奴隶,这类事例举不胜举。1942年日军在海南陵水县广设据点,令汉奸到各个村寨强征民女,17岁黎族少女陈亚扁与陈金妹、陈亚妹等被押入军营,她回忆说:"白天必须挑水、扫地、筛米、煮饭、干尽杂活,夜间被迫为日军唱歌谣、跳黎舞,而后供日军淫耍泄欲,受尽凌辱。不少姐妹忍受不了日军野蛮粗暴的糟蹋,带着精神创伤去世了。我们几个却带着难于名状的羞愧心情苟活至今。"②

(二) 二战中日军"慰安妇"的数量估计

在当时的日本军队中,到底有过多少"慰安妇"? 目前还有争议。在日本学者中,大致有10万、15万和20万3种说法。较早进行"慰安妇"问题探索的记者千田夏光认为,1941年日本关东军实行"关东军特别大演习"时,拟带到满洲、西伯利亚去的"慰安妇"总数是"动员为70万兵员慰安使用2万慰安妇从军"。据关东军司令部参谋三科的精确推算,日军与"慰安妇"的比例是37.5∶1。当时日军总人数为320万人,"慰安妇"约为85 000人;再加上在中国南部和东南亚的日军还私征当地女子为"慰安妇",千田夏光估计"慰安妇"的总人数可达10万人。对此,长期研究"慰安妇"问题的金一勉分析说,军队"认为29名官兵对一名慰安妇为妥。于是,产生了'二九一'这个隐语。照此推算,如果100万日军则需要34 500名女性;300万日军就是10.35万名慰安妇了"③。秦郁彦则认为"慰安妇"的总人数应为15万人左

---

① 朱鼎元:《日军随军妓女的血泪》,《芜湖文史资料》第3辑,第127页。
② 符和积主编:《实录》,第467页。2000年3月,笔者在上海主办"中国首届'慰安妇'问题国际学术研讨会"时,陈亚扁曾亲临会场控诉。
③ 金一勉:《天皇の軍隊と朝鮮人慰安婦》,第50页。

右。日本中央大学教授吉见义明认为此种计算方法对新老"慰安妇"的更替比例估计过小,他认为慰安妇的更替比例应为1∶1.5至1∶2.0之间,因此计算的结果为:300万(日军数量)÷29(日军对慰安妇的比例)×1.5(慰安妇的更替比例)=155 172人,或300万÷29×2.0=206 897人,"慰安妇"总人数的最高值应为20万人左右。他认为"当前流传的慰安妇大约有10万人到20万人的数字是有一定根据的",而且认为"在这些慰安妇中,多数为朝鲜人"①。

从时间上看,"慰安妇"的数字是随着史料的公开、证言的积累、人们对其真相了解的深入而日益增大。笔者认为,以上种种推算仍过于保守,"慰安妇"(即前述我们给慰安妇所下的定义:在强迫状况下为日军提供性服务的女性性奴隶,而不包括被日军偶尔强奸的妇女)的总人数远不止10多万或20万人,理由如下:

第一,从现有材料看,日军配备慰安妇制度之完备性远远超出前此研究者的估计,从日军的主力大部队到警备队、小分队,甚至在前线的碉堡内,都可以找到设立慰安所的实例。尤其在太平洋战争爆发后,在世界各地的日军均配置了大量的"慰安妇",有些日军部队在上级配置"慰安妇"的同时,还掳掠妇女自行增设慰安所。例如1939年,在广东的日本第21军军部直接管理的"慰安妇"有850人,而部队自行携带的"慰安妇"还有150多人。② 所以,"慰安妇"的人数是相当多的。金一勉认为,仅战时死亡的朝鲜"慰安妇"就达14.3万人。③ 据联合国的调查报告,朝鲜"慰安妇"的人数达20万人左右。④ 根据当了7年慰安妇的日本妇女庆子的证言,仅在战争结束的时候,日军各地的"慰安妇"也有12万—13万人。⑤

第二,前此"慰安妇"问题的研究者都忽略了中国"慰安妇"问题。以上

---

① 吉见义明:《從軍慰安婦と日本國家》,参见吉见义明编:《从军慰安妇资料集》,大月书店,1992年版,第83页。
② 吉见义明编:《从军慰安妇资料集》,第215—216页。
③ 金一勉:《荒船发言揭露从未见过的震灾大屠杀》,载《现代之眼》,1972年第4号。
④ Report of the Special Rapporteur on violence against women, its causes and consequences, Ms. Radhika Coomaraswamy, in accordance with Commission on Human Rights, Resolution 1996.
⑤ 千田夏光:《慰安婦・慶子》,第6页。

的10万、15万、20万的数字推算中均未将中国"慰安妇"充分估计在内。由于中国缺少对这个问题的研究,未能提供大量的证据和材料,因而出现了中国几乎没有"慰安妇"的错误观念,如寺尾五郎在《日、朝、中三国人民连带的历史与理论》中认为:"慰安妇"中"80%左右是被强制带出或掳掠来的朝鲜妇女"。金一勉更认为,"在中国战场,慰安妇的90%是年轻的朝鲜女性,剩下的10%是日本女性和极少数的中国姑娘。"① 甚至联合国的"慰安妇"调查报告,亦因调查者未能到中国访问,而对中国"慰安妇"问题付诸阙如。事实上,中国是日军驻扎时间最长、人数最多的地区,慰安所遍及大半个中国,其中主要是中国"慰安妇"(关于这一点,以下我们还将讨论)。

第三,从"慰安妇"的死亡率来看,虽然我们目前还无法拥有准确的数字,但从已经掌握的资料来看,"慰安妇"的更替率也远高于1∶2.0。有不少慰安所存在时间长,有的长达7年(如上海杨家宅娱乐所)、14年(如上海大一沙龙)之久,先后在同一慰安所的"慰安妇"是相当多的。从中国和朝鲜"慰安妇"的证言中可知,由于生活条件极为恶劣,而且每日遭受非人的折磨和摧残,大多数"慰安妇"不是被日本兵虐杀,就是死于疾病和贫困,还有的因不堪凌辱而自杀。一名原朝鲜"慰安妇"提供证言道:在吉林省的日军慰安所里,日本士兵规定她们有五项必须绝对服从的命令,第一是天皇的命令,第二是日本政府的命令,第三是她们所属中队的命令,第四是中队里分队的命令,第五是她们所"服务"的士兵的命令,违者处死。② 还有一名朝鲜"慰安妇"说:她被抓到中国东北的一个日军守备队的拥有400多名朝鲜"慰安妇"的慰安所里,和她在一起的一名朝鲜少女仅仅质问了一句:"为何逼我们一天接受40个男人"的话,就被处以滚钉板,惨死后还被割下头颅示众。她亲见几个患严重性病的"慰安妇"被卡车装至水塘活埋。她曾与几名"慰安妇"三次拼死逃跑,最后一次险些被打死,后被弃于山凹,因中国居民相救

---

① 金一勉:《天皇の軍隊と朝鮮人慰安婦》,第94页。
② Report of the Special Rapporteur on violence against women, its causes and consequences, Ms. Radhika Coomaraswamy, in accordance with Commission on Human Rights, Resolution 1996.

才得以活了下来。① 中国"慰安妇"的遭遇同样悲惨。1938 年 6 月,日军在安徽桐城掳掠大批中国妇女充当"慰安妇",连 50 岁的妇女也不能幸免,最后均被杀害。② 1941 年夏天,由于海南博鳌市慰安所的 50 多名中国"慰安妇"不愿接待日军,被拉到塔洋桥边,全部杀死。但是,在这种高死亡率下"慰安妇"的人数并没有减少,从史料和证言中可见,越是到战争的中后期,掳掠和强征的"慰安妇"越多,被害的"慰安妇"记录也越多。据此,我们审慎地认为"慰安妇"的更替率应为 1∶3.5 至 1∶4.0 之间。

笔者综合研究各方面的史料后得出的初步结论是:"慰安妇"人数不少于 36 万—41 万人。计算公式为:300 万÷29×3.5=362 068(人)和 300 万÷29×4.0=413 793(人)。

按国籍来分析,"慰安妇"的主体是中国和朝鲜的女子。朝鲜"慰安妇"的人数在 16 万左右,日本"慰安妇"的人数为 2 万—3 万人,台湾、东南亚一些地区的"慰安妇"各有数千人,澳大利亚、美国、英国、荷兰、西班牙、俄罗斯等国的"慰安妇"各有数百人,而中国(大陆)的"慰安妇"人数最多。

(三) 中国"慰安妇"的数量估计

根据各地的调查材料可知,日军每侵入一地,便掳掠大量当地女子同行。日军先后在中国大陆设立的慰安所达数千上万。这些慰安所的存在时间,有的长达 14 年,有的仅几周:一个慰安所里的"慰安妇",多的达 300—500 人,少的仅 1 人。而前后在一个慰安所内的"慰安妇"人数是相当可观的。为满足日军官兵喜新厌旧的心理,管理者常将"老慰安妇"转送他处,换旧补新,日军还将身患性病、治疗无效或身体衰弱、无力支撑的"慰安妇"杀死毁尸。这里再列举几个调查展开得比较充分或当时留有记录的地方的有关数字。1937 年底,日军在苏州掳掠妇女 2 000 人以上,无锡则有 3 000 多名良家妇女被带走,杭州一地被掳掠的妇女竟达 2 万人,南京的"慰安妇"前后

---

① Report of the Special Rapporteur on violence against women, its causes and consequences, Ms. Radhika Coomaraswamy, in accordance with Commission on Human Rights, Resolution 1996.
②《安庆文史资料》第 12 辑,第 117 页。

相加不会少于3万人。① 1940年4月,仅汉口一地的"慰安妇"就有3 000名以上。② 再以海南岛为例,在日军占领的16个县1个建制市中,可查证的共有60多个慰安所;仅崖县、感恩县、昌江县和那大市就有"慰安妇"1 300多人,全部16个县的本地"慰安妇"达5 000多人,如果加上从岛外掳掠来的中国"慰安妇",总数约在万人以上,而上海的慰安所仅目前调查确认者就有120个,一般规模的慰安所有20—50名"慰安妇",至于日军掳掠良家妇女设立的临时慰安所,则人数更多。如日本陆军在横浜桥畔设立的"行乐所",楼下有20—30岁的中国"慰安妇"数百人,楼上还有30岁以上的数百人。据被抓入其中的王氏揭露,每天都有很多人绝食或者被虐待而死,每天又会有新的被掳者补充。③ 上海是日军的侵华基地之一,这里受"慰安妇"制度所害的妇女前后不会少于3万人。以上几个地方的中国"慰安妇"已接近10万人。至于在其他的更广大的日军占领区,究竟有多少女性被逼为"慰安妇",我们这里仅举日军士兵田口新吉的回忆:在河北的前线据点中,关押着成千上万的被俘女兵,"这些妇女被送到据点之后……多是在据点外面用土坯盖的仓库里开辟一个角落,改造成慰安室,里面用在扫荡中抢来的衣服、被子什么的垫一垫,然后再放上一个也是讨伐中抢来的尿盆,慰安室就算准备好了,然后就是让这些妇女不分昼夜地遭受大兵们的蹂躏了……分遣队一般都没有配给卫生套,因此有很多妇女怀了孕。但是,只要还能受得住,怀了孕也还得被使用,实在使用不了了,便拉到壕沟外面去,绑在木桩上,作新兵练习突刺用的靶子。当这名'慰安妇'连同腹中的那不知是哪个大兵的胎儿一同被杀死之后,马上就地埋掉。在长达15年的战争中,这两三千个据点里被暗中杀掉埋掉的中国妇女是数也数不清的,恐怕不下几万,乃至几十万人"④。田口说的仅仅是河北,或者抗日的女兵,虽然不是确数,但反映了这一制度下对妇女戕害的残酷性和人数之多。事实上我们在日军占领的

---

① 外务省外交史料馆藏:《在外邦人职业别人口表一件》第15卷。
② 西野瑠美子:《従軍慰安婦と十五年戦争》,明石书店,1993年版,第79页。
③ 《上海的地狱——敌寇的行乐所》,《大公报》1938年2月27日;《敌寇暴行录》,文艺社,1938年版。
④ 日朝协会埼玉县联合会编:《随军慰安妇——日本旧军人的证言》,管宁译,引自何吉:《日军强逼中国妇女为"慰安妇"资料摘编》,《抗日战争研究》,1993年第3期。

22个省市,都发现了日军慰安所遗址,以及各地的"慰安妇"制度受害幸存者。据此,我们认为,中国被日军掳掠充当"慰安妇"的人数总计可能在20万以上。

第二次世界大战已经过去50多年了,但是日本军国主义犯下的这一令人发指的战争性奴役的罪行,还在被日本的右翼势力可耻地掩盖着,未受到彻底的揭露和应有的惩罚。

(作者苏智良、陈丽菲,上海师范大学教授、中国"慰安妇"问题研究中心,原文刊于《历史研究》1998年第2期)

日本海上帝国迷梦与"南方共荣圈"的幻灭

毕世鸿[①]

1941年12月8日,日本发动了太平洋战争,并在不到半年的时间内相继占领东南亚各地,取代了美国、英国、法国和荷兰等欧美殖民地宗主国,将东南亚变为日本海上帝国统治之下的所谓"南方共荣圈"。[②] 战争初期,日本自称"亚洲人的解放者",鼓吹通过战争"赶走西方殖民统治者",并与东南亚各地共建"南方共荣圈"。但日本很快就原形毕露,为维持其战争机器,日本对东南亚实行残暴的军政统治,并进行疯狂的经济掠夺,给东南亚各地的政治、经济、社会和文化造成无以复加的损害,并对战后东南亚各国的民族独立国家构建、经济和社会发展等带来了深远的影响。

关于日本对东南亚的统治,学界开展了一些研究。在日本,矢野畅概括了日本"南进"论的思想起源、发展和演变历程。清水元阐述了两次世界大战期间日本与东南亚各地及其殖民宗主国的关系。吉川利治对近代日本和东南亚的关系进行了论述。后藤乾一深入论述了东南亚在太平洋战争中的

[①] [基金项目]2017年度教育部哲学社会科学研究重大课题攻关项目"'一带一路'背景下中国特色周边外交理论与实践创新研究"(17JZD035)、云南大学2018年度边疆治理与地缘政治学科(群)特区高端科研成果培育项目(Z 2018—04)、云南大学一流大学建设周边外交研究理论创新高地项目、国家级高端智库与教育部新型智库培育建设(周边外交研究中心)项目。
[②] "南方共荣圈"是自1941年日本占领东南亚各地之后开始频繁使用的政治口号,其地理范围大致包括法属印支、泰国、荷属东印度、马来亚、缅甸、菲律宾、新几内亚东部、所罗门群岛、东帝汶等地。日本的着眼点主要在于将上述地区的丰富物产与日本本土的需求结合起来,借此实现以日本为盟主的"东亚协同体"、"大东亚共荣圈"等构想。

地位、日本军政统治所造成的冲击及其遗产。细谷千博对日本发动的太平洋战争全过程进行了回顾和反思。① 在欧美国家,约翰·托兰从战争的角度描绘了太平洋战争的整个历程。琼斯论述了日军对东南亚各地的占领和军政统治等情况。② 在中国,陈奉林对日本在战前对东南亚的认识及其殖民东南亚的政策安排等进行了论述。孙福生阐述了日本侵占东南亚的目的及其统治方式。刘冰对日本占领东南亚政策的目的和效果进行了研究。高芳英对日本在东南亚的军事侵略、政治奴役和经济掠夺进行了论述。李玉和骆静山论述了太平洋战争的进程、战争造成的损害及战后处理。毕世鸿则系统分析了日本对东南亚经济统制的演变历程。③

上述成果为本文的研究提供了有益的启发。本文试图通过研究日本自幕末至近代的海上帝国构想与东南亚的关联,论述日本在太平洋战争期间对单独统治东南亚的政策演变过程,继而阐明"南方共荣圈"的若干特点,并证明日本在政治、经济和文化上将本国意志强加于人、动辄使用武力来控制他国之路行不通。

一、日本海上帝国构想及其对东南亚的认识

在太平洋战争结束前,日本大多使用"南方"或"南洋"称呼东南亚。1914 年,日本在第一次世界大战(一战)中趁火打劫,占领了原德属马里亚纳群岛(关岛除外)、马绍尔群岛、加罗林群岛。1922 年,国联将上述群岛交

---

① 矢野畅:《日本の南洋史観》,中央公论社,1979 年版;清水元编:《両大戦間期日本・東南アジア関係の諸相》アジア経済研究所,1986 年版;吉川利治著:《近現代史のなかの日本と東南アジア》,东京书籍,1992年版;後藤乾一:《近代日本と東南アジア—南進の「衝撃」と「遺産」》,岩波书店,1986年版;细谷千博编:《太平洋战争》,东京大学出版会,1993年版。
② 约翰·托兰:《日本帝国的衰亡:1936—1945》,郭伟强译,新星出版社,2008年版。F. C. Jones, *Japan's New Order in East Asia: Its Rise and Fall*, 1937-1945, London: Oxford University Press.
③ 陈奉林、靳颖:《日本对东南亚政策的源流》日本学论坛,1997(2);孙福生:《太平洋战争初期日本对东南亚政策》,厦门大学学报(哲学社会科学版),1985(1);刘冰:《试析第二次世界大战期间日本对东南亚的占领政策》,历史教学,1987(8);高芳英:《二战期间日本对东南亚的侵略、奴役和掠夺》,苏州大学学报(哲学社会科学版),1995(3);李玉、骆静山主编:《太平洋战争新论》,中国社会科学出版社,2000 年版;毕世鸿:《太平洋战争期间日本对东南亚的经济统制》,社会科学文献出版社,2012 年版。

由日本"托管",日本在当地设置南洋厅实行殖民统治。此后,这一地区通常被日本称为"内南洋",而其他东南亚地区则被日本称为"外南洋"。吉野作造 1915 年在《现代丛书》中对"南洋"作了如下定义:"南洋是指除澳洲、新西兰之外的荷属东印度、内南洋诸岛"①。一战爆发后,日本国内一般使用"南方"来表示日本以南的地区,其地理范围与"南洋"大致相同。太平洋战争爆发后,日本使用"南方共荣圈"来称呼东南亚,以区别于范围更广的"大东亚共荣圈"。

自 18 世纪末起,经世学派思想家开始为日本推行的对外扩张呐喊助威。本多利明在《西域物语》中鼓吹:"以虾夷为根据,经略满洲,征服南洋诸岛,国号移于堪察加,置郡县,命有司抚育附属土人。"②1823 年,佐藤信渊在《宇内混同秘策》中妄言:"开发南洋无人岛,继而拓展至其南诸岛并以之为皇国郡县,采其物产并输入本邦,以供国家之用……攻取吕宋、巴剌卧亚(现雅加达),以此为图南之基,进而经营爪哇、渤泥(现加里曼丹岛)以南诸岛。"③佐藤信渊提出了日本对外扩张的路线图,完全是"大东亚共荣圈"的雏形,也是"南方共荣圈"的原案。吉田松阴继而主张"北割满洲,南取台湾、吕宋诸岛……然后爱民养士,慎守边圉,则可谓善保国矣"④。

自 19 世纪末起,日本一些知名学者不断著书立说,为建设海上帝国制造舆论。1888 年,志贺重昂在《南洋时事》中大肆煽动:"何谓南洋,这是一个尚未引起民众丝毫注意的偏远之地,而吾辈却要将南洋二字首次摆在诸君面前,期盼诸君能重视此地。"⑤菅沼贞风在《新日本图南之梦》中鼓吹:"取荷兰陀所占爪哇和苏门答腊诸岛,支持暹罗抗击英国,复马六甲而握新加坡之峡门,后支持朝鲜与俄决战。……其后约束朝鲜、暹罗而钳制中国之头尾……此为东亚霸国之上策。"⑥1910 年,竹越与三郎的《南国记》提出:"我之未来不在北方而在南方,不在大陆而在于海洋,应将太平洋变为自家

---

① 矢野畅:《日本の南洋史観》,中央公论社,1979年版,第 88 页。
② 林庆元、杨齐富:《"大东亚共荣圈"源流》,社会科学文献出版社,2006年版,第 11 页。
③ 古川万太郎:《近代日本の大陆政策》,东京书籍株式会社,1991年版,第 41 页。
④ 山口县教育会编:《吉田松陰全集》,岩波书店,1936年版,第 596—597 页。
⑤ 矢野畅:《「南進」の系譜》,中央公论社,1975年版,第 57—59 页。
⑥ 吉田三郎:《興亜論》,旺文社,1944年版,第 36 页。

湖沼之大业。"①

　　如前所述,早期南进论对江户时代的"图南"、"南进"、"南方经略"等概念进行了演绎和升华,继而发展成为"海防论"、"开国攘夷论"等海外扩张思想,呼吁汲取西方的文明和技术,通过发展海运、增加贸易、加强海军、移民东南亚等各种措施,全面提升日本的海洋实力,建立独霸东亚的海上帝国。早期南进论虽然内涵多元,但其所包含的鼓吹扩张与征服的内容,则成为日后军国主义和帝国主义扩张战略的理论基础,也是其后发动太平洋战争的思想支柱。②

　　1895年,日本强迫中国签署《马关条约》,将中国台湾攫为其殖民地,从而拉开了日本南进的序幕。日俄战争后,日本成为东亚唯一的帝国主义国家。一战爆发后,日本于1914年占领赤道以北的前述德属南洋群岛,并将其置于殖民统治之下,这是日本继台湾之后获得的又一个南进基地。这一阶段,可谓日本实施南进东南亚政策的初期准备阶段,其初步建立起了在东亚地区的海上帝国。

　　一战使日本大获其利,但也促使美、英进一步压制日本的扩张空间。这使得日本走上了公开挑战华盛顿体系的道路,企图建立自己单独主导的海上帝国。1919年,北一辉发表《国家改造案原理大纲》,鼓吹日本以"解放亚洲"的名义割占满蒙、苏俄远东西伯利亚和东南亚等地,建立"世界联邦"。北一辉还提出对外扩张的三大国策,即"确保中国完整、取得南方领土、援助印度独立",并纳入日本版图。③石原莞尔在《东亚联盟建设纲要》中鼓吹"东亚联盟"论,认为"南洋有重大战略价值",主张要将东南亚的人力物力置于日本控制之下。④由此,"大东亚共荣圈"论调开始登台亮相,"解放亚洲"、"打破盎格鲁—撒克逊人之霸权"等"南进论"层出不穷⑤,并同法西斯运动和军国主义势力汇合到一起。

---

① 竹越與三郎:《南国记》,二酉社,1910年版,第12页。
② 毕世鸿:《太平洋战争期间日本对东南亚的经济统制》,社会科学文献出版社,2012年版,第35页。
③ 刘岳兵:《日本近现代思想史》,世界知识出版社,2010年版,第269页。
④ 林庆元、杨齐富:《"大东亚共荣圈"源流》,社会科学文献出版社,2006年版,第353—354页。
⑤ 宋成有、李寒梅等:《战后日本外交史:1945—1994》,世界知识出版社,1995年版,第236页。

1931年,日本发动"九一八"事变并侵占中国东北,但遭到国际社会的谴责。日本遂主张"亚洲门罗主义",并与德意结成法西斯轴心。1936年8月,广田弘毅内阁出台《国策基准》,规定"对南方海洋特别是外南洋方面,……以渐进的和平手段谋求我国势力进入该地区"①。《国策基准》在确认明治以来日本对外政策的轴心即大陆政策(北进)的同时,首次将南进东南亚纳入官方政策。该基准首次表明了日本除完全占领中国以外,还想侵占东南亚的侵略计划。《国策基准》的出台,意味着"南进"方针成为日本的基本国策。

"七七事变"爆发后,欧美列强的对日绥靖政策宣告失败,华盛顿体系土崩瓦解,日本肆无忌惮地扩大侵华战争。1938年11月,近卫内阁发表声明宣称:帝国要"建设确保东亚永久和平的新秩序。……这种新秩序的建设,应以日、满、华之国合作,在政治、经济、文化等各方面建立连环互助的关系为根本"②。这表明日本企图以"东亚新秩序"为幌子,试图建立以日本为金字塔顶的东亚海上帝国,并为日后的"大东亚共荣圈"构想所继承。

1939年9月1日二战爆发后,日本企图把对侵略中国与南进东南亚结合在一起。在"不要误了最后一班公交车"的叫嚣声中,日本遂与德意法西斯结盟,并最终确立了南进政策。1940年7月,日本外相松冈洋右宣称:"作为我国当前的外交方针,应遵循皇道之大精神……建立大东亚共荣圈"。这是日本首次使用"大东亚共荣圈"这一词汇,松冈还提出要实现"亚洲民众的繁荣"这一口号③,为日本南进东南亚打上了合理化标签。同月,近卫内阁出台《基本国策纲要》,明确提出了要建设以日本为核心的"大东亚新秩序"的国策。这是在"日、满、华"的新秩序上,又包括东南亚的所谓"东亚新秩序"的基本国策。④

从认识的发展、战略和政策的制订以及实施过程来看,日本近代在构建

---

① 复旦大学历史系日本史组编译:《日本帝国主义对外侵略史料选编:1931—1945》,上海人民出版社,1983年版,第135—137页。
② 日本读卖新闻战争责任检证委员会撰稿:《检证战争责任:从九一八事变到太平洋战争》,郑均等译,新华出版社,2007年版,第162页。
③ 小林英夫:《大東亜共栄圏》,岩波书店,1988年版,第18—19页。
④ 林庆元、杨齐富:《"大东亚共荣圈"源流》,第392页。

海上帝国的过程中,其对东南亚的认识和策略也经历了一个漫长的蜕变过程。在幕末维新时期,与南进有关的思想初露锋芒。而明治维新以后,日本先是"处分琉球",进而殖民台湾,其后又占领德属南洋群岛,其构建海上帝国的行动初见成效。20世纪30年代中期以后,日本对东南亚的重要性的认识日渐深刻。1936年,广田弘毅内阁确定《国策基准》,日本明确了向"南方海洋扩张"的新国策。而1940年近卫文麿内阁提出的"大东亚共荣圈"构想,则是日本南进东南亚、建立海上帝国战略的综合性表述。①

二、日本"南进"东南亚与海上帝国迷梦的幻灭

在日本发动太平洋战争前的1941年11月20日,日本通过《南方占领区行政实施要领》,确立了对东南亚实施统治的大体框架。其中包括:"在占领区暂且实施军政统治,迅速获取战略物资,占领区的最终归属问题另作规定。……尽量利用既有的统治机构,并尊重以前的机构和民族习俗",对当地的统治机构不进行大规模调整。② 这表明至少在开战前,日本还没有决定要全面实施强制性的占领政策,而是尽量保持与欧美殖民地统治政策之间的连贯性。但对于东南亚各地的未来归属,日本决定"尽量避免过早诱发独立运动",对当地民众的独立诉求采取模糊态度。

太平洋战争爆发后,日本旋即占领了东起中部太平洋的吉尔伯特群岛,西至缅甸、马来亚,南达新几内亚、所罗门群岛,北迄阿留申群岛的广大区域,加上原先所占领的中国等领土,其占领区总面积近800万平方公里,形成了连欧美列强都未能实现的独霸东南亚的局面,这是日本以武力构建海上帝国的最大版图。1942年1月,日本首相东条英机发表《大东亚战指导之要点》,阐述了日本建设"大东亚共荣圈"的构想。"对于为保卫大东亚所绝对不能放弃的地区,由帝国自行处理;关于其他地区,根据各民族的传统、文化及战局的发展等,做出适当处理"。对于东南亚各地,要占领马来半岛,作为"保卫大东亚的据点";对于菲律宾和缅甸,准备给予其"独立的荣耀";

---

① 毕世鸿:《太平洋战争期间日本对东南亚的经济统制》,第77页。
② 防卫厅防卫研究所战史部编:《史料集—南方の軍政》,朝云新闻社,1985年版,第91—92页。

"对于荷属东印度,要击溃其抵抗势力";对于泰国和法属印支,要令其与帝国共建"大东亚共荣圈"①。为有别于包含整个东亚地区在内的"大东亚共荣圈",日本将东南亚称为"南方共荣圈"。

日本在包括"南方共荣圈"内,究竟想建立何种秩序。海军省1942年制作的《大东亚新秩序内部政治结构图》强调,圈内各地"必须符合加强帝国长期国防实力的目的……继而在帝国的指导之下建立有机的等级关系",各地"应考虑历史背景和开化程度,分为指导国、独立国、独立保护国、直辖领等"。这暴露了日本统治东南亚的目的和方针,日本在此后制定并实施的一系列政策,即是这一政策的延续。

具体而言,日本对"大东亚共荣圈"内各地的地位做了如下规划。第一,"指导国"即日本,负责保持"大东亚共荣圈"的"自主安全",防御内外威胁,对圈内各国发挥指导性作用,并主导各国的政治、经济和文化等相关事业。第二,"独立国"虽与独立国家拥有相同性质,但这些"独立国"要接受日本的指导,没有完全主权。伪满洲国、汪伪政权和泰国即属此例。第三,"独立保护国"承认日本的宗主权,并将其军事和外交主权让渡给日本。"独立保护国"虽然在形式上拥有独立国家的统治范围,其国内统治者也由当地人担任,但在政权运营上,均由日本官员进行"指导"。这些国家的主权与"独立国"相比少得可怜,可谓"不完全独立国"。缅甸、菲律宾和爪哇即在此例。第四,所谓"直辖领",即是日本将该地作为本国领土,并派官员进行直接统治。"直辖领"允许当地居民担任官员,但也要分步实施。根据战争需要,日本会适时将"独立国"和"独立保护国"的战略据点纳入"直辖领"进行直接统治。第五,在"大东亚共荣圈"内,尚有印度支那、帝汶和澳门等外国殖民地。这被日本视为异端,未来应通过"合适的方法"进行清算,从而将这些殖民地变成"大东亚共荣圈"的有机组成部分。

在当时体现日本为"指导国"的论调中,把日本和东南亚的关系比喻为"宇宙之秩序"的主张最为典型。大鹰正次郎指出:"作为太阳的日本,认可

---

① 内阁制度百年史编纂委员会编:《歴代内閣総理大臣演説集》,大蔵省印刷局,1986年版,第303—307页。

各民族的自转(等同于自治或独立),在发挥统领作用的同时提供光和热,从而实现各民族的繁荣。各民族通过接受日本的光和热实现自身的自转,同时也支持作为太阳的日本,在其周围进行公转"①。但上述各地只能与日本建立单边关系,不能与其他国家直接建立联系。这是由于如果各地之间建立起了没有日本介入的直接关系,就会"危及到帝国的指导地位"②。这一海上帝国在统治结构上形成了以日本本土为圆心,以东南亚为第三同心圆的结构。

在1942年6月中途岛海战中,日本海军主力损失惨重,"美攻日守"的战略格局形成,这迫使日本调整策略。1943年5月,日本出台《大东亚政略指导大纲》并决定,对于菲律宾:要"尽快使之独立"。对于缅甸:要"根据《缅甸独立指导纲要》,采取相应措施"。对于法属印支:要"加强既定方针"。对于泰国:要"迅速助其收回马来亚失地;部分掸邦(缅甸)领土,应划给泰国"。还规定"把马来亚、苏门答腊、爪哇、婆罗洲、苏拉威西视为帝国领土,将其建设成为战略资源供应地,并努力争取民心"③。日本试图借此诱使各国对"南方共荣圈"建设给予配合,但其决定把马来亚、印尼视作"重要资源供给地"而并入日本领土,其野心暴露无遗。

1943年11月,东条英机召集上述五个"独立国"、即汪伪政权、伪满洲国、泰国、菲律宾、缅甸的首脑等,在东京召开"大东亚会议"。会议发布的《大东亚共同宣言》极力避免使用令人联想日本盟主地位的"大东亚共荣圈"这一词汇,将发动战争的目的改为"建设共存共荣之秩序,相互尊重自主独立,消除人种歧视",鼓吹"将大东亚从美英的桎梏之中解放出来",企图以此来确保东南亚各地的民心与合作。④ 对此,美英中三国首脑于12月发表了《开罗宣言》,决定剥夺日本自一战以来夺取的一切领土。

自1944年3月日军在拉包尔陷入孤立之后,日本被迫再次调整策略。1944年9月,日本首相小矶国昭发表了"将来准予东印度(印尼)独立"的声

---

① 大鹰正次郎:《大東亜の歴史と建設》,辉文堂书店,1943年版。
② 山本有造:《「大東亜共栄圏」経済史研究》,辉名古屋大学出版会,2011年版,第23页。
③ 日本外务省编:《日本外交年表及主要文书》下,原书房,1978年版,第583—584页。
④ 波多野澄雄:《「大東亜戦争」の時代》,朝日出版社,1988年版,第236页。

明,这改变了之前将印尼作为本国领土的既定方针。1944年底,日本出台了《以昭和20年中期为目标的战争指导方案》,"对法属印支,按将来使安南独立的方针采取措施"①。1945年3月,日军在法属印支发动军事政变,扶持安南傀儡皇帝保大宣布安南脱离法国而"完全独立"。同月,日本宣布琅勃拉邦王国以独立国家的名义加入"大东亚共荣圈"。② 8月11日,日本任命苏加诺为印尼独立筹备委员会委员长。但日本给予上述国家的"独立",不过是为了延缓失败的缓兵之计。1945年8月15日,日本战败投降,其对东南亚的统治宣告终结,其苦心建立的海上帝国轰然崩塌。

三、日本统治"南方共荣圈"的四个特征

从南进政策所追求的目标来看,日本企图在东南亚构建排他性的海上帝国,即所谓"南方共荣圈"。明治维新后,日本实行"脱亚入欧",与欧美列强为伍,打破东亚地区长达数千年的"华夷秩序",并在20世纪初期成为东亚地区唯一的帝国主义列强,初步建立起海上帝国。一战后,日本在东亚地区提出建立"大东亚共荣圈"并挑战华盛顿体系,这暴露出日本统治集团继承幕末思想家"统一世界"的野心、妄图构建海上帝国的迷梦。③ 纵观日本在东南亚建立起的"南方共荣圈"及其统治,有如下特征。

其一,日本建立"南方共荣圈"的目的在于实现东南亚的对日附属化和一体化。日本对东南亚名义上为实现"共存共荣"而实行短期的军政统治,但实质上采取了作为本国领土的各种强制统治措施。从国际法角度来看,军政统治属于由占领初期到正式实施殖民统治之间的过渡形式。但在东南亚,日本先后废除了各地的立法机构和中央行政机构,建立军政统治机构。日本对东南亚各国要求独立的呼声表面同情,但一直模糊处理。直到败局已定的情况下,日本才不得不做出让步。此外,日本强行改变各地的地理名称、纪年律法,强制要求占领区居民学习日语,强推神道教。这些同化措施

---

① 参谋本部:《敗戦の記録》,原书房,1967年版,第134—165页。
② 马树洪、方芸编:《列国志—老挝》,社会科学文献出版社,2004年版,第87页。
③ 毕世鸿:《太平洋战争期间日本对东南亚的经济统制》,第130页。

实际上是将占领区变为其永久领土的强制性安排。① 通过在各领域强推同化措施，日本将东南亚变为维护其战争机器的"补给地"，构建排他性的海上帝国，从而使东南亚各地在军事、政治和经济等各方面与日本本土保持同步。概言之，日本建立的"南方共荣圈"，政治上统治东南亚各国各民族，经济上垄断东南亚的丰富资源和广阔市场，军事上占领东南亚战略要地，思想文化上用法西斯思想奴化占领区民众②，目的就是要建立以日本为核心的海上帝国。

其二，与"南方共荣圈"的"共存共荣"这一虚像相比，日本的军政统治这一实像更为残酷。表面上，日本在"解放亚洲"的口号之下，鼓吹要与东南亚人民一同建设"共存共荣"的"南方共荣圈"。对于东南亚人民实现民族独立的要求，日本也部分同意并做出了相应的安排，但实际上是试图将东南亚作为"永久性殖民地"来对待。日本强其统治政策，从而在东南亚建立起绝对性、排他性的法西斯统治。这与东南亚民众借日本之力来推翻欧美殖民统治并实现独立的愿望相左，使得东南亚民众最终走到对立面。比起欧美殖民者的所作所为，日本在东南亚是破坏有余，无从建设。印尼著名作家莫赫塔尔·卢比斯（Mochtar Lubis）就此评论道：日本的残酷统治使"绝不能再度沦陷为殖民地"思想在印尼人心中深深扎下了根，并成为其后印尼独立运动的精神支柱。"日本完全无视我国人民，与荷兰的殖民统治相比，日本可谓有过之而无不及的残酷的侵略者"③。

其三，日本对东南亚的统治行为呈现出典型的"二元化"特征。太平洋战争期间，战局瞬息万变，日本中央制定的政策往往无法确切反映各占领区所面临的现实。一般认为，近代日本实行以天皇为顶端的金字塔式寡头统治体制，就如何对东南亚实行统治，各地军政当局理应完全服从中央，严格执行中央的各项政策。然而，在整体保持一致的同时，东南亚军政当局与日本中央之间存在着不少矛盾乃至冲突。例如，东南亚大多数民众信奉伊斯兰教、佛教或基督教，如果在当地强推神道教、普及皇民化思想，无疑会引发

---

① 立作太郎：《戰時國際法論》，日本評論社，1944年版，第23页。
② 胡德坤、罗志刚：《第二次世界大战史纲》，武汉大学出版社，2005年版，第232页。
③ 萩原宣之、後藤乾一编：《東南アジア史のなかの近代日本》，みすず書房，1995年版，第133页。

诸多冲突。特别是对于希望到西方麦加朝圣的东南亚穆斯林而言，面向东方遥拜位于东京的皇宫是无法接受的。换言之，穆斯林拒绝偶像崇拜，无法赞同对日本天皇的崇拜。对此，日本统治集团在发动太平洋战争之前亦有研判，曾有考虑逐步实行教化。但军政当局派遣大量军政官员进驻各地，大批日本企业进入东南亚接收所谓"敌产"，并大肆宣传皇民化思想，在各地开设日语学校推广日语，设立南方特别留学生制度接受东南亚留学生，以达到教化东南亚民众的目的，甚至禁止各地民众唱本民族歌曲，取消当地民族节日，禁止悬挂本民族旗帜等。① 这使得各地军政当局很快丧失民心。

其四，日本对东南亚各地的统治政策和方式不尽相同，但在客观上促进了东南亚民族独立运动的发展。对于那些有着最具价值资源的地区，尤其是东印度群岛和马来亚，就将其置于日本直接统治之下；对于那些不至关重要的地方，如缅甸和菲律宾，就让其得到所谓的"自治"或"独立"；为了扩大圈内盟友，日本甚至还组织了泰国等所谓"同盟国"。但即便是所谓"独立"，也是要以协助日本为条件，而非基于民族自决或主权平等的原则。② 一些东南亚国家的民族主义者曾认为"敌人的敌人就是我们的朋友"，幻想借助日本来推翻欧美殖民者。但当日本进行残暴的法西斯统治，推行野蛮的民族同化奴役政策的时候，他们便幡然醒悟。③ 在盟军的有利反击和东南亚各地人民的反抗下，日本企图在东南亚建立的"南方共荣圈"最终无法逃脱失败的命运。甚至可以说，正是由于日本对东南亚的占领，才对日本海上帝国的解体带来了历史性冲击。④ 日本的统治使东南亚形势发生了深刻变化，抗击日本侵略、争取民族独立成为东南亚民众的首要任务。

四、结论

太平洋战争前，对于东南亚，日本人普遍认为：经济上，东南亚"大量尚

---

① 小林英夫：《大東亜共栄圏》，岩波书店，1988年版，第51—52页。
② 倉沢愛子：《アジア太平洋戦争（7）—支配と暴力》，岩波书店，2006年版，第18页。
③ 日本历史研究会编：《太平洋战争史》第四卷，金锋等译，商务印书馆，1962年版，第57页。
④ 中野聡：《東南アジア占領と日本人—帝国・日本の解体》，岩波书店，2012年版，第25页。

未开发的资源"被长期搁置;政治上,东南亚各地"被迫隶属于欧美列强的殖民统治";文化上,东南亚与台湾和朝鲜的"同文同种"不同,属于异文化圈,文明开化程度非常低。① 基于东南亚的此种状况,作为"世界上最优秀的民族"及"同为亚洲人"的日本人,以"解放亚洲"为基本国策,理应打破这种局面,南进论喧嚣尘上。加之一战后遭受英美排挤,日本深感通过进一步的"富国强兵"来扩大统治范围的必要性和紧迫性,遂不断强化"亚洲盟主"意识。但在日本发动九一八事变而遭受美英谴责之后,上述意识蜕变为独霸东亚地区"大东亚新秩序"构想。② 这使得日本贸然发动太平洋战争,并建立起日本史上版图最大的海上帝国。

在太平洋战争之前和初期,日本不断鼓吹和东南亚人民有共同利益,曾有帮助东南亚各国驱逐欧美殖民列强,实现经济和社会近代化的说辞和伪装。但日本对"南方共荣圈"的统治,既非周密计划,也未对东南亚各国未来的国家构建持一贯立场③,对东南亚人民的独立要求口是心非。在战场上连遭败绩后,日本转而大肆掠夺东南亚,这在本质上与对台湾、朝鲜和中国的侵略无异,给东南亚人民带来了深重灾难。这表明日本决不是亚洲人民的"解放者",所谓"共存共荣"不过是日本掠夺东南亚的幌子,"南方共荣圈"亦不过是"南方共贫圈"。但上述伪装确有一定的欺骗性,甚至成为今天日本右翼和保守阵营竭力否定日本侵略历史乃至鼓吹修宪和向海外派兵的理论依据。

总之,"将太平洋变为内湖之大业"、"谋求日本的利益",才是日本推行南进政策并建立海上帝国,对东南亚实行统治的主题,绝不是促进东南亚各国的独立或发展。日本对东南亚统治结束了欧美殖民统治东南亚的旧格局,但所谓"南方共荣圈"的新秩序并没有开创东南亚历史的新篇章,日本不可能维持对东南亚的长期统治。而反法西斯战争的胜利,日本对东南亚统治的终结,才真正为东南亚各国的独立奠定了基础。

---

① 後藤乾一編:《近代日本と植民地(6)》,岩波书店,1993年版,第193页。
② クリストファー・ソーン:《太平洋戦争とは何だったのか. 市川洋一訳》,草思社,1989年版,第305页。
③ 油井大三郎:《20世紀の中のアジア太平洋戦争》,岩波书店,2006年版,第180页。

历史证明,日本肆无忌惮地侵略东南亚,建立了排他性海上帝国,但以失败告终。二战后,日本改以和平的方式,以赔偿、援助、投资和贸易等为抓手重返东南亚。当前,日本与东南亚国家在各领域开展深层次合作,建立起了比"南方共荣圈"时代更为紧密的关系。很多东南亚国家也希望日本在政治、经济和安全合作等领域发挥重要作用。但双方在民间层面的相互理解、特别是对那场战争和血腥统治的认识仍有不小差距,二者之间依然存在难以逾越的鸿沟。在"南方共荣圈"解体70余年的今天,日本对近现代史的认识依然受到强烈质疑。前事不忘,后事之师。一个国家在崛起过程中,试图以武力改变地区秩序的方式行不通。未来东亚地区的新秩序应该是一种合作、开放与和谐的新秩序,并以实现互利共赢和共同发展为目标。

(作者毕世鸿,云南大学国际关系研究院,原文刊于《东北师范大学学报》2017年第5期)

第二次世界大战时期日军对盟军的战俘政策析论
——以沈阳盟军战俘营的日美战俘信息交换为例

王铁军 焦润明

有关二战时期日军在沈阳设立的盟军战俘营的研究,目前已取得一些成果。① 在这些研究中,主要以原沈阳盟军战俘营关押的美英战俘的口述史料和回忆录为线索,对沈阳盟军战俘营进行了有益的探讨。但是从总体上看,截至目前中国学术界对日军在第二次世界大战期间的战俘政策,特别是日军对英美战俘的战俘政策的研究基本上还处于空缺状态,存在着以下的不足和缺陷。第一,缺乏对二战时期日军有关战俘政策的综合性研究。其主要体现为,由于缺乏对当时的国际法和战前日军的战俘政策资料的深入研究,一些学者对二战时期的日军在战俘政策的运用上是否有国别上的差异和歧视问题还缺乏深入的比较和探讨。第二,没有将1931年"九一八"事变至1941年太平洋战争爆发期间日军对待中国军队战俘问题纳入研究的视野。第三,对沈阳盟军战俘营的研究受条件限制,还缺乏对中、日、美等方面的原始史料的收集、整理与研究。目前,我国学术界有关日军战俘营的研究大多局限于对当事人的口述,或通过口述史料进行研究,从而缺乏对史实的权威性判断和理解。第四,没有将二战时期的日军战俘政策放到日本历史中去考察。日本自近代以来,先后发动了中日甲午战争、日俄战争,参

---

① 目前该方面的成果主要有杨竞:《奉天涅槃——见证二战日军沈阳英美盟军战俘营》,沈阳出版社,2003年版;李君、李英杰:《美军中将温莱特蒙难纪实》,吉林文史出版社,2008年版;张洁、赵朗等:《二战时期日军在奉天所设盟军战俘营研究》,《社会科学辑刊》,2006年第6期等。

加了1900年八国联军的侵华战争,并参与1914年出兵山东半岛和1918年出兵西伯利亚等侵略行动。在这些战争或侵略行动中,日军采取了什么样的战俘政策,这些战俘政策同1931年"九一八"事变后的对华战俘政策以及后来在太平洋战争中的对盟军的战俘政策有什么样的区别和变化,也应该是我们今天研究日军战俘政策的关切点及重点。

本文所讨论的战俘政策,主要是指第二次世界大战期间日军对所俘交战国战俘的政策待遇,即日军有关战俘管理、战俘劳役薪金、战俘卫生、战俘移动、战俘死亡埋葬、战俘派遣、战俘惩罚、战俘通信、战俘运输等政策内容。本文将结合具体事例,综合讨论其相关内容及其实际运作。

由于沈阳盟军战俘营作为二战时期日军在中国大陆设立的唯一一所关押英美盟军战俘的战俘营,其对了解日军对盟军的战俘政策具有代表性。基于此点考虑,本文拟以日军在该战俘营的战俘政策为线索,通过对比日军在石家庄设立的中国战俘营的战俘政策,探讨二战时期日军在对待英美战俘、中国战俘上的差别以及原因,以期对日军在二战期间的战俘政策的本质进行深入探讨。同时,对二战时期日军战俘政策的研究,不仅有助于厘清二战时期日军战俘政策的发展脉络和发展历史,而且还能有力地批驳日本右翼势力为战后远东军事法庭审判战犯"鸣冤叫屈"的言论,揭露二战时期日军的犯罪行径,告知世人历史之真相。

一

1941年12月8日,日本偷袭美军的珍珠港,太平洋战争爆发。日军发动的闪电战术使得美英澳联军措手不及,数十万盟军成为日军俘虏。战争初期,这些盟军战俘被日军临时安置在菲律宾、香港、新加坡等地的战俘临时安置所,其后被分别送往日本国内和各海外占领地关押。

沈阳英美盟军战俘营设立于1942年12月16日[①],是二战时期日军在

[①] 日本陆军省批准沈阳盟军战俘营编制的日期。引自日本防卫省战史研究所图书资料室藏:《陆亚密大日记》,昭和17—第60号3。另,日语原文为"奉天俘虏收容所",本稿依据我国国际法翻译上的惯例,统称为"沈阳盟军战俘营"。

中国大陆设立的唯一一所关押英美盟军战俘的大型战俘营。① 该战俘营最初关押的是同年11月11日经菲律宾俘房收容所迁移而来的一千余名英美战俘。这些战俘先短暂地被关押在北大营原东北军军营，1943年7月，关押处移往在"满洲工作机械株式会社"修建的"昭南寮"。其间，这批盟军战俘连同后续押送来的盟军战俘又分别被编入该所和第一派遣所、第二派遣所、第三派遣所，以及第一分所和第二分所。② 按照战前日军军事制度规定，沈阳英美盟军战俘营属于日军的"军政"战俘营。③

二战期间，日军设立英美盟军战俘营源于1941年12月太平洋战争爆发后的日美间关于战俘待遇的约定。

1941年12月8日日军偷袭珍珠港后，日美两国相互宣战。同月27日，瑞士驻日本公使馆公使卡米修·格鲁杰向日本外务大臣东乡茂德递交了一份信函。在该信函中，美国政府向日本政府提议："美利坚合众国政府愿意遵守公元1929年7月27日在日内瓦缔结之关于战俘待遇条约，并作为日内瓦国际红十字会组织条约之缔约国愿意适用于该条约之条款规定。另，美利坚合众国愿意在上述两条约之条款范围内，将关于战俘待遇的日内瓦条约适用于拘留之敌国非战斗人员。日本政府亦为上述两条约之签署国，虽未批准日内瓦条约，但美利坚合众国希望日本国政府能在两条约条款的意义上相互适用。关于本件，美利坚合众国希望得到日本国政府的意向和态度。"④

瑞士驻日公使馆公使转交的这份信函，明确表明了美国政府愿意遵守

---

① 另外，二战期间，日军在我国还设立了沈阳、四平、上海敌国侨民集中营（日语原文为"敌国人挽留所"）。按照国际法的规定，这些收容设施不属于战俘营性质。
② 第一派遣所的开设时间为1944年5月2日；第二派遣所的开设时间是1944年6月24日；第三派遣所的开设时间是1944年8月15日；第一分所开设时间是1944年10月14日；第二分所开设时间是1944年12月1日。
③ 按照战前日军军事制度的划分，日军部队分为作战部队和后方警备部队，分别属于大本营和内阁陆军省管辖。按照日军的此项分类，战俘分为战场俘获战俘，即"军令"战俘和押送后方后，由日军卫戍部队看管的后方战俘，即"军政"战俘。由此，沈阳英美盟军战俘营由关东军司令部管辖，属于"军政"战俘营。
④ 1941年12月27日瑞士驻日公使致日本外务大臣东乡书简。日本"俘房情报局"编：《关于战俘的诸法规类纂》，1946年12月（原文为1943年11月起草，手写版，现藏于日本防卫省防卫研究所资料室），第37页。

上述资料表明,二战期间,日美两个交战国通过中立国或国际红十字会组织以及该组织驻日代表处,相互承诺了在战俘以及侨民问题上遵守1929年在日内瓦签署的关于战俘待遇公约的相关规定以及国际红十字会公约中的相关规定。同时,在国际红十字会的安排下,签署了交换外交官的交换船协定。此外,在国际红十字会的安排下,日美以及日英间还通过船只运送了战俘的慰问品和救济品。当然,日美以及日英之间的交换船并没有全部运走双方的本国侨民。其中,日英两国间因后来战局突变没有实现第二次交换船的运送;而在日本和美国国内以及占领地还存在着相当一部分的对方侨民没有运回本国。例如,二战期间,美国的加利福尼亚等地还设立了集中营,关押了大量日裔美国人以及日本侨民。二战结束后,在美国的日裔美国人和日本侨民以二战期间受到美国政府非法关押、没收财产和身心伤害为由状告美国政府,迫使美国政府向日裔美国人和日本侨民道歉并赔偿损失。

二

1942年12月16日,沈阳英美盟军战俘营成立后,日本通过中立国瑞士和国际红十字委员会的交换船,不仅向美国通报了在押英美战俘名单以及战俘死亡、处罚情况,而且还建立了沈阳盟军战俘营中关押战俘同在英美等盟国的战俘家属间的通信联系。

1942年12月,美国政府通过瑞士驻日公使馆公使向日本外务省递交了在美国国内和占领地等处关押的日本侨民以及日军战俘名单,并要求日本政府提供在日本国内及各占领地关押的美军战俘名单。同时,美英等国也通过国际红十字会组织要求日本政府提供关押在日本各地盟军战俘营中的战俘名单。日本外务省"在敌国居留民关系事务室"在接到国际红十字会组织设在日本东京的红十字会代表处要求提供关押在日本各地的盟军战俘名单后,将函件又转呈给了日本陆军省。日本陆军省"俘虏情报局"在接到外务省"在敌国居留民关系事务室"的函件后,致函分散在日本国内的仙台、福冈、东京、名古屋、善通寺、大阪、广岛盟军战俘营和台湾、朝鲜、上海、沈阳等地的海外战俘营,要求各地盟军战俘营报送被关押的美英等盟军战俘名单。1943 年 9 月,沈阳盟军战俘营向陆军省"俘虏情报局"报送了关押在该地的盟军战俘名单,并详细列举了被关押战俘的出生地、被俘前所属部队以及军阶级别。在此基础上,1943 年 10 月 19 日,日本陆军省"俘虏情报局"分别致函外务省"在敌国居留民关系事务室"和国际红十字会驻日本东京代表处,送交了关押在沈阳盟军战俘营中的 1 349 名盟军战俘名单。① 该名单比较详细地记录了盟军战俘被俘前的部队所属、军种、出生地和姓名。

此外,日军沈阳盟军战俘营还通过日本陆军省"俘虏情报局"和外务省"在敌国居留民关系事务室"向国际红十字会组织、瑞士驻日公使馆通报了沈阳盟军战俘营中被关押盟军战俘的死亡、移动信息。例如,1943 年 11 月 30 日,日本"俘虏情报局"基于沈阳盟军战俘营的报告,分别致函外务省"在敌国居留民关系事务室"和国际红十字会驻日本代表处代表,通报了自菲律宾移送至沈阳盟军战俘营途中以及移交后在沈阳盟军战俘营中死亡的 62 名美军战俘名单,并期望国际红十字会驻日本代表处通过国际红十字会总部将该信息传达给美国国际红十字会组织及美国政府。② 1944 年 4 月 11 日,日本陆军省"俘虏情报局"分别致函外务省"在敌国居留民关系事务室"和国际红十字会驻日本代表处代表,通报了 1943 年 4 月至 6 月间在沈阳盟军战俘营中死亡的 4 名美军战俘名单,并附有死亡详细日期及死因。③ 再如,1944 年 10 月 14 日,日军将在台湾盟军战俘营关押的 20 名美国战俘转移至沈阳盟军战俘营后,日本"俘虏情报局"于 1945 年 1 月 19 日行文致日本驻瑞士公使馆,通报了上年 10 月 14 日将 20 名美军战俘自台湾盟军战俘营转移至沈阳盟军战俘营一事④,期望日本驻瑞士公使馆能够通过瑞士政府外交部将该信息传达给美国政府。此外,在 1944 年 10 月 16 日至 20 日,日本外务省分别致函日本驻西班牙大使、日本驻苏联大使和日本驻瑞士公

---

① 1943 年 10 月 19 日陆军省俘虏情报局致外务省敌国居留民关系事务室函(俘情第 20—74 号)。日本外务省外交史料馆藏:《外务省记录》——大东亚战争关系卷 A 1127-9-1。
② 1943 年 11 月 30 日陆军省俘虏情报局致外务省敌国居留民关系事务室函(俘情第 26—17 号)。日本外务省外交史料馆藏:《外务省记录》——大东亚战争关系卷 A 1134-9-7。
③ 1944 年 4 月 11 日陆军省俘虏情报局致外务省敌国居留民关系事务室函(俘情第 61 号)。日本外务省外交史料馆藏:《外务省记录》——大东亚战争关系卷 A 1134-9-8。
④ 李君、李英杰:《美军中将温莱特蒙难纪实》,吉林文史出版社,2008 年版,第 243 页附录资料。

使馆代办,训令其通过所在国政府外交部,向美国通报日本已经通过商船邮寄盟军战俘家信一事。

日美间有关战俘信息的交换还体现在日军对于处决美军战俘的信息情况通报上。

1943年6月21日晚上10时,关押在沈阳盟军战俘营的3名美军战俘在中国工友的暗中协助下,携带地图等逃亡工具,成功地绕过战俘营周围的铁丝网和日军的搜索队,逃离了沈阳盟军战俘营。

成功逃出沈阳盟军战俘营的3名美军分别为乔·B.查斯奇(Joe B. Chestain)中士、弗迪南德·F.梅里格鲁(Ferdinand F. Merinaglo)水兵和维克托·帕里奥迪(Victor Palioti)下士。乔·B.查斯奇中士被俘前服役于美军陆战队第4团第3营K连,24岁;弗迪南德·F.梅里格鲁被俘前服役于美军潜水艇"卡奴巴斯号",21岁;维克托·帕里奥迪下士被俘前服役于美军陆战队第4团第1营B连,23岁。[①] 3名美军战俘依靠简单的东北地图和餐刀一路北上,在逃至中蒙边境附近的两家子时,假称德国坠机飞行员向未着警装的日伪警察问路。身份暴露后,3名美军战俘在致死、伤各一名日伪警察后再次被俘。同年7月12日,3名美军战俘经黑龙江省宪兵司令部被重新押回沈阳盟军战俘营。此后,3名美军战俘经由关东军军事法官组成的军事法庭简单审讯后,关东军军事法庭以逃亡罪并在逃亡中杀害日伪军警、暴力反抗等罪名宣判3名美军战俘死刑,并于同月31日被执行。受该事件的牵连,为3名美军战俘提供逃亡用地图的中国工友高德纯也被日伪法院判处10年有期徒刑,关入了"奉天第一监狱"。

美国政府得知该情报的时间最晚应在1943年8月上旬。其主要理由就是日军在枪决3名美军战俘后,美国政府在8月11日的广播新闻中,以美国海军部的名义发表了该事件的新闻稿。同月14日,日本陆军省通过日本情报部门的敌情广播监听日报,得知美国政府已经知晓该消息,立即责成陆军省下的"战俘管理部"部长召开外国记者新闻发布会,公布了该消息。从日军在

---

① 1944年4月10日陆军省俘房情报局致外务省敌国居留民关系事务室——"关于奉天战俘营处罚美国人回答件"(俘情第9号)附属资料。日本外务省外交史料馆藏:《外务省记录》——大东亚战争关系卷 A 1134-9-2。

1943年7月31日对3名美军战俘执行死刑令后到同年8月上旬的不到两个星期的时间中,美国海军就能够很快探听到该情报,并信心十足地通过广播播放出去,这本身就足以说明美国在中国东北存在着一个富有效率的情报网。这一点可能也是日军在接到报告后立即召开外国记者会的最直接原因。

美国政府通过瑞士外交部要求日本政府提供在沈阳盟军战俘营被处决的3名美军战俘信息的时间大约是在1943年12月底。基于美国政府的要求,瑞士政府外交部指令该国驻日公使馆转达美国政府的要求。1944年1月25日,瑞士驻日公使馆公使致函日本外务省,转达了美国政府的要求。美国政府要求日本政府"依据1929年7月29日之日内瓦条约第60条有关战俘待遇问题一节,需要知道被控告者的身份、军衔和当前的居留地,以及控诉他们罪行的控诉事实。如果对他们宣判死刑,公使馆希望收到判决书以及犯罪的详细情况(依据日内瓦条约第65条和第66条)。此外,公使馆想了解该审判中,罪犯是否享有日内瓦条约第45条至第59条、第61条、第66条至第67条中规定的权利"①。

瑞士驻日公使馆的信函中也明确无误地告诉了日本政府两个信息。第一个信息就是美国政府通过瑞士驻日公使馆,希望了解1943年7月在沈阳盟军战俘营中被枪决的3名美国战俘的姓名、犯罪情形、经过以及判决的理由。第二个信息就是事实上通过瑞士驻日公使馆暗示日本政府,美国不仅在沈阳乃至整个东北存在着一个富有效率的间谍网,而且美国政府在密切注视着日军在沈阳盟军战俘营当局的一举一动,希望日军沈阳盟军战俘营当局不要任意妄为。

日本外务省在接到瑞士驻日公使的信函后,于1944年3月25日致函陆军省"俘虏情报局",要求陆军省"俘虏情报局"提供处理沈阳盟军战俘营中逃亡美军士兵事件的详细经过。② 同年4月10日,陆军省"俘虏情报局"

---

① 1944年1月25日瑞士驻日公使馆公使致日本外务省函。日本外务省外交史料馆藏:《外务省记录》——大东亚战争关系卷 A 1134-9-1。
② 1944年3月25日外务省敌国居留民关系事务室铃木公使致陆军省俘虏情报局函"关于奉天战俘营美国人处罚件"。日本外务省外交史料馆藏:《外务省记录》——大东亚战争关系卷 A 1122-4-15。

起草了《关于奉天俘虏收容所美国人战俘处罚之回答》，通报了事件概要。

以此为基础，外务省"在敌国居留民关系事务室"于同年 5 月 1 日起草了致瑞士公使馆公使的回函。① 在回函中，日本政府通过瑞士公使馆向美国政府通报了处罚关押在沈阳盟军战俘营的 3 名美军战俘的详细情况。

日本外务省起草的这封信函于同月 8 日送到了瑞士驻日公使馆。日本外务省的这封信函等于向美国重申了开战之初，日本外务大臣通过瑞士驻日公使馆向美国政府所做出的保证，即日本虽然没有批准 1929 年《关于战俘待遇的日内瓦公约》，但是对美国战俘愿意遵守该条约。二战期间，日美两个交战国之间就沈阳 3 名逃亡美军战俘处罚的相互通报事件是二战期间日本向美国交换战俘信息的事例中最为典型的事件。

在以往日本同美国的战俘信息交换中，无论是日本还是美国对于向对方提供有关在押战俘的死亡信息时，通常只是给对方提供死亡战俘的名单、死亡数量，而无具体的死亡时间，当然更不会提供死亡战俘的死因或患疾致死的病名等。而此次战俘信息交换中，日方不仅提供了逃亡战俘的名单、军阶、年龄，还提供了从战俘逃亡到枪决战俘的整个事件概要。需要强调指出的是，在二战期间，即使是日本枪决美军战俘也并不是将全部事件都通告给美国政府。如在 1944 年日本内地发生的多起日本军警枪杀被俘美军飞行员之事，就没有通过中立国通报给美国政府。其个中原因，主要是日军认为沈阳盟军战俘营的 3 名美军战俘在逃亡途中又致伤人命，比较理直气壮所以通报美国政府，而日军在本土发生的多起枪杀或虐杀美军飞行员事件大多属于未经审判或审判也无国际法依据而判处死刑的"丑闻"。故此，基于上述考虑，二战期间，日本同美国间就沈阳盟军战俘营中 3 名美军战俘处罚的通报是一个非常特例，不仅在战俘信息交换上具有典型意义，而且也有其原因和背景。

二战期间，不仅瑞士驻日公使馆成为日美间有关战俘信息交换的渠道，而且，国际红十字会驻日本代表处还通过日本红十字会和日本外务省"在敌

---

① 1944 年 6 月 6 日日本外务省致瑞士公使书简（居普通第 153 号）。日本外务省外交史料馆藏：《外务省记录》——大东亚战争关系卷 A 1122-4-15。

国居留民关系事务室"派遣代表,视察了日本本土的仙台、福冈、东京、名古屋、善通寺、大阪、广岛,以及日军设立在台湾、朝鲜、香港、沈阳等地的盟军战俘营。国际红十字会代表视察各地战俘营,除给各地战俘营的盟军战俘带去慰问品和医药品外,视察结束后还撰写视察报告,分别上呈给日本外务省和国际红十字会总部以及美英等国政府。国际红十字会代表撰写的战俘营视察报告事实上也成为美国了解关押在日本及各地的美军战俘的比较可信的第一手战俘信息资料。

从现有的史料看,国际红十字会驻日本代表处代表共三次远赴中国东北,视察了沈阳盟军战俘营。其中,国际红十字会驻日本代表处代表第一次视察沈阳盟军战俘营自东京出发的日期是1943年11月8日。国际红十字会驻日代表处代表是佩斯塔露库。佩斯塔露库于同年11月8日自东京出发,经日本海峡、朝鲜半岛铁路,又经丹东入境后,于同月12日到达长春。第二天,即11月13日,国际红十字会代表视察了日军设在沈阳的盟军战俘营。[①] 国际红十字会驻日本代表处派遣代表第二次视察沈阳盟军战俘营的时间是1944年10月。派遣代表是该代表处的 H. C. 安格斯特(H. C. Angst)。安格斯特于同年12月6日到达沈阳盟军战俘营。[②] 安格斯特不仅视察了关押在沈阳日本"满洲工作机械株式会社"附近的盟军战俘营,而且还视察了设在沈阳和吉林四平的敌国居留民集中营等地。

国际红十字会组织代表第三次视察沈阳盟军战俘营的时间是1945年8月,代表是瑞士人马歇尔·究诺。马歇尔·究诺于1945年6月受命出任国际红十字会组织东京代表处代表后,动身前往亚洲。当时由于战况的原因,马歇尔·究诺不得不取道埃及、希腊,途经莫斯科,在莫斯科换乘西伯利亚铁路,历尽千辛万苦费时两个月于同年8月4日到达中国东北的长春。当夜,马歇尔·究诺乘夜车赶往沈阳,并于第二天视察了沈阳盟军战俘营,8

[①] 美国国家档案馆藏:《沈阳二战盟军战俘营》,2003年8月28日解密档NND第745019号,第48页(UnitedStatesNationalAr-chives, HistoryoftheMukdenGroup, 8.28.03 transmittalsheet-NND 745019),及1944年3月25日外务省在敌国居留民关系事务室铃木公使致陆军省俘虏情报局函"关于奉天战俘营美国人处罚件"。日本外务省外交史料馆藏:《外务省记录》——大东亚战争关系卷 A 1122-3-1。

[②] 美国国家档案馆藏:《沈阳二战盟军战俘营》,2008年8月28日解密档NND第745019号,第70页。

月 6 日,马歇尔·究诺一行又乘车北上,前往吉林西安(现吉林辽源)视察了日军在"西安"设立的分战俘营,拜会了美军被俘将领温莱特将军。[1]

1944 年 12 月 6 日,回到东京的国际红十字会驻日代表处的安格斯特分别撰写了《奉天俘房收容所视察报告》和《奉天及四平街拘留所视察报告》,在送呈给国际红十字会总部的同时,也分别抄送给了日本国际红十字会和日本外务省"在敌国居留民关系事务室"。

在长达十几页的《奉天俘房收容所视察报告》中,安格斯特详细地报告了日军在奉天设立的沈阳盟军战俘营中的战俘国别、人数、住宿面积、饮食以及作息情况。其主要内容分为以下几个方面[2]:

第一,报告了沈阳盟军战俘营关押的战俘国别和人数。根据该报告,1944 年 10 月,该战俘营共关押了盟军战俘 1 117 人,其中,美国战俘 1 017 人(将校 15 人、准士官 1 人、下士 443 人、士兵 558 人)、英国战俘 87 人(将校 6 人、准士官 1 人、下士 23 人、士兵 57 人)、澳大利亚战俘 12 人(将校 1 人、下士 3 人、士兵 8 人)以及法国战俘 1 人(下士)。

第二,报告了沈阳盟军战俘营中被关押战俘的生活设施情况。根据该报告:沈阳盟军战俘营营房占地面积 9 985.7 平方米,战俘营房面积 7 636 平方米。该战俘营内设有防空、灯火管制窗、英文翻译、洗浴、洗漱器具、厨房、卫生室、消毒、自来水、厕所等设施。其中,洗浴时间为每周两次,冬季为隔日洗浴;厨房以及厕所均设有消毒用设施;在饮食上实行一日三餐定量制,其中,早餐为 6 时(冬季 7 时)、午餐 12 时、晚餐 6 时;在食谱中有鸡蛋(限于病患者,一般战俘为每周日)、食用油、黄油、奶酪及青菜和水果;另外,在圣诞节时有火鸡供应;主食主要是面包、米饭以及玉米、南瓜和红薯混成的粥。

第三,报告了沈阳盟军战俘营战俘的医疗情况。根据该报告,该战俘营设有医院,可同时收容病人 150 名。设有内科、外科和传染病科,并设有医疗室、X 光室、消毒室、药房、尸体临时停放室等。重症患者可转至附近的

---

[1] 茶园义男:《大东亚战下外地俘房收容所》,不二出版社,1987 年版,第 191 页。原载马歇尔·究诺:《马歇尔·究诺博士的战斗》,丸山干正译,劲草书房,1981 年版。
[2] 1945 年 2 月 12 日国际红十字会东京代表处《在满洲各收容所视察报告书》日译本。外务省外交史料馆藏:《外务省记录》——大东亚战争关系卷 A 1107-4-1。

"奉天陆军医院"治疗。战俘主要病患为肺结核、痢疾、耳线肥大以及霍乱和鼠疫。

第四,报告了该战俘营对于被关押战俘的处罚情况。根据该报告,1944年1月至同年9月,该战俘营共发生55起违反战俘营管理规则、接受管理当局处罚的案件。其中,因违反规则20件、盗窃27件,另有8件为抗拒管理并企图逃亡。

第五,报告了该战俘营中国际红十字会救济品、慰问品的发放情况。该报告虽然是依据沈阳盟军战俘营中日军负责人的口头说明而作出的报告,未必能够真实反映盟军战俘的真实生活,但是,该报告通过国际红十字会总部转送给美英等国政府后,还是使英美等国政府对沈阳盟军战俘营中所关押的战俘有了一个基本的了解和掌握。

当然,日本在同美国等盟军的战俘信息交换中,不仅捞到遵守战俘待遇公约的"实惠",而且也从战俘信息交换中得到了美国国内政情、物价等有关美国的战略情报。

日本政府除了通过国际红十字会组织以及瑞士中立国等渠道,获得美国政府转来的被美军俘获的日军战俘名单以及日军战俘的一些生活情况外,还有一个渠道就是通过对盟军战俘家属寄给战俘的信函检查获得美国国内关于战俘的一些信息。

如前所述,日美和日英间的交换船中还邮送了英美澳等国战俘家属给在沈阳盟军战俘营中被关押的战俘的信函。① 这些信函通过日本军事邮政系统邮寄到沈阳盟军战俘营后,被沈阳盟军战俘营中的日军拆检翻译,并按信件、邮包物品、报纸分类成美国国内的"战时经济"、"气象"、"民心"、"物资配给"、"物价"等可资参考的美国国内战略军事情报,呈送关东军司令部、"奉天特务机关"等机构供相关部门使用。② 此外,日军通过战俘家属或国际红十字会送来的报纸中,也获得了美国关押轴心国德意两国战俘的情报。

---

① 此外,据现有资料的研究表明,国际红十字会驻日代表处的两次视察,也给关押在沈阳盟军战俘营的战俘带去了慰问品以及一些信函。而在这些信函中,战俘家属致关押战俘的信函的可能性不大,很可能是美英等国的报纸以及教会、当地红十字会的出版物或慰问信。
② 1944年7月19日沈阳盟军战俘营"第三次俘虏通信检查报告"信函类,第51页。

在 1943 年 8 月 20 日的一份美国报纸中,日军获悉了收容德意军战俘的美军"战俘营选任老练的军官担任之。……其待遇同美国陆军部队,提供与美国陆军同样之食物、娱乐以及医疗和医院等设施……待战争结束后,我们将计算战俘们的劳动工资,而上述两国对待我国战俘亦应支付相应的工资"[①]。

通过对关押在沈阳盟军战俘营战俘家属的信函检查,日军不仅知道了美国百姓对日军关押美军战俘的态度,还得到了美国关押日军战俘的基本情况,甚至还通过美国报纸得到了美军对轴心国德意两国战俘的政策,并从中类推出美国对待日军战俘的政策。

事实上,二战期间,日美两个交战国间通过国际红十字会或中立国政府向对方通报各地有关战俘名单、战俘移动、战俘死亡等战俘信息可能成为两国间关于战俘信息交换的一种固定化的模式,而且,其通报和战俘信息交换的范围很可能囊括了日本和美国分别在各自管辖范围内的所有战俘营的战俘信息。

三

从上述的分析中我们可以看到,二战时期,日军在对待沈阳英美盟军战俘营的英美战俘政策上,不仅同美国达成了遵守战俘待遇公约的约定,而且还就沈阳英美盟军战俘营的战俘名单、战俘死亡信息等通过中立国瑞士或国际红十字会向美国做了通报,甚至允许国际红十字会视察战俘营、允许战俘同战俘家属间的相互通信。

当然,日军在沈阳盟军战俘营的这些政策并不能代表二战时期日军所采取的战俘政策的全部。众所周知,二战时期,日军不仅驱使英美战俘修筑了"死亡铁路",发生过"巴丹死亡大行军",甚至在战争后期,日本国内还发生了多起日本警察和士兵枪杀或虐杀捕获的美国空军飞行员的恶性案例。即使是在所谓的"模范"的沈阳英美盟军战俘营也发生过多起日军残酷殴打

[①] 1943 年 8 月 20 日美国《纺织品导报》。载于 1944 年 7 月 19 日沈阳盟军战俘营"第三次俘虏通信检查报告"报纸类,第 95 页。

和虐待英美盟军战俘的事件。

尽管如此，通过将日军在沈阳英美盟军战俘营所采取的对待英美盟军战俘政策同日军在对待中国战俘上所采取的战俘政策进行比较，就会发现两者之间有着巨大的差别。

这一差别最主要体现在日军的战俘政策制定的针对性上，即它是针对美英盟军制定的而非针对中国军队制定的。我们根据1946年12月日本陆军省"俘虏情报局"整理出的《关于战俘诸法规类集》①统计和研究发现，二战期间，日军共制定了有关战俘管理、战俘劳役薪金、战俘卫生、战俘移动、战俘死亡埋葬、战俘派遣、战俘惩罚、战俘通信、战俘运输等政策性法规近100件。② 其中，日军首次制定关于战俘营编制的时间是1941年12月23日敕令第1182号《俘虏收容所令》，首次制定《战俘管理规则》的时间是1943年4月21日(陆达第29号)，负责战俘信息管理和交换的陆军省"俘虏情报局"编制法令的日期是1941年12月27日(敕令第1246号)。日军于1931年9月18日发动了"九一八"事变，进而在1937年7月发动了全面侵华战争，而有关战俘法令最早制定和公布时间却在1941年12月。也就是说，从1931年至1941年12月的近十年，日军没有制定有关管理中国战俘的法规和政策。日军最早制定的有关战俘政策的时间恰恰是在日本发动珍珠港事件、日美相互宣战后不到一个月的时间内制定的。显然，从有关战俘政策的制定时间上看，日军的有关战俘政策主要是针对英美等盟军的，而非针对中国战俘的。

征诸史实，自1931年9月日本发动"九一八"事变以来，日军同中国军民作战中，均使用"讨伐"和"扫荡"，对抗日军民使用"匪徒"或"土匪"一语称之，并不将俘获的中国军民视为"战俘"。1937年7月之前，这些被俘的中国军民均被日军当作"土匪"或"匪徒"处理。而在1937年7月7日日本发动全面侵华战争后，日军除将在战场上俘获的中国军人收容到"军令战俘

---

① 日语原文为《俘虏二关スル诸法规类集》。原文为1943年11月起草，1946年12月重新修订。手写版，现藏于日本防卫省战史研究所资料室。
② 根据1946年12月陆军省"俘虏情报局"编《关于战俘诸法规类集》统计。本统计中包含敕令、法律、旧陆军省"省令"、"陆达"、"陆亚密"等以及旧递信省和大藏省的"省令"等。

营"中,视为"军令战俘"外,押送到后方后要么被编入汪伪政权的"和平军",要么被收容到各地设立的"劳工训练所",押送到东北或日本内地工厂从事繁重而危险的劳役。二战期间,日军在石家庄临时设立的"石家庄战俘营"、洛阳战俘营、北平战俘营就属于前者,而由"石家庄战俘营"改称的"石门劳工训练所"等就属于后者。

其中,位于石家庄的"石门劳工训练所"中关押的一部分中国劳工就属于中国军队战俘。这些战俘有日军从"冀中、冀南、冀西、太行各地作战和扫荡时抓捕的抗日军民",也有 1944 年前后,日军在洛阳会战中俘获的国军战俘。[①] 与沈阳英美盟军战俘营相比,"石门劳工训练所"中收容的中国战俘收容时间大多不太长,在收容一定时期后就被日军分别运往我国的东北和日本国内各地的军工厂、矿山、煤矿等地,从事苦役。"石门劳工训练所"中关押的中国战俘的流动性比较大。换句话说,沈阳英美盟军战俘营以战俘收容为主,从事苦役次之,而"石门劳工训练所"中关押的中国战俘以从事苦役为主,收容次之。"石门劳工训练所"虽然在前期具有战前日军军制中"战俘营"的一些外在特征,但是从实质上讲并不具备国际法意义上的战俘营要素。"石门劳工训练所"实际上只是日军收集中国劳工,使其从事苦役的劳工"中转站"。此外,"石门劳工训练所"中关押的中国战俘不仅没有享有同战俘家属通信的自由,而且日军也没有向中国政府通报过中国军队战俘的名单、关押地等战俘信息,更没有将在"石门劳工训练所"中死亡的中国战俘信息通报给中国政府。

事实上,日军形成的这一歧视和差别政策有其深层的原因和历史背景。简而言之,这些差异和国别歧视源于甲午战争以来日本逐渐形成的对华"蔑视"观和自明治维新以来日本朝野上下逐渐形成的对欧美等国的"仰视"观。

一方面,自明治维新以来日本在对华观上经历了由原来的"仰视"到"平视",再由"平视"到"蔑视"的演变过程。1874 年日本出兵台湾后,又在 1875 年炮击朝鲜江华岛,逼迫朝鲜签订《日朝修好条约》。紧接着又在 1894 年发动了甲午战争,打败了大清帝国,使得清政府被迫赔款割地,割让了台湾及

---

① 何天义:《人间地狱——日军刺刀下的石家庄战俘劳工集中营》,关捷主编:《日本侵华政策与机构》,社会科学文献出版社,2006 年版,第 351—352 页。

澎湖列岛。甲午战争不仅改变了东亚地缘政治格局,也使得日本最终完成了由"平视"中国到"蔑视"中国的对华观的转变。[①] 紧接着,日本在1905年的日俄战中攫取了中国东北的"南满"铁路权;在1915年又迫使袁世凯北洋政府签订了屈辱的"二十一条"。更有甚者,日本在1931年9月18日夜,竟然"自导自演",自毁铁路反诬中国军队所为,并以此为借口炮轰沈阳的北大营中国驻军,占领了东三省。在"七七事变"爆发后,日军攻陷当时中国的首都南京,在南京肆无忌惮地大肆屠杀手无寸铁的中国人民和放下武器的士兵。日本根本没有把中国放在眼里,更无遵守国际法意识可言。

另一方面,1854年被美国的佩里舰队打开国门的日本开始极力否定中华文化,推行所谓的"文明开化"和"脱亚入欧"运动,甚至连日本的高官都一味地模仿欧美文化,建起了仿欧的"鹿鸣馆",身着洋装,举办化装舞会。在外交上,日本一味追随英美,与英国三次结盟,以期通过英美势力支撑日本在亚洲的外交路线。1941年珍珠港事件前,即使是在日本海军高层已作出偷袭美国海军基地珍珠港的决定后,日本政府当局中仍然有一些人反对同美国开战。在同美国的交战中,一些日本人虽然口头上叫喊着"鬼畜英美",但仍然视英美为"文明之国",日本同英美的战争是"文明人之间的战争"。可以说1945年日本战败投降后,美军能够顺利进驻日本,乃至战后日本不遗余力地追随美国,很大程度上是和战前日本由来已久的这些"崇美"、"尊美"的情结密不可分的。

近代以来日本的蔑视中国观和尊崇美国的情结,正是日军在二战期间在对待中国战俘和英美战俘政策上采取差别待遇和国别歧视的根本原因所在。

(作者王铁军,辽宁大学日本研究所;焦润明,辽宁大学历史学院,原文刊于《世界历史》2009年第5期)

[①] 杨栋梁、王美平:《近代社会转型期日本对华观的变迁》,《日本研究》,2008年第3期。